Eva jenseits vom Paradies

Nähere Informationen im Internet:
www.eva-maria-hagen.de

Das Buch

»Aus Liebe, Lust und Leidenschaft wurde ich gezeugt. In einer heiß durchtanzten Nacht zur Zeit des Karnevals muß es gewesen sein.« So beginnt das neue Buch von Eva-Maria Hagen, das den großen Bogen spannt von den ersten Jahren ihrer Kindheit in dem kleinen Nest Költschen, der ersten Entwurzelung durch den Umzug der Familie nach Kremlin in Pommern, über den Krieg, der für sie sowohl Abenteuer als auch Schrecken war, der Vertreibung, dem Aufwachsen als ungeliebtes Umsiedlerkind in Perleberg bis zu dem schon damals ungestümen Willen, etwas zu werden, nämlich Schauspielerin.
Mit Liebe, Lust und Leidenschaft erzählt Eva-Maria Hagen von ihren wilden Jahren bis zum Durchbruch mit dem Film »Vergeßt mir meine Traudel nicht«. Der genaue und sich selber nicht schonende Blick zurück versetzt uns in Jahre, die voller Entbehrungen, aber auch voller Hoffnung und Zuversicht waren. Eva-Maria Hagen ist es gelungen, ihr Leben wie einen Roman zu erzählen.

Die Autorin

Eva-Maria Hagen, geboren 1934 in Pommern, gehörte zu den erfolgreichsten Schauspielerinnen und Musical-Darstellerinnen der DDR. Nach bereits jahrelanger Einschränkung ihrer Arbeitsmöglichkeiten wurde sie 1976 wegen des Protestes gegen die Ausbürgerung Wolf Biermanns fristlos entlassen. 1977 Aberkennung der Staatsbürgerschaft der DDR und Übersiedelung in die Bundesrepublik. Seitdem feiert sie Erfolge in Film und Theater und als Sängerin. 1998 erschien ihr hochgelobtes Buch »Eva und der Wolf«, für das sie mit der Carl-Zuckmayr-Medaille ausgezeichnet wurde. Eva-Maria Hagen lebt heute in Hamburg, Berlin und der Uckermark.

Eva-Maria Hagen

EVA JENSEITS VOM PARADIES

List Taschenbuch

Dieses Buch ist Nina-Catharina, Cosma-Shiva und Otis gewidmet,
sowie für die an ihren Vorfahren und deren Geschichten interessierten Nachkommen
als Ermutigung gedacht.

Eva mit Nina zu Besuch in einem Kinderferienlager

Aus Liebe, Lust und Leidenschaft wurde ich gezeugt. In einer heiß durchtanzten Nacht zur Zeit des Karnevals muß es gewesen sein. Zwischen Rosenmontag und Aschermittwoch schlug schätzungsweise meine Stunde. Die für mich Auserwählte war als Herzdame erschienen, im roten, selbstgenähten Taftrock, eng anliegender Taille, eine Rose vom Schießstand im Haar – der sie reizende Bube kam als Pikjunge durch die Hintertür.
Wenn man das Bild unter die Lupe nimmt, könnte der Träger des Kostüms auch als Anführer einer Seeräuberbande durchgehen; wegen dem Tuch, das er sich um die Stirn gebunden hat, aus dem eine widerspenstige, wie in bernsteinfarbenen Honig getauchte Locke hervorlugt. Nebenbei sah Hans Albers ihm ähnlich. Und sein Lachen war wie ein Sonnenaufgang, also nicht so krachig, sondern sanft. Das Tollste aber: er konnte tanzen wie kein Zweiter im Saal, den Walzer linksrum und in einem durch. Man fühlte sich wie 'ne Schwanenfeder im freien Fall, als ob du schwebst, also ehrlich, sagte eine, die ihn gekannt hat.
Seine Favoritin in der Jungmädchengruppe hatte schon als Kind davon geträumt, einst Tänzerin zu werden – und an diesem Abend war sie die ungekrönte Ballkönigin. Doch jedes noch so ausgedehnte Vergnügen geht einmal dem Ende zu, der letzte Tango wird gespielt, die neueste Polka wiederholt als Rausschmeißer, die Musiker packen ihre Instrumente ein, der Gastwirtschaftsbetreiber ruft ›Feierabend Leute‹ – und die Pärchen machen sich auf den Nachhauseweg, reißen sich los voneinander, verziehn sich ins Alleinsein oder – falls ihr Glücksstern gerade am Leuchten war und die Duftmarken miteinander harmonierten – ins Einssein zu Zweit.
Als dann der Morgen graute, der Alltag seinen Lauf nahm, die Sache mit der Befruchtung ans Licht kam, vielmehr die Regel ausblieb, war das für die Betroffenen, weiß Gott, kein Grund zum Jubeln oder ein Halleluja anzustimmen; es wurde eher als Malheur empfunden.
Im Volksmund hieß das auch, einen Verkehrsunfall gebaut haben.

Hinzu kam, daß dieses sich in guter Hoffnung befindende Mädel mit Namen Agnes – von der Gunst des Schicksals auserwählt zum Setzen neuer Sprößlinge – durch ihre Erdenmutter Antonie, genannt Toni, streng katholisch erzogen worden war; obwohl die selber kein bürgerlich-gesittetes Leben geführt hatte, jedenfalls nicht das, was man landläufig darunter verstand: Drei uneheliche Kindlein waren von ihr in die Welt gesetzt worden, jedes einzelne dazu mit eigenem Vater – im Abstand von fünf Jahren – doch sie nahm den Kindersegen hin wie eine himmlische Fügung, auch wenn sie dafür doppelt und dreifach schuften mußte.

Sie hätte heiraten können, eine gute Partie machen, den Stellmacher oder Fleischermeister. Tonis Eltern, Marianne und Martin, hatten letzterem bereits zugenickt, die Aussteuer lag im Schrank, Bettwäsche aus Linnen, an langen Winterabenden im Kreise einstiger Jungfrauen genäht – und sie wäre versorgt gewesen für die Zukunft, hätte sich ein Vertiko aus Mahagoni anschaffen können, den Spiegel aus Kristallglas mit Konsole.

Stattdessen hatte sie die Vision, vielmehr die rückschauende Nachfahrin: der Seelsorger würde im Namen der Dreifaltigkeit das Urteil sprechen, was lebenslang bedeutete, bis daß der Tod euch scheidet nämlich, dann das Kreuz über sie schlagen und den Akt mit einem Amen absegnen. Sie hatte sich weiter ausgemalt, wie der Zukünftige im Laden steht mit Gummischürze und blutverschmierten Händen, mit dem Beil ausholt – und hatte angefangen mit den Zähnen zu klappern. Das Leichenschauhaus war ihr in den Sinn gekommen und daß der Mann damit sein Brot verdient. Sie selbst sah sich im Schaufenster einen rosa Schweinskopf dekorieren, ihren Schlachter nach Feierabend ins Ehebett steigen – und mit einem Aufschrei, der sich wie ein verunglücktes Nein anhörte, schoß sie, den Saum des Brautkleids hochraffend, wie ein geölter Blitz davon, stolperte über einen abgesackten Grabstein, fiel, stand auf, wollte hin zu ...

Jetzt ist die Phantasie der zukünftigen Enkelin wohl mit ihr durchgegangen. In Wirklichkeit soll es angeblich schon am Polterabend gekracht haben.

Na, jedenfalls ist sie abgehauen und hat die gute Partie sausen lassen. Sie liebte den Vater von Agnes, der mein leiblicher Großvater werden wird, wenn ich auf der Welt bin, den ich aber nie zu Gesicht bekomme, weil der bereits im 1. Weltkrieg dran glauben mußte, wo auch Tonis Bruder Johannes das Gemetzel miterlebte, der dann als Fahnenflüchtiger die reichsdeutschen Fahndungsblätter zierte. Das hatte sich folgendermaßen zugetragen: Im Schützengraben steht plötzlich ein Franzose neben ihm. Da haben die beiden sich vor Schreck verbrüdert und gemeint: Schießt du mich nicht tot, schieße ich dich nicht tot. Laß uns Frieden schließen und Freunde sein. Wie im Traum war es ihm vorgekommen, als hätte sich ein Wunder ereignet wie in biblischen Zeiten. Aber es war die reine Realität. Rotz und Wasser haben sie geheult, sich abgeküßt. Kann sein, sie hatten sich vorher Mut angetrunken, denn das Nervenkostüm war sicherlich zerschlissen, egal, diese zu Herzen gehende Verbrüderung hatte jedenfalls stattgefunden. Vielleicht hat auch ein Lied mit dazu beigetragen, das durchgesickert war an allen Fronten, heimlich, still und leise gesungen wurde von zwischen gefallenen und verstümmelten Leibern aufs Ende wartenden Soldaten, ein Lied, das die Kampfmoral schwächte und andererseits die Männer ermutigte, ihr Geschick selbst in die Hand zu nehmen:

›Drum Brüder all, ob Deutsche, ob Franzosen, ob Russen, Schweden, ob von Nederland. Ob schwarz, ob weiß, ob rot, ob gelb die Hosen – reicht euch statt Blei zum Gruß die Bruderhand.‹

Johannes hat diese Worte in die Tat umgesetzt. Ich bin im Nachhinein noch stolz auf meinen Großonkel. Es ist ungeheuer spannend, solche verwandtschaftlichen Verstrickungen aufzuräufeln, den Fadenverlauf zu verfolgen und derlei Erlebtes auf die Reihe zu bringen.

Nun wieder Antonie, erzkatholisch, geboren 1882, älteste von sechs Geschwistern: Franziska, Käthe, Brunislawa; letztere hat der Hansmann aus Berlin geheiratet und sie zur Strafe, weil sie den Pelzmantel nicht anzog, sogar zerschnitt und eine Weste draus nähte, um die einem Leierkastenmann zu schenken – sie kriegte Schweißausbrüche, wenn sie Tierfelle trug, Pusteln oder Fleckfieber – in die Klapsmühle einliefern lassen, wo sie ausgerückt ist und deshalb ins Konzentrationslager kam.

Weil es im Deutschen Reich aber keine Verrückten mehr geben durfte, wurde Emma – wie Hansmann sie nannte wegen dem Gassenhauer-Lied von der krummen Lanke: ›Und da saß ick mit de Emma uff de Banke‹ – in einem Aufwasch mit abnorm eingestuftem ›Gekreuch‹, als die Euthanasie-Programme voll im Gange waren, gleich mitvergast, da wurde nicht lange gefackelt, obwohl Emma eigentlich nur die Scheidung wollte, nämlich raus aus dem Ehekäfig, Hansmann aber dagegen war.

Von den übrigen Geschwistern meiner Großmutter, außer daß alle eigene Wege gingen, sind keine Lebensläufe überliefert, nur von Johann, dem Wahnsinnigen aus dem Schützengraben in der Bretagne, der dann unter falschen Namen in Westpreußen eine Familie gegründet hatte und erst nach – sage und schreibe – 28 Jahren von Hitlers Schergen aufgespürt und standrechtlich erschossen worden war noch kurz vor Ende des 2. Weltkrieges.

Die Früchte vom Stamme Evas gehörten seit Anbeginn zur aus der Reihe tanzenden Minderheit des Homo sapiens. Auch Tonis Lebensart war wider die Norm, gegen die Ansichten der Braven. Doch ihr aufrechter Gang, die Gelassenheit, mit ihrem Los umzugehen, ließ die Tratschtanten verstummen vor Neid und Respekt: sie hatte flinke Beine, geschickte Hände, konnte nähen, sticken; Norwegermuster stricken, war Mädchen für Alles, aber eben nur für das, was sie auch selber wollte.

Der Schuldirektor fragte sie, als dessen Frau wegen Kranksein ausfiel, ob sie den Handarbeitsunterricht übernehmen wolle, was eine Besserstellung bedeutete, da sie sich oft durch Gelegenheitsarbeit über Wasser hielt: Wäsche waschen bei Herrschaften, bügeln, Kirschen pflücken, Kürbis einwecken, Pflaumenmus kochen, Gurken einlegen, Spargelstechen, Eier verkaufen, Kinder hüten, Pfifferlinge sammeln; sie kannte jeden Pilz, ob eßbar, ungenießbar oder giftig – sie war Heilkräutersammlerin – und nebenbei die beliebteste Märchenerzählerin weit und breit.

Agnes (Mitte) mit Freundinnen

Es muß wohl am Erbgut liegen, daß alle weiblichen Vorfahren und Nachgeborenen der Verfasserin dieser offenherzigen Zeilen, sowas wie vaterlose Gesellinnen wurden und den Mangel an männlicher Zuwendung erst einmal zu verkraften hatten.

Was auch von Vorteil sein kann im Ausnahmefall; je nachdem, aus welchem Schrot und Korn die mitunter unfreiwilligen oder übertölpelten Samenspender gebacken sind, ob ein Saufaus, Schläger oder gar Kinderschänder der Familie vorsteht, sie tyrannisiert, den Vorsprung an körperlicher oder geistiger Überlegenheit dazu mißbraucht, sein ›eigen Fleisch und Blut‹ nach seinem Bild glaubt formen zu müssen.
Hinzu kommt: In der ersten Hälfte des 20. Jahrhunderts fanden zwei Weltkriege statt, die das männliche Geschlecht gewaltig schwächten. Auch war Glücksgöttin Fortuna ihnen teils nicht hold gewesen.

Vermutlich aber spielt das Bedürfnis dieser Weiber nach Unabhängigkeit die größte Rolle, nach Freisein wie der Vogel, dem Nestgefühl im Wiegen des Windes. – Jedenfalls wurden halsbrecherische Attacken von der achtzehnjährigen Agnes, die meine Mutter werden sollte, gegen mich unternommen, um die Sache ungeschehen zu machen, vielmehr zu bereinigen: Vom Giebel runter auf Kopfsteinpflaster springen; wobei sich das halbherzige Ding den Knöchel verstauchte, ich stecknadelkopfgroßes Ei dagegen heil blieb. Auf nüchternen Magen Ziegenbockpisse trinken war auch eine Variante; eine Kollegin schwor Stein und Bein auf die Methode, wogegen meine Schwangere sich bereits vom Gestank des Gesöffs übergeben mußte.
Dann die Füße in sich kurz vorm Sieden befindendes Wasser tauchen und derlei Prozeduren mehr wurden an mir verübt, was ich keinem vorwerfe, selbst, wenn ich zerplatzt wär wie eine Seifenblase, denn jeder kehre vor seiner eigenen Tür. Obwohl es schade gewesen wäre um mich und den sich aus diesem Schoße entwickelnden Triebe, den originellen Pflanzen in der Nachkommenschaft. Und nicht zu vergessen:

Zum Zeitpunkt meines Werdens befand sich bereits mein einjähriger Bruder, genau seit dem 2. Januar 1933 in der Obhut unserer Großmutter. Und der Verursacher der ganzen Chose, unser beider Erzeuger, sein Name ist Fritz Löwe, blauäugig, lebenshungrig, aus Hammer bei Landsberg an der Warthe stammend, ein noch auf unsicheren Füßen stehender Kandidat – was Familiengründung anbelangt.

Ja, er wollte diese Dorfschöne haben, obwohl Agnes eine der ersten war aus der Gegend, die sich die Zöpfe abschneiden ließ, eine Herrenschnittfrisur trug, was letzter Schrei war, mit Häkelmütze aus Seidengarn schräg übers Ohr, im selbstgenähten Kleid, unterwegs mit Fahrrad und Freundin.
Auf'm Rummel, zwischen Luftschaukel, Schießbude und Geisterbahn, in einer heiter-sorglosen Atmosphäre, die von Mai bis Oktober vorherrschte, waren die zwei für mein zukünftiges Sein zuständigen Personen zusammengestoßen, wodurch mir ein Atemhauch in Aussicht gestellt wurde, nämlich die Chance zu bekommen, den Haupttreffer zu machen, unter Millionen von Anwärtern gezeugt zu werden. – Es war Liebe, die auch anhielt bis ... Was weiß denn ich, weshalb das Blatt sich wendete und die Geschichte einen anderen Verlauf nahm. Fritz Löwe wollte erstmal was auf die Beine gestellt haben, bevor er mitzog im Zweiergespann, was Handfestes vorweisen können, ein Motorrad, um beweglich zu bleiben, dazu genügend Kleingeld in der Tasche für eine Spritztour über Land; man ist nur einmal jung. Arbeit finden, eine feste Stelle. Und dann, von ihm aus auch einen ganzen Sack voll Kinder, wie die Orgelpfeifen. Trautes Heim, Glück allein.

Doch alle noch so ernsthaften Bemühungen und Angriffe gegen meinen Werdegang, fruchteten nicht oder schlugen fehl: Ich war nicht einverstanden mit einem Abbruch unserer Beziehung und wehrte mich mit Händen und Füßen gegen den Abort; instinktiv verrollte sich das Ei ins Nestgeflecht vom Mutterboden, hatte Abwehrkräfte entwickelt, Fortunas Segen und von Anfang an einen Schutzengel. Sicher wurde ich dann auch geliebt, als ich ohne großes Palaver, doch vorgewarnt durch diese Ausrottungsversuche im Frühstadium der Entwicklung zum Einzelwesen, ins Freie schlüpfte. Man war zur Tagesordnung übergegangen, hatte Leibesfrucht und Mutterkuchen links liegenlassen, so daß Kind und Schwangere sich auf das Ereignis vorbereiten konnten.
Vielleicht hatte Antonie ja auch Einspruch erhoben mit dem Argument: ein Esser mehr oder weniger macht den Kohl nicht fett.

Kirche von Költschen, in der Eva-Maria getauft wurde

Sicher waren auch die Hände meiner Großmutter dabei mit im Spiel, als man mich auf die zwei uralten, ewig jungen Namen Eva und Maria taufte, die später sowas wie ein Halt waren im Gestrandetsein, bei Sturmflut oder dem Herumkraxeln am Abgrund. Und sie regten die Phantasie an, beflügelten den Geist.

Von Eva heißt es, daß sie durch Einflüsterung der Schlange – in die angeblich der Teufel reingefahren ist – vom Baum mit den verbotenen Früchten aß, dann Adam dazu verführte, vom Apfel der Erkenntnis zu kosten und deshalb die Schuld am Verlust des Paradieses aufgebürdet kriegte von den Verfassern der Schöpfungsgeschichte, besonders von Paulus, diesem verklemmten Typ mit abartiger Phantasie, der den Frauen in der Kirche als Vorsichtsmaßnahme den Schleier übers Gesicht legte, damit die männlichen Engel nicht durch deren sinnverwirrende Augenaufschläge schwach werden, runterfallen von der Empore, den lüsternen Dirnen mitten in Schoß rein – und Bums hast du nicht gesehen, haben sie im Halbdunkel der Betbänke, ohne daß der Ehegatte der Circe was mitkriegte, göttliche Kinder gezeugt, diese Unschuldslämmer und ansonsten eher keusch und sittsam veranlagten Mitglieder himmlischer Heerscharen. Und daß Eva das Paradebeispiel vom Sündenweib ist, weiß ja jeder.

Auf den Doppelnamen Eva-Maria wird man laut Überlieferung übrigens getauft, um das Schlechte durch Gutes wieder reinzuwaschen, die in Sünde geborene quasi zu rehabilitieren; was kann sie schließlich dafür, daß die zwei Auserwählten ihre Begierde nicht im Zaum halten konnten. Der Hauptgedanke jedoch zur Urfrau ist folgender: Der Name Eva bedeutet Mutter alles Lebenden – was selbst die Schrift vermerkt hat. Eine schmeichelhafte, geradezu himmlische Vorstellung. Und Maria, die Barmherzige, hat ebenfalls Einfluß ausgeübt, nur daß sie mir nicht so blutarm und überirdisch erscheint, wie sie meistens dargestellt wird. So hat unsereins die Möglichkeit, beide Figuren in einer zu vereinen.

Zurück zum Ausgangspunkt, zur Generation von Agnes, wobei Eva immer wieder ins Spiel gebracht wird, was ja der Grund des Unternehmens ist, nämlich die Lehr- und Wanderjahre meiner Heldin mit dem ihr und mir, Eva und Maria, zur Verfügung stehenden Wortschatz zu Papier zu bringen und in die Gegenwart zu transportieren, damit die Schätze geborgen sind.

Bald schließt sich der Kreis unserer Erdumrundung und die Spuren verlaufen im Sand, verblassen wie das Vergißmeinnichtblau im Katunkleidchen, werden zermalmt vom Zahn der Zeit, untergepflügt mit der Wintersaat. Deshalb dieses Unternehmen. Es gäbe Eva auch ein gutes Gefühl, was in der Hand zu haben, wenn sie beim Alten anklopft und der fragt scheinheilig von oben herab: Wie war es denn da jenseits von Eden, meine Beste und endlich Heimgekehrte? Hast du dein Leben gelebt oder nur leben lassen? Gibts Amüsantes zu berichten oder warst du bereits lebendig tot?
Bei Gott nicht, großer Allmächtiger und himmlischster aller Väter, schmeichle ich ihm, scharre mit dem Fuß undefinierbare Zeichen ins Blaue, während ich nach einfachen Wörtern suche, für so manch unerklärbares Tun und Lassen während des Erdendaseins, bemühe mich, die Spreu vom Weizen zu trennen – doch umsonst. Also erzähle ich frisch von der Leber weg, was der Eingebung ins Auge fällt:
Als meine Mutter dann einem sympathischen, soliden Mann begegnet zur Erntezeit; Maurer hat er gelernt, alles Handwerkliche von der Pike auf, vom Vater abgekuckt, der eine Instanz war im Dorf, sagte man. Von ihm stammen viele Ställe, die Brennerei vom Gut, Kachelöfen, wo von der Küche aus geheizt wird und der Rauch gut abzog; die Klappe durfte aber erst zugeschraubt werden, wenn die Briketts verkohlt waren, damit kein Kohlenmonoxyd die Schlafenden vergiftet.

Stallungen auf dem Gut der Lindenbergs

Sein jüngster Sohn nun, um den es hier geht, spielte sonntags Fußball. 1935 muß es gewesen sein, Agnes knapp zwanzig, er acht Jahre älter, aber unerfahren – das fiel ihr auf, weil der Mann keinen Schimmer davon hatte, wie die Sache mit der Vereinigung der Geschlechter funktioniert. Und damit er nicht dasteht wie ein Dummerjan, half sie ihm auf die Sprünge und leistete unauffällig Erste Hilfe; er wäre sonst wohl ohnmächtig geworden, der starke und herzensgute Mensch, der ihr trotz dieser zwei unehelichen Bälger auf der Stelle einen Heiratsantrag gemacht – und meinen Bruder so wie mich, diese Fehltritte im Doppelpack sozusagen, adoptiert hatte.

Sie hatte ihm gleich zu Beginn seines Werbens reinen Wein eingeschenkt, gesagt, er solle sich nicht unglücklich machen, denn ohne ihre Kinder sei sie nicht zu haben; sie müsse nach der Ernte zurück zu ihnen.
Vielleicht hing sie noch an dem freiheitsliebenden Löwen, der Mundraub begangen haben sollte, Nahrung für die Jungen beschaffen wollte, zwei Sack Korn, Tauschware sozusagen, um Geld schicken zu können. Und er hat Agnes gesucht, die vor ihm geflohen war, war unterwegs mit dem klapprigen Gaul, vielmehr Motorrad, bis man ihn einfing und in den Käfig steckte, aus dem er herzzerreißende Briefe schrieb, die einstige Liebste beschwor, ihren gemeinsamen Nachwuchs keinem fremden Vater auszuliefern, er hätte ein Recht auf den Sohn, das Töchterchen ...
Die heiratsreifen Mädels im Dorf, die gehofft hatten, einen Antrag von dem soliden Kerl Otto Buchholz zu kriegen, waren sicher nicht erfreut über die von außerhalb Dahergekommene. Auch gabs in seiner Familie Bedenken – er hatte eine weitverzweigte Verwandtschaft, alle hatten es zu was gebracht im Rahmen des Möglichen – und man riet ihm bestimmt, drüber nachzudenken, ob er sich die Rute über den Arsch binden wolle. Aber Karl Otto Richard Buchholz ließ sich nicht beirren. Er wollte die Frau heiraten, die sein Herz begehrte und mit der er bis ans Ende der Welt gehen würde. Seine Mutter Wilhelmine spürte das, gab ihren Segen und grünes Licht für die Aufnahme im zwar bescheidenen, aber angesehenen Familienkreis. Jedenfalls wurden durch diesen Akt Horst und Evi ihrer vertrauten Umgebung entrissen, von Költschen nach Kremlin verfrachtet, wo ein drittes Kind zur Welt gekommen war und auf den Namen Ingrid getauft wurde, evangelisch, weil die Buchholzens der Konfession angehörten. Aber das spielte keine Rolle, wir beteten alle zu einunddemselben Gott. Später, nachdem ich konfirmiert war, bewunderte ich den Martin Luther.

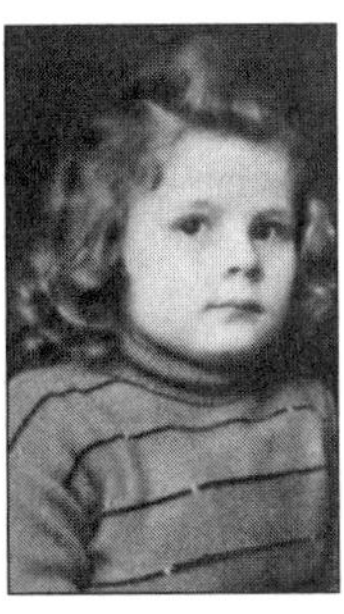

Links: Evas kleinere Schwester Ingrid. Rechts: Die Kirche von Kremlin im Jahr 2002

Zu der Zeit fiel der erste Rauhreif auf die Seele vom Evele, denn es fror und bibberte, obwohl das Sommernachtsfest vorbereitet wurde.
Ich soll Töne von mir gegeben haben wie ein Kätzchen, das, eben noch im Fell der Großkatze schnurrend, im Genick gepackt – und dem Unbekannten ausgesetzt wird in einer Nacht- und Nebelaktion.
Tröstlich bei der Umpflanzung der beiden Bäumchen aus der Gegend von Költschen am Warthefluß auf pommersches Weizenackerland war, daß mein kleiner großer Bruder sich vom Bewußtsein her und sinnlich wahrnehmbar, stets in der Nähe befand, wir auf einem Strohsack im Kastenbett zusammen schliefen, uns wortlos verstanden und beistanden.
Unterm Fenster befand sich das Pökelfaß, voll mit Fleischstücken in Salzlake, daneben die Luke zum Keller, in dem Kartoffeln lagerten, Käfer rumkrabbelten; auch verirrte sich manchmal ein Dachs oder Wiesel.
An der Wand hing ein Regal voll mit Einweckgläsern, Zwiebelzöpfe baumelten herunter, Bohnenkraut, Kamillenblüten, Pfefferminze, Tabak.
Wir waren in der Kammer für Wintervorräte einquartiert worden.
In der einzigen Stube, wo die Eltern schliefen und die kleine Schwester, war ein Kachelofen mit Röhre zum Bratäpfelschmoren, in der es im Winter täglich zischte und Ziegelsteine gewärmt wurden fürs Bett.
In diesem warmen Duft und der kühlen Geborgenheit fand unsere frühe Kindheit statt. Bruder und Schwester haben sich gegenseitig gewärmt wie junge Hunde oder Katzen, das war Unser-feste-Burg.
Er war der Erstgeborene; hatte instinktiv die Beschützerrolle übernommen, obwohl er selbst oft eher und mehr Schutz gebraucht hätte.
Schon als Steppke bei Költschen-Oma überwand er die heimische Umfriedung, um die Gegend auszukundschaften. Dabei war er einmal zu weit gegangen: Im Hemdchen kroch er zum Bahndamm rauf, hüpfte von Schwelle zu Schwelle, versuchte sich an den zu der Zeit populären Liedern, der kleine Sängerknabe, die er vom Jungvolk aufschnappte, wenn das am Haus der Familie König, in dem Antonie lebte, vorbei zog – und sang: ›Deutsch ist Saar immerdar‹ oder ›Die Fahne hoch, die Reihen fest geschlossen‹ – bis den Jungen ein Streckenwärter entdeckte, ihn unterm Arm geklemmt zurückbrachte, übern Gartenzaun hievte und meinte: ›Das ist doch wohl einer von deinen, Toni.‹
Nun kam das Kind an die Leine, war niemand zum Aufpassen da, wurde festgebunden am Pflaumenbaum – mit paar Metern Auslauf.

Abends hatte er eine Art Festungsgraben um sich herum gestampft, sah vorwurfsvoll und schuldbewußt zu ›Omia‹ auf, als die von ihren Erledigungen heimkam, sagte: ›Mium, Mium, wehum, wehum‹.
Die Katze hatte ihn gekratzt, als er sich an ihren Schwanz hatte festhalten wollen und ihr in die Äste nachgeklettert war.
Frau Golze und die Tochter vom Sägereibesitzer, die nur Pech hatte mit Männern, waren versessen auf das Kind, wollten es adoptieren, denn er sang ungeniert und herzzerreißend drauf los, war wie ein Engel und zum Verlieben schön, ein Prachtjunge und ernster kleiner Bruder Lustig.
Mir ist, als hätte ich die Streiche alle miterlebt, aber ich befand mich zu der Zeit im Steckkissen; doch was die Zukunft angeht, übertraf ich den Bruder in der Ausübung waghalsiger Unternehmungen noch, weil ...
Davon später, falls ich die Kraft aufbringe, derart schwer wiegende Brocken aus der Versenkung hochzuhieven. Vielleicht kommt das Erinnern an Gefährliches und Drolliges daher, weil es oft erzählt wurde, wie das: Er holt Hühnereier aus dem Stall, in jeder Faust eins, zerdrückt sie genüßlich wie in Zeitlupe, streckt stolz, Lob erwartend, dem Publikum die von Eiweiß und Dotter tropfenden Finger entgegen, aber statt Applaus kriegt er was mit dem Ausklopfer. Einst ist er kopfüber die Bodentreppe runter getrudelt, ohne einen Schmerzenslaut von sich zu geben, daß man fürchtete, das Kerlchen habe sich sein Rückgrat gebrochen. Aber als er unten angekommen war, befand er sich sofort wieder auf den Beinen, ein Stehaufmännchen war er, sprach kein Wort, hatte nur eins im Sinn, nämlich seine Murmeln einzusammeln, die noch munter umher sprangen – und damit sie nicht ins Mauseloch rollen.
Weil die Oma sparsam sein mußte und – wenn das Heizmaterial knapp wurde, das Holz zur Neige ging – öfter Kienäppel sammelte im Wald drüben, nahm er auch schon mal eine Kiepe aus freien Stücken, sammelte sie so voll es ging, schleppte sie die Treppe hoch, schüttete die duftenden Dinger in Tonis Bett, damit sie sich freut.
Tante Lene nannte er Ninea. Gertrud, die Jüngste von Königs, klang bei ihm wie gesungen: Tuhudna. Und alle hörten drauf, die Gesichter erhellten sich, als würde man sie streicheln, als wären es Kosenamen. Mich rief er manchmal mit einem Buchstaben, dem langgezogenen E, hing andere Vokale dran, wie das A. Ich sagte zu ihm Hotte und Hüh, worüber er sich derart freute und gluckste, daß er Schluckauf bekam.

Ansichtkarte von Kremlin mit Dorfstraße und Kirchturm im Hintergrund

In Kremlin, Kreis Soldin, Neumark, war jetzt also unser Zuhause. Das Dorf bestand aus etwa drei Dutzend Häusern; ein Drittel waren Ziegelsteinbauten für Landarbeiter mit je vier Wohnungen, die aus Küche, Stube, Kammer, Keller, Boden und Räucherkammer bestanden. Draußen war ein Stall, der Schuppen und ein Plumpsklo pro Familie. Kaninchenbuchten, Holzmieten, der Klotz zum Holzhacken, Fische ausnehmen und Hühnern den Kopf abhacken.

In der Mehrzahl waren jedoch die unterschiedlichen Bauernhöfe.

Hinzu kam das in einer Parkanlage erbaute, am künstlich angelegten Fischteich – der immer frisches Wasser bekam aus einer unsichtbaren Quelle – schmucke Gutshaus, Schloß genannt von den einfachen Leuten. Nie zuvor hatte ich ein so prachtvoll ausgestattetes und geräumiges Haus zum drin Wohnen gesehen – außer natürlich im Märchenbuch – dessen Besitzer vielen Dorfbewohnern Arbeit gaben als Tagelöhner, Viehzüchter, Melker, Dienstboten, Aufseher – auf zweiundvierzigtausend Morgen Ackerland; Wiesen, Wald, Brachland noch nicht mal mitgerechnet, von einem Administrator verwaltet, wo die Herrin einen Wolfsrachen hatte, so daß ich gespannt war auf die erste Begegnung mit ihr – wie ein Flitzbogen.

Als es so weit war – aus Anlaß einer Hochzeit, wir hatten Scherben gesammelt für den Polterabend, warfen die Freitreppe voll und siehe da, die Märchenfrau trat auf die Terrasse mit einem Kuchenteller und jeder durfte sich ein Stück runternehmen. Weiß nicht, was ich erwartet hatte, war aber enttäuscht, die Herrin sah normal aus, vom Rachen eines Wolfes keine Spur, noch hatte sie besondere Merkmale. Sie sprach etwas vornehm durch die Nase, das war schon alles. Ihre Kinder: Anneliese, Dietrich, Gesa, Jürgen, Katarina, nannten sie Midde, statt Mutti, sagt Irmi, die mit ihnen Schlitten fuhr. Wenn einer Dorffrau was Kleines beschert wurde, ging die Herrin hin und brachte der Wöchnerin Taubensuppe im Emailletöpfchen; na, wegen der Schwäche nach dem Blutverlust. Der Storch beißt ihr doch in die Wade, warum, weiß der Geier. Kann sein, damit die merkt, er meint sie und nicht schon wieder Frau Leider – die den Hals nicht vollkriegt, sich ans offene Fenster stellt, wenn Adebar im Anflug ist – die Schürze aufhält, so daß der Postillion im Schwarzweißröcklein nicht anders kann, als das verschnürte Bündel bei ihr abwerfen.

Eva in Kremlin 2002

Oder es hieß: ›Vadder hätt allwedder Dummheeten mokt‹, wenn Nachwuchs eintraf. Wir rätselten rum, was er wohl angestellt haben mochte. Vielleicht im Suff die Gartentür vom Küster ausgehängt und in'n Teich geschmissen, ins Taufbecken gepinkelt, als die Frauenschafts-Clique beim Federnreißen saß, Pflaumenmus kochte, dreistimmig Volkslieder sang, rumschnatterte, den frischen Zwetschgenschnaps verkostete ...

Einmal hatte ich, dabei singend und tanzend, die sensationelle Neuigkeit mit nach Hause gebracht: Die Kinder bringt kein Klapperstorch, sie kommen aus dem Bauch, trallala. – Was hast du gesagt, sagte meine Mutter, sag das nochmal. – Ich tat es. – Das will ich nicht noch einmal hören, hast du verstanden? – Ja. Nein. – Jetzt aber ins Bett mit dir.

Nun wußte ich: über das Thema spricht man nicht mit Erwachsenen. Der Grund dafür blieb allerdings im Dunkeln.

Manchmal wurde auch nichts aus dem Unterwegssein einer Frucht, weil die angehende Mutter einen Kirschkern verschluckt hatte, der im Blinddarm stecken geblieben war und rausoperiert werden mußte.

In dem Fall fuhr das Dienstmädel nach Pyritz zum Doktor, der dem Mißgeschick zu Leibe rückte und aus der Welt schaffte – ohne großes Palaver.

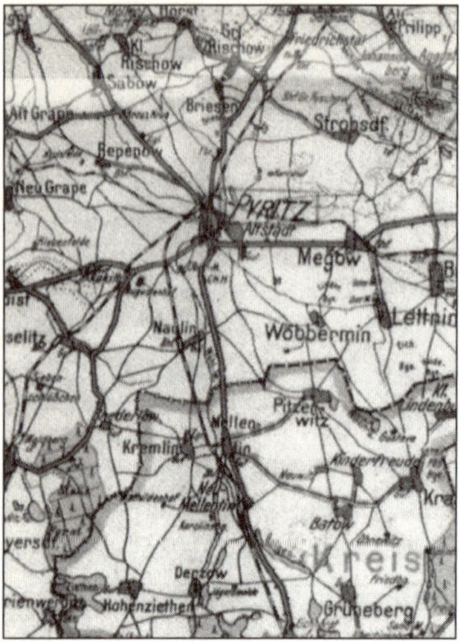

Dann gabs ein Gebäude nah vom Anwesen der Frau Lindenberg, geborene Liselotte von Sydow, das die Familie des Verwalters Blömecke, Vater und Sohn katholisch, die weiblichen Mitglieder evangelisch, bewohnte, dessen Pferd mit ihm durchgegangen war, so daß der Überwacher der Feldarbeit in Reitstiefeln, Peitsche im Handschuhgriff, zurück humpeln mußte – und ich Mitleid bekam mit dem sonst stolz von oben herabblickenden Reitersmann. Er ist aus Westfalen hergezogen samt Anhang wegen des Verwalterpostens. Dort gabs Butterkuchen zum Kaffee, in Kremlin dagegen Streuselkuchen. Zwar nahm man das von Blömeckes angebotene Stück mit Knicks vom Teller, nannte ihn aber heimlich Armeleutekuchen, weil die Streusel fehlten.

Das Dorf hat in Friedenszeiten zweihundertachtzig Einwohner gehabt. Es gibt Stallungen, wie für die Ewigkeit errichtet von Meistern der Zunft. Scheunen, Speicher, die Brennerei, wo fünfundneunzigprozentiger Sprit gebrannt wird, stets eine Dunstwolke in der Luft hängt.

Wandern die Gedanken an der Gärtnerei Lüllwitz vorbei, legt sich Himbeergeschmack auf die Zunge. Im Treibhaus blühen auch im Winter Blumen.

Wo der Name Böttcherberg wohl herstammen mag; vielleicht wurden da Bottiche für die Brennerei gefertigt und Regentonnen. Er liegt kurz vor Wagners Windmühle und dem alten Wohnhaus. Dieses Anwesen war ohne Stromanschluß. Deshalb hatten die Bewohner auch keinen Rundfunkempfänger, mußten noch ohne elektrisches Licht auskommen – wie zu Abrahams Zeiten. Einen Schießstand gibt es, grubenartige Vertiefung, als hätte der Riese Timpetu mit seiner Axt reingehauen:

Aus Spalten tropfen Rinnsale wie aus offenen Wunden. Lichtflecke, geformt wie Lampions, schaukeln herum. Hier sollen sich nicht zur Ruhe gekommene Geister heimisch fühlen. Der Ort ist durchwachsen von Baumstämmen bis in die Wolken rein. Es ist ratsam, den Platz um Mitternacht zu meiden, weil Gerippe mit Bettlaken umwickelt verrückt spielen, als wären es Alptraumgestalten. Das Gotteshaus wurde aus Backsteinen erbaut. Der Turm ist sechsunddreißig Meter hoch. Das Kirchenschiff erzeugt ein erhabenes Gefühl, als wenn man die Gute Stube bei besseren Leuten betritt, nur noch erhabener. Schule und Lehrerwohnung sind unter einem Dach. Gegenüber ist Leiders Kaufmannsladen samt Gaststätte. Die Inhaberin hat sechzehn Kinder, trägt eine steifgestärkte, weiße Schürze mit akkurat auf dem Hintern gebundener Schleife. Bei ihr finden Hochzeitsfeiern, Feste vom Krieger- und Gesangverein sowie Versammlungen statt. Es gibt eine Laientheaterbühne; am Wochenende Vergnügen. Ernst Kube spielt Klavier, Geige Paul Schmidt oder umgekehrt, Bauermeister Harmonika. Auf dem Nachhauseweg wird gesungen:
Faßtlomd uppen witen Schümmel, we mi wat jift, de kümmt in Hümmel, we mi nüscht jift, de kümmt in Höll, do sitt de Düwel midde Bodderkell.
Pfefferkorn, seit Jahr und Tag Bürgermeister, war neben den Junkern, die große Ländereien besaßen, von den Bauern derjenige, welcher neben Rohloff und Schulz die größten Weizen- und Rübenfelder besaß.

Gruß aus Kremlin. Leider's Gasthof.

Seine Kinder waren der Bruno und die Gertrud. Sie wurde die zweite Frau vom Lehrer Küssow, dessen erste Frau an Krebs gestorben war. Und was ein interessantes Thema war im Dorf, natürlich hinter vorgehaltener Hand, habe ich erst später erfahren, als wir Erinnerungen austauschten: Das Verhältnis Küssow und Gertrud Pfefferkorn bestand schon lange. Aber bei der Beerdigung soll er ein Bild des Jammers abgegeben haben, daß es aussah, als wolle er sich am liebsten dem Sarg hinterher stürzen.

Küssow war dann als Oberlehrer nach Mellentin versetzt worden, hatte sich mitreißen lassen von der Zukunftsmusik aus Donnerhall und Wogenprall, Körperertüchtigung, Jungbrunnen, Männer-Elan, strebte eine Bilderbuchkarriere an, übernahm Parteifunktionen.
Otto L. und Gattin, hatten keine Kinder. Die Schwester von ihr, Frau Bausch, lebte mit im Haushalt und war mit zwei Kindern gesegnet, einem Mädchen, das Lilia genannt wurde, und einem Jungen.
Es hieß, der Nachwuchs stamme von Otto L., dem Schwager der Schwester und Onkel der Kleinen. Das war ja dann auch ganz praktisch und schwesterlich gedacht, dazu alles hübsch unter einem Dach.

Auf dem Friedhof von Kremlin, gegenüber der Schule vor der Kirche, Lehrer Küssow mit Schülern der Einklassenschule

Weitere Namen aus dem Kirchenbuch von Kremlin: Da ist die Familie Rummel, alle groß und kräftig gewachsen. Drose, Papke, Prodöhl, Goss, Adrian, Bauermeister, Kremer, Liß, Wendt, Säkert, Paul, Röske, Merten, Lehmann, Müller. Neben Fritz Hemke, Frau Lisbeth und Sohn Kurt wohnt Paul Kamin mit der Schwester von Frau Hemke und Tochter Gisela, die einer Pfingstrosenknospe ähnelt. Familie Wolf ist die Post.
Da trifft man sich täglich, wartet und hofft, daß man aufgerufen wird. Das Fenster geht auf, Namen werden genannt, man bekommt was ausgehändigt. Manche freuen sich, andere gehen mit hängenden Schultern und schlurfenden Schritten davon, denken: Ach was, dann Morgen eben.
Frau Stargard hat einen Hof und in zweiter Ehe den Goss geheiratet. Die Töchter Meta und Frida von Bäcker Ristow gehen am Samstag durchs Dorf mit Henkelkorb und verkaufen Streuselschnecken.
Herr Lüder ist Kutscher auf dem Gut, versorgt die Pferde, welche für die Familie Lindenberg zur Verfügung stehen. Er kutschiert sie auf Ausfahrten, wenn wer zum Bahnhof muß oder nach Pyritz.

Lehmann ist in der Brennerei beschäftigt, die im Jahr ganze Tanks reinen Sprits herstellt. Wenn die vielerorts begehrte Flüssigkeit wegtransportiert wird, zapft man unterwegs was ab in Gummischläuche für den Eigenbedarf. Die Tochter vom Brennmeister heißt Ilse. So mancher Name ist mir entfallen, ging unter im Wispern der Ähren, später im Lärm der Geschütze.

Frau Bauermeister, Agnes Wagner und Frau Held beim Kartoffellegen

Gegenüber der Post liegt die Schmiede von Paul Schmidt. Auf dem Amboß behämmert er glühendes Eisen, beschlägt die Pferde mit Hufeisen, repariert Erntegeräte. Die Tochter heißt Gerda. Über die Mutter wurde geflüstert, als fehlte ihr etwas; sie war Halbjüdin. Und weil der Schmied sie geheiratet hatte, flog er aus der Partei wegen Rassenschande.

Nebenan wohnt die Dorfschneiderin Frau Fischer. Trotz ihrer unegalen Füße hört ihre Nähmaschine nie auf zu rattern. Aus zwei alten Mänteln macht sie einen neuen, indem sie den Stoff wendet und säumt.

Bauer Pfefferkorns Hof liegt am Weg nach Bederlow, von dem aus man zur Badestelle kommt.

Gegenüber hat die Sintflut ihre Spuren hinterlassen, das sind Findlinge, durch Erdschichtverschiebungen, meint Lehrer Heinze – und eine Erhöhung, die von der Jugend als Rodelberg benutzt wird, wo man sich trifft, Maikäfer tauscht, Murmeln, Lackbilder, Küsse, jenachdem.

Familie Schmudde wohnt da, Ruth und Traugott. Im Herbst, unterm Herabfallen der Kastanien, spielen wir ›Fischer, wie tief ist das Wasser‹. Dann sagt der wieviel Fuß, welche Gefahren drin lauern: Strudel, Krokodile, Neptun mit der dreizinkigen Forke, für Jungs die Seejungfrau. Die Mitspieler am anderen Ufer fragen: Wie kommen wir rüber? – Dann ist die Phantasie gefragt. Genauso beim Spiel Wer-fürchtet-sich-vorm-schwarzen-Mann? Niemand! Wenn er aber kommt? – Dann ...

Wenn in Kremlin die Glocken von Hohenzieten zu hören waren, wußte man, es gibt Regen; Westwind hatte ihn angekündigt. – Ristows Bäckerei liegt am Rand Richtung Osten, schräg rüber die Schnitterkaserne.

Das letzte Haus rechts bewohnt die Familie Boliga. Der Vater heißt Nikolai, ist Russe, im 1. Weltkrieg gefangen worden, seitdem in der Brennerei tätig.

Die Kaserne, wenn sie nicht belegt ist, benutzten wir zum Spielen, führen Spukgeschichten auf und selbstausgedachte Gruselgeschichten.
Gitti erzählte später, ich hätte sonstwas für ein Theater gemacht, um das Schneewittchen zu spielen. Die Haare meiner Cousine hatten aber eher die Farbe von Ebenholz, meins ähnelte mehr dem Schilfgras am Kammbruch; wenn ich mich drin versteckte, entdeckte mich keiner. Ich soll der Gitti bei unserer Auseinandersetzung in den Arm gebissen haben, was ich nachträglich bedauere, obwohl nichts davon im Gedächtnis haften blieb; man könnte mir also noch sonstwas anhängen.
Gerne würde ich den Ausschnitt im Kolosseum vorgeführt bekommen, wo ich eine wildwüchsige Heckenrose bin, gespickt mit Abwehrspitzen, durchzogen vom Atem Grimmscher und Andersenscher Märchen, Landpomeranze, Fehltritt eines Göttersohnes mit plebejischer Venus, ›Aschenputtel‹, ›Prinzessin auf der Erbse‹, in Zeug, das in der Truhe aufbewahrt wird – falls die Zeit zurückkehrt, in der man Zeug aus solchen Gespinsten trug. In Schubladen von Drüben-Oma lag noch ihr Brautnachthemd.

Drüben-Oma und Opa
mit Tochter Else

Dorfausgang Richtung Osten, Naulin, Pyritz, Stargard, wo Apfelbäume den Weg säumten, war der Brunnen, eine Pumpe drüber mit gußeisernem Schwengel: Agnes trug zwei volle Eimer am Joch nach Hause, ohne einmal zu plempern. Ein Wasser, wie das von Kremlin, gab es nirgendwo mehr sonst auf der Welt. Aber das wußte ich damals noch nicht.

Kurz nach der Verpflanzung von Költschen nach Kremlin, wo anfangs alles mit Mehltau und Spinnweben belegt schien – wenn da einmal was passierte, wo ich meinte, mir wäre ein Unrecht geschehen, der Ball sei absichtlich an meinen Kopf geflogen, soll ich Richtung Zuhause gerannt sein in einem durchgehenden Schrei, bis das Evchen, den Mutterschoß gerade noch erreichend, ohnmächtig zu Boden glitt.
Mein Adoptivvater, der gute Karl–Otto-Richard Buchholz, der sich als Familienoberhaupt beweisen mußte und dieses sich seltsam benehmende Kind zur Vernunft bringen, wußte sich nicht anders zu helfen, als der Göre die Hosen runter zu ziehen und den Hintern zu versohlen.

Er soll es geschafft haben, daß ich damit aufhörte, auf derart theatralische Weise die Aufmerksamkeit der Erwachsenen auf mich zu lenken. Ich weiß nur, daß, seit das Erinnerungsvermögen einigermaßen funktioniert, ich nie ohnmächtig geworden bin wie die zartbesaiteten Wesen in melodramatischen Romanen, was ich mitunter heimlich bedauerte, denn es gab schon Situationen – inzwischen Urgestein – wo Eva gerne ausgewichen wäre, Maria sonstwas drum gegeben hätte, paar Zacken aus ihrer Dornenkrone, um das Bewußtsein ausschalten zu können, die Seelenpein nicht spüren zu müssen, den Schmerz, die Scham oder Schande registrieren. – Wenn wer behauptet, er hätte selbst erlebt, wie diese Person, um die es sich hier dreht, erbleichte und mit einem Seufzer wegtrat oder der Länge nach hinschlug, muß ich eingestehen, es war gespielt beziehungsweise simuliert – gleichzeitig aber echt und wahr: denn eine Gauklerin war ich von Kindesbeinen an; dieses Talent ist mir als Morgengabe mit in die Wiege gelegt worden, Trostpflaster wegen der Ausrottungsversuche, von einer mir wohlgesonnenen Fee, im Troß der Vorfahren, die möglicherweise zum Fahrenden Volk gehörten.

Die Schlachtfeste im Dorf waren Ereignisse für sich. Viele Familien hielten sich Hausschweine, möglichst zwei, weil die schneller fett werden, als wenn ein einzelnes lustlos vor sich hinmampft. Es sind gesellige Tiere, futterneidisch, fürchten, der neben ihnen schlingende Artgenosse frißt alles weg. Also schmatzen sie wild drauf los, wenn was in den Trog gekippt wird, sondieren mit dem Rüssel die besten Brocken, um am Ende doch alles zu schlucken: Kartoffelschalen, Brotrinde, Fischköpfe, vermischt mit Schrot und Kleie; einfach alles, denn sie sind Allesfresser.
Sie können auch mal krank werden, wie der Mensch. Aber ein Tierarzt kostet Geld. Deshalb sagt die Frau von Brennereichef Nikolai Boliga: Alle pullern heute in den Eimer! Das Schwein kriegt dann den Urin als Medizin in den Hals gekippt – und schon ist es wieder putzmunter.
Wenn die Zeit gekommen war, wo für den Winter vorgesorgt wird, weil die Vorräte in Pökelfaß und Räucherkammer zur Neige gingen, erschien ein Schlachter von Auswärts in blauweiß-gestreiftem Hemd, wetzte die Messer, haute dem eingefangenen Schwein die Axt auf den Kopf, mit der stumpfen Seite vor die Stirn – und Wum! hörte das Borstenvieh auf zu quieken und kippte aus den Latschen.

Ausgenommen vom Schlachten ist vorerst die Sau, falls sie trächtig ist und demnächst ferkelt, auch weibliches Jungvieh, das auf Kenner den Eindruck macht, es könnte die Alten ablösen. Der Eber, für den Fortbestand der Art mit ausschlaggebend, blieb gleichfalls verschont, so daß von vornherein feststand, welche Exemplare lebend mehr von Nutzen sind, somit noch ein langes Glücksschweineleben in Matsch und Modder vor sich haben oder auf der Schlachtbank enden, im Pökelfaß oder Rauchfang, in Einweckgläsern, ihr eigen Fleisch und Blut, Fett, Knorpel und Gekröse, im einstigen Gedärm verwurstet auf den Tisch kommt, im Magen der Gönner verdaut wird, ausgeschissen wieder, verteilt in den Ackerfurchen als Dünger. Trotzdem: Guten Appetit!

Bevor es aber soweit war, wurde das um die Ecke gebrachte Schwein an allen Vieren gepackt von mehreren Personen, in den Trog bugsiert, der umgekippt am Hausgiebel gelegen – unter welchem ein schlaues Huhn ein Nest zusammengescharrt und täglich ein Ei rein gelegt hatte, inzwischen ein halbes Schock, so an die dreißig Stück, um in Ruhe brüten zu können, was nun entdeckt war, denn dieser Trog ist ins Zentrum des Geschehens gerückt, gehört sozusagen ins dörfliche Still-Leben hinein – und das Tier wird mit kochendem Wasser übergossen, das heißt abgebrüht. Dann rückt man dem Borstenvieh mit einem Blechschaber zu Leibe – und es folgt der nächste Akt des Spektakels.

All dem voran war ein durch Mark und Bein dringendes Protest- und Hilfegeschrei gegangen, weil das Tier, wohl ahnend, was ihm bevorstand, versucht hatte, dem Schweineschicksal zu entkommen.

Mit einem Spezialmesser und einem raschen Schnitt von geübter Hand, wurde die Halsschlagader des zwar noch lebenden, aber betäubten Schweines eingeritzt – und die Hausfrau stand mit der Schüssel bereit.

Das heißsprudelnde Blut muß beim Auffangen gerührt werden, damit es nicht klumpt oder gerinnt; jedenfalls gehörte das zum Ablauf.

Es war schon passiert, wenn der Schlachtergeselle wenig Erfahrung hatte, daß die Umrührerin mit dem Quirl, von oben bis unten eingesaut war, ›Mordsschweinerei‹ schrie und unter die Pumpe flüchtete.

Meistens jedoch lief alles glatt ab und ging einwandfrei über die Bühne.

Aus dem Blut wird Schwarzsauer gemacht, Grützwurst in Steintöpfen oder mit Zungenwürfel in Blase und Därme gefüllt, welche in der Wanne vom Inhalt befreit und gesäubert worden waren mit Essigwasser, Salz.

Fast hätte ich vergessen, den Fleischbeschauer zu erwähnen: Er ist der Schiedsrichter des gesamten Unternehmens, sagt, ob die Mühe sich gelohnt hat oder das Ganze vergebliche Liebesmüh war, die Sau vom Abdecker abgeholt wird oder die Nahrung für den Winter sicher gestellt ist, das Fleisch also weiter verarbeitet werden darf. Ohne seine Begutachtung und den Genehmigungsstempel auf die Schwarte des Vorder- und Hinterschinken, den amtlichen Nachweis dafür, daß nichts zu beanstanden ist, wird das Schwein nicht frei gegeben.
Falls von den Trichinen – Fadenwürmer sind das, auch Schmarotzer genannt, die auf Menschen übertragbar sind – jemand was zu sich nimmt, kann er schwer erkranken, sogar sterben auf qualvolle Weise. Vorsichtshalber ißt man in heißen Gegenden deshalb meistens nix vom Schwein, hat es vom Speiseplan gestrichen. Schon zu Jesus Zeiten waren sie auf den Trichter gekommen, daß damit was nicht koscher ist.
Einst war der Beschauer nicht aufgetaucht, sollte angeblich unterwegs versackt sein. Ich dachte, im Modder oder in eine Jauchegrube. Nein doch, von einer süßen Luise war die Rede, der man schwer widerstehen kann. Das ist aber keine Braut, sondern Birnenschnaps, ein Bretterknaller.
Da hatte selbst der Kontrollmann die Kontrolle über sich verloren.

Zurück zum vor der Tür hängenden Schwein. Es mußte vor Dunkelwerden ins Haus; im Freien hätte es Wölfe angelockt, die sich über so leichte Beute gerne hermachen – und wir hätten in die Röhre gekuckt, uns nicht über die Eisblumen an den Fensterscheiben freuen können. Otto hat sich die Last auf die Schultern geladen, ein Vorderbein mit der linken Hand, das Hinterbein mit der rechten und den Fleischpacken unter Ächzen, fast bis zur Erde gebeugt, obwohl er ein starker Mann war, ins Haus geschleppt und morgens wieder raus.
Diesmal kam der Trichinenbeschauer pünktlich mit dem Zubehör und kuckte sich die Sache näher an: Zwischen Glasplättchen werden Schnipsel aus verschiedenen Körperteilen unter die Lupe genommen, untersucht. Noch nie hatte der Mann Fadenwürmer gefunden. Insgeheim hoffte ich durch sein Mikroskop kucken zu dürfen, aber er packte die Instrumente wieder ein, ohne daß was Ungewöhnliches entdeckt worden war.
Es gab jede Menge Regen- und Tauwürmer, nach denen man sogar mit der Taschenlampe auf Jagd war, um sie auf den Angelhaken zu spießen.

Unter der Regentonne oder beim Umgraben des Gartens, sah man sie sich davon schlängeln und in tiefere Erdschichten verschwinden; aber es fanden sich, soviel Mühe man sich auch gab, keine Fadenwürmer. Nun wurde gescherzt und gelacht, denn es gab keinen Grund zur Sorge. Eitel-Freude breitete sich aus. Das Schlachtefest konnte beginnen.
Der Bauch wird aufgeschnitten, Innereien in weiß geschrubbte Holztröge getan: Herz, Leber, Milz – wovon später gebratene Kosthappen rumgereicht werden. Vorher hatte das Borstenvieh eine Weile auf der Leiter verbracht zum Ausdünsten, abgedeckt mit Tüchern, in kühler Luft. In der Stube saßen die Frauen derweil um den schweren Ausziehtisch herum, verrichteten Arbeiten, die ihnen flott von der Hand gingen: Zwiebeln aus ihren sieben Kleidern rauspellen, Äpfel schälen, Talg in Würfel schneiden, Speckseiten zum Räuchern abtrennen, Schmalz auslassen, Fleisch durch'n Wolf drehen, Hackepeter zubereiten, das Singen nicht zu vergessen, mehrstimmig, Neuigkeiten einstreuen, Zoten reißen, Geschichten erzählen, sie ausschmücken, wie die folgende:
Im Gasthaus werden nach den Aussprachen meist paar Doppelte zur Brust genommen. Der Laden war bereits dicht, als die drei Frauen sich auf den Weg machten, um ihre Männer heim zu lotsen. Vielleicht sind sie bei Tante Else und Onkel Ernst eingekehrt. Nein, waren sie nicht. Endlich finden sie eine am Boden liegende Gestalt, voll wie ein Stint, Hose runter gelassen, total eingesaut. Berta, Liese und Erna stutzen: Gott, wer ist das denn, sagt die Erste. Na, meiner zum Glück nicht. Die Zweite besieht sich den in die eigene Kacke gefallenen näher, sagt: Hast Recht, Berta, deiner isses auf kein' Fall. Es äußert sich die Dritte, während sie das Mannsbild genauer untersucht: Wißt ihr was, Mädels, das ist überhaupt keiner aus unserm Dorf. Aufkreischen, gespielte Empörung: Was sollen die Kinder denken! – Die verstehen das noch nicht.
Als die Sonne sank, wurde Brühe mit schillernden Fettaugen getrunken. Nachbarn kamen, kriegten aus dem Kessel soviel ab wie sie wollten. Bröckchen von geplatzten Blut- und Leberwürsten schwammen drin; mir läuft das Wasser im Mund zusammen, wenn ich dran denke, habe das Gemisch, diese spezielle Zusammensetzung in der Nase: Majoran, Thymian und wie es im Lied heißt: Petersiliensuppenkraut wächst in unserm Garten – und Mariechen ist die Braut, soll nicht länger warten. Schöner grüner, schöner grüner Jungfernkranz, juchhei.

Zwiebel, Knoblauch, Pfeffer kribbelt in der Nase, wird ins Hackepeter gestreut, Kapern, Preiselbeeren gehören ins Schwarzsauer, Lorbeerblätter in die Sülze, der Apfel kommt ins Griebenschmalz.
Holzkohle, zischender Kienspan, werden am Küchenherd benutzt, auf dem Innereien und durch den Fleischwolf Gedrehtes schmurgelt.
Wenn uns Kinder die Müdigkeit übermannt, liegen wir am Boden, im Elternbett, zwischen Bilderbüchern und Spielzeug, dem Tun und Machen der Köchinnen, Handreicherinnen, Hausfrauen, Tanten, Müttern, Verkosterinnen, ihrer aller Gelassenheit und Sorgfalt, wo jeder Handgriff sitzt und heitere Stimmung vorherrscht.
Trotz der Geschäftigkeit ringsrum schlafen wir wie Murmeltiere, träumen von Blut in Strömen, naschen vom Kuchenteig, der in den Ofen geschoben wird, wo ein Strauchfeuer Glut entfachte, Hitze, die von den Steinen eingesaugt wurde und alle Räume warm hält nach Einbruch der Dunkelheit – und einen anheimelnden Feuerschein verbreitet.
Denn Abschiedsschmerz der mit Raureif befallenen Gladiolen, Dahlien und Winterastern, schleicht durch den Sprung in der Fensterscheibe.

Als die Luft bereits nach Veränderung roch, wir aber taten, als würde alles bleiben wie es ist, die gewohnten Gänge gingen, Aufgaben erledigten, tagtäglich ein Blatt vom Kalender abrissen, gegen fünf Uhr abends zum Gut gingen mit Kannen, uns anstellten bei der Milchausgabe für Angehörige der Gutsarbeiter und vom Verteiler mit dem Henkelmaß aus dem Bottich, die uns zustehende Menge eingegossen bekamen, passierte Unerwartetes, das auf meiner Haut Spuren hinterlassen sollte.
Wir waren in Viehhallen, sind in Kuhställen, Vorratsräumen, Heuböden, gewesen, haben Schwalbennester besichtigt, die ausgeschlüpften Jungen gezählt, welche die Schnäbel aufrissen, als wären sie am Verhungern, obwohl die Eltern ein- und ausflogen, haben Ochsen besucht, Färsen, durch Ritzen in verbarrikadierte Boxen gekuckt, wo Bullen waren, mit blutunterlaufenen Augen, wuchtigem Hodensack, behaarten Spieß am Bauch, mit dem die ganze Prozedur gedeixelt wird, die man Befruchtung nennt, wonach das Rindvieh etwa zehn Monate später Kälbchen wirft.

Manchmal erledigt das ein Tierarzt aus Pyritz, Rucksackbulle genannt, mit einer Luftpumpe, wobei er der Kuh den Schwanz anhebt, hinten reinlangt, ihr eine Füllung verpaßt, die dem echten Bullen abgezapft wurde. Das stärkste Zuchtexemplar, hat den Betreuer auf die Hörner genommen, durch die Luft geschleudert, obwohl sofort Männer versucht hatten, den Koloß mit Brechstangen in Schach zu halten.

Fritz, Alfred, Christian, Hans, Melchior Trump – Melkerfamilie auf dem Gut der Lindenbergs.

Wir kamen zu der Stelle, wo ein Hund am Steinklotz angekettet war, zutraulich in die Welt schaute, sich auf die Hinterbeine stellte, am Boden wälzte, mitgenommen werden wollte, es schaffte vor Kraft durch Freude, den Brocken zu bewegen. Ich wollt ihn streicheln, da verwandelte er sich in eine Bestie, die mich in Stücke reißen wollte. Der erste Biß traf den Bauch, der zweite den Oberschenkel, drittens das Schienenbein. Mein Bruder stand da wie erstarrt. Dann griff er nach der Eisenstange, die zur Verriegelung des Tores gehörte, als wolle er den Hund erschlagen. Es blutete an mir runter, wie aus frisch entsprungenen Quellen.
Ich erinnere mich an keinen Schmerz, sprang nach Hause, aber statt den kürzeren Weg übers Feld zu nehmen, laufe ich die ganze Dorfstraße entlang, um mein Blut im wahrsten Sinne des Wortes zu Markte zu tragen, Aufmerksamkeit zu erregen. Nun mach' dich nicht schlechter, als du bist, Evchen. Du hattest einfach Angst, wenn ich übern Kartoffelacker laufe, die Unkrautstrecke hinterm Friedhof, wo keiner lang kommt nach Feierabend, du könntest unbemerkt in einer Ackerfurche den Geist aufgeben.
Ich hielt meine Hände hoch, die an Blätter im Spätherbst erinnerten, an die der Rotbuche. Das Kleid klebte am Körper, die Schlüpfer waren durchtränkt, das Blut floß an mir runter, sickerte durch die Zehen aufs Kopfsteinpflaster.

Stallungen vom Gut aus dem Jahr 2002

Ich hatte keine Träne geweint, nur geschimpft, weil der Hund sich als falscher Nero entpuppt hatte. – Tage zuvor, beim Spielen, meinte ein Kind; entweder hatte ich beim Seilspringen gewonnen oder beim Klettern im Dachgestühl nach dem Richtfest: Gib nicht so an, als wärst du eine geborene Prinzessin. Deine Mutter ist gar nicht deine Mutter. Ätsch! – Du lügst. Nein, du. Ein luftleerer Moment, das Gefühl, als würden Saugnäpfe mein Inneres wegschlürfen, die Roggenmuhme nach mir greifen, ihre aufgerauhten Hände mich mit Stroh umwickeln, zu den Garben stellen, die man auch Puppen nennt. Krähen werden angelockt, der Donnergott grollt, schießt Zickzackpfeile ab.
Da war ich in die Stube gestürmt und hatte Agnes mein Leid geklagt: Ich hätte keine Mutter wie andere Kinder, wäre ein Findelkind, mich hat der Esel im Galopp verloren, sie könnte mich aufs Rhabarberblatt legen, wenn ich schlafe, im Zufluß vom See aussetzen und abtreiben lassen. Oder im Sack, mit den blinden Kätzchen im Kammbruch versenken – wenn ich ungezogen bin, den fetten Speck nicht esse, sondern untern Teller schiebe, weil mir davon schlecht wird; Horst hat ihn schon öfter für mich runtergewürgt, um mir aus der Klemme zu helfen.
So ein Unsinn aber auch, sagte sie. Du bist meine Tochter, wie ich deine Mutter bin. Laß dir nichts erzählen von diesen dummen Jungs. Die sind nur neidisch, daß du alles kannst wie sie – oft sogar besser.
Und jetzt diese Blutspur mitten durchs Dorf. Einen Arzt gab es nicht weit und breit, die waren abgezogen worden, anderswo im Einsatz.
So war ich auf Heilkräfte der Natur angewiesen und eigene Reserven, wurde mit Stoffstreifen umwickelt; man hatte ein Bettlaken geopfert. Mein Bruder fuhr mich im Leiterwagen rum, manchmal im Galopp, daß ich kopfüber schoß und das Gefährt auf mir drauf lag, aber da es ausgepolstert war mit einer Pferdedecke, tat es nicht so weh.
Einst waren wir in die Himbeerplantage eingedrungen, als der Aufseher kam und wir verschwinden mußten; der fackelt nicht lange und schwengt den Knüppel, einen selbstgeschnitzten Rosenstock, kommt ihm was verdächtig vor. Horst sagt: gleich hol ich dich wieder raus – schob mich in die Büsche und verschwand. Da fühlte ich mich wie ein Rehkitz, allein gelassen vom Rudel, mit Herzklopfen – und war froh, weil ich wußte, mein Bruder sitzt hinterm Zaun, rettet mich mit einem Trick und Huckepack, sollte der Mann die Hand nach mir ausstrecken.

Doch der ging vorbei. Ich hielt den Atem an, auch weil mir ein Hauch vom Kautabak in die Nase stieg, die bereits anfing zu jucken, so daß ich in Sorge war, niesen zu müssen; da wäre ich aufgeschmissen gewesen. Und sah ihn durch hochaufgeschossene Triebe der Himbeeren sich die Bartstoppeln kraulen, mit flinken Blicken die Gegend durchforschen und steifen Schritts, als hätte er einen Stock verschluckt, den Kindern folgen.
Es ging mir gut: alle aus der Nachbarschaft wollten mich ausfahren. Ich hätte sterben können durch die Attacke von dem Bastard, zumal literweise Blut den Bach runter gegangen war, tollwütig werden. Es hatte was Magisches, dieser Zustand, das Umwickeltsein mit Verbandstoff.
Als alles geheilt war, wir die Narben begutachteten, schien es, als hätte der Hund nur einen Zahn gehabt, einen spitzen Hauer, man sah, wie er ins Fleisch eingedrungen war. Vielleicht hatte das Biest sich an mir die übrigen Zähne ausgebissen. Gut, daß ich nicht umgefallen war, sonst hätte er mir womöglich das Gesicht verstümmelt vor lauter Gier.
Trotzdem hat diese Erfahrung keinen seelischen Schaden hinterlassen. Ich mochte weiterhin die buntgescheckten Vierbeiner, ob übermütige Kreuzungen oder reinrassige Sorten; ihre Lebensfreude ist ansteckend.

Da fällt mir gleich was über den Jungen und seinen kleinen Hund ein: Der Name ist wahr und wahrhaftig Franz Held, Fränzer genannt. Das war deshalb, weil sein Vater ebenfalls Franz hieß – und damit die beiden nicht verwechselt werden, wenn man nach ihnen ruft oder was über sie erzählt, wurde Sohn Franz – Fränzer genannt, kriegte zwei Pünktchen aufs ›a‹ drauf und eine Silbe angehängt. Die Mutter hieß Tante Berta.
Die Oma rauchte Pfeife. Das war eine Sensation für Kinder im Dorf. Aber sie litt an Asthma und hätte manchen Anfall kaum überstanden, wäre die Inhalier-Methode mit Menthol noch nicht erfunden gewesen.
Nun aber die ans Herz rührende Tiergeschichte:
Auf dem Gut hatten sie mehrere Hunde, darunter auch eine Dackeldame, langhaarig, glänzend. Als die wieder mal einen Wurf zur Welt gebracht hatte, kriegte Fränzer davon einen Welpen, bildschön und heiß geliebt, von Frau Lindenberg geschenkt. Und der hieß Metschi. Nun war das so ein Wildfang und Zuhause bei Fränzer war alles hoch drei was Ordnung betraf. Man hatte Geduld mit seinem Heranreifen. Aber dann hat er was gemacht, was Vater Held gar nicht gut fand.

Jetzt reichts, sagte der. Er muß bestraft werden, damit er merkt, wer hier Herr im Hause ist. – Vielleicht war Pastor Müller ihm als Gespenst erschienen und Metschi hatte in Panik dessen Talar zerfleddert.
Nun sollte er also was mit dem Riemen übergezogen kriegen. Doch Fränzer flehte Franz an: Vadder, Vadder, houch mi, nich Metschi.
Da wird einem, ob man will oder nicht, flau in den Gefühlsbahnen. Und deshalb auch, weil er später, wie die meisten jungen Männer alle, ins Feld einrücken mußte und nicht zurückkehrte, dieser Fränzer Held.

Und noch eine Hundsgeschichte: Als der alte Rummel, das Herrchen von Pluto gestorben war, beerdigt, war sein Hund aufeinmal verschwunden. Dann kam man ihm auf die Schliche: entkräftet, mit hängenden Ohren und angeschwollenen Augenlidern lag er am Grab seines Herrn, hatte ein Loch gebuddelt, wäre selbst bald verendet, hätte man ihn nicht mit den Filzpantoffeln von Bauer Rummel vom Friedhof weggelockt.

Muschi hatte Kätzchen geworfen, zehn Stück an der Zahl. Agnes sagte, so geht das nicht weiter. Wo man geht und steht, hängen sie einem am Rock, klettern die Gardinen hoch. Ihr geht zum See und werft sie rein. Sie tat die Jungen, die sich wie Kletten an ihr festkrallten, in einen Sack, trug Horst auf, einen Feldstein reinzutun, damit er schwerer wird, dann macht es Plums! und die Sache ist erledigt.
Wir trotteten los mit gesenkten Köpfen, stumm, mit bleiernen Füßen. Niedergeschlagen, aber frohen Herzens, kamen wir abends zurück. Alle Jungen waren noch am Leben, süß, frech, ahnungslos über das, was wir durchgemacht hatten, hin und hergerissen waren zwischen Pflichterfüllung und Mitleid mit den rosa Schnäuzchen. Wir bettelten Agnes, die Kätzchen behalten zu dürfen zum Verschenken und stellten an der Gartenseite unterm Schuppendach ein Puppenbett auf.

Agnes ist dabei uns zu erziehen: Ihr müßt zu Költschen-Oma zurück, unartige Kinder will hier keiner. Keine Angst, der Wolf rennt weg, wenn er euch trifft. Und sie begleitet die eingemummten Sprößlinge bis vor die Tür, gibt ihnen den selbstgeflochtenen Korb aus Weidenruten, in dem Klappstullen in Pergamentpapier eingewickelt liegen, zwei gestern übrig gebliebene Schweinepfoten, Birne und Apfel.

Der Bruder nahm die Schwester an die Hand, stapfte los zum Dorfausgang mit ernstem Gesicht sowie Freude und Bangen in der Brust. Ich vertraute meinem großen Bruder, was auch geschehen mochte.
Beim Posthaus holt Agnes uns ein mit schnellem Atem, erschrocken darüber, daß sie es übers Herz gebracht hatte, uns wegzuschicken, auch wenn es nur Spaß war: Ihr seid doch meine Kinder, sagt sie.
Mit Abstand weiß ich: Der Moment des Weggeschicktwerdens war ein Steinwurf, der die Schläfe traf, sie durchschlug, einen Krater bildete in der ansonsten üppig blühenden Seelenlandschaft von Eva.
Und damit der nicht für sich alleine bleibt, gesellten sich im Laufe der Umdrehungen von Mutter Erde noch so einige Einschläge hinzu.
Aber auch unzählige Sonnenkringel – die sich im Klaren See widergespiegelt hatten und der hohe Himmel darüber mit seiner Sanftheit und dem Grau, welches der Ostwind beim Rumwirbeln der Herbst- und Frühjahrsstürme verursacht – tauchten ein ins verwaschene Blau ihrer Augen.

Irmi erinnert sich an tiefen Frieden, wo sie ihren Vater sonntags in aller Herrgottsfrühe – die Woche über mußte er für das Gut arbeiten – zum Feld begleitete, um ihm eine Freude zu machen und bißchen zu helfen. Als die Sonne aus den Grashalmen auftauchte, Tautropfen in den Wiesen blinkten wie Diamanten, Lerchen tirilierten, kein Mensch weiter unterwegs war, sagte der sonst eher wortkarge Karl Wagner zu seiner Tochter: Mi is so wohl tu Mood, as har de leve Gott mi in de Tasch scheetn.
Damit wollte er ausdrücken, daß er glücklich war. Es war normal, sieben Tage die Woche zu arbeiten. Urlaub gab es nicht für Landarbeiter. Sein großer Traum war, für die Familie einst ein Haus bauen zu können.

Irmis Eltern links mit Nachbarin

Agnes Wagner mit ihren Töchtern

Als Irmi zwölf Jahre alt war, wurde sie in den Schulferien zu Verwandten geschickt, die keine Kinder hatten. Ein ganzes Stück weg von Zuhause. Als Tante Martha zum Einkaufen war, versuchte Onkel Hermann Irmi darüber aufzuklären, wie Babys entstehen, erst theoretisch, wie ein Biologielehrer, denn für das Märchen vom Klapperstorch sei sie schon zu groß. Dann faßte er sie an, zog sie auf seinen Schoß, ließ wieder ab von ihr, als er Widerstand spürte. Ganz gab er sein Vorhaben jedoch nicht auf, holte sein Ding aus dem Hosenstall und erklärte, wo es hin gehört, wenn ein Kind entstehen soll. Er machte daran rum, bis er befriedigt war. Danach wurden die Spuren davon mit einem Wolfsfell am Fußboden verwischt. Das Mädchen spürte dumpf und unwiderruflich, daß ihre Kindheit vorbei ist, die Ferien sowieso und auch der Sommer zur Neige ging. – Sie fühlte sich das erste Mal allein und zum Schweigen verurteilt. Auf den Gedanken, der Tante oder gar Mutter davon zu erzählen, war sie erst gar nicht gekommen. Niemand hätte ihr geglaubt, glaubt sie. Von da an hat sie Situationen gemieden, wo sich ein derartiger Anschauungsunterricht hätte wiederholen können.

Wieder Winter. Schlittenkufen knirschen. Schnauben aus Pferdenüstern. Schneeballschlachten, eine Höhle. Eva befindet sich im Vorschulalter. Ein Junge fällt mit andern Kindern im Knäuel über sie her, drückt das Mädel in den Schnee. Es fühlt sich heiß an, neu, nicht wie beim Bruder, wenn er sich ankuschelt vorm Einschlafen. – Denke ich an den Freund, ist mir, als würden Engel beim Gottesdienst anfangen zu kichern. Den Jungen nehme ich mir später zum Mann. In seinen Augen sieht es aus, als schwebten Fliederblüten darin herum, die der Wind von Brederlow vor sich her treibt. Außerdem riecht er im Januar als wäre schon Mai.

Das strohgedeckte Haus bei der Schule brannte ab. Wir standen da wie gebannt. Niemand tat etwas, um das Feuer zu löschen – es war zu spät. Das Lecken der Flammen, im Dunkeln Augen, worin sich die Glut widerspiegelt, das Zerfallen vom Zuhause der Bewohner – faszinierend.

Auch dieses Ereignis ist ein nicht auszulöschendes Bildchen im Album der Erinnerungen und hat mir die Vergänglichkeit von Geborgenheit und Besitz auf einprägsame Weise vor Augen geführt, dazu den Beweis erbracht, daß man daran nicht kaputt geht, sondern neu anfängt.

Sie haben alle geholfen, als der Schock überwunden war. Ich sehe sie aufräumen, die Nachbarn, mit Ruß beschmiert die Hände, das Gesicht. Backsteine werden geholt mit der Holzkarre, Säcke voll Sand ...
Es gab aber auch Tratsch und Bösartigkeiten. Die alte Wintersche zum Beispiel, Schwiegermutter von Lona, soll die so schön schwarzweißmelierten Perlhühner von Tante Else mit dem Knüppel erschlagen haben, statt sie zu verscheuchen, weil die schon wieder am Kopfsalat gepickt hatten und auf dem Feld in den Kartoffelstauden rumgescharrt hatten.

Zwischenzeit von Krieg und Frieden. Es gab sowas wie ein Armenhaus, das der Gemeinde gehörte und gegenüber der Kirche das Spritzenhaus der Freiwilligen Feuerwehr, welches zusätzlich dazu diente, den zuständigen Ordnungshütern verdächtig vorkommende Personen wegzuschließen: Landstreicher, Vagabunden, Hausierer, Entflohene, Ertappte. Meistens war man Zigeunern auf den Fersen, weil es sich schwer mit der Staatsordnung vereinbaren läßt, wenn einer aus der Reihe tanzt und nicht registriert ist beim Amt, einfach nach Lust und Laune lebt, keine feste Bleibe hat, wo man ihn findet, wenn er gesucht wird.
So waren die Beamteten stets bemüht, das bunte Völkchen am freien Kommen und Gehen zu hindern. Wachtmeister B. ist beritten, hat ein schwarzlackiertes Tschako auf dem Kopf, trägt eine grüne Uniform, wohnt in Mellentin; Kirche und Polizei werden vom Nachbardorf aus mitversorgt. – Und schon drischt er mit dem neuen Gummiknüppel durch die Luft, um die Biegsamkeit des Prügels zu testen und die eigene Belastbarkeit, die er mit Kniebeugen und Schulterrecken kontrolliert, sich und der Umgebung zunickt, auf die in lose Stoffe gewickelte Frau und deren Rucksack schlägt – die aus Kubes Kolonialwarenladen rausgekommen war mit Säugling auf der Hüfte, zwei Kleinkindern am Rockzipfel, Erbetteltes in den Händen – und jagt sie die Treppe hinunter.
Ich renne zu Agnes, die im Garten einer anderen Frau Gurken abknipst von den flach am Boden wachsenden Ranken. Danach wird der Fall an die Kreisverwaltung abgegeben. Vorher müssen sie alle mit Kind und Kegel hinter Schloß und Riegel, links von Leiders Gaststätte, ins Spritzenhaus.

Kubes Kolonialwarenladen, gleichzeitig Bierausschank.

Da springen Dorfkinder rum, machen Verrenkungen, schreien, singen: ›Minka, Minka, komm heraus, kratz uns doch die Augen aus‹ – und werfen Steine gegen die Tür, es ist halb Spiel, halb Ernst. Sie wollen den Eingesperrten Angst einjagen, weil ihnen von klein auf eingetrichtert wurde, in Angst und Schrecken zu verfallen, wenn Fremde im Dorf aufkreuzen. Nachts träumte ich, wie der Gruppenälteste – er ist wohl ihr König, trägt eine goldene Halskette, eine Sonne als Anhänger – mit langem Arm aus der Öffnung vom Verlies, einem Taubenschlag ähnelnd, in dem er angekettet ist, nach mir greift. Ich bin gerannt, zur Schmiede rüber, übern Friedhof, im Zickzacklauf zwischen den Gräbern ...
Doch so schnell ich auch war, sein Arm verfolgte mich überall hin. Schweißgebadet wache ich auf, hocke aufrecht im Bett und will nicht mehr einschlafen. Mutti, die am großen Tisch sitzt, Strümpfe stopft, beruhigt mich, erzählt von den Entbehrungen der Zigeuner, deren Sitten und Gebräuche, wie sie singen und Musik machen, nie lange an einem Ort bleiben, gern durch die Welt ziehen und von sich aus nie Krieg anfangen oder ein Land überfallen, sich nur wehren, wenn man sie angreift oder beleidigt, aber dann bis aufs Messer.

Und der lustige, wie ein Regenpfeifer zwitschernde Hausierer mit dem verbeulten Hut – den er sich, wenn er überlegte, ins Gesicht schob, sich den Nacken kratzte – kommt mir in den Sinn, der das bepackte Fahrrad bei Wind und Wetter vor sich her schiebt. An ihm hängen Taftschleifen, Halstücher. In Schachteln sind Spitzenkragen, Glas- und Perlmuttknöpfe, Haken, Ösen, Nähseide, Nadeln und ein Rohr zum Durchkucken, das phantastische Muster zaubert nach dem Schütteln; Filmschauspielerpostkarten: Marika Röck, Lale Anderson, Willy Fritsch und Hans Albach-Retty. Wie ein überladener Christbaum dreht er sich, damit man ihn bestaunt, vor allem natürlich sein Warenangebot.
In den Hosentaschen hat er auch noch so allerlei; manchmal kauft er alten Schmuck ab, Broschen, wo ein Stein fehlt, Zerbrochenes. Er war einst in der Lehre, wollte Goldschmied werden, aber es hat nicht geklappt.
Wo der Ehemann auf Arbeit ist, verweilt er etwas länger, wurde von der Schwägerin registriert, erzählt paar Schnurren, bringt die Hausfrau zum Lachen, bekommt ein Frühstück serviert, das es in sich hat. Sie schneidet seinetwegen sogar den Napfkuchen an und bestreicht sein Stück mit Butter.

Ein schlaues Kerlchen war er, hat so manche aufs Kreuz gelegt durch seine Art, aber meistens haben sie ihm zuerst schöne Augen gemacht. Einmal stach im Gekicher das Wort Ähnlichkeit hervor, als Joseph – alle sagten Joschi zu ihm – angeradelt kam. Es ging das Gerücht: Hier, in der helläugigen Gegend, gäbe es neuerdings immer mehr dunkelhaarige Ableger vom Stamme Adam&Eva, die der Storch abwirft. Joschi war angeblich unwiderstehlich und die Unschuld in Person. Als die Männer in den Krieg zogen, im Schlamm versanken, sich in Rauch auflösten, ins Nichts eingingen, wurde auch Joschi bald nicht mehr gesichtet. Es hieß, seine Abstammung sei nicht koscher und er wäre als Hausierer nicht mehr tragbar. Keiner sprach aus, was es damit auf sich hatte, nur: er sei ins Arbeitslager gekommen. Aber einige Samenkörner, die von ihm ausgestreut worden waren in Pommern, der Neumark – auch in Brandenburg war er viel unterwegs – sind aufgegangen und haben für den Fortbestand der Stammes von Joschi Goldfaden gesorgt. Ich habe noch ein Nadelkissen und einen mattglänzenden Kragen von ihm im Nähkästchen aufbewahrt, den Agnes einst trug.

Ein Stellungsbefehl war überbracht worden Anfang des Krieges. Das Rad der Geschichte hatte vor uns nicht Halt gemacht. Wir klammerten uns in die Speichen, wurden mitgeschleift Hals über Kopf, den Halt verlierend, wenn der Boden sich auftat, ein Abgrund vor uns lag und alles Lebende zu verschlingen drohte, einige Mütter der Menschheit samt Anhang in den Windschatten des Feuers drückte, wo sie geschützt waren bis zum nächsten Trommelfeuer, bei dem durch Granaten eine Umbettung der Gefallenen stattgefunden hatte, wodurch ein Krähenschwarm angelockt wurde, Schwarzvögel, die den Himmel verdunkelten und mit ausholenden Flügelschlägen ihre Runden zogen, deren Stechaugen aus großer Höhe Kotzbrocken von Delikatessen unterscheiden konnten, dabei in Euphorie gerieten ob des plötzlichen Reichtums an leckeren Bissen, Freudenkrächzer ausstießen im Chor und einzeln, sich auf den Gabentisch der Mutter Erde stürzten, wo sie sich dumm und dämlich fressen konnten an gerade zu Boden gegangenem Frischfleisch vom jungen Gemüse – und den mancherorts bereits in Verwesung übergehenden Körpern einstiger Heldensöhne.

Die Zeit hinterließ ihre Schleifspuren, prägte sich ein ins Gemüt, machte eine harte Haut, auf der feinste Antennen und Sendemasten wuchsen, ließ die Angst sterben vor Tod und Teufel, erschloß nie mehr versiegende Kraftquellen für so manch einen mit dabei Gewesenen – wenn er nicht kurz vorm Zusammenbruch des Systems doch noch draufging in den Wirren des Neuanfangs, auf eine Mine trat, unter Trümmer begraben wurde, eine verirrte Kugel ihn traf. Eine, die wir kannten, hat sich eine Krankheit eingefangen, ist dadurch verrückt geworden. Unbeteiligte hat das Pech ereilt, Massenmörder sind ungeschoren davon gekommen. Maikäfer flieg. Vater im Krieg. Mutter in Pommerland. Abgebrannt.

Agnes war zu unserm Stück Acker gerannt, hatte die Schürze abgebunden und auf den Rand der Regentonne gelegt – Otto war beim Kartoffelstaudenanhäufen: In vierundzwanzig Stunden Abmarsch, lautete der Befehl. Ein Hin und Her sprang ums Haus herum zwischen Agnes, Wilhelmine, also Drüben-Oma, der Mutter von Otto, Vater Karl, den Kindern. Schluchzer durchbrachen die Nacht, Flüstertöne den frühen Morgen. Abschiednehmen der Großen muß sich anfühlen wie in Glaswolle fallen. Aber ein Wiesel hat sich in die Stube geflüchtet und sorgt für Ablenkung.

Agnes und ihre Kinder: Ingrid, Horst, Eva-Maria – in Pyritz beim Photographen – ein Bild für ihren Mann Otto an der Front – zum in der Brusttasche tragen und Erinnern an die Lieben daheim, als Überbrückung ...

Wie oft die Sonne noch aufgegangen war, wieviele Male wieder unter ... Irgendwann hatte Otto Fronturlaub, brachte Beute mit aus dem Krieg. Für Eva eine Puppe, nackt. Der Rumpf mit Sackleinen überzogen, statt aus Porzellan, mit Sägemehl gefüllt, aus einem brennenden Haus gerettet.

Darüber war ich froh und hatte die Puppe gern. Mein Bruder bekam ein Blechauto, Ingrid, ich weiß nicht mehr was, weil Evi mit dem Findelkind beschäftigt war, das sie Aschenputtel taufte, mit dem Hintergedanken, es in eine Prinzessin zu verwandeln.
Alles schien gut bis ans Ende aller Tage. Doch dann erlebte das Kind Eva einen unerwarteten Kälte-Einbruch. Man kann es auch eine bewußt gewordene Enttäuschung nennen. Ich muß siebeneinhalb gewesen sein, als unser guter Vater und Ernährer ein nächstes Mal kurz zu Besuch aus dem Krieg nach Hause kam. Ich lief ihm entgegen, aber er ging vorbei an

mir, hin zum Bett meiner Schwester, streichelte ihr Lockenköpfchen, sprach in Kindersprache, schob ihr was Süßes in den Mund, das es sonst nur zu Ostern oder Weihnachten gab. Ich sah es und begriff es nicht; womit hatte ich diese Strafe verdient. Als wäre ich nicht vorhanden – einen kurzen, kalt eindringenden Moment lang. Er war doch auch mein Papa und der meines Bruders. Von Fritz Löwe wußte ich nichts, außerdem war der tot – wegen dem geklauten Motorrad. Weil sie ihn eingesperrt hatten wie einen Landstreicher und er krank geworden war, eine Lungenentzündung hatte, aber kein Arzt kam, weil er angeblich nur so tat, als phantasiere er.
Fieber und Leichtsinn waren Schuld, daß Gott ihn so jung zu sich holte. Vorher, als er noch bei klarem Verstand war, hatte er Agnes angefleht und gedroht, sie solle den Kindern das nicht antun mit dem andern Kerl. Er habe nun begriffen, wolle Verantwortung übernehmen, alles tun, daß wir eine richtige Familie werden, denn er liebe sie heiß und innig. Und wenn Agnes das wahr macht mit Otto, bringt er den um, sie und sich dazu. Ob sie das übers Herz brächte, daß wir Waisenkinder werden.
Agnes hatte sich jedoch nicht schrecken lassen und dem Anderen still und leise ihr Jawort gegeben, vielleicht ja auch unseretwegen.
Aber nachts, wenn es auf dem Dachboden raschelte, knarrte oder knisterte, Marder zugange waren, was sich anhört, wie ein Ringkampf von Halbwüchsigen, wenn Windböen durch den Schornstein pfiffen, Kobolde ihr Unwesen trieben, hat Agnes sich auf Ottos Bettseite begeben und festgestellt, daß sein Herzklopfen ihrs noch übertraf, obwohl es aussah, als schliefe er und die Drohung von Fritz ihn kalt läßt.

Sicherheitshalber hatte er aber ein Beil unters Bett gelegt, für den Fall aller Fälle, sollte der Vorgänger seine Drohung in die Tat umsetzen und seine ungetreue Braut samt Nebenbuhler im Schlaf heimsuchen.

1943. In der Schnitterkaserne, wo Agnes einst während der Ernte als Saisonarbeiterin kampierte, wurden Zwangsarbeiter untergebracht, auch Frauen, aus der Ukraine und Ungarn. Sie werden in Kolonnen zur Arbeit geführt, sind in Lumpen gehüllt, abgemagert.
Wenn sie beim Dunkelwerden zurückkommen, schleppen sie manchmal einen Leblosen auf einer Trage aus zusammengebundenen Ästen mit sich oder im Erntetrog – und werden von den Dorfbewohnern mitleidig betrachtet, aber mit Sicherheitsabstand, von hinter der Gardine aus.
Der Aufseher hat mit dem Gewehrkolben auf ihn eingeschlagen, weil er zum Austreten hintern Busch ging, statt auf den Donnerbalken, das ist eine Latrine, die Senkgrube: Er wollte fliehen, hieß es. Und da mußte der Wärter seine Pflicht tun, wenn er nicht selbst dran glauben wollte.
Käthe, Freundin von Wanda Boliga, sah, wie sie ihn durchs Kellerloch schmissen, wo er zwei Tage auf den Kohlen im Sterben lag und stöhnte.
Hinterm Schuppen, wo Sommerfelds, Sickerts und Buchholzens Garten liegt, in Form eines langen Handtuchs, voller Blumen, Trampelpfade zwischen den Beeten, schwarzkrumige Erde; die hintere Abgrenzung bilden Stachelbeersträucher, seitlich ein Zaun, wo sich im Frühling Maikäfer drin verfangen und damit das Geflügel nicht den jungen Salat abpickt, den Samen rausscharrt. Eine Wäscheleine zieht sich durchs Bild, flatternde Schürzen, blauweißkarierte Bettbezüge, die im Sommerwind knattern. Schräg von Bauer Goss aus jedenfalls, auf dem anschließenden Feld, wo Futterrüben in Mieten den Winter über lagern, werden Gruben ausgehoben: Es gab Tote beim Transport mit den ausgeleierten Lastern.

Ehemalige Schnitterkaserne, dann ein Zwangsarbeiter-Gefangenenlager – aufgenommen im Jahr 2002 – jetzt ohne Gitter vor den Fenstern, ohne Stacheldrahtumzingelung – hier mit einigen der dort lebenden polnischen Ansässigen.

Der Konvoi war ewig und drei Tage in Schneewehen stecken geblieben. Ich sah barfüßige Gestalten runterspringen von der Ladefläche, fragte die sie begleitenden Aufpasser: Frieren die denn nicht? Und kriege zur Antwort: Keine Sorge. Die Füße sind erfroren, da spürt man die Kälte nicht. Und wie sie sich auf die Tröge stürzten und Zinkwannen, die in Friedenszeiten als Tränke für Kühe und Schafe dienen, als der Strafkolonne so auf die Schnelle, damit nicht noch mehr von ihnen zusammenklappten, die in Waschküchenkessel gegarten Kartoffeln hingekippt worden waren.

Waschküche von Bauer Rosenthal, Edelgards Opa. Hinter der Kastanie da wo wir wohnten, ist wilde Natur, nichts von einst mehr vorhanden, wären da nicht im Gedächtnis die sich bewegenden Bilder verewigt.

Diese Menschen hatten unterwegs tagelang nichts zu essen gekriegt. Später sah ich oft, daß die Fremden mit den sehnsüchtig in die Ferne blickenden Augen tanzen konnten, wie niemand sonst in der Gegend: den Krakowiak, wo man in die Hocke geht, die Arme verknotet über der Brust und die Füße von sich schmeißt. Ein anderer spielte Akkordeon, manche sangen, wenn sie hinterm Stacheldraht kauerten und wir sie anstaunten, als wären sie eine vom Aussterben bedrohte Art.
Agnes gab ihnen öfter eine Kleinigkeit; die haben sich nie angesehen, nur die Umgebung beobachtet, denn es war verboten, zu Gefangenen freundlich zu sein oder Kontakt zu haben: Schmalzstullen, ein Glas Zuckerrübensirup sehe ich von Hand zu Hand wandern, wo heimlich welche mit dem Finger eingetaucht sind und ihn dann mit einem schelmischen Augezukneifen abgeleckt haben. Und warmes Unterzeug.

Auf diesem Feld, liegen Gebeine von Kriegsgefangenen und Zwangsarbeitern aus der Ukraine, Weißrußland, Polen. Erschlagene, Verhungerte, stillschweigend verscharrt in Holztrögen oder in Kartoffelsäcken.
Niemand der nach 1945 in Kremlin zwangsangesiedelten Polen weiß etwas davon. Und die Augenzeugen von einst sind ausgestorben – fast.

Im Jahr 2002 von Eva aufgenommen.

Eine Frau hatte sich aus einem Schlüpfer, innen angerauht, außen glatt, wie Seide glänzend, indem sie den Zwickel rausgetrennt, die Ränder am Hals umsäumt und bestickt hatte, eine Bluse geschneidert, mit Puffärmeln, angesmokt, weil die Beinteile für die Arme zu weit waren.

Aufseher A. darf jetzt, mit allen Vollmachten versehen, Heil-Hitler-Gruß, Hakenkreuzstempel unter Verfügungen und Gesetzesverschärfungen, seine Machtgelüste ausleben, Ankläger, Richter, Vollstrecker in einem sein, den Lebensunterhalt damit verdienen, dieser Volksgenosse hat sich nun abfällig über die Modeneuheit aus der Mottenkiste geäußert; Anuschka hatte Talent und außerdem Geschick bewiesen, fanden alle.
Wo mag sie das schicke Modell bloß herhaben, aus Paris ja wohl nicht, höhnte der Bewacher. Er könnte von Rechts wegen seinen Spürhund einsetzen, dem guten Lorbaß eine zusätzliche Freude gönnen. Wieso? Wenn der hübsch brav gemacht hat, was er soll, in unserm Falle die gegen den Gesetzeserlaß handelnde Person angeschleppt brächte in der Schnauze, kriegt er nämlich einen Knochen zusätzlich.
Aber er selbst – dann nannte er Namen und Dienstgrad von sich – wäre auch nur ein Mensch und wolle mal nicht so sein zur Feier des Tages, denn ... Eigentlich dürfe er nicht drüber sprechen, aber die Spatzen pfeifen es bereits von den Dächern. Also: Unsere Elitetruppen hätten einen Korridor durchschritten und wären auf dem Vormarsch. Hurra. Es lebe der Führer. Sieg Heil! Er schlug die Hacken zusammen, riß die Hand zum Himmel hoch, verkündete: Jetzt wird auch im Hinterland aufgeräumt mit dem ganzen Pack. Aber wie gesagt, er wolle nochmal Gnade vor Recht ergehen lassen und alle Sieben grade sein. Sollte sich die Mitleidstour jedoch einschleichen ... Man ließe ihm freie Hand, selbst zu entscheiden, auch die Zivilbevölkerung aufs Korn zu nehmen, falls wer versucht, die Volksmoral zu untergraben. Er wäre dann genötigt, durchzugreifen, auch bei Frauen, wie sie es eine sei, was ihm zwar von Herzen leid täte, aber ...

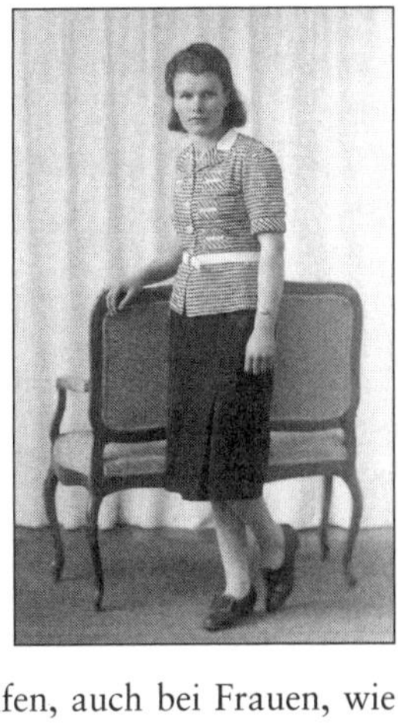

Agnes machte eine wegwerfende Handbewegung, sagte, er solle sich mal nicht ins Hemd machen, sondern die Luft anhalten. Er sabberte richtig vor Gier. Sie machte sich lustig über ihn mit dem Witz vom dummen August, der am Ende in den Dreck fällt. Da habe ich gedacht: Donnerwetter, meine Mutter, die traut sich vielleicht was.
Die Bewohner der Schnitterkaserne, in Zeug aus der Lumpensammlung, eine Krone aus Stacheldraht im Haar mit Kletterrosen verflochten – auf der Südwestseite vom Gefangenentrakt rankeln welche die Wand hoch. Einst wuchs da mannshohes Unkraut. Es wurde mit Vertilgungsmittel ausgerottet, damit die Wächter freien Blick haben.

Geträumtes: Ich bin eine Marionette, hänge an unsichtbaren Fäden. Mein Arm wird hochgehoben. Ich nicke mit dem Kopf. Aber ich bin dagegen, daß Wachtmeister Buchmüller Joschis Geige auf dessen Kopf zerschlägt, wehre mich mit Händen und Füßen gegen die Drohfinger von Aufsehern wie A. und B. sowie anderen Befehlserteilern, von Schuldirektor C. in Mellentin, der eine Partei-Karriere anstrebt.
Ausgenommen davon sind zeitweise der Herr Pastor, unser Lehrer und Küster, der auch Orgel spielt beim Gottesdienst, weil die gelehrten Köpfe nicht fortlaufend bedrohlich waren, anscheinend hofften, der Spuk geht vorüber. Jedenfalls schauten sie Kindern freundlicher in die Augen, zumindest nicht durch sie hindurch – bis zu dem Zeitpunkt, wo manches anders wurde, deshalb auch sie, weil kein Weg dran vorbei führte, wollte einer den Dienst nicht quittieren – oder gar noch Schlimmeres in Kauf nehmen: nämlich ins Arbeitsstraflager kommen.
Der nette Pastor nahm zwar nie Begriffe wie NSDAP, SA oder SS in den Mund, noch Namen wie Adolf Hitler, Goebbels, Göring, auch Gestapo, Pogrom, Judenverfolgung kamen nicht über seine Lippen. Pastor Müller nannte alles, was dies heikle Thema betraf, kurz und bündig die ›Vorsehung‹. Sie war für alles Unabänderbare zuständig.
Ihr wurden Ereignisse untergejubelt beziehungsweise in die Schuhe geschoben, für die unsere Wegweiser von Kirche und Schule sich nicht verantwortlich noch zuständig fühlten, auf deren Verlauf sie keinen Einfluß hatten, denn wie gesagt, die Vorsehung hat ihren eigenen Kopf. So brauchte einer sich nicht sagen zu lassen, sein Mäntelchen nach dem Wind zu hängen, es geschah von allein, das Schicksal entschied.

Mein großer, aber eigentlich noch kleiner Bruder, obwohl er schon in die zweite Klasse geht, steht mir bei im Traum wie im wachen Leben, reißt dem Ordnungshüter den Helm runter, stülpt ihm den Spüleimer, in den wir nachts, um nicht in die Kälte raus zu müssen, auch reinpullern, übern Kopf. Es gibt ein Schupsen und Gerangel deshalb.
Wir sollen ins Spritzenhaus gebracht werden zu den Ungesetzlichen. Von meiner Schutzbefohlenen werden mir Kraftschübe zugeleitet. Ich trete um mich, befördere den Dickwanst mit einem Fingerschnipsen aus dem Kreis. Nun ist er unfähig, die magische Linie zu durchbrechen. Die Kasperlefigur fällt – Zeter und Mordio schreiend – auf'n Rücken, strampelt mit den hufeisenbeschlagenen Stiefeln, als sei er in ein Franzosenkäfernest gefallen und käme nicht mehr auf die Beine.
Neue Blöcke von Fremden ziehen im realen und geträumten Leben durch Torbögen. Fahrendes Volk fängt Pferde ein. Ich schließe mich an, lausche den Liedern, möchte Kunststücke können, bewundert werden. Im Wachzustand schaffe ich bereits zehn Pirouetten hintereinander. Am dreifachen Überschlag, dann ins Spagat gleiten, übe ich noch.
Voller Erwartung und neidisch auf die Älteren, die mit Tornister, Schiefertafel und raushängendem Schwamm zur Schule gehen durften, auf diesen Tag hatte ich sehnsüchtig gewartet, wollte Lesen und Schreiben können, im Kirchenchor mitsingen, Völkerball spielen auf dem Schulhof.
Lehrer Heinze, den ich bewunderte, weil er auf jede Frage eine Antwort wußte, war sowas wie einer der drei Weisen aus dem Morgenlande. Sämtliche Kinder des Dorfes waren in einem Raum untergebracht.
Einige gingen später aufs Gymnasium, fuhren mit der Bimmelbahn nach Pyritz, die Kinder vom Gut und die des Verwalters Blömecke, oder mit der Kutsche, im Sommer mit Fahrrad. Ich war auch auserwählt worden. Man fragte Agnes. Ich glaube, sie fühlte sich geehrt. Sie hatte mit zwölfeinhalb Jahren von der Schule abgehen müssen, um mitzuhelfen beim Geldverdienen. In meinem Fall entschied die Vorsehung, in Form von sich am Horizont abzeichnende Feuerzeichen, gegen mich.
Auf zwei Bänken, rechts am Eingang, saß die erste Klasse, dahinter gestaffelt die Größeren. Mein Bruder schräg von mir im Gegenlicht auf der Fensterseite. Wir gaben uns Zeichen, verstanden es, uns durch Blicke zu verständigen. Beim Spielen vergaß er mitunter alles um sich herum, nur der Hunger trieb ihn ins heimische Nest und stockdunkle Nacht.

Erst dann hatte er vom Rauskriegenwollen der Geheimnisse die Nase voll; manchmal auch die Hosen. Er bekam Prügel, ich schrie. Man sagte, was schreist du denn. Niemand begriff, daß ich seinetwegen Qualen litt. Ich sah seine fragenden Augen, die beschwörenden Blicke, beruhigte ihn durch Kopfschütteln oder Nicken und Lippenzusammenkneifen. Er lächelte froh, war erleichtert, während er einen Doppelseufzer ausstieß, daß Lehrer Heinze irritiert über die Brillenränder schaute und sich an der Wade kratzte, wo die Knickerbocker zu eng anlagen.
Morgens hatte meine Mutter mir eingeprägt, in der Schule zu erzählen, was Horst, dieser große Junge, sich geleistet hatte:
Er war vertieft gewesen, hatte sein Großmüssen hinausgezögert, bis es zu spät war. Als er die Hose runterzog, war das Geschäft bereits erledigt. Aber wer würde denn seinen Bruder verraten, was er auch immer angestellt haben mochte, das wäre das Letzte gewesen. Das wußte Agnes und sie kannte mich, denn wie hätte sie sonst ihrem Sohn so eine Strafe aufbrummen können, nämlich, daß alle Kinder von dieser Schande erfahren und er zum Gespött der Mädels wird.
Auch gehörte als Erziehungsmaßnahme die Prügelstrafe zum Alltag. Selbst der von mir geschätzte Dorflehrer verabreichte Schläge und gab Strafarbeiten auf: einen Satz fünfzigmal abschreiben, zum Beispiel. Es schien, als hätte er ein bestimmtes Soll, das erfüllt werden muß, die Bengels würden sonst noch fauler und frecher, wenn man sie nicht abhärtet. Viele Eltern fanden das auch: Schade um jeden Schlag, der vorbei geht. Das war unterm Kaiser so und warum sollten sich bewährt habende Sitten abgeschafft werden von den Nationalsozialisten. Man führte eher noch strengere Regeln ein, was den Gehorsam betraf. Und ein neuer Gruß wurde erfunden, wo man eine Hand nach hinten schmeißt, das wie ein Abwinken aussieht. Andere streckten den Arm gradewegs 'gen Himmel, sagten ›Heitler‹, was, wenn es deutlich ausgesprochen wird, ›Heil Hitler‹ heißt und statt Moin, Dach ook, Namd, Nacht und Wiedersehn – eingeführt wurde.

Selbst wenn die beiden Alten, Opa Buchholz und Nachbar Sommerfeld vor den Klosetts zusammentrafen, hieß es erst einmal ›Heitler‹.
Einer brummelte sich dann was in den Bart, das sich anhörte wie: Darauf sei geschissen. Der andere grummelte durch die Zahnstümpfe: Worauf du einen lassen kannst. Und furzte dabei wie ein Waldesel.
Horst, als der mitgekriegt hatte, daß die Alten auf'm Klo sitzend Witze rissen, wollte sich wohl an der Posse beteiligen, steckte von außen Stöpsel in die Krampen, kletterte vom Hauklotz rüber aufs Dach, trampelte drauf rum wie Rumpelstilzchen. Und als die Opas drohten, ihm die Ohren lang zu ziehen, hat der Lümmel sich aus'm Staub gemacht.
Abends kriegte er seine Abreibung und paar Maulschellen extra, weil er ein Wildentennest ausgenommen hatte, den Fund präsentieren wollte, dann kleinlaut wurde wegen der ausgelaufenen Eier in der Hosentasche.
Ich weigerte mich, das Armausstrecken mitzumachen; nicht aus Protest gegen das System, darüber wußte ich noch nichts; es war mir nur peinlich, weil Erwachsene sich wie Idioten verhielten. Einst rief der Lehrer meinen Bruder auf und bestrafte ihn vor der ganzen Schule: Horst mußte sich bücken, mit der Stirn den Boden berühren, kriegte zehn Hiebe auf den Nackten, ich hör noch das Pfeifen des durch die Luft sausenden Rohrstocks und registriere, daß mein Bruder keinen Piep von sich gibt. Mein damaliges Idol war also nicht der Mensch, für den ich ihn gehalten hatte. Die Liebe zu ihm fing an zu bröckeln.
Jetzt kommt die Szene, weshalb ich dem längst dahingegangenen Mann soviel Platz einräume. Es war an einem Sommertag gewesen. Glück ausstrahlend war ich zur Schule gerannt, über den Kirchhof mit seinen geharkten Umrandungen, den Grabsteinen, Kreuzen aus Holz oder Marmor, mit Goldschrift und Trostworten für die Hinterbliebenen. Alles ging gut, bis die Hausaufgaben dran waren, die zuhause lagen. Gut, dann bringst du sie nachmittags mit. – Kein Problem, dachte ich Beim Heimkommen legte ich das Heft bereit, zog nach dem Essen los, hoffend, von ihm gelobt und über den Kopf gestrichen zu werden.
Gib die Aufgaben her! Ich zog voll Stolz das Heft hervor und merkte, es ist ein neues, mit lauter leeren Seiten; ein schrecklicher Moment. Der Angebetete holte den Rohrstock aus dem Schrank, ließ mich die Hand ausstrecken und schlug mir mit voller Wucht auf die Finger.
Nie hatte ich eine derartige Schmach erfahren, wollt es nicht wahrhaben:

Kinder aus Kremlin vor Evchens Einschulung: Irmi Wagner (Mitte, im Dirndl), Ilse, Gerda, Ruth, Lehrer Heinze mit Knickerbockern und weißen Kniestrümpfen.

Ein Mädchen, das ihn bewunderte, ins Wasser gesprungen wäre, um seine Brille hochzuholen vom Grund, den Klassenzimmerschlüssel im Gras zwischen Brennesseln und Disteln suchen, den Kurtchen übern Zaun geschmissen hatte. Das Schlimmste aber:
Er hatte mich eine Lügnerin genannt, obwohl das gelogen war.
Ja, sicher, er war von der Kreisstadt Soldin – zur Strafe, er soll sich geweigert haben, der NSDAP und SA beizutreten – das wußte keiner von uns Schülern und schon gar nicht, was es bedeutete, an den Arsch der Welt versetzt worden zu sein, hin, wo Hase und Igel sich Gute Nacht sagen, Tölpel, Sturköpfe und Bauernlümmel heranwachsen ...
Für mich und meine Geschwister war es der schönste Flecken weit und breit, weil es dieses erquickende Wasser gab tief in der Erde.
Bäume mit Pflaumen, Kaiserbirnen, Äpfel, Süß- und Sauerkirschen. Herden, Kälbchen und Fohlen, Lämmer von Ziegen und Schafen, Ferkel, Güssel, Küken, Enten, Welpen, Kätzchen, Störche, Adler.
Und Gärten, Kalmus am See, den alles Existierende umschmeichelnden Wind, durststillende Sommer, Eis und Schnee wie in Bilderbüchern.
Nein, meine Sicht auf dieses mir ans Herz gewachsene und liebste Kuhdorf der Welt lasse ich mir nicht versauen durch die Unzufriedenheit eines Pauker; es war ja mein Zuhause, die Kindheit.
Ich schaltete ab, segelte in einer selbsterdachten Dschunke, meinem Traumboot zum Klarensee, glitt durchs hohe Schilf vom Kammbruch.

Und roch den sich wiegenden Kalmus, aß vom Innern der Halme das Herz, das Horst mit Kennerblick rauspolkt, damit das eigene Herz erstarkt und fröhlich bleibt. Und stellte mir vor, ich sei Lehrerin und ließ den Mann den Spruch, der über den Garderobenhaken prangte, abschreiben: ›Nicht für die Schule lernen wir, sondern fürs Leben‹.
Dabei hätte er nachdenken können. – Ich habe vom Leben gelernt, was die Schule mir nie beigebracht hätte: Enttäuschungen zu verarbeiten, diesen Vertrauensbruch, um nicht Gleiches mit Gleichem zu vergelten nach dem Motto: Auge um Auge, Zahn um Zahn, Rache üben.
Dieser Lehrer war so etwas wie eine Vaterfigur für mich gewesen; denn einen eigenen Vater habe ich nicht gehabt; dieses Manko muß ich von klein auf gespürt und instinktiv stets nach ihm Ausschau gehalten, mich nach ihm gesehnt haben, dem Ideal aus meinen Träumen.
Der Herr mit dem Rohrstock war von nun an ein mir feindlich gesinnter Vertreter der Sorte, die, wenn sie mit ihrem Latein am Ende sind, schlagkräftig werden. Mein Lerneifer war vorerst zu Boden gegangen.
Der Arme wurde eingezogen, ließ seiner Frau den Revolver da, womit sie sich samt Kind erschießen sollte, wenn der Russe käme. Zum Glück hat sie es ausgeplaudert, so daß Frauen die Waffe an sich nahmen und in einem namenlosen Grab an der Friedhofsmauer vergruben.
Alle Schüler von Kremlin mußten jetzt nach Mellentin laufen, wo Fräulein Kammrath Klassenlehrerin war, durch die ich einiges mehr mitkriegte an Wissen und von der mein Ehrgeiz neu angestachelt wurde.

Die Schule Mellentin. Als die brannte und schwer beschädigt wurde, gab es keinen Unterricht mehr für Kinder in der Gegend. Trotzdem haben alle etwas gelernt und so einiges mitgekriegt – vom und fürs Leben.

Ein Fahnenappell wurde eingeführt. Wir standen im Parkgelände vor dem Schulgebäude mit Turm und sangen auf Dreivier ›Deutschland, Deutschland über alles‹. Eine Fahne mit Kreuz und Widerhaken wurde am Mast hochgezogen von Schülern, die sich bemühten, ernst zu blicken.

Frühdunst. Milchkannengeklapper. Sonnenfladen. Dampfende Erde. Inspektion eines Tatorts. Es riecht nach Entlausung, kaltem Schweiß. Wäschestreifen, Gürtel, Schnüre, miteinander verflochten, hängen am oberen Geschoß, dem unvergitterten Fenster. Gefangene sollen sich unerlaubt entfernt haben. Selbstmordkandidaten, heißt es. Aber wie sind die über den nach innen abgewinkelten Festungszaun gekommen.
Es kann angeblich nur mit dem Teufel zugegangen sein oder es gab Helfershelfer unter den Ansässigen, Mitleidsapostel, Schwachköpfe.
Das große Halali beginnt: per Fahrrad, Motorrad mit Beiwagen, ein Fernrohr übergehängt, die Stullentasche, mit Bajonett ausgerüstet; ein Aufschlitzdolch, für eventuellen Nahkampf am Gewehrlauf eingeklinkt. Die Pferde scheuen, als wollten sie bei der Hetzjagd nicht mitmachen.
Mein Bruder erzählt was übers Geschütztsein von Lebewesen in freier Natur: Wenn ihr Spürsinn funktioniert, erkennen sie die Gefahr und bringen sich in Sicherheit. Aber wenn eine Bombe auf den Panzerspähwagen fällt oder ein Elephant auf den Schildkrötenpanzer tritt, ist das Tier oder der Fahrer im Arsch, verstehst du? – Nein. – Na, paß auf ... Jetzt wird den Schäferhunden zum Schnüffeln Zeug unter die Nase gehalten, das von den Entflohenen stammt, damit sie die Fährte aufnehmen. ›Such!‹ sagt sein Abrichter. Lorbaß saust los Richtung Massengrab; durch das Desinfizieren riechen alle gleich. Fahrzeuge wühlen Erde auf. Einer sagt im Befehlston: Aufsitzen! Wußten die Fremden denn nicht, was passiert, wenn sie wegliefen. Ich zitterte, als gelte mir die Vorbereitung der Verfolgung. Nun würden sie nicht mehr die schönen Lieder singen.

Von hier aus ging die ›Treibjagd‹ los. Hier stand Eva am Stacheldrahtzaun – und hat das Manöver verfolgt.

Man wird sie abschießen wie Hasen bei einer Treibjagd, sagte Mücke, eine Cousine, die aus Berlin zu Besuch war, bei Drüben-Oma schlief, Tochter von Onkel Erich. Gleich als ich sie sah, hab ich sie bewundert. Auf ihren Fingernägeln klebten halbe Kirschen wie drauf angewachsen. Dann erlebte ich, wie sie die mühsam hergestellte Verzauberung mit Flüssigkeit, die sie auf ein Wattebäuschchen tröpfelte, wieder entfernte. Danach trug sie neuen Lack auf mit dem Pinsel. Ihr Gesicht wurde mit gefärbtem Mehl, das Puder heißt, betupft. Ich schaute mir alles an.

Bei Inges Lippen würde einer aus Dummsdorf denken, ein Wilder hat ihr ins Gesicht gebissen. Der Mund sah aus wie eine frische Wunde. Man kann sich total verändern durch diese Kunst, staunte ich, Schneeweißchen oder Rosenrot gleichen, einer Fee, Elfen, Engeln ... Beim Kinderfasching, mit Zylinder, im Konfirmationsanzug, dem Monokel ins Auge geklemmt, war sie plötzlich ein komischer Kauz.
Und wenn man alte Klamotten anzog, sich in Gardinen oder Vorhänge wickelte, konnte man die Grimmschen Märchen lebendig werden lassen. Ich spürte, das wird einst meine Welt; in Gedanken war sie es bereits.
Bei dem Ereignis nahe unserer Behausung im Morgennebel jedoch, hatte Inge sich ein durchsichtiges Tuch über die Lockenwickler gebunden. Ihr Gesicht war blaß, das Feuchte im Auge schien ohne Glanz zu sein.
Als steckte mir ein Knochen im Hals, so weh tat das Runterschlucken, deshalb mußte ich öfter ausspucken, auch weil es im Mund, auf der Zunge schmeckte, als hätte ich auf eine Bittermandel gebissen, die sich unter die süßen geschummelt hatte. Und das Licht war oft trübe, als hätte das Böse Einzug gehalten im Dorf, Abgesandte des Satans.
Im Religionsunterricht war von einem Widersacher namens Beelzebub, Herr der bösen Geister, die Rede gewesen und seiner Methode, den Menschen rumzukriegen, so daß der sich für einen Judaslohn die Seele abhandeln ließ, Helfershelfer anwarb, damit der Teufel sich den Erdball untern Nagel reißt – und zur Hölle damit fahren kann ...
Deshalb faßte ich mir ein Herz und redete mit Gott wie mit einem alten Mann, der einmal jung gewesen ist, sagte ohne Umschweife, worum es ging, bat ihn, einen Blick auf die Schnitterkaserne zu werfen von Oben herab – wenn er nicht persönlich kommen kann, um sich zu überzeugen, daß da keine Unmenschen hausen, sondern Menschen wie du und ich.
Wenn Aljoscha und die andern Gefangenen Deutsch sprechen könnten, würden sie ihm das ja selber sagen, so versteht sie keiner. Ich schon, weil ich es von den Augen ablese, was sie denken, verstehst du, lieber Gott? Das funktioniert, wenn man genau hinschaut.
Vielleicht wußte der himmlische Vater nichts von dieser Behandlung, schließlich kann er nicht überall seine Augen und Ohren haben, da müßten die Menschen vielleicht selbst ein bißchen mehr mithelfen ... Andererseits hieß es, der Allmächtige sei allgegenwärtig und registriere jede Missetat, man müsse nur fest daran glauben. Es war kompliziert.

Ich haderte auch mit ihm, weil Agnes jetzt oft weinte und in Gedanken abwesend war: Sie hatte die Nachricht erhalten, daß der am 31. Mai 1907 geborene Karl Richard Otto Buchholz vermißt wird, er könnte auch in Gefangenschaft geraten sein, so was soll vorkommen im Krieg. Agnes sollte damit getröstet werden von amtlicher Seite, daß es eine Ehre sei, für Volk und Vaterland sein Leben zu opfern. Vater Staat würde sich der Kinder annehmen nach dem Endsieg, für ihre Erziehung sorgen und so weiter. Im Radio spielten sie Lieder wie: ›Tapfere, kleine Soldatenfrau‹ und ›Davon geht die Welt nicht unter.‹
Außerdem wurde ihr empfohlen, die Flinte nicht ins Korn zu werfen, also die Hoffnung nicht aufzugeben. Das tat sie auch nicht, sondern wartete, denn wie dieser Feldzug einst enden würde, ahnte keiner, nicht, wieviele Lebensläufe zur Tragödie umgeschrieben werden, wie Kinder dieser Schreckenszeit den Verdrängungsmechanismus beherrschen lernten und Nachgeborene – Generationen später – nach ihren Wurzel graben würden, wissen wollten, was geschehen war, wie es dazu kommen konnte, sich endlich interessierten und Fragen stellten.

Agnes hatte einen Traum: Otto hat flehendlich ihren Namen gerufen. Seine Stimme war noch spürbar im Raum, umflog sie wie das Flügelschlagen eines verletzten Vogels. Es entstand ein Gefühl wie im Lied: ›Was mag der Traum bedeuten, ach Liebster, bist du tot.‹
Sie war aufgestanden, nach draußen gegangen, dabei an ihren Otto denkend, sich in seine Lage versetzend, wie er unter freiem Himmel hockt im Kugelhagel, die Hände übern Kopf, dem ›Wintergewitter‹ ausgeliefert. Agnes hatte zu den Sternen aufgeblickt, ihrem Glitzern und Blinken, wie sie Sternschnuppen spuckten, hatte sich gewünscht, ihr Mann möge keine Schmerzen haben, hatte ihn in Gedanken umarmt, gesagt: Hab keine Angst Mann, deine Frau ist immer bei dir.
Im Einzelnen hat sie nie darüber gesprochen, in Andeutungen ab und zu und wenn man nachfragte. Aber sie war ernstlich davon überzeugt, ihr Mann hätte sie erreicht mit seiner natürlichen Menschenstimme, damit sie im letzten Augenblick bei ihm ist und zum Abschied küßt. Trotzdem hat sie noch lange darauf gewartet, daß eine Nachricht kommt, irgendein Zeichen aus dem Diesseits oder Jenseits – vielleicht ja auch noch manchmal, daß er eines schönen Tages vor der Tür steht.

Links; Walter Kamin. Mitte: Otto Buchholz in schlotterder Hose, noch vor dem großen Marsch nach Rußland

Liebe Frau und Kinder. Teile euch Lieben mit, daß es mir gesundheitlich gut geht, was ich auch von euch Lieben hoffe. Heute ist Grutzer vom Transport eingetroffen. Er sagte, daß er mit dir durchs Telefon gesprochen hat. Süße, du hast gesagt, ich werde bald zu Hause sein. Es wäre auch alles in Ordnung gegangen, wenn das Pech mit dem ... nicht gekommen wäre, aber jetzt ist wieder alles still vor unserm ... Vielleicht zu deinem Geburtstag, früher wirds kaum was werden. Du wirst denken, trösten kann er ganz gut. Süsse, ich würde bestimmt immer bei euch bleiben, dann hat das Leben einen Sinn, aber so ... ich tausende Kilometer von euch entfernt, wenn ich allein fahre, einmal das Glück habe mitzufahren ... Das ist doch kein Leben auf die Dauer. Das Wetter ist so ganz leidlich. Wir fahren jetzt die Tage nach Woronesh. Die Stadt ... als wäre der Tod ... kein Wesen weit und breit, nur die Geschütze dröhnen den ganzen Tag, unser Dienst ist in der Nähe wo Russen rumspionieren. Macht euch aber keine Gedanken um mich, mir geht es gut, vor allem jetzt, wo ich dein schönes Paket erhalten habe. Auch Horst seinen Brief habe ich mit Freuden erhalten und habe mich sehr über den hübschen ... Dank an alle die guten Menschen ... Wein ... Untersachen ... jeder freut sich hier, wenn einer was bekommt. Süße, nun schickt nicht alles weg, denn das Jahr ist lang bis du wieder was bekommst. Vielleicht ist der Krieg dann schon aus? Aber hier in Rußland scheint es noch lange nicht mit den Russen aus zu sein. Im Winter ist der Russe für uns vor allem ein harter Gesell. Die Front steht nur an wenigen Stellen. Gut, der Russe. weiß ja ... rückt bei uns vom Süden unserer Front ... ist es jetzt ruhig, vielleicht bildet der Russe sich ein, wenn da ... kommt und zufrieren, aber auch da wird er sich irren.

Agnes 1943 - im Photo-Studio für ihren lieben Otto in Rußland.

Liebe Frau, ich hoffe nur, in der Zeit bei euch zu sein. Die Wurst hat gut geschmeckt, die Erich für mich mit Kartoffeln ... Brot bekommen wir alle Tage 700 Gramm, Butter 40 Gramm. Wenn das Mittag nicht gut ist, bleibt vom Brot nicht viel übrig zum Frühstück. Aber Hausfrau, du weißt, daß ich mit auskomm. Ich sehe noch genau so aus wie früher. Gefroren ist mir noch kein Glied. Bist du bei Elsen gewesen zum Geburtstag oder haben nur bessere Leute ihr Stelldichein gehabt und gefeiert. Wie geht es deinen Geschwistern, grüß schön von mir. Süße, wie steht es mit deiner ... alles in Ordnung? Wie stehst du mit ... wenn du die Bande nicht brauchst, die wollen doch nur Leute schikanieren, das ist ihr ganzer Dienst am Vaterland, aber der Krieg muß auch mal aus gehen. Süsse, nun will ich meinen Brief beenden. Ich wünsch uns weiter alles Gute. Es grüßt und küßt dich dein lieber und treuer Otto und guter Papa. Aufwiedersehn, ihr Lieben. Du mein Herzchen Ingridlein, Evi und Horst. Gute Nacht, Süße. Ingridlein, Evi, Horst schreibt bald wieder. Ich habe mich zu euren lieben Julklapp sehr gefreut. Tausend Grüße Euer Papi, Dein Otto

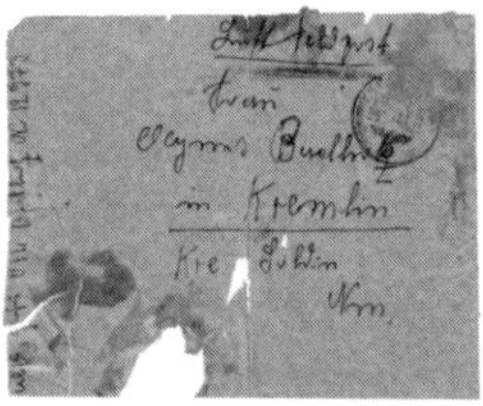

4. u. 1. Seite des letzten Feldpostbriefes von Otto Buchholz – Nr. 12973 von der Ostfront – Woronesh – Rußland – 22. 1. 1943

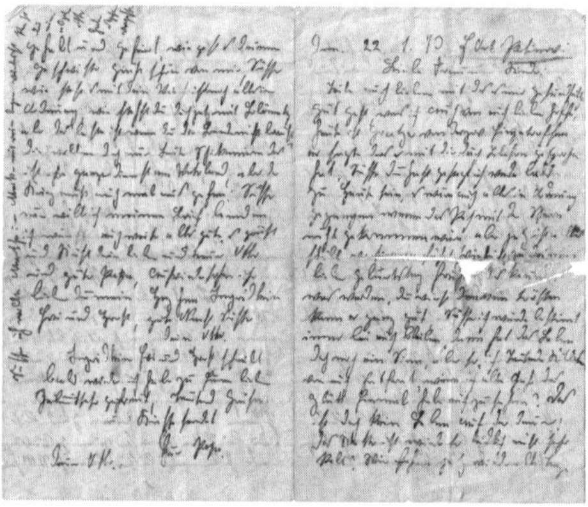

Diese Erinnerungen werden über ein halbes Jahrhundert später zu Papier gebracht, als die tatsächliche Wirklichkeit sich abspielte.
Es kann auch anders gewesen sein. Aber wie es hier geschrieben steht, ist es im Speicher, wo die alten Filme lagern, aufgezeichnet, registriert. Wenn ich die Rollen abspule, auf die imaginäre Leinwand projiziere – hat Eva haarscharfe Details vor Augen, fühlt die Schwingungen der Atmosphäre von einst, weiß, daß ihr Bruder im Schlaf fließende Sätze spricht, im Wachsein dagegen stottert, wenn er verhört wird.
Sicher, einiges ist mit Patina beschichtet, Staubflusen kringeln sich in den Luftschichten, Übergänge fehlen, der Schluß. Nichtssagendes, für die Hauptfigur aber eine wichtige Passage, wird überbetont, Unangenehmes in den Hintergrund gerückt, was für die – bei der Szene anwesenden Zeitzeugen – einen anderen, nicht so gravierenden Stellenwert besitzt. Man hat gehört, daß sich Geschichten verändern mit der Zeit: durch Weitererzählen, Ausschmücken von Situationen, Weglassen unschöner Momente. Die Phantasie des Zuhörers mischt Selbsterlebtes drunter. Das Harmoniebedürfnis mildert allzu Grausames ab. Ich kann also auch nur meine Wahrheit zu Papier bringen, so gut ich es halt vermag.

Im Winter liegen auf dem Dachboden von Bauer Rosenthal, Vater von Ella Miller und Opa von Edelgard, Äpfel auf Zeitungen ausgebreitet. Mädels der älteren Klassen verdienen sich bei ihr gern paar Mark extra durch Rübenverziehen, Kornbinden, Hockenaufstellen, Unkrauthacken. Man sagte von Edelgards Mutter voller Hochachtung: Die steckt jeden Mann in die Tasche und wäre allen voraus in der Furche.
Nach getaner Arbeit waren die jungen Dinger dann krumm und lahm. Beim Lohnkriegen dachten sie: es ist gutes, aber schwer verdientes Geld. Wir beiden Kinder also, Edelgard und ich, sind beim Spielen im Haus die Bodentreppe raufgeklettert zum Rumstöbern, Was-Entdecken.
Dabei fiel mir auf: Die Äpfel verschrumpeln, werden langsam unansehnlich oder bald von Maden gefressen, wenn sie kein Mensch ißt. Und dann Fräulein Kammrath, meine Klassenlehrerin in Mellentin, hat ein Dutzend Kleider vom gleichen Schnitt, kurzärmelig, Länge bis zum Leberfleck an der Wade, egal ob Sommer ist oder Winter, nur die Farben wechseln täglich: montags erscheint sie in Rosarot, dienstags in Elfenbein. Flaschengrün, Veilchenblau und so fort.

Sie trägt eine Herrenschnittfrisur und ihre Blicke verraten, daß sie stets hungrig ist. Außerdem hat sie dünne Arme und Beine, weil sie nicht viel zum Beißen hat und von dem zehrt, was es auf Lebensmittelkarten gibt. Sie zeigt mit knöchernem Finger auf mich, lobt meinen Aufsatz, sagt, ich hätte Phantasie und würde lesbar schreiben, mein Nachbar dagegen ... Er hatte von mir abgeschrieben. Wortwörtlich. Hansi wird puterrot. Fräulein Kammrath ist aber auch manchmal seltsam. Wenn ich in der Pause einen Apfel nicht zu Ende esse, wird sie richtig streng und sagt: Andere Kinder wären glücklich, hätten sie so eine Frucht im Winter. Und sie nimmt den Apelgriebsch – ich wollte ihn gerade wegwerfen – knabbert ihn ab und läßt außer Stiel und Blüte, weiter nichts übrig. Von da an brachte ich öfter mal zwei Äpfel mit zur Schule und legte einen davon unters Lehrerpult, den Fräulein Kammrath dann auch mit einem scheuen Blick einsteckte und mit auf ihre Stube nahm.
Auf dem uns von den Gutsbesitzern zur Nutzung überlassenen Acker, wächst ein kurzstämmiger, einzeln dastehender Apfelbaum, in dessen Schatten Otto Buchholz sein Vesperbrot mit Apfelgriebenschmalz aß. Und ich denke auf dem Dachboden von Edelgard an die Fremden in der Schnitterkaserne und daß bald Frühling ist, Apfelblüten aufgehen, neue Äpfel reifen, man die alten dem Schweinefutter untermischt, überlege, wie ich einige rotbäckige Exemplare die Treppe runter und über die Straße schmuggeln kann – stopfe sie mir in den Schlüpfer, der durch das Gummiband eng anliegt, daß bestimmt keiner rausfallen würde.

Das Haus im Jahr 2002

Edelgards Mutti, verantwortlich für Haus und Hof während der Abwesenheit des Mannes an der Front, hat an meinem vorsichtigen Gang erkannt, daß was nicht stimmt und ruft mit durchdringender Stimme. Hinterm dampfenden Dunghaufen taucht Gaston auf mit der Mistforke, ein ihr zugeteilter französischer Kriegsgefangener, welcher mit anderen Franzosen im Haus oberhalb des Friedhofs untergebracht ist. Westliche Gefangene dürfen sich freier bewegen als Polen oder Russen, sogar Post erhalten, Päckchen aus der Heimat mit Konfekt drin, wovon sie uns was abgeben, wenn wir für sie Schnecken sammeln, weil sie die gerne essen; es soll eine Delikatesse sein, nahrhaft, auch Butterstauden als Salat.

Außerdem krakeelt bei dem vom Gedächtnis nicht ins Vergessen versenkten Ereignis der Hahn, während er für seine Hühner nach Engerlingen scharrt, daß es mir in den Ohren gellt und sie heiß werden läßt, durch das direkte Angesprochensein, dem plötzlichen Im-Mittelpunkt-Stehen auf offener Szene. Originalton von Ella: ›Na, Evi, nu hol mal die Äpfel wieder aus dem Versteck.‹ Ich gehorche, versinke fast vor Scham, denn Gaston grinst, nein, lächelt, greift sich einen von den ihm vor die Füße gekullerten Grafensteiner, poliert ihn am Ärmel, beißt rein, daß sein Gesicht besprenkelt ist vom Saft, den er mit dem Handrücken abwischt. Zwischen den Erwachsenen gehen Blicke aus den Augenwinkeln hin und her, als wären sie Verwandte, die sich ohne Worte verstehen, jedenfalls sehen sie sich nicht an wie Herrin und Untergebener. In der Luft ist Geknister, als würden Ginsterkapseln platzen im Winter. – Was ist jetzt los, denke ich: es fühlt sich nach Geheimnis an und wie Verbotenes.

Den Krieg hab ich mehr als grausiges Märchen in Erinnerung, gespickt mit Abenteuern, deren Ausgang oft unglücklich endet. Ich sehe den Himmel explodieren, als gäbe es ein Feuerwerk. Wunderkerzen, brennende Weihnachtsbäume tanzen, Kugeln, aber es ist Leuchtmunition. Ein Naturschauspiel, Wetterleuchten, Phosphorbomben.

Beim Blick Richtung Osten, Stargard, Stettin kommt einem ein Mohnblumenfeld in den Sinn, knallrot mit schwarzen, von der Sonne versengten Rändern, vom Kunstmaler lebensecht nachempfunden, doch Irrtum: ein einziger Brandherd liegt vor dem staunenden Betrachter. Die Luft riecht nach verkohlten Lumpen und angebranntem Fleisch. Eisenvögel krachen herunter, explodieren und spucken Splitter aus. Manchem Insassen gelingt es, mit dem Fallschirm abzuspringen. Auf dem Acker hinter Ristows landet so ein Bruchpilot, der von der Dorfbevölkerung wie ein Überirdischer umringt und bestaunt wird.

Flugblätter taumeln durch die Luft. Kinder werden abkommandiert, um Zettel einzusammeln. Äcker, selbst Bruchwiesen werden durchkämmt, die Papierfetzen in Säcke gesteckt und bei der Sammelstelle abgeliefert. Da stehen Sachen drauf, worauf die Todesstrafe steht, sollte wer die Worte beherzigen: Mit dem Schein bist du berechtigt ... und so weiter. Da wird genau erklärt, wie Soldaten desertieren können, überlaufen. Es würde ihnen auch nichts passieren, wenn sie Folgendes beachten.

Dann stand geschrieben, was zu tun sei. Jedenfalls sollten sie nun das sinnlose Töten beenden, sich und das Leben Unschuldiger retten. Tiefflieger machen Jagd auf uns, deutsche, denken scheinbar, das sind geflohene Häftlinge. Wir werfen uns in den Häuserschatten. Patronenhülsen prallen ab von der Wand, fliegen uns um die Ohren. Ein mutiger Mensch, der nach oben gewinkt hat mit seinem Taschentuch, wird daraufhin hinweggefetzt. Agnes reißt uns in ihren Schoß, wie die Glucke ihre Küken unter sich scharrt, wenn der Schatten vom Habicht am Himmel kreist.

Die Nächte im Eselstall vom Gut, haben sich tiefer eingeprägt, als andere im Dämmerzustand verbrachten Nächte. Weil das Gewölbe aus Feldsteinen besteht, wird es auch als Luftschutzbunker benutzt.
Wenn der Fliegeralarm losging nachts, machten wir uns auf den Weg. Oma Buchholz sagte zu unserer Kusine Gitti: Kumm, Jitte, kumm. Die Szenen hatten was Archaisches, als stammten sie aus der Bibel.

Kriegswinter 1944-1945. Die Ostfront rückt näher und näher. Um unser Dorf werden Schützengräben gezogen, Barrikaden gebaut, die Rohre der Flaks mit Zweigen getarnt, Jungs buddeln die Erde auf, finden alte Orden, Knochen, Munition vergangener Kriege. Pyritz wurde zur Festung erklärt, leistet verzweifelt Widerstand, läßt sich vier Wochen lang bis auf die Grundmauern niedermachen. Selbst Pimpfe werden eingespannt, an ihren Mut wird appelliert, Feigheit vor dem Feind verhöhnt, Heldentum gelobt. Im Schnellkurs lernen sie, mit Handgranaten umgehen, eine Zündschnur zum Glühen bringen, für den Notfall mit Karbid gefüllte Malzbierflaschen, die mit Knallverschluß, voll Wucht auf den gegnerischen Panzer schmeißen. In dem Moment, wenn der Feind am Rand des Grabens auftaucht, entsichern, werfen, abducken, so daß die Fetzen über dich weg fliegen.
Denn wenn der Russe einrückt, nagelt er allen Kindern die Zunge an den Tisch, schneidet ihnen die Ohren ab, überbrüht sie mit kochendem Wasser und verschlingt sie in aller Ruhe zum zweiten Frühstück. Wenn Nachmittag ist, zur Vesper, daß die Knorpel nur so knacken. Die Bolschewiken kommen von weit her und sind ausgehungert wie Wölfe.

Und wenn sie Durst haben, kein Schnaps da ist, trinken sie auch Blut, besonders das von kleinen, hübschen Mädchen. Mein Bruder schüttelt den Kopf, sichtbares Schaudern überlief ihn, das auf mich übergriff. Frau Lindenberg wollte, daß eine Menge Fässer, gefüllt mit fünfundneunzigprozentigem Sprit, der nicht mehr abgeliefert werden konnte, im Klaren See versenkt wird. Findet der Russe den nämlich vor, würde Kremlin ihrer Meinung nach zu einem Sodom und Gomorrha werden.

Dem Aufseher A. dämmert es, daß seine Blütezeit um ist. Vorm Krieg war er als Gutsarbeiter im Maschinenpark tätig, kümmerte sich um Dampfmaschinen. Dann der ›Aufstieg‹ in eine Position, der er moralisch nicht gewachsen war. Aus Angst aber, den Posten wieder zu verlieren, wenn er das Programm nicht nationalsozialistisch genug in die Praxis umsetzt, den Ermessungsspielraum – von den Anordnern nur grob vorgegeben, also auch benutzt hat zur Befriedigung persönlicher Machtgelüste – stellt er nun ernüchtert fest, daß die Treue zu Adolf dem Schrecklichen, wie Onkel Erich ihn nannte, der blinde Gehorsam gegenüber der NSDAP und SS, das ganze Tausenjährige-Reich-Projekt, ein Schuß in den Ofen war. Und er beschließt – zusammen mit Ehefrau Martha, den Töchtern Liesbeth und Grete; von letzterer der Mann war Bomberpilot, abgeschossen über ›Engeland‹, deshalb war Gretchen überhaupt in Kremlin bei den Eltern mit dem Nachwuchs, Junge und Mädel, Uwe und Karin, knapp drei und vier Jahre alt – freiwillig aus dem Leben zu scheiden.

Onkel Erich, 2. v. l. Bruder von Otto, Adoptivvater von Horst und Eva

Der zu kurz geratene Befehlshaber der kleinsten Zelle im Staat ordnet an, daß er und die Seinen ins Wasser gehen, nicht das Heranstürmen der Roten Bande abwarten – und zwar im Klaren See, der mit einer dicken Eisschicht bedeckt ist, in die er ein Loch reinhauen muß, egal, ihm würden die Iwans nicht bloß die Zunge abschneiden, sinniert er düster, Hände, Füße und sonstwas säbeln sie ab bei lebendigem Leibe, schmeißen es den Schweinen hin zum Fraß, erfahren sie, was er im Namen des Herrn, vielmehr in dem vom Führer des deutschen Volkes, alles tat, ja, tun mußte.

Es müssen sich grausame Szenen abgespielt haben an dem Tag, wo die Schutzengel der Kinder scheinbar überlastet waren, weil zu dem Zeitpunkt Scharen von Kindern Schutz gebraucht haben, denn es war Krieg. Das Oberhaupt der Familie ging auch ohne großes Palaver unter – zusammen mit beiden Enkelkindern, die er an sich festgeschnallt hatte.

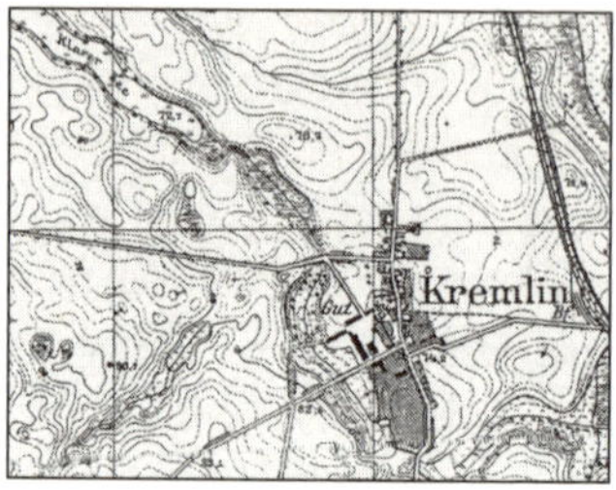

Der Mann hatte Erfahrung im Töten und war nicht zimperlich, auch den Seinen gegenüber nicht, wie man sieht. Nach schweren Kämpfen mit dem naßkalten Element gaben die Töchter, eine etwa zweiundzwanzig, die andere vierundzwanzig Jahre alt, dann schließlich auf, unterzugehen.

Die leibliche Mutter hatte sich abgemüht, den letzten Willen des Erzeugers in die Tat umzusetzen, Gehorsam war das höchste Gebot, hat gegen das Leben gekämpft. Doch der Tod zeigte ihr die kalte Schulter.

Margarete, genannt Gretchen, Schwester Elisabeth, Liesbeth gerufen sowie beider Mutter, ihr Name war Martha, zugleich auch liebende Großmutter des Nachwuchses, der dritten Generation also, diesen drei gemarterten Frauen war es beim besten Willen nicht gelungen, zu sterben.

Im Dunkeln, als klirrende Eiszapfen, kamen sie ins Dorf zurückgewankt. Die Tragödie hatte sich wie ein Schwelbrand durchs Dorf gefressen, Entsetzen und Mitleid ausgelöst. Bei Hemkes nebenan, wurden sie vom Schlamm befreit und mit Sprit abgerieben. Später, als das Eis geschmolzen war, stakten die polnischen, sich nun freier bewegenden, bis gestern noch von diesem Totschläger und Selbstmörder bedrohten Zwangsarbeiter nach seiner Leiche und die der von ihm mit in den Tod genommenen Kinder.

Übrigens wurden die von Gevatterchen Tod verschmähten Töchter, als der Russe das Dorf einnahm, als Buße sozusagen – obwohl sie selbst Opfer waren von dem nur seine Pflicht erfüllt habenden Gefangenenaufseher, der nunmal ihr leiblicher Vater war – auserwählt für ein besseres Leben von länger stationierten Offizieren. Und sie haben nicht mehr frieren müssen und keinen Hunger leiden. Es war so was wie Schmerzensgeld oder Wiedergutmachung. Möchte aber nicht wissen, was Gretchen empfunden haben mag, als der Rausch nachließ und die Bilder ihrer ertrinkenden Kinder hinter den Augenlidern auftauchten.

Die Gutsbesitzer Lindenberg sind wenige Tage vor Einrücken der Russen Ende Januar 1945 mit nur wenig Habe, als würden sie einen Wochenendausflug machen, auf einem zweirädrigen Gefährt, keiner Kutsche jedenfalls, davongefahren. Erst Richtung Osten, nach Pyritz, wohl hoffend, von dort noch mit der Bahn wegzukommen.
Der Schloßherr hatte die Abfahrt verpaßt, verschlafen oder war vergessen worden – es wurde gerätselt, ob von der Familie mit Absicht oder versehentlich zurückgelassen – und rannte der Räderspur hinterher.
Sein einziges Gepäckstück war ein Rucksack mit einem Brot als Inhalt, während im Flockentanz und Geholper des Wägelchens über Stock und Stein, die Dauerwürste herumgeschaukelt haben sollen auf dieser Flucht in eine ungewisse Zukunft, wie getratscht wurde.

Als wir klein waren, haben wir das nicht so bemerkt, meint Irmi, aber er muß wohl geistig etwas in Unordnung gewesen sein, denn er grüßte jedes Kind, das ihm begegnete, wenn er sich auf einem Ausritt befand.
In den dreißiger Jahren hatten Lindenbergs sich ein Auto angeschafft, eine Sensation damals. Als Chauffeur und Diener wurde Ernst Winter ausgebildet. Seine Eltern, Tagelöhner, sahen es als sozialen Aufstieg an. Die Garage für den Wagen wurde zwischen Gärtnereigebäuden und Kriegerdenkmal errichtet. Doch das teure Stück war dann von der Wehrmacht, SS oder Gestapo für Kriegszwecke eingezogen worden.
Man hatte in aller Eile nur das Nötigste zusammenraffen können, alle Kostbarkeiten stehen und liegen gelassen, den Konzertflügel, das feine Porzellan, die antiken Möbel alle, das gesamte Vieh ... Niemand hatte damit gerechnet, daß die Vision vom Tausendjährigen Reich so katastrophal, jämmerlich und demoralisierend in die Binsen gehen würde.
Wie hätten Erwachsene sonst derart blind und treudeutsch den Anführern des Feldzugs Glauben schenken können und nach der angeordneten Devise ›Kämpfen-bis-auf-den-letzten-Mann‹ handeln. Oder wie paralysiert in den Schützengräben hocken bleiben, die Russische Armee ohne Rücksicht auf Verluste über sich hinwegstürmen lassen, statt sich in Sicherheit zu bringen, vor allem die Kinder und Frauen.
Nein, sie mußten standhaft bleiben, sich die Mitschuld daran aufladen, daß die, sich erst im Stimmbruch befindenden Jungen, noch in letzter Minute verheizt, von Panzerketten zermalmt wurden.

Doch damit nicht genug – unsinnige Wortkombinationen wurden dem Volk ins Hirn gestanzt vom Oberbefehlskommando, die suggerieren sollten, daß, wenn schon nichts anderes übrig bleibt als der Rückzug, darf der Feind nur ›verbrannte Erde‹ vorfinden: Pyritz wurde dem Erdboden so gut wie gleich gemacht, vom Feuer weggeleckt.
Die Menschen lagen – als hätten sie Figurenwerfen gespielt, wo man auf das Abwinken des Dirigenten wartet und zur Salzsäule erstarrt – unidentifizierbar, verkohlte Zwerge in Kellerlöchern, Luftschutzbunkern, Babys als Stummel im von Asche bestäubten Knochengerüst, den einstigen Armen ihrer Mütter, ein verkrampftes Nestgeflecht; ich habe es mit eigenen Augen gesehen und in abgrundtiefe Verliese verbannt.
Was nicht niet- und nagelfest ist, wird ausgeräumt: Kleingeld für den Kaufmannsladen. In den Regalen vom Weinkeller im Schloß lagern verstaubte Flaschen: Das halbe Dorf schwebt die nächsten Tage durch die Gegend und hat einen leichten Zacken in der Krone von der Sorte ›Liebfrauenmilch‹.
Es wird gelacht – mit Todesverachtung.
In der Brennerei zapfen die sich nun frei bewegenden Polen Sprit ab in Kannen, saufen wie ein Loch, fallen in Schneewehen, erfrieren zu guter Letzt noch. Kinder strolchen durch die mit Stoff tapezierten Räume, reißen Fetzen raus für einen Kissenbezug, die Puppenwiege kriegt ein Zudeck. Ich klimpere begeistert auf dem Flügel: Hänschen klein, ging allein, in die weite Welt hinein ... er ist wohlgemut.

Eingang zum Weinkeller

Plötzlich hören mein Bruder, Hotte Winter und ich, wie eine fremd klingende Stimme durchs leere Gutshaus hallt und ruft: Iwanuschka.
Horst Winter fängt an zu bibbern, hält sich den Mund zu, stopft die Faust rein, wimmert: Nu nagelnse uns die Zunge an den Tisch fest.
Ich schaue mich um. Da liegt ein umgekipptes Möbelstück, Beine in die Luft gestreckt, eins davon halb abgebrochen. Nicht mehr zu gebrauchen.
Aber das Nähtischchen. Horst errät, was ich denke, schüttelt den Kopf.
Und die Fensterbretter, fragt Lonas Sohn. – Pst, macht mein Bruder.
Ich halte den Atem an, bewundere Horst wegen seiner Überlegenheit, der vielleicht nur vorgetäuschten Furchtlosigkeit, habe keine Angst, fühle mich durch seine Nähe beschützt. Wir verstecken uns schnell wie im Freien lebende Katzen zwischen zwei Türen vom Musiksalon.

Soldatenstiefel nähern sich. Ein Uniformmantel mit Karabiner im Anschlag taucht auf. Wir erblicken den ersten Russen, einen Vertreter der Untermenschenwelt, der Schlimmes mit uns im Schilde führt.
Ich werde ihm in die Hand beißen, dann ist er abgelenkt, ich laufe zum Keller, krieche durchs Fenster, runter zum Teich – wo mir Horst neulich zwei Schleie, das sind Edelfische, in die Manteltaschen stopfte, die ich festhalten mußte, damit Agnes sich freut, aber die hat gemeckert, weil der Mantel eingesaut war – und nachts robben wir dann nach Hause, wir kennen Schleichwege im Gegensatz zu den Feinden.
Aber der Russe hat ein Gesicht und lächelt ein bißchen wie Onkel Paul, der Bruder von Agnes, Matrose, Sohn von Toni, als er noch nicht das verbrannte Gesicht hatte vom Angriff auf sein Schiff, dem U-Boot, wo die Besatzung beim Auftauchen von Bord springen mußte, weil Wasser eindrang, alle ertrunken wären, wo er durch Flammen schwamm, denn es explodierten Tanks. Aber seine Augen waren heil geblieben zum Glück, weil er sie schnell zugekniffen hatte, nur die Wimpern waren abgesengt.

Und ich mußte in dieser Situation daran denken, wie Onkel Paul den Fisch samt Gräten aß, als die Familie zusammen kam nach seinem Lazarettaufenthalt, ohne daß ihm eine davon im Hals stecken geblieben war und wir rätselten, was für ein Trick dahinter stecken mochte
Ich atme durch. ›Nu schto?‹, sagt der russische Soldat. ›Nje Bajis!‹ An seiner Mimik erkannte man, daß wir keine Angst zu haben brauchten. Ob wir seinen Kameraden Iwan gesehen hätten, fragte er noch. Nein. Nur ihn als einzigen Feind. Er streicht mir übern Kopf, verwuschelt das Haar, zieht am Zopf, der sich aufgelöst hatte in den Abseiten, kramt in seinem Feldsack, schenkt uns deutsche Fliegerschokolade aus einer runden Dose, solche, die Piloten bekommen, damit sie nachts wach bleiben in der Flugzeugkabine und nicht übers Ziel hinausschießen.
Ich wühle in meiner Beute, gebe ihm eine Brosche mit funkelroten Steinen und eine Hand voll Münzen. Er lacht, bedankt sich. Selig hüpfen wir davon mit unsern bittersüßen Zungen im Mund, um die frohe Kunde zu verbreiten: Die Russen sind keine Zungenabschneider, sondern normale Menschen wie du und ich. Kindern tun sie nichts.

Es ist die Nacht vom 30. zum 31. Januar 1945 – auf den Tag genau zwei Jahre zuvor, hatte Generalfeldmarschall Paulus, Befehlshaber der 6. Armee, zwei Tage später General von Seydelitz, Stalingrad aufgegeben, die Kapitulation unterschrieben, statt bis zum letzten Mann zu kämpfen, wie Hitlers Anordnung gelautet hatte und nachdem der größte Teil der im Kessel eingeschlossenen Soldaten, einhundertsechsundvierzigtausend, gefallen waren; die Opfer auf der Gegenseite und Zivilisten der einstigen Stadt Wolgograd nicht mitgerechnet – in dieser eisigen Nacht also standen, bis an die Zähne bewaffnet und von Kopf bis Fuß in Felle gehüllt, die ersten Russen im Hof von Bauer Rummel. Solange hatte der ›Iwan‹, seine ›Speerspitze‹ vorerst, noch gebraucht, um die Strecke durch Schnee und Eis, Glück und Gefahr, zu Fuß, mit Pferdegespann, Lastern, Panzern, Stalinorgel, bis zu den Kremlinern durchzudringen.
Bauer Rummel war vor Schreck, obwohl er mit dem Einmarsch hatte rechnen müssen, das Herz in die Büx gesackt, als er so urwaldmäßige Laute wie ›Dawai Uriuri‹ vernahm. Doch dann reimte er sich zusammen, was sie meinten und gab ihnen seine goldene Taschenuhr.
Sie nahmen die Gabe wie einen gefüllten Pfannekuchen in Empfang, schüttelten sie, hielten sie ans Ohr, statt in den Mund zu stopfen, freuten sich wie Schneekönige über das Ticken und zogen wie Halbwüchsige zur Fastnacht zum nächsten Hof, um ihre Urschreie auszustoßen als Begrüßung, wie allgemein üblich, nur in anderer Sprache, statt: We mi wat jift, de kümmt in Hümmel, we mi nüscht jift, kümmt in' Höll, do sitt de Dübel midde Botterkell – Dawai Dawai! Uri Uri!

Bei Wagners, Irmis Elternhaus, ist ein Panzer durchs Haus gefahren, vorn rein, hinten raus; mit Fensterkreuz, samt Gardine dekoriert, Glasscherben wie Kandiszucker. Die Sehschlitze waren wohl vereist oder der Fahrer eingeduselt; wär nicht verwunderlich nach der Strecke, die er hinter sich hatte.

Nun wurden Quartiere aus dem Boden gestampft, Eßbares organisiert.

Irmi, als das Elternhaus noch stand, sie sich nicht wie alle jungen Mädchen und Frauen nachts verstecken mußte.

Zwischen dem Vor und Zurück der Front. Das Dorf wird evakuiert. Von überall Beschuß. Da ist für Zivilisten kein Durchkommen mehr. Bald sei die Hölle los, heißt es. Wir ziehen los. Im Handwagen befindet sich, was man zum Überleben braucht: Bettdecken, Speck, Geräuchertes, Brot. Rex folgt uns treu ergeben, ein Hund, den der Schäfer Agnes brachte, ihr für die Kinder schenkte, damit er sie beschütze.

Der Ort heißt Kinderfreude, wo wir Halt machen und auf etwas Stroh die Nacht verbringen, zwischen Alb- und Kinderträumen. Ich weiß noch, wie flau mir war, als ich wach werde und unter mir ist es naß, ich über die Schlafenden wegtapse, die knarrende Treppe runter, Wasser aus der Regentonne schöpfe, den Schlüpfer ausspüle, im Hof auf eine Leine hänge, wo die Sonne versucht, Land zu gewinnen.
Als die Kolonne aufbrach, schämte ich mich, die Schande zu gestehen, ließ das Wäschestück hängen, trottete mit nacktem Hintern weiter.
Doch ehe es so weit ist, schmeißt der Bildwerfer mir unauslöschliche Schnappschüsse vor die Füße: Ein Soldat, ganz jung noch – der das Leben vor sich gehabt hätte, wäre das alles nicht passiert – liegt lächelnd und mit ins Weite blickenden Augen auf der Teer-Chaussee, in der Kurve zwischen Böttcherberg und Wagners Mühle, wo immer unser Korn gemahlen wurde, das Tagelöhner als Deputat kriegen, Entlohnung in Naturalien.

Er hat einen roten Punkt auf der Stirn. Frauen tragen ihn ins grün werdende Gras vom anbrechenden Frühling, bedecken den Toten mit Weidenkätzchen. Auf sein Gesicht tut man ein umhäkeltes Taschentuch. Eins der Mädchen hat ihn gekannt; sie weint die ganze Wegstrecke über, bis neues Leid das ihre abmildert. Kühe in der Koppel brüllen zum Gotterbarmen, ihre Augen betteln um Hilfe. Wieder krempeln sich Frauen die Ärmel hoch, machen sich ans Melken, ohne daß ein Gefäß drunter steht, als wären wir schon alle im Eimer, Mensch und Kreatur im selben Boot, Mutter Erde ein Auffangbecken für Verlorengegangenes, zum Leben anscheinend dazu gehörendes wie Blut, Tränen, Fleisch, Kot, Gebeine: ein nahrhafter Dung, der sie zu neuer Fruchtbarkeit antreiben wird, nachdem sie all das Verwesende schluckt und umwandelt in neues Blühen und Reifen, wieder reine Natur wird, wie es einst war.

In Kinderfreude war noch Folgendes geschehen: Irmi Wagner mit Familie, ihrem Mann Gert Fitzke, Architekt aus Berlin, den sie kürzlich geheiratet hatte; die beiden waren sich im Reichsarbeitsdienstlager in Westpreußen begegnet. Er war verwundet worden, lag im Lazarett von Pyritz. Doch als die Stadt unter Beschuß kam, haben sie ihn nach Kremlin transportiert zu den Schwiegereltern, aber plötzlich war der Russe da und Gert kam nicht mehr weg. Man hat ihn und Walter Winter, der Heimaturlaub hatte, auf dem Stallboden im Heu versteckt – wo sie einigermaßen sicher waren, weil Winters im letzten Haus Richtung Brederlow wohnten. Einige im Dorf wußten davon. Lona war im Dunkeln hingeschlichen, hatte das Terrain gesichtet, damit die zwei austreten gehen konnten, hat die Jungs mit Nahrung versorgt.
Es war gefährlich, weil am Haus Panzer standen, die bewacht wurden. Wagners waren bei dem ›Ausflug‹ nach Kinderfreude bei Bekannten untergekommen. Es war der 21. Februar 1945 – erinnert sich Irmi. Tagsüber versteckten sich die Frauen. Als sie im Dunkeln zurückschlichen – Elektrizität gab es nicht – lebte Irmis Mann nicht mehr. Die Bewohner sagten: Zwei Russen, einer angesoffen, waren gekommen, hatten angelegt, Gert Fitzke seitlich im Gesicht getroffen, ihn quasi quer durchschossen. Niemand ist ihm zu Hilfe gekommen.
Die älteren Leute hatten nach dem Mord die Wohnung in Panik verlassen, sich nicht mehr rein getraut. Am nächsten Tag, als es hell wurde, sah Irmi den Toten in seinem Blut liegen. Man trug Gert Fitzke in den Schuppen; Irmchen hat die Spuren allein beseitigt.

Sie sagte später, als schiene sie darüber verwundert zu sein: Es überstieg einfach mein Fassungsvermögen, das sich soviel Blut im menschlichen Körper befindet. Ihr war es vorgekommen, als wären es einige Eimer gewesen. Sie hat sicherlich unter Schock gestanden und mechanisch saubergemacht.
Zum Dorf Kinderfreude gehörte auch ein Gutshof mit Parkanlage. Da es keinen Friedhof gab, bat man die Besitzerin, den Toten gleich dort beerdigen zu dürfen. Das wurde jedoch von ihr abgelehnt.
Für die junge Witwe war es keine Genugtuung, daß die Gutsherrin dann wie alle anderen Einwohner Haus und Hof verlassen mußte.

Das etwa fünfjährige Kind einer Frau aus Berlin – der Mann hat mitgeholfen, daß seine dreiköpfige Familie aufs Land evakuiert wird, damit sie vom Bombenhagel verschont bleibt – wird von einem daher rasenden Ungetüm erfaßt und durch die Luft geschleudert.
Der Junge hatte schon fast die Straße überquert, als die Mutter aufkreischt, dann voller Angst und Strenge seinen Namen schreit.
Das Kind erschrickt, macht kehrt und sein Schicksal ist besiegelt. Alle Gliedmaßen sind verdreht, als es zerschmettert zu Boden fällt und im Sterben liegt: Sein Gehirn quillt heraus, die Ärmchen strecken sich andeutungsweise in Richtung Mama, fallen kraftlos herab, zucken nur noch.
Frau D. sitzt wie versteinert bei ihm, tränenlos. Dann vernimmt man Gemurmel, einen Singsang. Töne, Klagelaute, Verwünschungen, kalt und aus tiefstem Herzensgrund. Alle Mütter dieser Erde seit Anbeginn der Menschheit, die einst ihr Junges verloren haben, scheinen durch sie zu sprechen, voller Haß gegen Gott und die Welt, auf alle Krieger dieses Feldzugs und auf jene, die damit begannen vor Urzeiten, einander abzuschlachten. Ein großes Schweigen erfaßt den Troß, der weiter ziehen muß laut militärischer Anordnung. Ein Häuflein Russen sitzt rauchend im Hintergrund mit verdunkeltem Blick, denn Frau D. sagt zu ihnen ohne Angst, daß sie allemann Mörder seien und Höllenhunde. Die Angegriffenen erwidern nichts, drehen Zigaretten, inhallieren tief ein. Viele rote Punkte in ihren Gesichtern sind das Schlußbild dieser Szene.

Bei der Rückkehr nach Kremlin ist ein Loch in der Hauswand und die Tür hängt schief in den Angeln, Schutt liegt rum, verursacht durch den Einschlag einer Granate oder von sonstwas für einer Explosion.
Im Ehebett hat sich eine trächtige Kuh niedergelassen, um zu kalben, die jetzt nur schwer hochkommt und verschreckt das Weite sucht, dabei fast die Kellertreppe runter stürzt, sich aber am Geländer mit den Hörnern verhakelt. Es kostet Zeit und Mühe, das Tier ins Freie zu kriegen, weil die Geburt schon im Gange ist. Das neugeborene Kälbchen wird trocken gerubbelt und von der Mutter abgeleckt zur Begrüßung.
Die Nacht schlafen wir bei Sommerfelds. Am nächsten Morgen ist unsere Stube, die Betten, der Fußboden, übersät mit narkotisierten Soldaten.
Eine Division aus Fahrzeugen und Panzern, hat die Straße aufgewühlt. Unsere Spielecken und Unterschlupfe sind in Klump gefahren.

Die Frauen schminken ihre Gesichter auf alt, stäuben Asche ins Haar, tragen altes Zeug, stecken sich mit Jauche getränkte Lappen ein, um unbehelligt zu bleiben. Ich sah, wie ein sich auf der Pirsch befindender Soldat schüttelte vor der Nachbarin S., obwohl die schon so nicht gerade frisch ist, nicht noch nachhelfen müßte; uns Kindern wird sonst übel und wir können nicht mehr brüllen, weil wir die Luft anhalten.

Aus Richtung Naulin kommen Gestalten. Ich sehe ihr Gestikulieren. Ein Profil, scherenschnittartig, Klagelaute. Kulisse: die Dorfstraße von Kremlin. Die Frauen berichten, sie wären mit dem, was sie auf dem Leib tragen, auf und davon. Eine Kompanie hätte sich über sie hergemacht. Einige sind auf der Strecke geblieben, hatten sich gewehrt.
Und wieder fällt das schwer aussprechbare Wort, welches neuerdings in aller Munde ist: Vergewaltigung. Ich frage ein etwas größeres Mädel, was es bedeutet: Sind sie verletzt, man sieht gar nichts. Sie antwortet mit sich kaum bewegenden Lippen: Gefickt hamse die. – Ach, sage ich und denke: Warum heulen und jammern die dann so. Ich hatte mal gehört, wie ein größerer Junge zu einem Gleichaltrigen sagte, das sei der Himmel auf Erden. Dafür nimmt er gern die Woche Stubenarrest in Kauf, sogar mit Kußhand. Das würde er immer wieder riskieren.
Ich bin sprachlos, nicht vor Entsetzen, sondern weil Deutsche doch Feinde der Russen sind, wie können sie dann sowas wie Liebe mit deren Frauen machen. Sicher hat Liese das nur gesagt, weil in der Bibel steht: Liebet eure Feinde wie euch selbst. – Ja, aber doch nicht auf die Weise und daß es weh tut, mit brutaler Gewalt, als würde man ein Huhn schlachten, rupfen, die Schenkel auseinanderreißen und auffressen.
Eigentlich ist die Sache nur was für Liebespaare, ein Junge und ein Mädchen, die miteinander gehen und wenn beide einverstanden sind. Doch nicht mehr allzu lange und ich werde eines Besseren belehrt, nämlich, daß der Mann meint, die Frau wäre vom Schöpfer geschaffen worden, damit er eine Handlangerin hat, die tut, was ihm nützt – und somit seiner ganzen Sippe zum Nutzen ist; den Kräuterwickel umlegen, wenn der Backenzahn rumort, Bauch massieren bei Blähungen, so daß er wieder furzen kann, in der Röhre den Ziegelstein anwärmen, ans Fußende legen, wenn das Thermometer unter Null sinkt, weil die Knochen steif werden, aber die Bumskeule denkt nicht dran.

Die Russen haben ihre Frauen daheim gelassen wie die Deutschen, auch unser Otto seine Agnes, denn Krieg ist Männersache, heißt es. In den Feldpostbriefen kommen Wörter wie Liebe und Treue vor.
Ob unsere Soldaten sich genauso in der Fremde verhalten, sich an Russenmädchen vergreifen? Sie quälen, mißbrauchen, zerstören?
Was hat sich Gott nur dabei gedacht, denke ich voll Groll und Unmut. Ich werde den hohen Herrn vorm Einschlafen zur Rede stellen, ihm Vorwürfe machen, sagen: So geht das aber nicht, lieber Gott.
Und er wird mit seinem von grauen Korkenzieherlocken umrandeten Kopf nicken, ihn schütteln – daß Sternenstaub wie Schuppen auf seine hängenden Schultern rieselt und sich auf den Wellen der Milchstraße Schaumhäubchen bilden – beschwichtigend die durchgeistigte Hand erheben, den Mittelfinger aus der Faust rausragen lassen, dann ernst und himmlisch lächelnd sagen: Ich werde die Strolche Mores lehren und ihnen zur Strafe die Manneskraft absenken. Ach, lieber doch nicht, sagt er dann. Aber diese ständige Geilheit auf alles Gewölbte wie Titten und Ärsche, das wäre ihm ja selber peinlich. Gedulde dich, Evchen, kleines Schäfchen; gut Ding braucht Weile. Und ich sage dir, Mariechen ... Ja, schon gut, Allmächtiger, sage ich. Mach so gut, wie du kannst. Darauf seufzt er erleichtert ›Amen‹.

Wenn ein Bataillon im Dorf ankommt, werden Quartiere ausgesucht, Wohnungen beschlagnahmt, Hühner eingefangen, Schweine geschlachtet, die Gulaschkanone in Gang gesetzt, Zwiebeln gepellt, Kapusta, also Kohlköpfe zerschnipselt. Frauen mitsamt ihren Kindern, versammeln sich zur Nacht, verstecken sich unter den Betten von Sommerfelds, hinter Kartons bei Winters, kriechen im Schuppen unter Strauchbündel. Nachts tauchen Suchtrupps auf, radebrechen Deutsch, das keinen Sinn ergibt. Aber diese Worte haben alle drauf: ›Frau komm, fünf Minut‹. Und das Gekreische geht los. Ein betrunkener Offizier zieht die Pistole, schießt Nippsachen vom Vertiko, in die Zimmerdecke, auf die toten Tiere vom Stilleben des Ölgemäldes, nimmt den Elfenreigen aufs Korn, ballert den Halbnackten in den Unterleib; trifft das Dreieck zwischen den Beinen, torkelt, verliert den Halt, die Waffe fällt ins Gitterbettchen. Alles Lebende erstarrt. Nur der Kuckuck läßt um Mitternacht seinen Ruf erschallen und wird zur Strafe exekutiert. Es herrscht Totenstille.

Die Freundin einer Frau aus Stargard – beide hatten bei uns Halt gemacht, hockte zusammengekauert unter der Ofenbank – erklärt sich bereit. Beim Hochklettern zur Bodenkammer murmelt sie: Sie wäre bereits geschändet, kein anständiger Mann würde mehr was von ihr wollen. Wir kriegen Essen aufgetischt vom Burschen des großzügigen Freiers.

Meine Mutter blieb glücklicherweise verschont – wohl auch dank der Stimmgewalt ihrer drei und diverser Kinder von den Nachbarinnen, die auf das Kommando: Schreit! loskreischten, wobei eins das andere zu übertreffen suchte und das Ganze klang wie Hyänengeheul. Wenn die einheimischen Hunde dann noch einfielen, Katzen miauten und fauchten, war der Lärm fast bedrohlicher als Fliegeralarm.
So hatte vielleicht ein Sirenen-Chor aus grauer Vorzeit geklungen. Die Rotarmisten mit den Sternen auf den Achselklappen rennen, die an der Fellmütze hochgebundenen Ohrenschützer runterklappend, wie von Furien gejagt zurück ins Quartier, um sich neuen Mut anzutrinken für den nächsten Vorstoß oder erschöpft in den Tiefschlaf zu fallen.
Jeden Abend das gleiche Theater, jede Nacht die selbe Groteske, nur daß die männlichen Darsteller wechselten. Titel: Raub der Kremlinerinnen. Denn morgen kann das Leben vorbei sein, sagten sich die fast ständig im Kugelhagel und Geschützdonner lebenden Sowjethelden.
Oft war es zum Sich-Ausschütten vor Lachen und Überspanntheit. Agnes lag mit anderen Frauen untern Betten von Sommerfelds, hinter Kartons mit Weihnachtsbaumschmuck, aufgeräufelter Wolle, Häkelzeug. Wir Kinder, auch Margret, Tochter von Frau S. und sie selbst, hingen wie ausgewrungene Plünnen überm Sofa oder auf Stühlen rum.
Ein angetrunkener Russe, mittlerer Dienstgrad, Kürbiskerne kauend, Hülsen in die Gegend spuckend, begrabschte, seine Unlust vor der sich absichtlich schmuddelig gemacht habenden Frau S. dabei überwindend, ihre Brüste und Knie. Sie war vom Wodka bereits fast zugeschüttet und am geeignetesten, dem Feind den Appetit auf die ›Frau-Komm-Tour‹ zu vermiesen. Und so nahm sie den Part hin wie eine Samariterin.
Er hatte sich schon gewundert, irritiert herumgeschaut, sich gefragt, wessen hübsche Kinder das wohl alles sein mochten. Er wandte sich an meine Schwester: Wo Mama? Sie wollte hinzeigen unters Bett, als mein Bruder sagte: Nichts verraten, sonst nimmt er sie und tut ihr weh.

Horst und ich, dauernd aus dem Halbschlaf gerissen, kicherten über den Dialog der Erwachsenen, die zufällig oder durch Gottes Fügung – nein, da hatte eher der Teufel seine Hände im Spiel – eine Winternacht miteinander verbrachten, obwohl sie sich gar nicht leiden konnten, doch wie von fremder Macht gelenkt, aneinander kleben blieben.
Eine Groteske. Und mittendrin diese überwachen, gleichzeitig todmüden Kinder: Laß das, du Vieh, waren Worte der Sickertschen.
Der Feind, natürlich kein bißchen Deutsch verstehend, sprach ihr alles nach, was sie sagte und das fast akzentfrei, wie ein Echo, auch ihr vernuscheltes Plattdeutsch: ›Dir sollen die Eier zerplatzen, Saukerl elendiger, die Klöten verschrumpeln, Stinktier verkommenes, Pfoten abfallen. Gott der Gerechte, wird seine Racheengel senden, Höllenhund verdammichter, das Gekröse soll dir schrumpfen, Drecksack elendiger, Wanzen dich piesacken, Schweinepriester.‹
Und er darauf immer brav seine Erwiderungen, wie in der Schule.
Frau Nachbarin war allmählich kraftlos, konnte ihn nicht abwehren, röchelte nur, dabei ihre Tochter auffordernd: Marjret, nu jreele doch. Los, Jören, alleman. Wir taten, was wir sollten, aber es klang eher wie das müde Meckern einer sich im Moor verirrt habenden Ziegenherde. Jedenfalls war uns kein abschreckendes Geheul mehr zu entlocken, auch wenn der Russe die Nachbarin auf den Tisch gelegt, sie mit Mostrich beschmiert, Messer und Gabel aus der Schublade heraussortiert, die Frau auseinander genommen, mit Haut und Haaren verzehrt hätte, es wäre uns piepegal gewesen, so unwirklich schien alles zu sein.
Margots letzte Erwiderung lautete: Mama, ick kann aba do ne mehr.
Die beiden unter Alkohol stehenden und lallenden Erwachsenen waren dann irgendwann unter den Tisch gerutscht im Widerschein der Petroleumfunzel. Der Kriegsheld versuchte angestrengt, sich in die Nachbarin reinzuschrauben, was aber mißlang wegen beider Besoffenheit.
Agnes, die rausgemußt hatte, weil sie sich bei dieser Art Nächtigen die Blase erkältet hatte, war in der Zugluft zwischen den Türen in nach ihr greifende Arme eines taumelnden Leutnants gelaufen, hatte sich gedukt, war ihm entglitten wie eine Eidechse, davongehuscht mit aufgerissener Bluse, ihre Kinder einsammelnd. Sie, die oft selbst wie eine ›Paninka‹ aussah, ein Mädel, verschwand in unsern Eingang, machte Feuer an mit Spänen, kochte Muckefuck, rührte gelben Rübenzucker rein.

Wir schmiegten uns um die Mutter herum, schliefen paar Stunden wie die flachen, glattgewaschenen Steine, die man Butterstullen nennt, wenn sie über das den Himmel spiegelnde Wasser springen. Horst war ein Aß im Butterstullenwerfen und lachte im Schlaf; vielleicht ging das Theater von vorhin in ihm weiter. Und im Morgengrauen machten die Eroberer selten eine Stippvisite, dazu waren sie zu erschöpft vom Kriegerdasein.

Irmi hat im Kreise der gefährdeten Mädchen und Frauen auch so manch eisige Nacht hinter der Kartoffelmiete von Kubes verbracht oder zwischen Kraut und Runkeln, unter Strohballen, bangen Herzens den Morgen erwartend. Aber nie haben wir uns erkältet, sagt sie, oder wurden krank. Anscheinend hatten sich die physischen wie auch psychischen Abwehrkräfte, noch rechtzeitig auf derart massive Angriffe vorbereitet. Wir sind früh in die Lehre gegangen, mußten notgedrungen lernen, den Herausforderungen immer aufs Neue zu begegnen.

Einmal, es war am helligten Tag, schien das grausige Los auch unsere Mutter ereilen zu wollen. Wir klammerten uns an sie wie die Kletten, als wären wir angewachsen an ihrem Körper. Der Russe, alkoholisiert und mit verschwommenem Blick, scheinbar einem angeborenen Zwang ausgesetzt, wie Hunde, die jeden Stein anpissen müssen, wollte seinen Spritzer loswerden, riß uns ihr ab, warf die lästigen Bastarde genervt beiseite. Mein Bruder sprang ihn an wie ein Pantherjunges. Da verkündete der Krieger: Wenn Frau nicht kommt, werden alle ... Agnes sagte, wenn er das vor Gott und mit seinem Gewissen verantworten könne, solle er das tun, sie ginge jedenfalls nicht freiwillig mit.
Wir mußten uns an der Hauswand aufstellen, ich sah den Gewehrlauf auf uns gerichtet, sehe die hellen Augen meines Bruders schwarz werden und den Feind, stolz, wie ein Indianer, der keinen Schmerz kennt, fixieren.
Irgendwo versteckt gewesene, nun entlaufene weiße Angorakaninchen hoppelten um uns rum, stellten sich auf die Hinterbeine, als wäre dies eine Zirkusnummer, bei der sie mitmachen sollten, aber es gab weder Zylinder noch Zauberstab, nur das auf uns zielende Schießeisen.
Ich betete murmelnd zu Gott, er möge ein Wunder geschehen lassen, ein Machtwort sprechen, aber in Russisch, damit der Wüterich es versteht. Da gabs einen Knall und eine Patronenhülse fiel vom Himmel herunter:

Der Frontkämpfer hatte in die Luft geschossen, die Waffe zu Boden geschmissen, sich daneben, suchte nach Worten, wollte was erklären:
Pjotr Alexej Petrowitsch nicht schießt Kinder tott und Fräulein Frau. Aber Deutschsoldat, ganze Familie – er hielt die Hände hoch mit allen Fingern, nur die Daumen waren abgewinkelt – macht kaput und Feuer in Haus. Babuschka allein mit Zobaka, Chund, Fell wie Schnee. Er schlug dabei wild um sich, als wolle er neue Flammen löschen.
Agnes gab ihm Wasser zu trinken, legte einen Lappen auf sein verquollenes Gesicht, denn er hatte sich die Stirn aufgeschlagen beim Hinstürzen, Blut tropfte von der Schläfe. Dann lachten wir plötzlich wie Entlaufene aus der Anstalt, freuten uns, daß der Todesengel das Weite gesucht hatte. Die rotäugigen Kaninchen dagegen sprangen verschreckt in die Büsche.
Aber Drüben-Oma, Ernestine Wilhelmine, griff sich ein junger Kerl, legte sich ihre Beine um den Hals, wie sie es beschrieb, nachdem er sie durch die Wohnstube gejagt hatte, immer um den Tisch herum, niemand hatte ihr Hilfeschreien gehört, selbst das Bruchband, welches sie ständig umhatte, hätte den Krieger nicht abgehalten von seinem Vorhaben.
Und nach dieser viehischen Tortur ließ er sie in ihrem unbeschreiblichen Jammer am Boden zerstört liegen. – Sie hat dieses Überwältigtwordensein wohl nie ganz verwunden und wartete bis zu ihrem Tod darauf, daß ihr jüngster Sohn Otto, der meinen Bruder und mich adoptiert hatte, von der Feldarbeit heimkommt. Und sie stellte das Essen ins Bett, eingewickelt in Küchentücher: Salzkartoffeln, Schoten, Karotten mit gehackter Petersilie bestreut, Rouladen, umwickelt mit Zwirn, damit es warm bleibt für den Jungen, der irgendwo bei Woronesh in fremder Erde ruhte.

›Drüben-Oma‹ Wilhelmine und Opa – später.

Aber das Leben selbst ging unaufhörlich weiter seiner Wege und wir mit ihm, der Überlebenskampf härtete ab gegen den Schmerz und schärfte die Sinne.
Wir wußten erst im Nachhinein von dem Gemetzel im weiten Rußland, wo die Männer, Väter, Söhne, Brüder, Freunde, beiderseits der Frontlinie wegstarben wie die Fliegen. Kinder kriegten den Ernst der Lage nicht so mit. Selbst wenn sie den Jammer aus nächster Nähe erlebten, hat das eingebaute Abwehrsystem, ein unauffindbares Selbstschutzorgan, es als Pech betrachtet, daß einer grad an der Stelle war, wo es passierte.

Die bereits mehr Überblick habende Jugend tröstete sich singend mit: ›Es geht alles vorüber, es geht alles vorbei, auf jeden Dezember folgt wieder ein Mai‹. Auch die Erwachsenen, besonders betroffene Frauen hofften auf ein Wunder, zumal diese Sätze andauernd im Radio durchkamen, sogar gesungen: ›Und dann werden tausend Märchen wahr‹.
In Feldpostbriefen an die Lieben daheim kamen auch Zweifel durch. Vom Stellunghaltenmüssen bei Stalingrad war die Rede, trotz Eingekesseltsein der Landser im entbehrungsreichsten Winter des Feldzugs. Wie sie da hockten in der vereisten Erde mit zum Teil erfrorenen Gliedmaßen, dann, als der größte Teil der Stadt eingenommen war, auf Gedeih und Verderb den Scharfschützen ausgeliefert im Häuserkampf um die Stadt, dem eigenen und gegnerischen Militär.
Im Sommer 1942 hatte die 6. Armee diese weite Landschaft erreicht, den so genannten Schicksalsfluß Wolga, Grenze zwischen Europa und Asien, wie er majestätisch dahin fließt, breit, ruhig und gelassen.
Aber gierig und siegestaumelig wie die Kampfeinheiten anscheinend waren, spalteten die Anführer einen zweiten Keil ab Richtung Baku, zum Ural hin, zu den Ölvorkommen, weil ihnen der Treibstoff allmählich ausging – und Kriegskolosse wie Panzer, Transportflugzeuge und massenweise Kleinvieh, was Fronteinsatzfahrzeuge betrifft, nicht mehr einsatzfähig waren. Aber die Ölfelder brannten, als man ankam.
Stalin hatte ihnen einen roten Strich durch die Rechnung gemacht.
Doch es wurde weitergesungen: ›Führer befiehl, wir folgen dir.‹
Auch wenn ihnen der gesunde Menschenverstand sagte, daß sie verloren sind, wenn sie sich nicht ergeben, Nummern, tot – falls in dem Gemetzel der Leichnam überhaupt je geborgen wird – und lebendig.
Trotzdem verharrten sie in den Erdlöchern, liefen beim Sturmangriff blindlings in die Bajonette des Gegners, ins Mündungsfeuer der Kalaschnikows, als hätten sie nur auf die Gelegenheit gewartet, Massenselbstmord zu begehen. Ebenso die Gegenseite, denn Stalin, Jossif Wissarionowitsch Dschugaschwilli, war seinem Kollegen in der ›Wolfsschanze‹, Adolf Hitler, was Fanatismus, Menschenverachtung und Größenwahn betrifft, Mord, Folter – auch am eigenen Volk – fast ebenbürtig. Vielleicht stürzen sich Kämpfer auch deshalb ins Verderben, um nicht als Feiglinge dazustehen in den Augen der Nachwelt. Außerdem gabs auch Hinrichtungen von eigenen Leuten, die nur mal den Gedanken geäußert hatten:

Was wäre wenn man sich ergeben würde, überlaufen, in Frieden leben möchte mit Frau und Kindern, sie heranwachsen und aufblühen sehen die Knospen; vielleicht wär so ein Schritt das Beste, denn was da auf den Flugblättern steht ... Womöglich ist was Wahres dran, nämlich, daß wir hier völlig sinnlos verheizt werden, längst vergessen wurden. Es ist bewiesen, daß solch ein Ansinnen, nicht nur das Leben gekostet hat, sondern auch Schimpf und Schande für die Hinterbliebenen bedeutete.

Die Übergangszeit vom Krieg zum Frieden zog sich hin. Das Sterben war noch nicht zu Ende. Es gab sich verschanzt habende Einzelkämpfer: Abseits vom Dorf Richtung Klarer See, in einer riesigen Strohmiete, hatten sich nicht mehr weggekommene deutsche Soldaten – ausgerüstet mit Restbeständen von Waffen und Munition – versteckt, sowie paar Jungs, die bei der letzten Mobilmachung dem Volkssturm zugeteilt worden waren, einem sogenannten ›Himmelfahrtskommando‹.
Die wurden entweder verraten von einer verstörten, nicht zwischen Freund und Feind unterscheiden könnenden Person oder von einem Ranschmeißer, der selber Schiß in der Hose hatte, Angst, daß man ihm auf die Schliche kommt, denn er hatte selber Dreck am Stecken und versprach sich eine Belohnung und bessere Behandlung.
Eines Tages wurde das Stroh mit Benzin beträufelt und angezündet. Einige der Versteckten sind als lebende Fackeln übers freie Feld gerannt und abgeschossen worden wie Hasen bei einer Treibjagd.
Mit Frau D. aus Berlin – im unteren Teil des Dorfes untergekommen, selbst fast gestorben vor Angst, Kummer und Gewissensnot – hatte ein Offizier Erbarmen, erklärte sich zum persönlichen Schutzpatron, holte sie raus aus dem Abseits, wo sie der durchziehenden Truppe ausgesetzt war und Vergewaltigungen hatte über sich ergehen lassen müssen.
Der Oberst brachte sie unter im Bauernhof gegenüber. Wenn sich da einer der Seinen an ihr vergreifen wollte, sprach er ein Machtwort in Russisch. Manche mißgönnten ihr die Sonderstellung, sagten Russenliebchen zu ihr, sie wäre eine, die mit dem Feind paktiere, verdächtigten sie, den Unterschlupf verraten zu haben, das Verstecktsein in der Strohmiete. Jedenfalls war ihr Held kultiviert, sorgte für sie fast wie ein Ehemann. Wäre es ihm erlaubt gewesen von Stalin, hätte er sie vielleicht mit nach Leningrad genommen als Kriegsbeute. Aber so ...

Das zwischen den Dörfern Kinderfreude und Mellentin auf freier Strecke begrabene Menschenkind, ihr Söhnchen – vielleicht wurde es später in ein Friedhofsgrab umgebettet, aber wohl kaum: in dem Landstrich liegen massenhaft Gebeine von Kriegsopfern unterschiedlichster Generationen und Nationen, Freund und Feind ununterscheidbar beieinander, es sei denn, man fand zwischen den Halswirbeln eine verrostete Münze oder Erkennungsmarke mit Nummer – seine verwundert schauenden Augen, sahen wie aus dem Jenseits heraus aus ihrem Gesicht.

Auch Agnes hatte einen Beschützer. Sein Name war Donner, russischer Jude, der richtig gut Deutsch konnte und öfter zu Besuch kam.
Er war nett, ließ uns durch seinen Adjutanten Lebensmittel bringen. Es wurde einer von den nun herrenlosen Bullen geschlachtet – damit die Dorfbewohner nicht vom Fleische fielen. Das Tier hing dann aufgeschlitzt und ohne seine Innereien am Schmiedehaken zum Ausdünsten auf dem verlassenen Gut und jeder durfte sich was absäbeln.
Der kleine Feldherr Donner hoffte, Agnes würde sich erkenntlich zeigen. Bei Gefahr sollten wir auf's Gehöft von Bauer Goss eilen, wo die Kommandantur war und rufen: ›Donner, Donner, komm schnell wie der Blitz!‹.
Dann kam der Marschbefehl von Marschall Schukow – und Donner mußte Richtung Berlin, dachte, Agnes ließe ihn zum Abschied an sich ran, wenn nicht aus Liebe, dann dafür, daß er uns beschützt hatte.
Sie redete sich heraus. Er verzichtete mit einer Träne im Knopfloch, war Kavalier, schenkte ihr als Andenken eine Uriuri, die uns später weiterhalf, die Agnes bei Bauern gegen Speck tauschte. Und ein Schmuckstück, das er seinem plündernden Haufen abgenommen oder selbst erbeutet hatte.

Die Periode zwischen Nochbleibendürfen als Arbeitskraft für die Russen – angefangen vom Einmarsch der Truppen, bis hin zur von den Siegermächten ausgehandelten Räumungsaktion der deutschen Ostgebiete, dieser Vertreibung der dort seit Generationen ansässigen Bewohner – wurde von den Kindern nicht selten als Abwechslung gesehen, ein Ausflug ins Unbekannte voll grausig-märchenhafter Abenteuer, in denen wir mitspielen mußten, ob einer nun wollte oder nicht, wenn wir nicht vom Rudel getrennt werden und am Rand liegenbleiben wollten. Außerdem konnten wir uns nicht vorstellen, daß es für immer sein würde.

Und jeder Dorfbewohner bemühte sich, nützlich zu erscheinen, war bereit, die primitivste Arbeit zu verrichten, Hauptsache nicht wegmüssen mit den Kindern: Ställe ausmisten, Herden versorgen, Kühe melken, zentnerweise Kartoffeln schälen, Wäsche waschen für Offiziere, Uniformen flicken, Stiefel putzen, deren Gerichte nachkochen, durch den Wolf gedrehtes Fleisch in Teigtaschen füllen. Und Kascha – das ist Grütze, aus jeder Getreidesorte herzustellen, gehört zur Grundnahrung. Und eine Suppe, genannt Borscht. Zutaten: Rote Beete, Wruken, Kraut. Ansonsten was man findet, mit Fingerspitzengefühl abgeschmeckt, dazu saure Sahne. Handwerker und Spezialisten waren gefragt. Das Chaos wäre ausgebrochen, ein noch größeres, als schon herrschte, bestimmte Abläufe in der Brennerei betreffend. Auf das Funktionieren dieser Anlage waren sie besonders erpicht, weil Alkohol zum täglichen Bedarf gehörte, Medizin war, die das Befinden anhob, sonst hätte die Armee den Marsch bis Berlin kaum durchgehalten. Es hätte kein Mehl zur Verfügung gestanden, hätte keiner Wagners Windmühlenflügel repariert und sowas alles.
Solche Sittengemälde wie Breughels ›Schlaraffenland‹, Hieronymus Boschs ›Jüngstes Gericht‹, plastisch die Figuren aus dem ›Garten der Lüste‹, vergilbte oder auch scharf gestochen, schwimmen durch die Erinnerungen.
Natürlich kannte ich solche Bilder nicht, nur ›Elfenreigen‹ im Mondschein mit hinter Feldsteinen hervorlugenden Waldgeistern, Engel und Bengel mit Lendenschurz, Pfeil und Bogen, auch Heiligenbilder mit knienden Frauen, die mit überkippendem Blick zu Jesus aufschauten, dem dauernd Blut aus der Dornenkrone tropfte – Stilleben mit erlegtem Fasan auf silbernem Tablett, abgeschnittenen Kopf, Blutlache von prächtigen Früchten umlegt. Später hat mich die Art Malerei an meine Kindheit erinnert – die voll war von Wundern und Grausamkeiten; vor allem, seit die unter Glas geklemmten Porträts des Mannes mit dem schwarzen Viereck unter der Nase in jedem Hause zu hängen hatten.
Und da erscheint nun der uns wie ein Heilsverkünder vorkommende Russe mit der Liste, worauf die Namen der ausgewählten, eventuell noch austauschbaren Personen in kyrillischen Buchstaben vermerkt sind, ein Schicksalsbote oder Unheilkünder, das kleine Käppi mit dem roten Stern verwegen in die Stirn geschoben, einer frisch gedrehten Machorka im Mundwinkel, den angeknabberten Bleistift in der Hand, streicht er verlegen, aber was sein muß, muß sein, das Papier glatt.

Nur der Oberkörper des Abgeordneten Fortunas – oder hat eine böse Fee ihre Hand mit im Spiel; sicher sind beide beteiligt, jenachdem, wie das Urteil ausfällt – ist sichtbar im Fenster. Seine Lippen, die Stimme, Worte, die er von sich geben wird, werden über das Los mancher Familie entscheiden, die Verlängerung der Frist in der Heimat verkünden, ob die Flucht, genauer gesagt, die Vertreibung im Schutze der Siegermacht abläuft, in deren Abzug aus der nun zu Polen gehörenden Gegend, mitsamt Rinderherde im Viehtransport – oder der Treck, den marodierenden und frauenschändenden Nachzüglern des Feldzugs ausgesetzt sein wird, den ›Hinterwäldlern‹ aus Asien. Und die sympathischen Eroberer, Bauernkerle mit roten Backen, die, trügen sie nicht diese Uniformblusen, wo ein Koppel aus Rindsleder mit gestanztem Messingschloß in der Taille, den Stoff zusammenhält, den sie sich nach hinten in Falten legen, daß es wie ein Schößchen aussieht – und würden sie nicht ihre raue Sprache sprechen, genauso gut aus hiesiger Gegend stammen könnten.
Sie versuchen durch Zeichensprache den Frauen zu erklären, daß sie sanfte Schafe waren, im Vergleich zu denen, die nach ihnen kommen. Und sie zogen ihre Augenlider in die Länge, daß es schmale Schlitze waren und man verstand, was sie damit sagen wollten, nämlich, wenn die Mongolen einrücken, dann Gnade euch Gott, ihr Weiber!

Auch Polen, welche einst selbst drangsaliert worden waren und am eigenen Leibe erfahren hatten, was es heißt, ›vogelfrei‹ zu sein, wie wir es jetzt waren – vor allem die in den riesigen Völkerwanderungskolonnen dahin ziehenden Schlesier, Ostpreußen, Kaschuben und Westpreußen.
Jedenfalls die einst so stolzen, von Deutschen erniedrigten Polen, konnten während des Vertreibens oft der Versuchung nicht widerstehen, Rache zu üben an den zu dieser Strafe Verurteilten, indem man sie zusätzlich bis aufs Hemd ausplünderte auf dem Weg hin zur neuen Grenze, dem Schicksalsfluß mit Namen ›Oder‹, der für viele Leben oder Tod bedeutete.
Zurück zum erlösenden Moment. Die Mütter scharren sich zusammen, rufen den Namen des Russen: Sascha! Ich habe drei Kinder! Und ich sehe Agnes erleichtert aufatmen, als er ihren Namen ausspricht, auf sie zeigt, die Entscheidung fällt: Wir dürfen noch bleiben.
Sie hatte ihre klaren großen Augen flehentlich auf ihn gerichtet.
Ich hatte sie unterstützt, betete stumm zu Gott mit Argumenten wie:

Satan und Löckchen würden schrecklich traurig sein, Not leiden; wir hatten die zwei Pferde – als ein Gestüt überrollt worden war, die Tiere versprengt wurden – eingefangen und behalten dürfen mit Einverständnis des Kommandeurs. Auch um Rex, dem ein Geschoß die Vorderpfote zerschmettert hatte, mußten wir uns kümmern.
Es waren über fünfzig Leute, wenn man die Kinder mitzählt, denen das Privileg erteilt wurde. Wir waren glücklich – mit schwerem Herzen.
Alle anderen, zu dem Zeitpunkt noch anwesenden Dorfbewohner, hatten am nächsten Tag in aller Herrgottsfrühe ihr Heim zu verlassen. Gitti, die Tochter von Tante Else und Onkel Ernst, sagt, sie hatten in der Eile vergessen, Besteckzeug einzupacken. Alle Türen waren bereits abgeschlossen und das Haus durfte von den einstigen Bewohnern nicht mehr betreten werden. Sie war dann durchs angelehnte Kammerfenster nochmal reingeklettert, damit sie nicht mit den Fingern essen mußten.
Gott, wann das war? Der Schneeball hatte angefangen zu blühen.
Als wir, der Rest vom Schützenfest, aufbrachen, waren die Blaubeeren reif.
Edelgard hat mir später Folgendes aufgeschrieben:

.. Kurz bevor wir weg mußten, waren Russen und bereits Polen, die hier Haus und Hof zugewiesen bekommen hatten, in Kremlin.
Abends suchten die Soldaten nach den Frauen. Opa hat Mutti im Pferdestall versteckt. Bekam Schwierigkeiten mit den Russen, weil die fragten: Wo Frauen. Viele Kinder hier. Zu der Zeit waren mehrere Familien da. Opa kam auf die Idee, meinen jüngeren Bruder Manfred und mich, mit zu verstecken. Am Tag hat er die Höhle vorbereitet: Strohballen von unten raus gezogen, so daß ein großes Loch entstand.
Die Scheune war bis oben gefüllt mit Stroh. In der Dunkelheit sind wir hingeschlichen, haben uns in die Höhle gesetzt und Opa hat die Strohbunde davor getan, daß von Außen nichts Auffälliges zu sehen war.
Nun hockten wir da im Finstern und verstanden die Welt nicht mehr. Warum durften wir plötzlich nicht mehr in unserm Bett schlafen? Das leuchtete mir nicht ein.
In dieser Nacht rückte das Militär verstärkt nach und baute sich ein Lager mit allem Drum und Dran in unserm Obstgarten auf. Dadurch war in der Nacht ein ständiges Kommen und Gehen, Krach und Getöse: Die Soldaten liefen über den Hof, durch die Scheune zum Garten. Mutti sagte, wir müssen uns ruhig verhalten.
Ja und dann mußte Manfred pullern, ich auch und wir wußten nicht wo.
Wir waren verängstigt. Was meine Mutter wohl für Angst ausgestanden haben mag. Sie hat sicher keine Auge zugetan. Wir werden geschlafen haben. Kinder reagieren anders. Bei Mutti kam die ganz große Angst, die wirklich große Sorge am frühen Morgen, da Opa uns nicht heraus holte. Weil nun alles still war auf dem Hof glaubte sie, die Russen haben alle mitgenommen. Wir sind nur noch alleine da. Ich glaub, Opa hatte uns so fest eingebaut, daß wir uns nicht alleine hätten befreien können.

Noch eine kleine Begebenheit, als wir Kremlin verlassen mußten.
Am Abend zuvor kam der Befehl: morgen früh müssen alle das Dorf verlassen.
Also wurde in Eile das Nötigste zusammen gesucht. Opa hat einen Handwagen gebaut aus zwei Kutschwagenrädern. Die Polenfrau, die schon mit ihrer Familie im Haus wohnte, half Mutti noch. Sie sagte, sie wäre auch lieber in ihrer Heimat geblieben, aus der sie weg mußte, weil das Land jetzt den Russen gehöre.
Ich habe meine große Puppe im hintersten Zimmer untern Ofen versteckt, die ich nicht mitnehmen durfte: es war ja nur ›Spielzeug‹.
Am nächsten Tag, als wir den Hof verließen, stand das Polenmädchen mit meiner Puppe im Arm in der Haustür. Das Bild vergesse ich nie. Meine Welt brach zusammen.
Auf der Straße standen schon viele Menschen. Soweit man sehen konnte: hoch aufgetürmte Handwagen. Ein Polentrupp hat uns begleitet bis zur Oder – natürlich zu Fuß. Ausgeplündert haben sie uns auch noch. Manfred bekam einen Nervenzusammenbruch und durfte auf den Pferdewagen, der nebenher fuhr. In Perleberg haben wir ein paar Tage oder einige Wochen, so genau weiß ich es auch nicht mehr, in einem kleinen Raum gehaust. Manfred mußte in ärztliche Behandlung – (ausgelöst durch einen Schock, als ein Russe mit dem Gewehrkolben auf Mutti losging). Danach sind Winters, Frau Goss und wir Richtung Mecklenburg gefahren bis Bad Doberan.
Von dort aus wurden wir einem Bauern zugewiesen, mußten wieder 11 Km wandern.
Es war ein Sonntag, denn die Leute kamen aus der Kirche.
Ja, liebe Eva, so sah das damals aus.

2002: Polnisches Ehepaar, das im ehemaligen Bahnhof Mellentin wohnt. Links: Teil von Rosenthals Hof, im Hintergrund die Schnitterkaserne, dann Gefangenenlager, wo jetzt die nächsten Generationen der dort nach 1945 zwangsweise angesiedelten Polen leben – wie die Eltern und Brüder von Irek, der in die selbe Schule ging, wie Eva einst als Kind.
Unten: nach über 50 Jahren zu Besuch in der alten Heimat, wo Frieden herscht und die Bereitschaft besteht, einander kennen zu lernen.

Immerwieder überrenne ich bestimmte Schreckensmomente, will die, selbst im Rückblick noch Schmerz und Trauer hervorrufenden Bilder auslassen, aber sie verfolgen mich, harren aus im Steinegarten ...
Der Krieg hätte nicht gar so schlimme Folgen gehabt, was die Anzahl der Gefallenen und Toten unter der Zivilbevölkerung betrifft, die Zerstörung der Städte und Dörfer, das Plattmachen von Kulturstätten, Kunstwerken, unsere Gegend vor allem, wo es in einem fort krachte, vor und zurück ging, ein ewiges Sich-Im-Kreise-Drehen stattfand – wenn die Wehrmacht beim Rückzug nicht selbst noch soviel kaputt gemacht hätte: Brücken, Straßen; wenn der Russe also schneller über die Oder gekommen wäre, das andere Ufer erreicht hätte. So mußten erst neue Übergänge gebaut werden, auf denen der gegnerische Kriegskoloß über den Fluß kommt, um den Vormarsch fortsetzen zu können.
Durch die erzwungene Atempause hat die deutsche Armeeführung geglaubt, das Blatt wendet sich, wir gewinnen den Krieg. Auch ist der grimmige Winter bald vorbei, die Wunderwaffe – längst am Horizont als Fatamorgana erschienen – kommt zum Einsatz. Spezialisten feuern rund um die Uhr Raketen ab – und der Sieg ist unser. Ja, aber die Toten alle ...
Es wachsen neue nach. Die Bolschewisten haben ihre Munition bald verschossen, der Kraftstoff geht zur Neige, die Verpflegung wird knapp, Wodka besonders, der bereits zum Frühstück dazugehört. Der Iwan nimmt die Beine in die Hand, rennt Richtung Sibirien, daß der Chinese über die hohe Mauer kuckt und denkt: wat denn nu – Pfeil und Bogen nimmt, der Russe Richtung Eismeer flüchtet; dem scheint Kälte ja nichts auszumachen, im Gegensatz zu uns; denn es heißt wohl nicht umsonst: Russenbär ... Aber nochmal lassen wir uns nicht aufs Glatteis führen wie bei der Schlacht von Stalingrad. Da lassen wir sie kurzerhand am steifen Arm verhungern.

Es gab auch Soldatinnen, Flintenweiber genannt, in Rock, Uniformbluse, Ledergürtel in der Taille, Koppelschloß aus Messing, eingestanzter Stern. Eine schlanke Dunkelhaarige kam mit dem Offizier der Batterie, nett, freundlich, fragte, ob sie den Kleiderschrank öffnen dürfe.

Agnes war perplex über die Höflichkeit, sagte mit Gesten und zustimmendem Gesichtsausdruck, sie solle sich keinen Zwang antun.
Die Russin hielt sich ein Sommerausgehkleid mit abknöpfbarem Kragen und ein strengeres Kostüm mit feinen Nadelstreifen vorm Spiegel an den Körper, wendete sich nach allen Seiten, schaute nach der Länge, prüfte den Stoff, rieb ihn zwischen den Fingern, fragte ihren flotten Begleiter, ob ihr das Modell stünde, er nickte kavaliersmäßig – dann schauten sie fragend zu Agnes. Die sagte: Ja, nehmen Sie nur. Was Schickes trugen Frauen eingezogener Männer längst nicht mehr, nur abgetragenes Zeug. Denn es war üblich, daß fast täglich eine Razzia stattfand, nach Waffen gesucht wurde und Männern, die in Verdacht standen, dem Militär angehört zu haben – und so waren alle männlichen Personen zwischen sechzehn bis etwa sechzig, sozusagen potentielle Attentäter.
Die Russin besah sich Sachen in der Kommode, die in der Truhe lagen, fragte, auf einige Kleidungsstücke zeigend, ob sie die auch haben dürfe. Diese Methode war ungewöhnlich, sonst hatte man immer, ohne ein Wort zu verlieren, einfach mitgenommen, was einem paßte.
Bei einem roten Samtkleid fand ich es schade; denn das hätte ich gerne behalten für die Zeit, wenn ich mal groß bin und ausgehen würde.

Wir mußten am 8. August 1945 weg mit Sack und Pack. Irmis Familie hat sogar die Singernähmaschine mitnehmen dürfen auf den Transport. Ich hatte vorm Aufbruch paar Sachen ausgewählt, die einst Feindesgut waren, das die Infanterie unterwegs beschlagnahmt hatte, also geklaut. Diese Abteilung ist angeblich zuständig für die Kleinarbeit und das Übersichtschaffen hinter den Kulissen, sorgt für Pflege von Kämpfern, muß verwundete Helden aus der Schußlinie holen, Fronttheater organisieren, Terrain sichern, Gebrauchsgüter auftreiben. In unzähligen Panjewagen kamen sie daher; das sind mit Überdachung und Umspannung verkleidete Kästen auf Rädern, zum Teil mit Orientteppichen ausgepolstert, gemütlich eingerichtet – nach russischer Art:
Mit Bildchen von Stalin und Lenin, auf Holz gemalt, Ikonen genannt, Fortbewegungskisten, von kleinwüchsigen Rössern gezogen, Alkoven, in denen man sich verbergen konnte und in Schätzen wühlen, der Beute von unterwegs; durftest dich nur nicht erwischen lassen. Stapel von Seltenheiten lagerten da in Kartons oder waren in Säcke verstaut:

Tücher aus Seide, rund, viereckig, oval, bestickt mit Ornamenten und exotischen Vögeln, Sonnen, Mondsicheln, Sterne vor blauem Himmel. Groß wie Tafeldecken war manch eine Sorte, in Farben, die sich keiner ausmalen kann, wenn er es nicht selbst vor Augen hatte, Stoffe, in die wir uns einwickelten und als Schleppe trugen, damit durchs Dorf wateten, sie als Vorhänge für Märchenaufführungen benutzten im Schuppen-Eingang, Sommerfelds Vorbau.
Auch Löckchen wurde eine Schärpe aus Brokat auf den Rücken gelegt. Wir gaben dem Fohlen den Namen wegen seiner Locken im Fell.
Der Rappe wurde Satan getauft – im Namen des Vaters, des Sohnes und des heiligen Geistes, Amen, woraufhin er wieherte, ausschlug, die Zähne bläkte, als würde er sich über die Zeremonie amüsieren.
Auch wegen der hinterlistigen Art schien der Name gerechtfertigt.
Aber bald war er zutraulich geworden und wir sagten Schwarzer zu ihm. Er wurde der beste Freund meines Bruders. Nie hat er uns abgeworfen, wenn wir auf ihm ritten ohne Sattel und Zaumzeug; nur eine Kordel kriegte er durchs Maul gezogen und Schilfhalme nahmen wir zum Antreiben und Fliegen verscheuchen. Wenn Satan trotzdem querfeldein schoß, weil nicht entschärfte Munition durch eine Bodenerschütterung explodierte, hielten wir uns an seiner Mähne fest oder sprangen einfach ab und landeten in der Sandkule.
Die Verkleidungen fanden natürlich erst statt, als jene Kompanie, die ich um einige Stücke ihrer Kriegsbeute erleichtert hatte – abgerückt war.
Ende letzten Jahres war noch überall der Führer mit der Rotzbremse aufgehängt gewesen in der Guten Stube. Aber alles, ob Papiere, Alben, Gegenstände, wo ein Hakenkreuz eingraviert war, wurde vernichtet.
Ein Trupp muß an einer Mundharmonikafabrik vorbei gekommen sein. Jedenfalls kam der mit dem Ding vorm Mund ins Dorf geschuckelt. Wenn sie Frauen sahen, grinsten sie bis zu den Ohren, hielten die Faust in die Luft, wo der Daumen zwischen Zeige- und Mittelfinger rauslugt, was in der Zeichensprache bedeutet, sie wollen diese unausprechliche Sache machen, auf die es alle ohne Ausnahme abgesehen hatten.
Bald war das halbe Dorf mit dem Musikinstrument versorgt. Es fanden Wettbewerbe statt, wo es drum ging, wer die schönsten Lieder wimmert. Und die Russen tanzten, sangen, wo sich nur eine Gelegenheit ergab, was an Aljoscha und die Bewohner der Schnitterkaserne erinnerte.

Die Jahreszeit, in der die Erde anfängt grün zu werden, bis Ende Mai, Anfang Juni, nach diesem kältesten aller Winter seit ich denken kann, im Jahre Neunzehnhundertfünfundvierzig nach Christi Geburt, wo man das Ausmaß der Zerstörung noch nicht voll ermessen konnte; diese Periode vor dem Aufnimmerwiedersehn mit der Heimat, selbst das Losmüssen dann, habe ich nicht als Katastrophe empfunden.
Wir spielten die tollsten Sachen, bestanden Abenteuer, hatten Tiere: Hunde, Katzen, Kaninchen, Ziegen, Schafe; die Pferde und Kleewiesen. Immer war etwas los. Es war die Kindheit und das Leben wie Spiel. Mutter Natur hat sich das so hingebogen, damit sie nicht ausstirbt.
Dann aber, ich erinnere mich genau, war Löckchen plötzlich krank, seine sonst blitzblanken Augen blickten trübe, das Fell war schweißnaß. Wir fragten einen Russen von der Sanitätsstube, was das sein könnte. Der sah sich das Tier an, untersuchte die weißen Bläschen in den Nüstern, schüttelte den Kopf und meinte, das sähe nicht gut aus.
Da entdeckten wir, was passiert war: Löckchen hatte in der Ecke des Stalls in einer Holzkiste, die darin aufbewahrte Packpapiertüte aufgerissen mit seinem rosig-weichen Lippen, Getreidekörner gefressen, Weizen, der aber, wie wir dann später erfuhren, mit Rattengift versetzt war. Ein Totenkopf war drauf gemalt und zwei sich kreuzende Knochen.
Am nächsten Morgen war Löckchen tot. Unser Horst hat sich rumgewälzt auf dem Sofa, ist dauernd in den Stall gelaufen, um ihn zu tränken mit Wasser oder Milch mit seiner einstigen Nuckelflasche.
Und er hatte ihm Mohrrüben und altes Brot vorgekaut, sein Gesicht gestreichelt, die Locken gekrault; es half alles nichts mehr. Morgens, bei Sonnenaufgang war es vorbei. Doch Löckchen war nicht allein gewesen beim Sterben. Da sah ich, als mein tapferes Brüderlein sich abwandte, Tränen in seinen Augen und hörte, wie er schniefte, eine Rotznase kriegte. Ich hatte ihn vorher nie so weinen sehen, selbst dann nicht, wenn er eine Tracht Prügel kriegte; die Lippen presste er nur trotzig zusammen. Da kamen plötzlich Schluchzer aus meiner Brust.
Und mein großer Bruder mit den Bernsteinlocken tröstete mich und ich ihn, grub ein tiefes Loch im Garten – trotz Protest unserer Mutter; wir sollten das Pferd hinterm Zaun begraben, zwischen Kartoffelfeld und Trampelpfad – schmückte Löckchen mit Birkengrün und einer bis zum Bauch reichenden Perlenkette aus einer Schatulle vom Gut.

Er hatte ihm den Schaum vom Maul abgewischt, die Mähne gekämmt, das Fell gestriegelt, dem einst so erwartungsvoll den Tag entgegen sehenden Spielkameraden, die goldgelbe Tafeldecke übergelegt, eine von den Prunkstücken aus dem Diebesgut – und hielt die Grabrede:
Jetzt geht es dir besser, Löckchen, mußt dich nicht mehr abquälen mit Bauchschmerzen, kommst in' Pferdehimmel, wo schon Geschwister von dir sind, da kannst du herumtoben ohne Ende und Zaumzeug. Wir sind traurig, daß du gestorben bist. Sei nicht böse, weil ich nicht aufgepaßt hab, wo du noch ein Fohlen bist und das mit dem Rattengift nicht wissen konntest. Ich werde dich niemals vergessen, Löckchen. Du warst ein guter Kamerad und wie mein bester Freund, das wollte ich dir nur noch sagen. Und wenn man den verliert, ist das beinahe so, als wenn man selber stirbt. Das tut mehr weh, als alles andere, weil es Innen drin ist. Amen. – Die Nachbarkinder murmelten ebenfalls ein Amen.
Dann trugen wir Löckchen zum Apfelbaum in der Mitte vom Garten. Ein Russe, auch fast noch ein Junge und Opa Sommerfeld halfen uns, denn das Fohlen war gewachsen und dadurch schwerer geworden, ließen das Tier an Leinen runter, warfen Sonnenblumenkerne und paar Murmeln hinterher, zwei schillernde Glasbugger, einen Glücksbringer. Horst schaufelte Erde auf, steckte ein Holzkreuz, das er geschnitzt und mit den Buchstaben L Ö C K C H E N reingebrannt hatte, auf die Stelle, wo vielleicht heute noch seine Gebeine ruhen, gar nicht weit von den Schädelknochen der erschlagenen oder sonstwie auf unnatürliche Weise gestorbenen und verscharrten Fremden aus dem Osten.

Wie lange wir unterwegs waren – keine Ahnung. Im Schneckentempo ging es voran, fortlaufend stürmte Neues ein auf das Gemüt von Eva, der Neugierigen, Maria, der Gutgläubigen. Schicksalsschläge haben sich eingekerbt ins damals noch weiche Holz vom Stammbaum der Nachkommenden. Eine Kindheit voller Fundstücke, verloren gegangenen Schätzen – doch keine verlorene Zeit. Du kannst sie dir nicht aussuchen.
Der glückliche Rest der Kremliner bestand aus dreiundsechzig Personen. Knotenpunkt, wo im wahrsten Sinne des Wortes die Weichen gestellt wurden zur Fahrt in die Zukunft, war der Bahnhof Mellentin.
Da warteten Waggons darauf, von uns bestiegen zu werden, nachdem sie mit dem Rinderbestand der Gegend und Viehfutter beladen waren.

Unser vorübergehendes Heim sah folgendermaßen aus: Auf jeder Seite des Waggons, mit dem Hörnern zur Wand in Fahrtrichtung oder umgekehrt, also zurückblickend, wenn die Welt nicht mit Brettern vernagelt gewesen wäre, standen vier Rinder, insgesamt acht – das knöcherne Hinterteil uns, den Zweibeinern in der Mitte, wo die Ausstiege waren, zugewandt, Arschlöcher, die sich von Natur schon einen Scheiß drum kümmern, wo ihre Fladen hinklatschten.
Es muß gestunken haben, aber erinnern tue ich mich daran nicht mehr, nur an mitunter mörderische Schreie; Vergewaltigungen kamen zwar vor, gehörten aber nicht zur Tagesordnung. So konnte es passieren, daß ein Oberst, der Weisung erteilt hatte, die unter seinem Schutz stehenden Frauen in Ruhe zu lassen, den Sündenbock lauthals zusammenstauchte. Diesmal hatte die Aufregung folgende Ursache: Eines der Rinder hatte sich niedergelassen, wo bereits die Melkerin ruhte, der jetzt der Arm verrenkt, das Nasenbein lädiert und die Kleidung vollgeschissen war.

Ich träumte, daß wir durch Gräben waten, uns Kremlin nähern, wo es nach Kalmus riecht und frischer Brise, Fische springen, der Hecht im Schilf steht, auf einen Stichling lauert. – Eva hatte gerade die ersten Schwimmstöße gelernt, sich anfangs noch abstoßend mit dem großen Zeh vom Grund, dann einige Meter ohne festen Boden unter den Füßen erlebt, was ein Wonnegefühl auslöste. – Diesen Sommer wäre ich bis zu den Fischkästen gelangt, wenn wir nicht weg gemußt hätten.

Da vertrieb ein sich wieder nüchtern getrunken habender Russe die Zeit: Die Hinausschwimmenden wurden mit Wasserfontänen umkränzt, hervorgerufen durch gezielt abgefeuerte Gewehrsalven. Keiner der aufs Korn genommenen Unfreiwillig-Beteiligten wurde zum Glück getroffen.
Aber die Angst saß allen im Nacken.
Der Schütze verzog keine Miene.
Auch Gretchen schwamm im Klaren See, wo wenige Monate zuvor ihre Kinder ertränkt worden waren.

Vielleicht hoffte sie auf ein Wunder und betete, in eine Seerose verwandelt zu werden, um jeden Sommer mit anderen weißen Sternen vom Grund aufzutauchen ins Licht, trotzdem verwurzelt in unser aller Mutter Erde, im Wasser schwimmend, den Kelch zum Himmel gewendet, aufzublühen mit Artverwandten, zu verblühen, wenn ihre Zeit gekommen war.

Unterwegs auf zerschossenen Bahnhöfen, auch auf freier Strecke, machten wir öfter Halt, wenn der Zug sich dahinquälte, wie ein vorsintflutliches Reptil, ein bereits das Gnadenbrot fressendes Zugpferd, das nochmal ins Geschirr gespannt war. Dann waren Schienen defekt, was Reparaturen nötig machte, wollten wir nicht entgleisen oder Wurzeln schlagen in dieser von Gott und aller Welt verlassenen Gegend.
Dann gabs kein Wasser mehr, mußte besorgt werden aus Ziehbrunnen. Manchmal wuschen wir uns dann einfach mit Milch.
Einmal hatte sich die Riesenschlange – bestehend aus Einzelgliedern: Waggons, Anhänger, Tanks und dem Pfeiftöne und Dampf ausstoßenden Kopfteil, der Lokomotive – ohne mich in Gang gesetzt, während ich in den Blaubeersträuchern hockte. In Kremlin gabs keine, aber in Költschen.
Dieser Wald unterwegs erinnerte trotz Kriegsschrott und Bombentrichter, Soldatenstiefel und mit Regenwasser gefülltem Stahlhelm, an die kurze Periode, als ich noch keine Verlustängste kannte, wie wir der Költschen-Oma in die Schonung nachkrochen, wo Pfifferlinge wuchsen, mein Bruder ihr nacheiferte und wenn er dann fündig geworden war, einen Pilz entdeckt hatte, verzückt ausrief: Omia, hier auch ein Picham.
Ich hatte mich immer weiter entfernt von dem Koloß auf Rädern, dachte, es dauert länger – und wäre doch fast verloren gegangen.
Dann rannte ich buchstäblich um mein Leben. Da hatte eine mehr Glück als Verstand gehabt, wohl auch mehr Puste, als der überladende Zug, denn ich kam schneller in Gang als er und holte ihn ein.
Aber viel länger hätte ich nicht mithalten können. Hände sehe ich sich mir entgegen strecken, höre Anfeuerungsrufe. Mein Bestreben war es, bis zum Waggon zu rennen, wo meine Leute waren, um ihnen das bis zum Rand mit Blaubeeren vollgesammelte Kochgeschirr zu bringen.

Bei einem Rangierbahnhof überholte uns ein kürzerer Güterzug, beladen mit Bauzeug und Schotter, wird wohl gebraucht, um Landstraßen zu flicken, denn sie haben Löcher und Huckel, daß Fahrzeuge darauf liegen bleiben, denen die Achse gebrochen ist. Kies erkennt man auf den Waggons. Und mitten drauf thront ein vor Tagen der Gruppe abhanden gekommener Mann, schreit auf vor Freude, springt unter Aufkreischen der Gegenseite rüber zu uns, weint Freudentränen, weil die Zeugen seiner Vergangenheit aufgetaucht sind, so daß er nicht für einen Spinner erklärt werden kann, wenn er später erzählt, daß er weggejagt wurde aus seiner Heimat von heute auf morgen, obwohl er lieber zu Hause geblieben wäre, da ist seine Laube, wo er Tabakblätter auf Bindfäden gezogen und zum Trocknen aufgehängt hat ...

Es wurde gemunkelt, in Erdlöchern lauern Werwölfe, die vor nichts zurückschrecken. Außerdem gab es auf freier Strecke und aus der Luft noch Beschuß, obwohl Frieden sein sollte. Aber manche Kämpfer hielten sich nicht daran, führten ihren eigenen Krieg oder lebten hinterm Mond. Wir waren ins Freie gestürzt, auf ein verkrautetes Feld, hatten uns in die von Regen und Sonne flach gemachten Furchen geschmissen, die kaum Schutz boten. Aber unser ›Orient-Express‹, ein langer, wie hypnotisiert daliegender Lindwurm, war begehrtes Angriffsziel der über uns rumkurvenden und Feuer speienden Drachen, also rannten-krochen-sprangenhüpften wir zur nächsten Schattenstelle, einem Hügel, von Maschinengewehrsalven begleitet, die von einem tieffliegenden Monstrum abgefeuert wurden, Schienen trafen, Schwellen, Puffer, Lokomotive und Tender.
Die Russen brachten Geschütze in Stellung, antworteten mit Granaten, Kalaschnikows jagten die Angreifer in die Flucht. Sie waren jetzt unsere Beschützer, eigene Landsleute dagegen Feinde.
Es gab keinen Zeitplan, wann Halt gemacht, gegessen wurde. Kühe mußten gemolken werden, teils während der Fahrt, wenn sie sehr brüllten. Freilich gabs auch Personenwagen für die Russen, wo anständig gelebt wurde, Fräuleins eingeladen waren zu Sladka Woditschku – das heißt süße Wässerchen – Musik gemacht und gesungen wurde.
Ich spitzte die Ohren, wenn die Erwachsenen ihre Erlebnisse erzählten. In der Festungstadt Pyritz haben die Deutschen vier Wochen lang Widerstand geleistet, alles wurde dem Erdboden gleich gemacht.

Der Winter 1945 war wohl der kälteste aller Zeiten, so empfanden es die Flüchtlinge, die versucht hatten, über die Weichsel zu kommen, wo sich Eisschollen stapelten, Menschen, mit dem bißchen Hab und Gut samt Pferdegespanne versanken, das Elend kein Ende zu nehmen schien. Ein Mädel, war in einem russischen Lazarett aufgewacht, dort eingeliefert worden, sie wußte nur noch dunkel, daß ein Russentrupp reingestürmt war, wo sie unterm Bett versteckt lag und von dort aus erleben mußte, wie über ihr Frauen vergewaltigt wurden. Es war ein so tierisches Gewirtschafte, erzählte sie, daß sie in Sorge war, das von Holzwürmern durchfressene Bettgestell aus Großmutterzeiten, dazu aus Eichenholz, würde zusammenkrachen und sie darunter begraben.
Es kam Nachschub, siegestaumelig, ausgehungert, überzeugt, es geschieht den Vasallen Hitlers nur recht, wenn deren Weiber bestiegen werden.
Und eine der geschundenen Frauen, die sie in der Mache hatten, ein reiferes Opfer, riskierte einen Ausbruchversuch, schrie und zeigte hin unters Bett: da ist eine Jüngere, nehmt doch die, ich bin am Ende.
Und so zerrten sie die Kleine hervor unterm Bett, ein sperriges Bündel, eine fauchende, sich mit scharfen Krallen wehrende Katze.
Mehrere Kerle hielten sie fest, rissen ihr die Hosen runter, kippten Fusel in ihren Hals, rissen ihre Beine auseinander, wie ausgehungerte Bestien, als wäre sie ein Huhn, das verzehrt werden soll.
Eine russische Ärztin hat sie später untersucht. Der Befund war ›positiv‹. Das klang nach all den negativen Erlebnissen für sie wie Glück, bedeutete aber das Gegenteil. Ihr wurde eröffnet, sie sei geschlechtskrank. Und als Krönung vom Ganzen war sie auch noch schwanger geworden. Eine der bei dieser Prozedur benutzten Frauen, meinte allerdings, sie hätte der so hart getroffenen gern paar Panzergrenadiere abgenommen, ihr macht das nichts aus, im Gegenteil: so was passiert nicht alle Tage. Und sie verstünde nicht, warum soviel Gewese darum gemacht wird. Es ist Krieg, da heißt es: Friß oder Stirb! Und Dreck läßt sich abwaschen. Sie zerschnitt ein Stück Kernseife, gab die Hälfte davon dem jungen Mädel, an dem später eine Abtreibung vorgenommen worden war und eine Behandlung, wo sie Spritzen gekriegt hat, die tierisch weh taten.

In Költschen waren die Russen etwa zeitgleich eingerückt wie bei uns und haben wüst gehaust, wahllos bestraft, gemordet, einige zumindest.

Dabei hab ich einen Besuch bei der Oma, als die Welt noch heil war, plastisch vor Augen, eine Badeanstalt mit Sprungturm am Wartheﬂuß.

Schule von Költschen

Da muß ich aber sehr klein gewesen sein; es sind sehr blasse Bilder: Wir waren nachts mit der Pferdekutsche, die Onkel Paul geborgt hatte, hingelangt. Der Bruder von Agnes hatte uns von Küstrin abgeholt, weil wir in Mellenthin den Zug verpaßten, obwohl früh um sechs von Kremlin losgelaufen, den Feldweg an Leiders Gaststätte vorbei, gerannt, die Abkürzung auf den Bahnschwellen lang, der Zug aber ratterte davon und ließ uns mit hängender Zunge stehn. Arge Enttäuschung. Wieder zurück. Abends das Ganze von vorn. Aber wir kriegten den Anschlußzug nicht und wurden von Agnes in ein Gasthaus verfrachtet. Kaum liegen wir, müssen wir wieder hoch, werden durch die Nacht kutschiert, wo der Mond, uns zulächelnd, mitreist, wir nach dem Geschuckel, als lägen wir in der Wiege, vor meinem ursprünglichen Zuhause, ankommen. Frau König empfängt uns liebevoll, legt mich zerknautschtes Bündel ins Ehebett und ich bin auf der Stelle nicht mehr von dieser Welt.

Es dämmert der Morgen, als ich erwache und vor Scham erstarre, denn unter mir ist es pitschnaß. Lieber Gott, laß es nicht wahr sein.

Da wird die Klinke heruntergedrückt, es öffnet sich die Tür und durch den Spalt sehe ich die ›Königin‹, der ich mit schreckgeweiteten Augen entgegenblicke, Tränen runterschlucke, rumstammele, daß ich ins Bett gepullert habe. Sie nimmt mich in den Arm, zieht das nasse Laken weg, bettet mich um, sagt ›ist gar nicht schlimm, das trocknet wieder.‹

Ich sehe ihren lächelnden Mund und habe jenen Augenblick, wo sich himmlischer Friede auf die Erde senkte, bis heute nicht vergessen.

Zurück zum Nachkriegsschauplatz. Ein Schock nach dem andern kam.

Frau ›Königin‹, wie ich sie früher nannte und auch dafür hielt, wurde verhaftet. Tochter Gerda hatte ein Baby, hoffte, sie bliebe deshalb verschont, wehrte sich, bezahlte es mit dem Leben.

Vater König, der die Tochter beschützen wollte, wurde ebenfalls ermordet, beide aus allernächster Nähe erschossen im Wald gegenüber. Er ist ins Haus gewankt und qualvoll gestorben, im eigenen Bett.
Antonie war bei ihm bis zum Schluß, lief zur Komandantur mit dem Baby im Arm, von dem die Großmutter, Frau König, in russischer Haft war, zufällig, aus reiner Willkür – aber Toni bekam sie frei.
Jetzt war keine Zeit mehr für Trauerfeiern und üblicher Beerdigung. Die sterblichen Überreste von Herrn König wurden eilig vergraben, denn die Einwohner von Költschen hatten schleunigst das Dorf zu verlassen. Man hat den Kinderwagen vom Speicher geholt, in dem mein Bruder 1933 und ich, zwei Jahre später, ausgefahren wurden. Auch von Gerda und ihrer Schwester ›Tudna‹, wie Horst sie nannte.
Auf den Boden des Gefährts legten die beiden Courage-Frauen ein paar ihnen am Herzen liegende Sachen – Mutter Antonie und ihre jüngste Tochter Helene, welche am Krieg aber auch nicht eine Pieseratze verdient haben, im Gegensatz zu Brechts ›Mutter Courage‹, deren drei Kinder trotzdem geopfert wurden, also nur die Kehrseite der Medaille zu spüren bekamen. So auch ihre männlichen Anverwandten und Geliebten, mein heimlicher Großvater zum Beispiel, Mitverursacher der Zeugung von Agnes, dann Tonis Bruder Johannes und andere Ungenannte, die sie als Leichen, Krüppel, nein, Versehrte hieß es, serviert kriegten – auch einen Fetzen Papier, auf dem geschrieben stand, daß der Soldat Nummer 12973 vermißt sei – eine Bestätigung vom Vormund Vater Staat, dem menschenverschlingenden Moloch, erst unter Kaiser und König von Preußen, Friedrich Wilhelm, der solche Sprüche wie: ›Wir Deutschen sind das Salz der Erde‹, und ›Schwarzseher dulde ich nicht‹ losließ, als es um die Mobilmachung 1914 ging, ein Kriegshetzer, wie er im Buche steht. Es mußten bei dem unübersichtlichen Giftgas– und Wühlmäusekrieg über zehn Millionen Menschen ins Gras beißen, steht wo geschrieben, davon einskommasiebenmillionen Deutsche.
Dann der 2. Versuch, sich die Welt untern Nagel zu reißen, diesmal unter Führung von diesem größenwahnsinnigen Psychopathen Adolf Hitler. Er und seine Führungsriege mögen verdammt sein bis ans Ende aller Tage; ihre Verbrechen gehen derart ins Monströse, daß die Vorstellungskraft einfach nicht ausreicht. Jedenfalls ist das Fassungsvermögen von Eva-Maria, was solche Dimensionen anbelangt, damit überfordert.

Meine Verwandten in Költschen holten die eiserne Reserve, zwei Speckseiten, eine Dauerwurst aus dem Versteck, von hinter der Räucherkammer hervor, stopften, was sie sonst an Eßbaren auftreiben konnten, Brot, Zwiebeln, ein Töpfchen Schmalz, in einen Hexelsack, dann hieß es: Jetzt aber los mit euch! – Da war nicht mehr groß Zeit zum Überlegen: was nimmt man mit von den Siebensachen und Abbildungen der Vergangenheit, dem ganzen Papierkram, Fotos, Briefe. Die noch Anwesenden wurden regelrecht verjagt – mit Peitschengeknall. Die neuen Bewohner der Landschaft, zukünftige Besitzer der Häuser, bereits Eigentümer vom Mobiliar, Geschirr, handgenähter Bettwäsche, dem Inhalt der Kleiderschränke, Krimskram, Andenken, Herzensdinge für die einst damit Beschenkten, Trödel für Fremde, der auf dem Mist landen würde, in Abseiten verrotten. Diese Rose, die mein Vater für Agnes auf dem Rummel in Landsberg an der Warthe schoß, hätte ich gerne gehabt, den Anhänger aus Golddoublé.

Also: diese Schuldlos-Schuldigen am endlich stattfindenden Finale, Polizei in Zivil, polnische Patrioten, katholische Rache-Engel, wollten dieses verdammte deutsche Pack, ob jung ob alt, groß oder klein, wie von der Pest befallene Satansknechte weghaben, scheuchten die Grüppchen – dabei Schreckschüsse in die Luft abfeuernd – daß die Fliehenden so schnell rannten, wie sie mit ihren zusammengerafften Habseligkeiten und der mageren Wegzehrung nur konnten.

Ein demütigendes Schauspiel, das eingesickert ist ins Unterfutter.

Man durfte den neuen Antreibern deswegen nicht mal böse sein, sie waren ebenfalls vertrieben worden durch die Neuregelung der Sieger, diesen Grenzverschiebungen überall. Außerdem hatten die Deutschen Polen überfallen, den Sender Gleiwitz besetzt in einer Nacht-und-Nebel-Aktion, es so gedreht, daß es wie Selbstverteidigung aussah.

Ein Teufelsplan, in die Tat umgesetzt von einer anfänglichen Hammelherde, die dann auf Befehl gefoltert hat, plünderte, kaltblütig mordete.

Und trotzdem: der Krieg war zu Ende. Sich dessen bewußt zu werden, es auszusprechen, war etwas, dessen Wert man nicht erfassen konnte. Wir Kinder haben von einem Moment zum nächsten gelebt. Erst als Költschen-Oma, die auch nicht mehr die Jüngste war, dreiundsechzig Jahre alt inzwischen, über der Weichsel drüber weg war, konnte sie durchatmen, sich Zeit gönnen auf dem Weg hin ins Unbekannte.

Wir waren im Sommer 1945 in Perleberg gelandet, einer Kleinstadt in der Prignitz, um die sich ein Flüßchen schlängelt, es durchfließt, die Stepenitz, auf der wir in zurecht gehämmerten Flugzeugbenzinkanistern Erkundungsfahrten unternahmen, zur Schleuse und Badeanstalt trieben. Diese Region war von äußerer Zerstörung so gut wie verschont geblieben, wo ich zur Schule ging nach langer Unterbrechung, ein neues Zuhause zugewiesen bekam und trotzdem eine Fremde war, letztendlich auch blieb. Niemand wußte von meinem Heimweh. Über Vergangenes wurde geschwiegen. Das Thema war tabu.

Klasse 6 C – Perleberg Winter 1947

Die meisten Kremliner aus dem Transport, dreiundsechzig Personen, wurden im Dorf Uenze abgesetzt. Da standen sie nun wie bestellt und nicht abgeholt, gegenüber der Wirtschaft. Kein Einwohner trat heraus. Die Fensterläden waren zu. Morgens um 4 Uhr ließ der Gastwirt sie in den Saal, wo es zwar durchregnete, aber immerhin. Denn meistens wurden die eigenen Landsleute – selber Schuld, warum ließen sie sich vertreiben – wie lästiges Geschmeiß behandelt. Womöglich erwarteten die noch, daß man sie in die Gute Stube läßt, welche die Eigentümer nur zu besonderen Anlässen öffnen, bei Taufe, Konfirmation, Hochzeiten, Begräbnissen, Geburtstagen; kürzlich noch zu dem des Führers.
Nun sollte es als Herberge für einen Haufen bei ihnen angeschwemmter Habenichtse herhalten. Eine Zumutung und greuliche Vorstellung!

Ich muß die Lehmklumpen von den Holzpantinen klopfen, Flusen der Pusteblume aus dem Haar schütteln, sonst komme ich nicht vom Fleck mit meinem Bericht. Die Kindheit bildet zwar den Grundstock des sich daraus entwickelnden Lebensbaums, aber die Verästelungen alle, Abzweigungen, an denen sich Knospen bilden, Blüten aufgehen, woraus Früchte werden, das sind wiederum ganz eigenständige Geschichten ...
Als die Entscheidung fiel zwischen Kriegsende und Neuanfang, war es heikel, sich umzudrehen – wegen all dem Verlust von Vertrautem: Ostern mit Stiepruten, Eiersuchen in weißen Kniestrümpfen, Pfingsten mit Maiengrün. Auch die Jahreszeiten waren in Kremlin anders, fröhlicher.

Aber wir waren nach dem Wegmüssen von dort derart mit Zurechtkommenmüssen in der Gegenwart beschäftigt, stets auf Suche nach Eßbarem, einem Kanten Brot, Dach überm Kopf, daß für Rückschau kein Gedanke verschwendet wurde; dafür waren nun die Träume zuständig.

Also Perleberg; hübscher Name. Vielleicht wuchsen in den Muscheln vom Fluß Perlen, bis ein ganzer Berg zusammen kam. – Der Ort war ein Auffangbecken, Anlegehafen, Durchgangsstation auf dem Weg hin ins Zentrum.

Ein normales, vom Bombardement der Alliierten und den durchziehenden, dann Station machenden Russen so gut wie verschont gebliebenes Städtchen im Nachkriegsdeutschland. Wann wir dort genau ankamen, solche Details haben sich im Nebel des Herbstes 1945 aufgelöst.

Kurz sehe ich das Hellwerden eines Still-Lebens, wie wir da hocken mit Sack und Pack, abgesetzt worden zwischen Rinnstein und Bürgersteig, wo Linden wachsen, wir erwartungsvoll dem Kommenden entgegen sehen, in eine Halle einziehen, es uns gemütlich machen. Da sind Strohhaufen, die am Boden ausgebreitet werden, Dinge aus Kremlin um uns rum, durch die eine Art magischer Kreis entsteht. Trotzdem stellte sich ein Gefühl wie zwischen Baum und Borke ein, nein, für die so lebenden Larven und Käfer, war es das Zuhause. Doch wir gehörten immerhin zu den Glücklichen der Flüchtlinge – Irmi sagt, wir waren keine Flüchtlinge, wir sind nicht geflohen, sondern gezwungen worden, die Heimat zu verlassen; das hatten die drei Weisen: Stalin, Roosewelt und der Dicke mit Zigarre, Churchill, in Jalta auf der Krim ausgeheckt, egal, wie man unsern damaligen Status bezeichnen will, diesen vorübergehend von Gott und aller Welt verlassenen Geschöpfen – ihnen war in jenen Sommerschlußtagen Fortuna holder als anderen, was sich später ausgleichen wird, denn nichts blieb, wie es war – und nichts bleibt, wie es ist, sagte der Mann aus dem Treck, der unterwegs verloren ging und auf dem Trümmerberg Berlin, zwischen in den Himmel ragenden Ruinen, wo kein Anfang oder Ende einer Straße zu erkennen war, wieder zu uns stieß. ›Alles geht einmal den Bach runter‹, war ein Spruch von Onkel Albert.

Er war rumgekommen bis Stettin, zur Ostsee, sogar aufs Meer raus. Und ständig ließ er Sätze aus der Bibel vom Stapel wie ein Prediger, weil er mal einer werden wollte, aber dann war er Schankknecht bei der Wirtin zur ›Quelle‹ geworden – aus Liebe zu ihr und dem Goldwasser. Denn wir armen Sünder und Menschenkinder, werden mitgerissen vom Fluß des Lebens und wenn du dich noch so an die Scholle klammerst.
Wie gesagt, wir hatten einige Säcke und Kopfkissenbezüge voll Hab und Gut rüberretten können ins Neuland, Bettzeug, Wäsche, Anziehsachen, Hausrat, das eiserne Bügeleisen, ein Nähkästchen, Stopfgarn, im Viehtransport der Russen mitnehmen dürfen. Auch den Einwecktopf und Regulator; eine Wanduhr ist das, wie im Märchen ›Der Wolf und die sieben Geißlein‹, in deren Gehäuse man sich verstecken kann. Aber Vorsicht, damit das Pendel nicht ins Schlingern kommt, sonst bleibt die Zeit stehen. Aber da gibt es noch Sonne, Mond und Sterne. Die Brokattücher treffen staunende Blicke. Niemand weiß, das es Beuteware ist, die den Besitzer gewechselt hat, weil ich sie aus den Kisten der Plünderer an mich nahm und weiter verschenken werde ...
Horst trägt den Zylinderhut von Drüben-Opa, ich ein verblichenes Spinnwebenkleid von Annodazumal, als die Omas noch Maiden waren. Täglich wurden unsere Köpfe nach Läusen abgesucht und zwischen den Daumennägeln der Mütter zerknackt, so wie es auch Affen machen, konnte ich später im Zirkus beobachten. Aber die Eier, Nissen genannt, klebten an den Haaren wie Pech. So ging die Prozedur von neuem los. Außerdem gabs massenhaft Flöhe. Und Krätze breitete sich aus im Lager. Hinterm Schützenhaus vor der Stadt hatte jede Familie eine Feuerstelle, wo man Essen kochen konnte, was braten: Kartoffeln, Brennesseln, wir sammelten Kornähren auf abgeernteten Feldern. Dann folgten Wochen, die tiefer in die Poren der Kinder eindrangen als der Kriegsalltag: Unsere Mutter bekam Typhus, wurde abtransportiert, kam in Quarantäne, keiner durfte zu ihr. Ich hatte Angst, sie stirbt. Wir schliefen in Verschlägen ehemaliger Gefangener. In den Ritzen hausten Wanzen, die sich nachts runterfallen ließen, um sich vom Blut der Schlafenden zu ernähren.
Einst griff ich nach einer Stelle am Körper, die juckte und hatte ein sich schwer von der Haut ablösen lassendes Etwas zwischen den Fingern zerdrückt, war beschmiert mit heißem Sud, Gemisch aus Exkrementen und fremder Leute Blut. Ich schrie auf vor Abscheu und Ekel.

Horst war zwischendurch unser Versorger, denn ohne auf den Feldern oder in Schrebergärten zu klauen, wären wir wohl verhungert. Er hat dafür so manches Mal Prügel bezogen. Aber Agnes ist dem Tod, kurz bevor er sie einsacken wollte, nochmal lebensmutig von der Schippe gesprungen. Ich hatte oft mit Gott geredet und eines Tages stand unsere Mutter am Eingang des Lagers wie ein Schatten, ohne ihr volles, glänzendes Haar, aber in ihren Augen funkelten wieder die uns so vertrauten Lebensgeister. Ich stürzte ihr entgegen, weinte vor Freude, fiel über Hindernisse, schlug mir die Knie auf, lachte. Ohne sie wären wir sicher verloren gewesen, verdorben gestorben, wie es im Lied heißt. Sie war unser ... Leitstern.

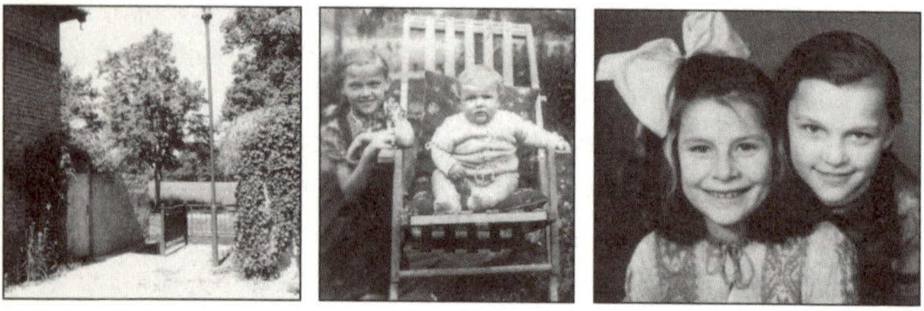

1. Einstige ›Judengasse‹ am Ufer der Stepenitz, beim neuen Zuhause – 2. Evchen mit Baby Helga von Tuchtfelds – 3. Ingrid mit Schleife und Eva-Maria.

Dann wechselt der Standort in die Parchimerstraße. Wir bekommen einen Zuweisungsschein, auf dem steht, wo wir unterkommen, neben dem Roßschlächter, wo Leute nach Fleisch anstehen, am einstigen Judenhof, nahe von Schuhmachers Eisdiele, zu viert eine Dachkammer, Fenster mit Blick in die Wolken, Kanonenofen, der wie ein Hochofen glüht, wenn Horst ihn mit selbstgehackten Holzscheiten vollstopft. Das Haus gehört Familie Tuchtfeld, die eine Färberei betrieben.
Und da sah ich ein Klosett mit Wasserspülung. Mein Bruder ging alle Nase lang auf dies ›stille Örtchen‹, war fasziniert von dem Wunderding. Sonst ist mir nicht viel in Erinnerung geblieben, die Leute waren freundlich, hatten einen Jungen und dieses Baby, das ich ausfahren durfte und manchmal füttern – und Frau Tuchtfeld sagte, daß eine Kaffeebohne etwa eine Mark kostet, aber sie braucht ihre Tasse Kaffee zum Wachwerden.

Die Parchimerstraße war Einbahnstraße, durch die der Fernverkehr rollte. Von der Berlinerstraße kommend ging es Richtung Hamburg. Perleberg war Durchgangsstation für Eva, vorerst das neue Zuhause, wenn es sowas überhaupt jemals wieder geben würde. Aber das war kein Thema, wir waren mit der Gegenwart beschäftigt.

Ich weiß noch, daß ich wie hypnotisiert in einen Bäckerladen hineinging beim Anblick der knusprigen Brötchen im Schaufenster, sagte: Kann ich bitte eins davon haben? Die Bäckerin fragte, ob ich eine Lebensmittelkarte hätte. Nein, Hunger. Sie gab mir ein Brötchen sagte: 5 Pfennig. Aber ich hatte keinen einzigen, zog die Schultern hoch, dachte: Schade, in Kremlin hatte ich einen halben Pappkarton voll und Papiergeld, das wie Blätter durch die Luft getaumelt war; wegen der Hakenkreuze drauf waren sie nichts mehr wert, hieß es, deshalb schmiß man es weg. Es wäre gefährlich, welches bei sich zu haben, weil bei einer Razzia die Russen denken könnten, man glaubt noch an den Endsieg von Gitler-Kaput. Jedenfalls murmelte die Verkäuferin in der Bäcker-Ecke-Mühlen-Straße, sie wäre kein Wohlfahrtsladen. Ich fühlte mich schlecht, war wütend und beschämt, daß ich meinen Stolz beiseite geschoben, quasi gebettelt hatte, rannte zu meinen spielenden Geschwistern, teilte mit ihnen dies kostbare Stück Brot und würgte es trotzig lachend runter.

Nie wieder, lieber stoppeln gehen, was organisieren! Und da Herbst war ...

›Aller Sorge seid ihr frei – Kriegsgeschrei ist nun vorbei – Eure einz'ge Mühe sei – Feigenpflücken jetzt, juchhei!‹ – Hochzeitslied aus ›Der Frieden‹ von Aristophanes

Neubeginn 1945-1946 Erntedankfest. Agnes, ganz links. Rechtes Bild: ihre Schwester Leni, ebenso unten rechts vorn vor dem Kranz, sowie Flüchtlinge und Einheimische. Man lebte nach der Devise: ›Jammern füllt keine Kammmern‹.

Wir durchkämmen die Natur, Wald und Flur, sammeln die während des Erntens verlorengegangenen Ähren in Leinenbeutel, schlagen damit auf Steine, wodurch das Korn von den Spelzen getrennt wird, lassen danach das Ganze vom Wind durchpusten, die Flusen wegwehen. Manchmal, wenn die Landarbeiter nicht nachgeharkt haben, hatten wir eine reiche Ausbeute und Vorrat an Getreide für die nächsten Tage: Roggen, Hafer, Gerste, Weizen. Horst klemmt sich die Kaffeemühle zwischen die Knie, mahlt Mehl für Suppen, Klöße, Plinsen. Fische und Krebse besorgt er aus dem Fluß. Nach Kartoffeln durchwühlen wir den Acker, finden hier und da eine Knolle.

Trotzdem war ich mit der Zeit sehr mager geworden, wurde von der Wohlfahrtspflege oder Kirche, wo ich auch einen Mantel und Schuhe her bekam, ausgewählt zur ›Verschickung‹ aufs Land und zwar in den Spreewald. Dort war es schön auf den zugefrorenen ›Wasserwegen‹ und spiegelglatten Wiesen. Aber mir wurde seltsam zu Mute: ich wäre fast vor Sehnsucht nach zu mir gehörenden Menschen eingegangen wie eine Primel ohne Wasser und kam mir vor, wie die im durchsichtigen Eis gefangenen Blumen. Und schlief kaum, wollte nachts losschleichen nach Perleberg, aber eine aufmerksame Betreuerin kriegte das mit und kümmerte sich um mich.
Ein scherenschnittartiger ›Filmausschnitt‹ ist mir besonders vor Augen: Weiße Nacht. Wieder war dieses wehtuende Gefühl in der Brust, das Heimweh nach Kremlin mit dem Sternenhimmel darüber und dem bis in den kleinsten Winkel hineinleuchtenden Mond.
Schwester Beate ging mit mir und einigen Kindern der Gruppe noch durch die schloßparkähnliche Anlage. Ein Spaziergänger kam uns entgegen.
Unter der Laterne erkannte ich den Mann, es war der Doktor von hier.
Er hatte uns Kinder untersucht, mir Vitamine und Kalorien verordnet.
Die beiden Erwachsenen unterhielten sich kurz. Die Betreuerin sagte:

Na, Herr Doktor, so alleine unterwegs. Er nickte: Ich brauche die Stille, das Durchatmen im Freien nach der Arbeit, um in den Schlaf zu finden. Denn morgen früh heißt es wieder, frisch und munter ans Werk gehen. Erst wunderte ich mich, dann tauchten Bilder auf aus der Versenkung. Wie gerne wäre ich jetzt auch über die alte Dorfstraße gelaufen vorm Einschlafen, wo vertraute Düfte vorbei ziehen, Nestwärme und solche, die vom Tage noch zu spüren ist, Mensch und Tier in Frieden mit sich. Ich muß essen, mehr Gewicht auf die Waage bringen, damit ich groß und stark werde und wenn ich nach Hause komme, sie staunen werden ...

Soviel Mühe ich mir auch gebe, ein überschaubares Bild zu zeichnen, die Verwirrungen in der Pubertät, das Heranreifen zum Teenager, die Entwicklung zur nächsten Stufe, diese Phase der Metamorphose, wo das Interesse für das andere Geschlecht hauptsächlich und überhaupt, den Sinn vom Sein ausmacht – diesen Wechsel anschaulich vermitteln zu wollen, bringt mich in Bedrängnis. Die Gegensätze werden größer. Der Sog, durch das Männliche hervorgerufen, das Abgestoßensein auch, ist etwas Neues, das Sich-selbst-Beobachten, die Brüste, ob sie wachsen, die Schamhaare, stolz sein, entzückt davon, begehrt zu werden, verwundert über Grobheit, gemeine Ausdrücke, Geschmeicheltsein durch das neuartige Interesse. Dann schien mir, als ich mit dem Spiegel nachsah, ich sei zugewachsen. Gütiger Vater, dachte ich besorgt und an das Märchen mit der Erbsünde. Vielleicht hat die Natur sich einen Streich erlaubt. Dann will mich nachher keiner, denn was man so zu hören bekam von den älteren Mädchen ...
Und Anni mit den Korkenzieherlocken kriegte von ihrer Mutti gesagt: Hüte dich vor den Männern, das sind durch die Bank weg Schweine – wogegen ich kopfschüttelnd protestierte: Mein Bruder und Onkel Paul und viele andere nicht, die ich kannte – aber Annis Mutter meinte, die Kerle wollen nur ihren Dreck loswerden und lassen dich damit sitzen. – Ich dachte, Socken und Unterhosen sind gemeint, die du waschen mußt. Das fand ich nicht schlimm; dafür besorgt er wieder Feuerholz, hackt es klein, wir stapeln zusammen eine Miete hoch und haben eine warme Stube.

Eva rechts, im von der Freundin Maria geliehenen Kleid, um tanzen zu gehen im ›Stadt Berlin‹.

Horst erkundet die Gegend, hat aus'm Schuppen von Wubke was mitgehn lassen, wollte eine zweite Kaninchenbuchte bauen, weil eine zu eng war, Zibbe und Bock dauernd am Rammeln, was ein Spektakel gibt und von Agnes eine Abreibung mit der ›Eisernen Faust‹, weil sie fürchtet, der Bengel könnte vom Löwen den Leichtsinn geerbt haben. Horst schreibt einen Zettel: Liebe Mutter, ich geh weg für immer. Wir sehen uns nie wieder. Dein Sohn Horst.
Die Jugendfürsorge brachte ihn zurück. Er gestand mir, er wolle in die Welt hinaus. Das will ich auch. Das müssen wir im Blut haben.

Weihnachtsmärchen 1948
›Friedel und die goldene Geige‹

Meine Leidenschaft war neben dem Laienspiel das Kino geworden. Horst schlurft verkleidet ins UT. Ich sehe ihn ankommen in meinen Sachen von der Laienspielgruppe. Plötzlich springt er wie ein dem Zoo entwichener Panther auf eine Gruppe zu, daß die trüben Tassen von Sonntagsspaziergänger Sprünge bekommen und Panik ausbricht. Im Halbdunkel vom Einlaßgedränge, die Wochenschau lief bereits, kommt er herein, fällt den Gang runter, knallt gegen die Notsitze, Murren auslösend bei betroffenen Zuschauern, die dann der Alten auf die Beine helfen wollen, was die Hingefallene aber nicht mag, den Helfern einen Schubs gibt, so daß mehrere Personen am Boden rumkriechen und sich fragen, was sie da verloren haben. Die Nummer hat er aufgeführt, um zu zeigen, daß er auch was drauf hat und nicht nur Johannes Heesters oder Hans Albers von der Reeperbahn nachts um halb eins. Und auf leisen Sohlen macht er sich aus dem Staub.

Mal lag er auf dem Dach mit einem herzförmigen Blatt auf der Brust, ließ sich von der Sonne ein Zeichen einbrennen. Nachts blieb er jetzt öfter weg und wenn der Morgen graute, stieg er hinten durchs Hoffenster ein.

Mal kroch er zu mir ins Bett wie früher, sich wärmen, aber er war anders. Ich sagte, du bist doch mein Bruder, dreh dich zur Wand um – und schlaf. Er flüsterte: Sei leise, sag nichts zu Mutter, die denkt sich sonstwas dabei.

Ein paar Streiflichter aus einem schiefen Fachwerkhaus, das, wie unsers auch, dem Wubke gehört, wo meine Freundin Friedchen wohnte mit Mutter und Geschwistern, die was Besonderes an sich hatte, mit zwei dicken Zöpfen, die bis zum Hintern reichten. Wenn sie die Haare kämmte, sah es aus, als wäre sie in einen weiten Seidenumhang gehüllt. Auch hatte sie früher einen Busen als Gleichaltrige und Haare da unten, was als Sensation mit der ›stillen Post‹ in der Klasse weitergegeben wurde. Ich war die Zweite mit der Sache, war aber schon ein Jahr älter.
Die Arnolds waren schon etwas früher hierher evakuiert worden. Elfi und ich gingen zusammen in die Schule, erzählten uns Geheimnisse.
Frau A. war etwa im gleichen Alter wie Agnes, Anfang bis Mitte dreißig und hatte einen feuchten roten Mund – ganz ohne Lippenstift. Der große Bruder von Elfi sagte, wenn Mädchen da waren, mit gekräuselter, in unsere Richtung schnüffelnder Nase, angewidert, gleichzeitig entzückt: Hier riechts nach Weiberröcken – und riß panisch das Fenster auf. Er nähte, bügelte, legte die kleine Schwester schlafen ...
Von ihm bekam ich Schauspielerbilder im Tausch gegen meine Schulstulle, denn ich war verrückt nach Kino, kannte Dialoge auswendig, übte Blicke vorm Spiegel, zelebrierte auf dem Marktplatz Schlangentänze, fiel auf den Hintern, verzog keine Miene, sondern sang:
›Ja, das Temperament, das liegt mir so im Blut‹ und ›Die Nacht ist nicht allein zum Schlafen da‹, von Gustav Gründgens gesungen im Film ›Tanz auf dem Vulkan‹ oder Marlene Dietrichs Couplet ›Ich bin die fesche Lola, der Liebling der Saison‹ aus ›Blauer Engel‹, dann ›Ich bin von Kopf bis Fuß auf Liebe eingestellt‹, wie sie da sitzt mit übergeschlagenen Beinen, Strumpfbändern und Zylinderhut.
Über Arnolds wohnte eine Frau, die wimmerte tagelang, bis sie tot war. Sie hatte sich ›Was‹ wegmachen lassen. Ihr Mann hat die Nachbarin nicht reingelassen, keinen Arzt geholt. Die Schande sollte geheim bleiben.
Das Haus ist am Verfallen. Es macht Geräusche, ächzt und knarrt, Putz rieselt runter. Der knickrige Besitzer sollte mal in den Sparstrumpf greifen und Handwerker anheuern. Sonst ist es bald nur noch eine Staubwolke.

Elfis Mutter und die Kinder, wohnen umsonst in der Hütte. Aber es huschen Schaben überm Küchenherd, die Dielen biegen sich und in der Wand sind Risse. Nein, Miete zahlt sie nicht, dafür schläft sie paarmal mit ihm und spuckt ihm hinterher in den Flur, hat sie mir erzählt, die Arme. Aber manchmal hat sie keinen Pfennig mehr für Milch und Brot, so daß die Kinder darben müssen. Dann fragt sie ihn, ob er ihr fünf Mark gibt. Er braucht lange, ehe er die rausfischt aus seiner speckigen Gelbbörse, er hat die Gicht in den Fingern und in den Beinen auch, deswegen wohl.

Da sind die Überlandfahrten auf offenen, nachts mit Plane überspannten LKW's in umliegende Ortschaften, zusammen mit der Jungenmannschaft, zwischen ihren dampfenden und wie warmes Brot duftenden, sich auch – wenn man sie zufällig berührt – so anfühlenden Körpern, der Aufbruchstimmung, den vom Schreien heiseren Stimmen, Lachen und Singen; Kreismeisterschaften finden grad statt, es folgen Bezirksaustragungen, ein Treffen in Schwerin wird vorbereitet, Potsdam ...

Perleberger Jungenmannschaft

Eva gehört zur Mädchenhandballmannschaft, Linksaußenstürmerin, ist aufgestellt, soll im Hochsprung eine Medaille erringen. Trainer Bolle H. sagt, ich könnte, wenn ich den Arsch etwas anhebe beim Sprung über die Latte, landesweit Medaillen einsammeln. Er hatte uns auch Kopfsprung beigebracht in der Badeanstalt ›Poseidon‹, tauchen und übers Ziel hinausschießen ...

4. von links ist Sigrid – in der Mitte Eva-Maria

Ich bin aus den Bäumen rausgehechtet wie eine Tarzanbraut, über die Paddelkähne drüber weg, zusammen mit Hotte, meinem Bruder, der stolz war auf mich und mir nacheiferte. In Potsdam, wo ein Zehn-Meter-Sprungturm war, bin ich als Einzige gesprungen, mit dem Kopf zuerst. Selbst die Jungs sind unverrichteter Sache wieder runtergeklettert.
Jedenfalls schwebte dem Trainer vor, daß ich die Sportakademie besuche. Das wäre eine Möglichkeit gewesen, Anerkennung zu finden, aber mein Sehnen und Trachten ging nun mal in eine andere Richtung. Trotzdem nutzte ich jede Gelegenheit wie beispielsweise das Deutschlandtreffen 1950, mit Sportlerinnen aus Perleberg, um Kontakte zu knüpfen und die Weltfestspiele 1951, Massenübungen, Fähnchenschwingen im weißen Dress, das Medizinballstemmen, mit Mädels aus allen Teilen des Landes, um weiter meine Kreise zu ziehen, in Berlin die Fühler auszustrecken nach dem Traumziel.

Die Wittenberger Turnerinnen.
So sah Eva auch aus 1950
im Walter Ullbrichtsstadion Berlin

Frau Frieda A. in der Perleberger Schuhstraße empfing Besucher, die Flaschen mitbrachten und Proviant: getrockneten Fisch, Geräuchertes, eingewickelt in Zeitungen, Frisch- und Sauerfleisch, Kolbassa – das ist Wurst. Zumindest hatten sie immer Brot zum Unter-die-Nase-halten dabei, denn zwischen Trinksprüchen auf Gott und die Welt, Stalin, die siegreiche Sowjetarmee, den Untergang Hitlers und des Naziregimes, wurde Wodka getrunken wie Wasser und der Brotgeruch eingesogen. Der Grund dafür: bei der Methode fällt man nicht nach der ersten Flasche um. Es wurde gesungen, mit den Füßen gestampft und getanzt. Die Hausfrau wusch Wäsche für die Besatzungsmacht, um die Kinder Gerd, Elfi, Hildchen und Gitte durchzubringen, nähte Knöpfe fest, Kragen, besserte Uniformen aus, bügelte, sah zu, daß sie einigermaßen anständig über die Runden kam.
In der Lindenstraße, wo die Russenkaserne war, gaben Sigrid – auch ein Flüchtlingskind aus Pommern – und mir, Soldaten Geld durch die Stäbe, damit wir für sie Wodka kaufen im Laden. Ihnen war es nicht erlaubt. Das Wechselgeld durften wir behalten. Ich sparte die Fünfziger und Groschen zusammen für Stoff zu einem Tellerrock.

Natürlich gingen wir hinten rum; an Minderjährige durfte kein Alkohol verkauft werden, der Verkaufsstellenleiter wußte aber, daß es für die, als wären sie Gefangene, sich nicht frei bewegen dürfenden Russen ist.
Einer mit Sternen auf den Schulterstücken gab uns eine Pistole, die ein Feuerzeug war. Sigi sagt, ich hätte damit rumgefeuert auf dem Hin- und Rückweg, was sie wurmte, weil sie auch gern damit spielen wollte.
Sigrid hat nicht vergessen, wie man die Flüchtlinge empfing: Was wollt ihr denn hier, macht, daß ihr hinkommt, wo ihr hergekommen seid.

Ja, wir haben geklaut, Obst, Tomaten, sind im Schatten untergetaucht, lebten von der Hand in den Mund – und das in vielerlei Hinsicht.
Beim Zuschauen des Handballspiels einst gegen eine Männermannschaft aus dem Westen, aus Lübeck, ist ein Sportler vom Spielfeld zu uns gerannt, hat seine Armbanduhr abgemacht und sie mir gegeben, obwohl Sigi sie gern gehabt hätte. Sie war traurig darüber und ich stolz – hat sie mir später gesagt – und ich habe nichts davon bemerkt.

Singende Faschings-Träume: ›Ich tanze mit dir in den Himmel hinein ...‹

Einmal, als mir vor Hunger schon schwarz vor Augen wurde, die durchsichtigen Ringe in der Luft sich in Schlangen verwandelten, die Eingeweide rumorten wie ein fernes Gewitter, der Magen knurrte, bin ich zur Mülltonne der Russen geschlichen, hab altes Brot rausgefischt, eingeweicht, aufgekocht, Brennesseln gepflückt mit Handschuhen, eine Speckschwarte zerschnippelt, Salz dazu und wilden Schnittlauch, paar Löffel dicke Milch rein, getrocknete Dürrbeinchen. Das sind Nelkenschwindlige, die wachsen am Feldrain, von denen Költschen-Oma im Stoffbeutel Vorrat für den Winter hatte, denn eine Handvoll davon in die Soße geschmissen oder in den Schmortopf, in dem der Sonntagsbraten schmurgelte – und das Essen war eine Delikatesse.

Ich war vierzehn Jahre alt, da bekam ich den ersten Kuß von einem plötzlich vor mir stehenden Russen, ein Kuß, der mich wie ein Blitz traf. Szenerie: Durchgangsküche. Schaben krabbeln über den Herd, die Eva auf die Schaufel kehrt, in'n Hof wirft, daß Tauben vom Sims auffliegen. Der uniformierte Jüngling stammelt beim Anblick des Mädchens, dabei vielleicht an das Märchen vom Aschenputtel denkend, sich als Prinz von Samarkant fühlend, Befreier vom bösen Drachen mit Namen ›Adolf Gitler‹, der sich als Auszeichnung für sein Heldentum eine Jungfer erhofft: Schönes Fräulein, sagt er, preßt seine Nase in mein Haar, atmet mich ein, du Rose von Taschkent, nicht Angst haben. Alexej gut Mann, kussen nur Djewuschka. Und tats, indem er meinen Kopf ergriff, das Gesicht mit Küssen bedeckte, mit der Zunge ableckte, sie mir in den Mund schob, die nach Karamel, Alkohol und Tabak schmeckte. Wie wird mir, dachte ich, alles wankt, ich hebe ab, fliege. Und glitt dem Leutnant von der Garde, Befreier genannt, aus seinen feuchtheißfröhlichen Greifarmen. Er taumelte durch den düsteren Flur hinter mir her, sich mit den Händen an der rauhen, abfärbenden Wand entlang tastend – und rief als hätte er Herzbeschwerden: Djewuschka, Krassiwaja! Ja lublju tebja!
Eva rannte, als müßte sie den damals unterwegs davongefahrenen Zug einholen, als würden Flammenwerfer Geschosse abfeuern, Phosphorbomben fallen – als die im Krieg zum ersten Male niederschwebten, sah es aus als würden Flugzeuge geschmückte Weihnachtsbäume abwerfen – oder ein sibirischer Wolf hinter ihr her sein, sie fressen wollen.
Der Sprung in den Klaren See von Kremlin wäre die Lösung gewesen, dachte die sich wieder auf der Flucht befindende Jungfrau Eva-Maria. Nein, da stiege Trauer auf vom Grund, solche Bilder wurden schnell ausgeschaltet im Bewußtsein: Wildwüchsig war meine Heldin, egoistisch, widersprüchlich, verletzend, verletzbar, hilfsbereit, liebe- und geltungsbedürftig, melancholisch, lebenshungrig, laufend auf Spiel und Spaß aus. Mit diesen Wörtern könnte man grob ihre Charaktereigenschaften umreißen, je nach Stimmungslage. Und da eine nicht in die Fußstapfen ihres tapferen, vom Schicksal hart geprüften Muttertieres treten wollte, mußte sie auf der Hut sein beim Dahinfliehen durch unbekanntes Gebiet, um nicht in ein Fangeisen zu geraten, ins Bodenlose zu stürzen. Durch Unterstützung eines treuen Schutzpatrons im Irgendwo gelang ihr auch meistens das Kunststück, die Kurve zu kriegen.

Und so sauste ich davon, am Marktplatz vorbei, Rathaus mit Polizeistube, wo im Turm Verbrecher und Tagediebe sitzen, herunter blicken auf die heranreifenden, sich wie zur Girlande verflochtenen vorbei promenierenden Mädchenknospen, schräg zur Konditorei, wohin ich eingeladen wurde von einem kinderliebenden Lustmolch zu Torte und ›Alkolat‹, mit Schulfreundinnen, denen Schauer übern Rücken liefen von den fühlbaren Blicken der Gesetzesverletzer da oben und unschuldig inhaftierter Maulaufreißer, die gegen neues Unrecht waren und sich nicht schikanieren lassen wollten, glaubten, sie können sich das leisten. Ich sah einen Mann im Zickzacklauf übern Schuhmarkt sprinten, mich fast übern Haufen rennend, als müßte er einen Zug erreichen, wie ich einst. Aber die frisch rekrutierten Polizisten waren ihm direkt auf den Fersen.

Das erinnerte an die Fremden in der Kremliner Schnitterkaserne und an von der ›Vorsehung‹ stiefmütterlich behandelten Menschen. Dann floh Eva Richtung Heilige-Geist-Straße, in die hintere Nische, vom Volksmund ›Arschkerbe‹ genannt, am Roland mit dem Schwert vorbei, der Backsteinkirche, wo an religiösen Feiertagen der Männerchor vom Turm runter singt und Evi um sechs Uhr früh am 1. Weihnachtstag ›Quempas stores lauda vere‹. Superintendent Lietzau hatte die entflammte Maid konfirmiert, im Kleid ihrer Mutter, Vorkriegsware, Kreppseide, mitternachtsblau, handgenäht von Toni, das Amulett stammte vom Offizier Donner. Eva murmelt: Heilige Maria Gottes, verkroch sich unters Bettdeck, das Inlett gefüllt mit Kremliner Gänsefedern, glaubte, Maria bekäme nun ein Kind von der Küsserei und hätte die Sünde auszubaden, für die Eva eigentlich zuständig ist. Aber da beider Kern in einer Schale steckte, fühlte sie sich mitbetroffen. So unaufgeklärt waren die flügge gewordenen Kinder.

Konfirmations-Schein

Die Blumen schienen dieses Jahr üppiger zu blühen. Selbst zwischen Trümmern recken sie die Köpfe raus, am Wegrand trotzen sie dem Staub – und auf dem Grabstein liest man: ›Die Liebe höret nimmer auf‹.

Der Stadtphotograph Rohregger, mit dem Studio neben der Brücke am Kino UT, hat mich ›abgelichtet‹ in verschiedenen Posen von allen Seiten, ernst, lächelnd, hat mich sogar ins Schaufenster gestellt, daß Leute stehen blieben, mich betrachteten. Eins aus der Serie ist nur noch vorhanden. Die nackte Schulter war seine Idee, hab aber einen Badeanzug an, wo die Träger runtergestreift sind.

Allmählich war ich mehr in den Mittelpunkt gerückt und nutzte das von weit Hergekommensein auch dazu aus, mich interessant zu machen.
Mein Traum war die große Kino-Leinwand, da wollte ich rauf und mich bewundern lassen, dort war es nichts Peinliches, seine Gefühle zu zeigen, da war ich eine andere. Eines Tages wird es bestimmt wahr und ich werde Schauspielerin. Nachbarn nickten: Ja, träum nur weiter, das kostet nichts.
Mit vierzehn schmuggelte ich mich schon in Filme rein, die ab Sechzehn erlaubt waren. Manchmal gelang es mir sogar, mit Hohehackenschuhen von Agnes, ihrer Kostümjacke, ausgestopftem Busen und kirschrotem Lippenstift, daß ich als Achtzehnjährige durchging. Ich glaube, es war der Film mit Hans Albers ›Große Freiheit Nr. 7‹, der war verboten für mich.
Es gab zwei Kartenabreißer. Der eine, so ein plattfüßiger Sittenwächter, hatte mich auf dem Kieker und ich ging nur beim andern Einlasser rein.
Aber das ›Lupen-Auge‹ hatte mich wohl vom Vorführraum aus entdeckt, als ich schon selig, ge- und entspannt im Parkett saß und entblödete sich nicht, mich höhnisch durch die Reihen wieder raus zu befördern.

Einmal ging ich mit Horst, er als Opa, ich war seine Guste, mit Spitzenkragen und Kapotthut. Aber nie wieder, denn ich bin tausend Tode gestorben, weil mein Alterchen sich als schwerhöriger und renitenter Gnatzkopf entpuppte, immer fragte: Was hat sie gesagt, was will er von ihr. Was macht er denn jetzt. Ist denn das die Möglichkeit. Komm Oma, wir gehn nach Hause und spielen lieber Doppelkopp. – Mensch Karl, jetzt halt aber mal die Klappe, sonst laß ich mich scheiden. Das würde ich dir nicht raten, Süße! Er haute mir auf den Hut, knuffte mich, stieß mir den Ellbogen in die Rippen, daß die Leute sich empörten. Einer piekste Karl sogar mit dem Schirm auf die Schulter, den Opa sich blitzschnell schnappte, dem erschrockem Mann entwand und aufspannte. Ich rutschte vom Sitz, hielt mir den Bauch vor Lachen und zog es vor, das Kino durch den Notausgang zu verlassen, wo Karl mir fluchend hinterher rannte, rief: Guste, warte, mein Schätzchen. Ich hab nur Spaß gemacht, du blöde Kuh. Greller Schrei von mir – und das ging weiter bis nach Hause, den ganzen Schulgang lang, an der alten Stadtmauer, wo Rosen rankeln, hinter denen das plätschernde Band der Stepenitz dahingleitet und auch zu sehen ist, wenn man sich ein kleines Stückchen an der Mauer hochhangelt.

Perleberg – die Stepenitz – Strecke zur Schleuse runter am Kino UT, an der ›Arschkerbe‹ vorbei, in der das Grundstück Heilige Geiststraße Nr. 8 liegt und der Garten vom Pfarrhaus.

›Schulgang‹ zwischen Wittenberger-Straße und Jacobi-Kirche in Perleberg. Auf der anderen Seite sind Reste der Stadtmauer, dahinter fließt die Stepenitz.

Da gab es doch noch den Budiker. Sein Name bleibe Schall und Rauch. Ich hatte den Waldschrat in der Versenkung verschwinden lassen, hoffe, nicht kotzen zu müssen bei der Exhumierung wegen dieser Feststellung: mit Dreck in Berührung kommen, muß nicht heißen, dreckig zu werden. Ein kleiner Racheakt an ähnlich lavierende Artverwandte sei mir erlaubt. Ich hatte Streit mit Agnes. Sie meinte, ich würde zu früh anfangen, mich mit Männern abzugeben. Sie hat es gut gemeint, wollte nicht, daß es mir erginge wie ihr in jungen Jahren; mit siebzehn bekam sie ihr erstes Kind, einen Sohn, mich mit neunzehn. Ich würde sonstwo enden, in der Gosse landen, wenn ich mich in dem Alter mit Kerlen abgäbe. Das mußte gerade sie mir sagen, dazu noch schlagen, weil ich so frech war und gesagt hatte: Sie solle mich gefälligst nicht mit sich verwechseln.

Da bin ich weggerannt, war todunglücklich, fühlte mich einsam und allein auf der Welt. Es war spät, keine Leute mehr auf der Straße.

Und da tuckert ein Vehikel, Marke Eigenbau daher, Auto mit Schornstein, aus dem Rauch aufsteigt, weil Holzkohle statt Benzin verwendet wird. Und eine verknarzte Stimme aus dem Wageninnern fragt interessiert: Wo willst du hin, Mädelchen? Komm, steig ein, wir fahren zum Bahnhof. Da gibts um diese Zeit noch Bockwurscht. Ich spendiere eine. Ein verlockendes Angebot. Und Eva Blauauge stieg – zwar zögerlich, doch dem Zufall trauend – in die abenteuerliche Kiste; der Mann sah harmlos aus, fand ich, hatte vielleicht bißchen was getrunken.

Mir war bisher nicht groß was Nennenswertes durch Männer passiert und ich dachte: in jedem Menschen steckt ein guter Kern.

Der Typ sah geradeaus. Eva erzählte, sie spiele Handball, hoffend, ihr Jungsein würde ihn wie einen Vater fühlen lassen; auf die Weise war es ihr öfter geglückt, ein Stück Kuchen spendiert zu kriegen.

Aber dann war der Stadtrand erreicht, der Bahnhof Perleberg blieb rechts liegen, wir überfuhren die Bahngeleise Richtung Wittenberge, am Schützenhaus, dem Barackenlager vorbei, wo wir als Flüchtlinge gehaust hatten, weiter durch die von Wald gesäumte Landstraße.

Mann! wir sind am Bahnhof vorbei, hatte ich sofort protestiert.

Wo wollen Sie denn hier lang hin. Er schwieg verbissen, knurrte dann: Warts ab, bist du immer so kess? – Ich bekam es mit der Angst zu tun, bat ihn umzukehren. Als er nicht reagierte, brüllte ich: Halten Sie an! Er bog in den Waldweg ein. Ich wollte aussteigen, die Tür ging nicht auf.

Ich geriet in Panik. Er schimpfte wie ein Bierkutscher, ich sollte sein Auto nicht demolieren. Aber ich müßte mal. Das könnte ich hier drin tun, schlug er vor. Es war stockdunkel. Er riß meine Hand zu sich rüber. Da fühlte ich sowas wie einen angewärmten Stumpf in der Hand, aber der war nicht aus Holz, sondern sein Ding. Mein eigener Schreckschrei gellte mir in den Ohren. Sowas hatte ich niemals gesehen, weder gefühlt oder vermutet. Das ist ein Spuk, dachte ich, sowas hat nur der Teufel. Ich versuchte mit List, dann Gewalt, der verklemmten Kiste zu entweichen. Endlich gelang es – und ich stürzte kopfüber ins Schwarze der Nacht. Der Kerl, geschockt von der Ungezähmtheit dieser Göre, die keine Skrupel kannte, mutwillig sein bestes Stück attackiert hatte, kriegte kalte Wut, verfolgte mich, schaltete die Blendscheinwerfer ein, fuhr kreuz und quer wie ein Geisterfahrer durch das Gehölz, auch im Rückwärtsgang, daß der Motor aufheulte. Ich lief gegen einen Baum, sah Sterne, fiel zu Boden, kroch auf alle Vieren, hatte Todesangst, robbte vor zur Bahnlinie, wo sich ein Bahnwärterhäuschen befand, in dem Licht brannte, in das ich mich hinein flüchtete, dem Mann dort mein Herz ausschüttete, der mir eine Schmalzstulle gab, Muckefuck aus der Thermosflasche und den Rat: ›Zur Polizei gehen, Anzeige erstatten, das ist kein Kavaliersdelikt.‹ Ich war skeptisch, dann ermutigt durch die Klarheit des Eisenbahners, lief zurück in die Stadt, auf Schienen, wo ich sicher sein konnte, dem Monster mit dem Ofenrohr nicht zu begegnen. Auf der Wache nahm ein Uniformierter meine Schilderung über die Begegnung mit einer mir bis dahin unbekannten Art zu Protokoll, vermerkte die Abschürfungen, sagte, als ich die Aussage unterschrieb: ›Das geht seinen Gang.‹

Ich erzählte es Agnes. Die war entsetzt, machte sich Vorwürfe, hielt mir eine Moralpredigt wegen meiner Vertrauensseligkeit. Tagsdrauf wurden wir wohin bestellt. Auch der Sündenbock saß da mit eingeklemmtem Schwanz, Haare angeklatscht, aufgedunsene Fratze, auf seine frisch gewichsten Schuhe starrend. – Natürlich hatten sie ihn sofort ausfindig gemacht, brauchten nur im Ratskeller fragen, welcher Stammgast zu der Zeit aufbrach.

Ein Corpus delicti lag bereits auf dem Tisch: mein rotes Tuch, das auf dem Rückfahrersitz entdeckt worden war; er hatte sich nicht die Mühe gemacht, Spuren meines Befreiungskampfes zu verwischen, sein zerrissenes Verdeck zu flicken, hatte nicht damit gerechnet, die nächtliche Spritztour mit dieser Kröte könnte ein Nachspiel haben.
Mir wurde eine Standpauke gehalten von einem Ärmelschonermann, daß man den Eindruck bekommen konnte, ich hätte den Typ mit falschen Versprechungen in die Klapperkiste gelockt und ihn genötigt, sein Geschlechtsteil zu entblößen, das er aus dem Hosenstall hatte rausstehen lassen wie eine abschußbereite Haubitze.
Der stumme, mich keines Blickes würdigende Schwitznacken wurde nur ermahnt, sich derlei Späßchen künftig zu verkneifen, sonst gäbe es nächstes Mal ... Ich weiß nicht mehr, was ihm angedroht wurde; zehn Stockschläge auf den Rüssel wohl nicht. Igitt, mir wird übel, wenn ich mir vorstelle, es wäre dem Sack gelungen, sich über mich zu wälzen.
Doch seiner Strafe entging er nicht. Ich erzählte es ›Dicker‹ – obwohl schlank und flirrend wie einer vom Stamme der Birke, mit dem ich heimlich ging, der Konditorlehrling war, vor der Haustür mit mir stand, nein, so weit durfte er nicht mit nach der Tanzstunde im ›Stadt Berlin‹, bis Ende Kirch- Ecke Heilige-Geist-Straße nur, kurz vor Einmündung in die Arschkerbe, weil mich aus der Nr. 8 – wo wir jetzt im Parterre wohnten, zwei Zimmerchen, Küche – keiner sehen durfte, vor allem Agnes nicht. Sie hätte gleich an ihr Reingefallensein gedacht, wie Fritz, der Löwe sie rumgekriegt hatte – in meinem Bruder lebte er weiter. So etwa muß er ausgesehen haben als jungscher Bursche; ein Pech ist das aber auch mit den Mannsbildern meiner Sippe, jammerschade. Oft hat Freund Hein diese realen Traumgestalten, trotz überschäumender Lebenslust und Mut, Talent und Können, Hals über Kopf aus dem Verkehr gezogen, sie beim Berg- und Talbahnfahren auf der unebenen Erdkugel kurzerhand aus der Gondel geschubst. Selbst der alte Löwe, Stammvater väterlicherseits, soll sich zwischen den zwei Weltkriegen im Schneesturm verirrt haben. Möge er sanft eingeschlafen sein mit 'ner Buddel Danziger Goldwasser im Arm.

Worte auf einem alten Foto für Agnes:
(wahrscheinlich vom jungen Fritz Löwe)

›Man schenkt sich Rosen, wenn man verliebt ist. In Sansussi dort wo die alte Mühle steht dort hat ein kleines Mädel mir den Kopf verdreht‹

Wieder zu Agnes, bei der, wenn sie mich im Backfischalter in Begleitung einer männlichen Person sah, selbst eines Jungen aus dem Sportverein, sofort die Alarmglocken läuteten. Es war wie ein Reflex, das Erinnern daran, wie sie rumgekriegt wurde, zweimal mit Folgen. Ein Likörchen, schon zieht das einen endlosen Rattenschwanz nach sich, angefangen beim Schwachgewordensein, über die nüchterne Erkenntnis ›es ist vollbracht‹ und den sich daraus entwickelt habenden Bälgern. Nein, mit mir nicht – und das, wo mich Winni schon fast auffraß beim Küssen, sich an mir rieb wie die rosa Schweinchen am Freßkoben.

Doch ich mußte erst achtzehn werden, ehe es zur Sache gehen durfte. Über zwei Jahre sollte er noch warten, hoffte aber bei jeder Knutscherei aufs Neue, daß es zur Entjungferung käme. Und dabei hatte er einen umwerfenden Blick, wie der Junge im Schnee – den es nicht mehr gab – roch nach Sommerregen und Vanille aus der Konditorei.

Jedenfalls hat mein Freund – als unser Verliebtsein noch im Blütenregen stand, die Zweisamkeit sich anfühlte und schmeckte nach ewigem Glück – nach dem Vorfall mit dem Wüstling einen Plan ausgeheckt: mit Kumpel Herbert die Clique zusammengetrommelt und dem Tresentyp eine Lektion erteilt: Bäckerstraße, Schuhmarkt, gegenüber der Wirtschaft ›Quelle‹ – wo wir uns nach Ankommen in der Prignitz, täglich nach einer Kelle Suppe oder Salzkartoffeln mit Soße von Freibankfleisch, das von Notschlachtungen herstammte, anstellten – da war ein HO-Laden eröffnet worden, wo es neuerdings was ohne Marken gab, aber teuer; ein Ausschank gehörte ebenfalls dazu. Da saß dieser Fiesling, wo die Jungs ihn fixierten und im Dunkeln auflauerten, ihn nach Strich und Faden verdroschen, die Fresse polierten, wie sie es nannten und als ›Sahnetupfer‹ ins Automobil von ihm einen Kübel Scheiße kippten, organisiert aus dem Klosett vom Schrebergartenverein. Die Aktion war ein Volltreffer. Wir haben uns zu dem Einfall mit der ›Stinkbombe‹ gratuliert und Freudentänze aufgeführt.

Jetzt war ich flügge. Eine Tante hat mir Schreckensbilder ausgemalt über das erste Mal, wie das sein würde mit der Entjungferung: Es soll weh tun wie Hund, als würde dich ein Messer aufschlitzen und so blutet es auch. Eine Strafe Gottes, jedenfalls kein Vergnügen, das hat wohl nur der Mann, weil Eva im Paradies gesündigt hat, das Verbot des Allmächtigen mißachtete, die Geschichte mit der Schlange und dem Apfel, kannst du nachlesen, steht in der Bibel. Und jeder auf der Straße sieht's dir an den Augen an. – Ach, du Schande! Das kann ja heiter werden. Die will mir Angst machen. Ja und wenn es nur das eine Mal ist mit dem Schmerz, das halte ich aus. Aber vorläufig war die Sache sowieso nicht spruchreif. – Innerlich habe ich mich über die Holzhammermethode der Aufklärung von der Tante H. amüsiert, denn ich war sicher: aus Liebe hält ein Mensch viel mehr aus, wie ich von andern wußte, gelesen hatte, in Filmen sah, selbst erlebte – wenn auch noch nicht direkt, sondern mehr durch Mitfühlen der Sinne, den Härchen auf der Haut, diesen fast unsichtbaren Antennen ...
Jedenfalls kommt die Zeit, über die mir das Berichten nicht mehr so leicht von der Hand geht, Reihenfolge und Zusammenhänge der Szenen durcheinanderaten sein könnten, die Bilder Risse haben wie das Holz in den Baracken hinterm Schützenhaus, an der Straße zwischen Perleberg in der Prignitz und Wittenberge an der Elbe, einer Bahnstation zwischen Hamburg und Berlin, wo Versuche unternommen werden, das Leben außerhalb der Schutzzone zu erkunden, denn die Neugierde auf Unbekanntes, das Angetriebenwerden durch einen inneren Motor, Bedürfnis nach Lieben und Geliebtwerden, war größer als alles andere.

Nach Abschluß der 7. Klasse konnte ich die Schule verlassen. So hatte die einstige Landpomeranze, wenn man die Zeit zusammen zieht, in der sie auf einer Schulbank saß, am Stück etwa fünf Jahre Unterricht.
Ich hätte noch ein Jahr bleiben können, wollte aber nicht, es machte keinen Spaß mehr. Der Lehrerin war ich ein Dorn im Auge wie auch die neue Zeit. Sie machte daraus keinen Hehl, ignorierte mich einfach. Am Rosengarten wurde sie ausquartiert: Die Besatzungsmacht wollte das Haus für Offiziersfamilien haben. Fräulein H. hatte für die Belange der Zwangszugewanderten keinen Nerv: Die sollten dankbar sein, daß sie hier aufgenommen wurden und sich nicht so haben, denn rosig ging es ihnen auch nicht gerade, ist doch wahr! – Stimmt, alles ist relativ.

Gott, da war ja noch mein einziger Bruder, der von unserm Erzeuger was geerbt haben mußte. Ihn schiebe ich, das heißt, ein unser aller Leben gezeichnet habendes Ereignis, immer wieder beiseite. Mir sein Gesicht vorzustellen, seine Wesensart, tut weh. Ich muß Spinnweben runterreißen, blutdurchtränktes Verbandzeug wechseln, Schotter wegräumen, um mir für ihn einen guten Platz im Garten Eden auszumalen; es braucht Zeit ...
Deshalb aus dem Stand zurück auf einen Sprung zu meinen originellen Rächern. Die hatten vielleicht auch keine besonders gute Kinderstube genossen, waren scharf auf das, was alle wollten, trotzdem nicht zu vergleichen mit dem, was Kinder aus dem östlichen Osten durchmachen mußten: Der Krieg war zu Ende, als die Armee hier ankam. Ihr Zuhause war unbeschadet geblieben. Die Front ging ihnen sozusagen am Arsch vorbei.
Ja, die Väter vieler Kinder und Söhne der Mütter, waren ebenfalls gefallen, aber nie hatte die Losung ›Kämpfen bis zum letzten Mann‹ sie betroffen.
Kinder meiner Altersklasse hier haben weder am eigenen Leib erfahren, noch mit ansehen müssen, was heißer Krieg wirklich bedeutet, wie real sich die Hölle auf Erden abspielen kann. Und sie waren kein von den Russen abgesetztes und beim eigenen Volk unerwünschtes Pack, verlaust, ausgemergelt, daß die Knochen durchschienen, verschorfte oder eiternde Haut bei Holzsammlern und Spaziergängern Erschauern hervorrief, wenn sie den Gezeichneten hinterm Schützenhaus bei Perleberg, dem Barackenlager im Waldstück an der Straße nach Wittenberge, begegneten.

Und schon gehts weiter mit den Helden vom überlegenen Geschlecht. Es muß ihnen einst in Fleisch und Blut übergegangen sein, die Gewißheit nämlich über das Privileg, zum männlichen Geschlecht zu gehören.
Es steht ihnen auf der Stirn geschrieben, sich mehr erlauben zu dürfen, als die ebenfalls nach Lust und Liebe gierenden Weiber. Kerle müssen nicht fürchten, gegen ihren Willen vorgeknöpft zu werden von einer ganzen Meute nach dem Tanzvergnügen, auf dem Heimweg: Das Mädel in die Mitte genommen, betatscht, gedemütigt, mißbraucht. Dann unter Gegröle den Schlüpfer entwendet, die Trophäe in den Baum gehängt an der Chaussee, weißes Fähnchen, einst Zeichen der Unterwerfung, als die Russen kamen ...
Es war Stadtgespräch. Wenn ich mir vorstelle, ich wäre das Opfer, sehe ich rot und greife in Gedanken nach dem Messer. – Gütiger Himmel! Ich habe Schwein gehabt bei der nächtlichen Arie in der Ofenrohrkarre, sonst ...

Warum ich die Szene so ausführlich beschreibe, weiß ich nicht, nur, daß mich die Sache beschäftigte. Ich glaubte, sowas sind Ausnahmen. Nun erfuhr ich, daß möglicherweise bei bestimmter Konstellation der Gestirne – wenn der Mars der Venus zu nahe tritt, eine Gewitterfront der Mondsichel in die Quere kommt, daß dann diese chemisch-physikalische Reaktion ausbricht im Manne wie eine normale Krankheit.

Ach ja, über die Strenge meiner Mutter wollte ich noch was sagen:
Sie wurde so, weil kein Vater da war, sie allein für Zucht und Ordnung sorgte, wie meine Großmutter Antonie, die ihre Erstgeborene erst mit acht Jahren in die Schule ließ; vorher mußte sie die Geschwister hüten. Als Agnes zwölf war, war wieder Schluß mit Unterricht, obwohl sie gern zur Schule ging – wie auch ich einst. Geld verdienen war aber wichtiger bei den vielen Mäulern, die gestopft werden wollten. Und da sie früh entwickelt war, fielen ihr Schlafzimmerblicke in den Schoß. Einmal warf sie so ein strammer Max, dem die Hose zu eng geworden war, in die Strohmiete, obwohl ein verheirateter Mann. Sie entkam ihm mit Hängen und Würgen, war ein aufgescheuchtes Reh, dem das Herz bis zum Hals hoch schlug. – Ja, auch Mütter waren einst Mädchen.
Dann erschien Fritz Löwe auf der Bildfläche, dem Agnes über den Weg lief. Sonst wäre weder ich noch meine Nachkommenschaft auf der Welt.
Bei einem der ersten Tanzabende kam Agnes mit ins ›Stadt Berlin‹, aber sie war von einem unsichtbaren Panzer umgeben, obwohl sie von einigen seriösen Herren verehrt und eingeladen wurde, besonders von dem Schuhmacher, der ein richtiger Künstler war, Sandalen mit Keilabsätzen aus Holz schnitzte und Muster reinbrannte, lackierte, Riemchen befestigte.

Agnes im ›Hagen‹

Ich hatte sie gebeten, mitzukommen, allein durfte ich noch nicht rein. Und kriegte mit, wie sie von jungen Männern beäugt wurde, die mit ihr flirteten, aber Agnes wehrte ab. Es gab einige, denen sie gefiel, aber sie fühlte sich durch die drei Kinder gebunden, mußte hart arbeiten, um uns durchzubringen und es gefiel ihr wohl auch keiner so richtig. Der Krieg hatte ihr – wie so vielen jungen Frauen – den Mann genommen, eine Bettseite blieb leer, wo Ingridchen schlief, einziger Abzweig von Otto. Nur die Erinnerung war ihr geblieben, aber auch mit der blieb sie allein.

Es muß im Januar 1949 gewesen sein, als ein Bote in die Heilige-Geist-Straße kommt mit der Nachricht: Ein Unfall. Mein Bruder, grad sechzehn Jahre alt geworden, wurde vom Zug überfahren. Ja, er lebt, Krankenhaus. Agnes reagiert nicht, steht unter Schock, ist dankbar, daß ich das Steuer übernehme, losfahre, per Anhalter, nach Karstädt; weiß nicht mehr genau, welche Stadt, nur daß ich zu ihm mußte, egal, in welchem Zustand ich ihn antreffe, ob lebend oder tot. Lieber Gott, warum hast Du das zugelassen.
Zufällig wird Horst über den Flur geschoben, als ich eintreffe, auf einer fahrbaren Liege, er lächelt mir zu. Ich fasse ihn an, streiche über die Stelle, wo tagszuvor noch sein muskulöses, schönes Bein war, das linke, es ist weg. Der rechte Abdruck zeichnet sich ab unter der Decke.
Ich dringe zum Arzt vor, der ihn unterm Messer hatte, flehe ihn an, leise, eindringlich, das zweite Bein zu retten, es wieder festzunähen.
Sooft es geht, fahre ich zu meinem Bruder. Er weiß, daß ich ihn nicht im Stich lasse, was auch passiert. Agnes soll gesagt haben, was er angeblich mitgekriegt hat: Es wäre besser gewesen, gleich tot zu sein. Das hat er ihr nie so richtig verziehen, obwohl sie es bestimmt aus Schmerz gesagt hatte und es ein Schock war für sie, ich weiß nicht ...

Das nächste Mal, als ich kam, war er ganz ohne Beine. Jetzt wurde mir das erste Mal schwach in den Gelenken und in der Brust war es, als würde der Herzschlag aussetzen, das Luftholen blockiert sein.
Alle Gedanken hatte ich darauf konzentriert, daß die Ärzte es schaffen und Horst sich zur Wehr setzt – durch Suggerieren, Wünschen, Beten, daß er kein hilfloser Krüppel wird – und kam mir nun vor, wie ein Kraftwerk, das abgeschaltet wurde: Horst hatte öfter Kohlen geklaut auf dem Bahngelände, damit wir es warm haben. Er war ein Ableger seines Vaters Fritz Löwe, der am Zug entlang kletterte, wenn der Kontrolleur auftauchte, der vom Schicksal ein Bein gestellt bekam und im Gegensatz zu seinem Sprößling direkt und ohne Umwege ins Jenseits abdriftete. Aber diesmal waren die Trittbretter vereist und ich kann nicht weiter denken, nur in die Richtung, daß es möglicherweise auch gut gewesen ist. Dadurch hat er bewußter gelebt, verantwortungsvoll, wurde ein zuverlässiger Mensch, hat das Beste aus dem Leben gemacht. Die Kniegelenke waren – Glück im Unglück – heil geblieben, sein Lebenswille war stärker, als alle noch so gemeinen Behinderungen der Welt.

Sonst wäre vielleicht ein Künstler aus ihm geworden oder Robin Hood, Pferdezüchter, Erfinder, wer weiß. Nach Monaten wurde er entlassen, übernahm die Nachbehandlungen selbst, ging mit zwei Krücken, dann mit einer, schließlich schmiß er beide in die Ecke, salbte die oft wund werdenden Stümpfe – wo neue Haut wuchs – und Selbstmitleid ließ er nicht zu.

Ich hatte noch keine Lehrstelle, wo man was hätte lernen können: Schneiderin, Putzmacherin, dazu nur mit Abschluß der 7. Klasse, ohne Stammbaum – der Taufschein war vorhanden und einer, wo drauf steht, daß ich am 7. September gegen Pocken geimpft bin, dann der Makel, ein Flüchtlingskind zu sein, das waren keine besonders guten Referenzen – also ging ich arbeiten, wusch Wäsche, wie einst Toni, kochte, machte sauber bei einer Bankschalterfrau, verheiratet, drei Kinder.
Die Toilette ging von der Küche aus und wenn der Gatte auf dem Klo saß, machte sie manchmal die Tür einen Spalt auf, unterhielt sich mit ihm.
Das war mir peinlich, aber die beiden störte es nicht. Ich höre, daß bei der Abrechnung ein Betrag fehlte, aber sie hat solange geforscht, bis sie raus hatte, wer die Summe von Einssechsunddreißig eingesackt hatte, die sie aus eigener Tasche in die Kasse legte, was sie gewurmt hat.
Einen Monat war ich dort, bekam 30 Mark in die Hand gedrückt.
Dann – ich lief freudig nach Hause, um mein erstverdientes Geld zu zeigen, hatte ich es nicht mehr, entweder verloren oder liegenlassen.
Zurückgerannt abends, Weg abgesucht, die Frau, die mich spöttisch ansah, gefragt, ob ich vielleicht das Geld liegengelassen hätte. Sie sagte irgendwas und daß das Ganze doch recht unglaubwürdig klinge.
Das hat mich getroffen wie einst die Hausaufgabensache in Kremlin.
Aber ich mußte Geld verdienen. Horst fiel aus, seine Lehrstelle in Wittenberge konnte er vergessen. So übernahm er zu Hause alles, rutschte auf den Knien am Boden lang, heizte ein, kochte, Ingrid ging zur Schule, Agnes arbeitete im Krankenhaus.
Beim Aufschreiben wird mir bewußt, wie verbunden wir waren, wie die im Märchen von ›Brüderchen und Schwesterchen‹.

Agnes – unten links.

Später liefen wir mit einer Gruppe Sportler an der Stepenitz bei einem Dauerlauf mit, durch den sich mitten in der Stadt befindenden ›Hagen‹. Viele der Mitlaufenden wußten nichts von der Behinderung von Horst, dachten vielleicht, er sei etwas behäbig. Hinter der Brücke fiel er zurück. Es tat weh zu sehen, wie er kämpfte, mich damit tröstete, daß es eben ist, wie es ist. Er hat nie geklagt, sondern hat was auf die Beine gestellt. Später

Eva und ihr Bruder

konnte er mit den Prothesen sogar Fahrrad fahren, Moped, am Steuer sitzen, tanzen, war handwerklich ein Ass, hat eine gute Braut abgekriegt, die Martha, vier Jahre älter als er, eine Lachtaube, perfekte Hausfrau, von hinter der Oder angeschwemmt im Zuge der Völkerwanderung. Beide arbeiteten bei der Post, im Telegraphenamt, er was Technisches, sie als Telefonfräulein, heirateten, haben keine Kinder gekriegt, aufgezogen ein halbes Dutzend – und waren gute Eltern. Martha war 1945 ins Schleppnetz der Fänger geraten, sechszehnjährig, wobei in ihr wohl was verletzt wurde. Doch sie hat durch die Hingabe an dieser Aufgabe, ihrer Liebe, auch ein erfülltes Leben gehabt, wo die Wolken zwar nicht fehlten. Denn er war ein sturer Kopf und durch den ›Klotz am Bein‹ dazu verurteilt, seinen Freiheitsdrang zu zügeln. Vielleicht spinne ich, aber es könnte sein, daß die

Martha und Horst

Braut auf Eva oder beide aufeinander eifersüchtig waren, ich mir für den Bruder und Freund aus Kindheitstagen eine andere Braut vorgestellt hatte, die mehr hermacht, denn ich hab den Blumentopf zerschmissen, den er von mir zur Verlobung bekam, woraufhin er mir prompt eine knallte und ich die Tür ins Schloß. Dabei war ich doch froh, daß er versorgt war mit Liebe und einer treuen Seele. So konnte ich ruhig und ohne schlechtes Gewissen meiner Wege gehen und mir selber folgen.

Eva mit Schwägerin Martha

Mein ausgelernter Bäckergeselle hatte seinen Frühaufsteherberuf an den Nagel gehängt, roch nicht mehr nach Zuckerguß und kaum nach sich, sondern nach Gemeinschaftsunterkunft: Er war den Werbern für die neue Uniform ins Netz gegangen, hatte Fragebögen ausgefüllt, unterschrieben, ist Angehöriger der ›Kasernierten Volkspolizei‹ geworden, was spannender ist als Brotbacken und Torte mit ›Schlagcreme‹ beschichten.
Vor allem brachte die neue Anstellung mehr ein, brauchtest deiner Partnerin den Pfefferminzlikör nicht selber bezahlen lassen.
In dem Zusammenhang war er nach Neustadt an der Dosse geraten zur Ausbildung, auf ein Gestüt mit Stallungen, Auslaufgehege, Natur. Er ließ durch einen Kameraden, der eine Freundin in Dergenthin hatte, Christa, mit der ich mich angefreundet hatte, ausrichten, ich soll zum Turnier kommen am Wochenende, für Übernachtung sei gesorgt.
Herzklopfen, weil ich mir ihn vom Leibe halten mußte: Für die Entjungferung war die Zeit noch nicht reif. Wie sollte ich den Balance-Akt hinkriegen, denn ich ließ mich gern küssen. Das war zwar nicht wie bei dem Leutnant von der russischen Garde aus dem Tagtraum, aber immerhin. Meiner Mutter sagte ich nichts, der Bäuerin, daß Christa mitfährt.
Ich hatte auf dem Dorf was zu tun gekriegt: Vieh füttern, melken. Schnell hatte ich den Bogen raus, bekam Muskeln in den Armen, den Schwanz um die Ohren gehauen, fiel vom Schemel in den Mist, aber es machte Spaß. Abends durfte ich Pferde von der Koppel holen, konnte es nicht lassen, wie eine Zirkusreiterin mit wehender Mähne durchs Dorf zu reiten, wie damals mit Horst auf ›Satan‹ in Kremlin. Mal wurde ich von einem Hengst im Übermut in die Brombeerranken geschmissen. Aua!
Eva nutzte jede Gelegenheit, ihren Spieltrieb auszuleben, unterhielt die Freundinnen mit Tanzeinlagen im weißen Röckchen oder dem Lied, das Christa ihren Enkeln später vorsang und mir heute durchs Telefon.

Bei uns zuhaus auf dem Balkon, da steht ein alter Pappkarton.
Darinnen wohnt der Max, das ist unser Kaninchen.
Und nebenan, da wohnt Tusnelda unser Hühnchen.
Und eines nachts, da wars passiert,
da hat der Max – das Huhn verführt.
Nun stellen Sie sich einmal vor:
Ein Hühnchen mit Kaninchenohr.
Da gibt es eine Lösung nur:
das ist ein Wunder der Natur.

Dann kuckte ich noch aus dem Mädchenkammerfenster auf die menschenleere Dorfstraße hinaus vorm Schlafengehen, ob sich da was tut, einer des Weges kommt, mich grüßt und dabei höflich den Hut abnimmt. Ein Jugendfreund, Minnesänger, Troubadour, Prinz von Arkadien ...
Zwar kam eine mir unbekannte Gestalt daher aus Richtung Sükow, sah mich nicht, ging stur vorbei, wendete sich abrupt um, als wäre er angesprochen worden, eine Mauer aus Blumen emporgeschossen, glitt als Wolke aus Nacht und Nebel zu mir herüber, stellte sich auf die aus dem Fundament herauswölbenden Feldsteine, haftete am Mauerwerk wie eine Kletterranke – küßte mir den Hals, als wäre er ein Vampir, erinnerte mich an Blutegel aus dem Dorftümpel, Kaiserkuhle genannt, die auf eine ergiebige Quelle gestoßen waren.
Dort war ich öfter baden, einst bei Gewitter, dem ein Platzregen folgte, zwischen Blitzeinschlägen und Donnergrollen – da hatten diese Wanstlinge, ehe ich mitgekriegt hatte, was da abläuft, sich an mir vollgesoffen.
Merkwürdiger Schmerz, als wüchsen Disteln in der Tiefe am Grund.
Ich dachte, was ist das denn, riß einen der glibbrigen Wülste von mir ab – und ein Ekelschrei, der bei den Erntehelfern Gänsehaut erzeugte, hallte übers Gewässer, daß die übrigen Egel sich im Kollektiv runterplumpsen ließen, daß es platschte und aus meinen Beinen rote Rinnsale sickerten.
Ein ähnlicher Eindruck blieb von dem Dahergekommenen zurück.
Der rotgesprenkelte Fleck hier unterm Kinn ist nie ganz weggegangen.
Bitte, wenn Eva das Kinn anhebt: Ein Zeichen von einem harmlos daher gekommenen, dann sich hemmungslos am Objekt der Begierde gütlich tuendem Säugetier – in Verkleidung eines Zweibeiners aus gutem Hause.
Da wußte ich, daß man bei Wetterumschlag auf der Hut sein muß, denn ein dir artverwandt scheinendes Wesen, kann übergangslos vom Wahn gepackt werden und solcherart Ausfälle haben, auch du selbst.

Ich fuhr nach Neustadt an der Dosse. Da fand ein Reitturnier statt, an dem Winfried erfolgreich teilnahm. Mein Freund, wenn er die Welt in Ordnung fand, wirkte nicht nur auf mich, wie vom Licht des Frühlings durchleuchtet, alle fühlten sich wohl in seiner Gesellschaft.
Es gab abgeteilte Nischen, sparsame Beleuchtung, einen Getränkestand. Wir atmeten einander ein, drückten und verhakelten unsere Hände. Winni fing bald an zu schwitzen, schien allergisch gegen die Uniform.

Ich wurde von seinen Kameraden zum Tanz aufgefordert, weil er oft verschwand und einen stierenden Blick bekam, dann nicht mehr mit mir sprach, weil ich mich angeblich von jedem angrabschen lasse.
Es war traurig, denn er ließ mich allein zwischen den Liebespaaren, die alle miteinander schmusten. Einer ohne Anhang wollt mich trösten, sagte, mein Freund wäre betrunken irgendwo im Stroh versackt, schläft seinen Rausch aus und sei zur Zeit nicht ansprechbar.
Ich sah durch das kleine Stallfenster die Sichel des Mondes verblassen, Schwalben ein- und ausfliegen, den Nachwuchs füttern, denn es wurde schon hell. Winni war wie vom Erdboden verschluckt. So schnell kann sich das Blatt wenden, Glück davonziehen, wie Wolken am Himmel.

Die Bäuerin fand mein Zuspätkommen allerhand, fühlte sich wohl irgendwie verantwortlich, wollte sich nichts vorwerfen lassen, von wegen Moral, Begünstigung von Unzucht und sowas.
Ich mußte mir deshalb eine sie überzeugende Ausrede einfallen lassen, wenn ich nicht rausgeschmissen werden wollte und wieder ohne Arbeit oder Lehrstelle dastehen – und die sah folgendermaßen aus:
Bauchschmerzen, hier links, Blinddarmentzündung höchstwahrscheinlich. Schon öfter hatte es an der Stelle gepiekt. Sofort wurde sie hellhörig: Dann mußt du sofort zum Arzt, am besten gleich ins Krankenhaus.
Um glaubwürdig zu erscheinen, sträubte ich mich nicht besonders.
Bei der Untersuchung würden sie schon merken, daß es harmlos ist.
Der mich untersuchende Arzt drückte aber derart grob auf die Stelle, wo jeder an die Decke gegangen wäre und einen Schmerzenschrei ausgestoßen hätte. Und schon wurde mir Blut abgezapft, dabei erklärt: Der Wurmfortsatz sei unnötig, irgendwann müsse er raus – und wo ich schon mal da sei ... So kam ich zur ersten Operation meines Lebens.
In die Besinnungslosigkeit zu fallen, war berauschend, so stelle ich mir das Gen-Jenseits-Driften vor, denn ich war noch nie weggetreten, bis auf die Arie mit Blau-Anlaufen vor Luftanhalten in einem durchgehenden Schrei.
Beim Aufwachen war ich dann noch derart von Hemmungslosigkeit durchdrungen, daß ich den Arzt mit beiden Armen umschlang, ihn zu mir runterzog und dadurch ein kollektives Schmunzeln im Kollegium auslöste, weil der Doktor kein Kostverächter zu sein schien. Dann wurde mir leider schlecht von der Narkosenachwirkung und ich ließ abrupt von ihm ab.

Aber aus meinem Landeinsatz wurde nicht mehr viel, denn da war auch noch ein Sohn im Haus, Nachkomme der Gebrüder Grimm und die Bäuerin war in Sorge, Eva könnte den Sproß in Versuchung führen. Viel später hat mir die dann zur Familie gehörende Schwiegertochter erzählt, was die Bäuerin damals über mich gesagt hatte, nämlich: ›Dat ward hier nüscht mit dat Mädel, de mutt too de Poppenspeeler‹ – was sinngemäß und ins Hochdeutsch übersetzt heißt: Da ist Hopfen und Malz verloren, die halten keine zehn Pferde. Und Recht hatte sie.
Zumal Winni bei einer voll aufgeblühten Rose ohne Dornen, die sich nicht wehrte, wenn man sie pflücken wollte, bekam, worum es ihm ging. Bei mir würde er ständig unter Strom stehen. Und er schilderte die Wonnen des Augenblicks, wie er ungehindert Einlaß gewährt bekam. Aber trotzdem ... Ich hörte nicht mehr zu, registrierte verwundert, daß mein Verliebtsein wegschmolz, wie der Schnee auf dem Dach, ins Abflußrohr sickerte, den Bach runterging, sah Wildgänse am Himmel, wo ich die Nachzüglerin war, zurück von ihrem Abstecher sich im Pfeil einreihend.
Am Schuhmarkt überlegte ich noch, ob es besser sei, Richtung Hamburger- oder zur Berlinerstraße hoch zu marschieren. Aber da hätte ich durch die Kirchgasse gemußt und mir wäre Superintendent Lietzau begegnet, der mich nach der Zukunft fragen würde, ob ich im Kirchenchor mitsingen möchte und was aus mir werden soll so ohne Vorsätze und Perspektive.
Er war immer nett, deshalb machte ich einen Bogen um sein Einflußgebiet, wollte ihm nichts vorflunkern. Auch hatte ich keinen rechten Zugang mehr zum Himmel und seiner Bedeutung, warum der Herrscher sich für die Erschaffung der Welt nur sieben Tage Zeit nahm – was hätte es ihm schon ausgemacht, dem Menschen ein paar positivere Züge mehr zu geben, den Neid wegzulassen, die Gier, Hinterhältigkeit, Kriegslüsternheit, aber vielleicht wäre das zu langweilig geworden – und man hätte später nicht mehr das Paradies zu schätzen gewußt.
Als Kind, da war es klar. Der Liebe Gott saß auf seinem Thron und Engel tanzten um ihn rum. Im Traum mischte ich mich öfter drunter. Er schaute auf meine unsicheren Schritte, so daß ich ins Stolpern kam, Und lächelnd schüttelte er den Kopf – da war meine Angst verflogen.
Aber jetzt waren Zweifel in mir aufgekommen. In den Augen des FDJ-Sekretärs, den ich schlau und sympathisch fand, waren die Geschichten der Bibel Ammenmärchen, der ganze Kirchenkram alles Schmonsens.

Mir flogen Begriffe um die Ohren: Inquisition, Folter, Volksverdummung. Solche wie mich, Mädchen, die Männern den Kopf verdrehen, daß die nicht wissen, was vorn und was hinten ist, wurden auf'm Scheiterhaufen verbrannt, die letzte hieß fast wie ich, nur statt Eva-Maria Anna Maria. Bei uns passiert dir sowas nicht, selbst wenn du uns alle verrückt machst.
Ich wollte es nicht glauben, hab rumgefragt und bestätigt bekommen, daß Frauen durch Marterung Schuldeingeständnisse machten, obwohl sie nichts mit Hexerei zu tun hatten, nur Heilkräuter sammelten und daraus Salben und Tinkturen gegen Albträume und Beschwerden machten.
Der Ketzer Martin Luther hat Ordnung in den Saustall gebracht, frischen Wind in die verstaubten Talare, daß so manchem Pharisäer die Haare zu Berge standen und sein Heiligenschein zu Boden schepperte, sagte Werner. Heute wäre ein so mutiger Kerl wie er garantiert zu uns vorgestoßen. Jetzt, bei der Neuordnung der Welt, soll Gleichheit und Gerechtigkeit im Mittelpunkt stehen, der himmelschreiende Unterschied zwischen Arm und Reich abgeschafft werden von den Siegern der Geschichte.

Es lag eine Art von Feiertagsstimmung in der Luft um Perleberg herum. Der Ginster blühte, der Wald war gelichtet, aber keine Sorge, es befanden sich bereits wieder winzige Pflänzchen, Babykiefern in den Furchen.
Ich kann mitreden, bin eine Tannenpflanzerin gewesen für 98 Pfennig die Stunde, habe einiges dazu gelernt, zum Beispiel, daß man die Sprößlinge nicht zu fest mit dem Holzkeil ins Erdreich drückt, weil sie dann keine Luft kriegen oder schief anwachsen – und auch nicht zu locker, weil der Sturm sie aus ihrem Element, der Erde, wegzerren könnte.
Anfangs hatte der Vorarbeiter viele wieder rausgezogen. Wenn er jetzt kontrollierte, war er zufrieden und die Bäumchen blieben drin.
Nebenbei habe ich erfahren, wie man beim Arbeiten, trotz Rückenschmerzen und Kummer – es war eine gemischte Gruppe eingestellt worden für die Aufforstung des Jagen Einundzwanzig und anderswo gerodeter Flecken – fröhlich sein kann, singen und vor allem lachen.
In den Pausen, wenn das mitgebrachte Essen ausgepackt wurde, drehte Gudrun – die im 1. Stock über uns wohnte – wenn Zigaretten alle waren, in der Art russischer Papirossy welche, mit abgeknicktem Mundstück, in Zeitungspapier, mit zerkrümelten Blättern von einem bestimmten Strauch. Eine kriegte davon Halluzinationen, lag den halben Tag im Heidekraut.

Witze wurden erzählt, Schreie hallten durch den Tann. Verhältnisse hatten sich angesponnen, Kutti hatte was mit Reni. Rübke lästerte: Man sieht euch an, was ihr nach Feierabend treibt, kriegt man direkt wieder Lust ... Alter Lustmolch, sagte Mutter Knorr, da gehören aber zwei dazu; doch wer will so einen ungehobelten Klotz. – Du als erste, Walli, das riecht man drei Meilen gegen 'n Wind. Hand aufs Herz, dich pimpert schon lange keiner mehr. – Das werde ich dir nicht auf die Nase binden, alter Hurenbock. Weibergekreisch erhob sich in die Lüfte und ein schilpender Vogelschwarm. Eine machte darauf aufmerksam, daß in Gegenwart der jungen Dinger die Unterhaltung, was Thema Nr. 1 betrifft, zurückhaltender geführt werden sollte. Sonst bekämen die einen Schock fürs Leben bei der einseitig ausgeleuchteten Perspektive, den Beispielen von Rübke und Walli, denn sie seien nicht repräsentativ, eher Ausnahmeerscheinungen, weil ihnen im Krieg die Ideale abhanden kamen. – Die so sprach, war einst Lehrerin, durfte nicht mehr unterrichten, obwohl sie entlaust, nein, entnazifiziert war. Rübke sagte: Quatsch. Denkt ihr, die Jungschen wissen nicht Bescheid, stimmts, Evchen? – Gudrun unterbrach ihn: Du bist eine Pottsau, Rübke. Der lachte geschmeichelt. Und ich erfuhr durch Einmischen von Walli, daß in meinem Fall der Staatsanwalt ein Wörtchen mitzureden hätte, woraufhin Rübkes Lachen abebbte und er sachlich wurde: Denn wollnwer mal wieder. Spaß muß sein und wenns bei Muttern im Bette ist, oder?

Mir waren Bedenken gekommen über das viel gepriesene, fesselnde Band zwischen Mann und Frau, wovon in Büchern – die ich aus der Leihbibliothek holte, manche unterm Pullover versteckt, weil es mir peinlich war, sollte man mitkriegen, was ich so alles wie Kraut und Rüben durcheinander verschlang – ob es auch wirklich damit stimmte, wenn die Zeit kommt, wo man miteinander geht. Gab es nicht überall Fußangeln und Fallgruben, die das Buch zwischen den Zeilen verbarg, etwas, worüber die Schreiber Stillschweigen bewahrten. Soviel stand fest: Man kuckt sich alles ab von denen, die vorher da waren – und macht es ihnen nach oder auch nicht, jenachdem, was man für einen Charakter hat und ob es ins Konzept, das man sich von der Zukunft gemacht hat, rein paßt: ›Wo kämen wir hin, wenn alle sagten »Wo kämen wir hin,« – und keiner ginge nachsehen, wo wir hinkämen, wenn wir gingen‹ – das soll dieser Pestalozzi gesagt haben, der als Erzieher neue Wege beschritt.

Doch grau ist alle Theorie, ich wollte die Praxis erkunden, ins Freie raus ... An der Weggabelung setzte ich mich ins hohe Gras vom Chausseegraben. Sicher schickt mir der Himmel gleich ... Hm, na ja, aber so ruckzuck würde ich meine Beziehung zum Lieben Gott nicht abbrechen können, dazu war unser Verhältnis zu eng und vertraulich gewesen, er gehörte quasi zur Familie, wohl in Ermangelung eines Vaters aus Fleisch und Blut. Aber wenn der angeblich nur Eingebildete auch noch wegfällt, wem schütte ich im Notfall mein Herz aus? – Ach, ich werde einfach so tun, als gäbe es ihn.
Ein Polizist auf seinem Motorrad fuhr eine Schleife, bremste wie ein Angeber, stieg ab. Ich wedelte den Staub weg, als wäre es Zigarettenrauch. Er zog seine Stulpenhandschuhe aus, stopfte sie in die Knietasche, nahm den Helm ab, wischte ihn mit einem Taschentuch aus, strich sich das Haar zurecht und öffnete den oberen Knopf der Uniformjacke.
Ich stützte mich auf die Ellenbogen, lehnte mich nach hinten an den Grabenrand, so daß er erkennen konnte, daß ich bereits Brüste habe und er nicht mit mir umspringen kann wie mit einer Göre, die weggelaufen war von Zuhause. – Wo willst du denn hin, junges Frollein, fragte er. – Nach Amerika, sagte ich trotzig, was im Grunde der Wahrheit entsprach. Aha, sagte er, dann steig mal auf. Ein Stück kann ich dich mitnehmen. Muß in die Richtung. Aber er fuhr mit mir in die Stadt zurück, bremste absichtlich scharf, daß ich wie ein Rucksack über seinen Schultern hing. Damit von den Perlebergern mich keiner erkannte, hatte ich mir das Fransentuch aus dem Beutel gefischt, es umgebunden, daß ich für hiesige Sehgewohnheiten wie eine Tempeltänzerin aus Aserbaidshan aussah. Deshalb fuhr der Ordnungshüter nicht bis zur ›Arschkerbe‹, sondern hielt bereits am ›Hagen‹-Eingang, gleich um die Ecke von der Brötchen-Bäckerei, die ich einst wie magisch angezogen betreten und nach der peinlichen Bettel-Arie fluchtartig verlassen, mich seitdem auch nicht mehr dort reingetraut hatte.

Ich sollte lieber allein weiter gehen, meinte der Aufpasser, damit die Nachbarn nicht über mich herziehen und sonstwas denken: Also dann um acht im Stadtpark, gegenüber der Schießbude.
Er kam in Zivil, roch nach Kernseife. Aber ich war nicht erpicht darauf, mich von ihm abknutschen zu lassen, wollte lieber in die Luftschaukel.

Vom Arbeits- oder war es das Jugendamt, wurde mir in Wittenberge an der Elbe, der Nachbarstadt von Perleberg, im dortigen Bahnbetriebswerk, BW genannt, eine Lehrstelle angeboten, die ich spontan annehme, wo ich Maschinenschlosser lernen kann und Schulunterricht habe. Denn mit dem Traumberuf kann es sich hinziehen, da wird man erst getestet von einer Prüfungskommission, ob du das Zeug dazu hast, wenn du die Worte ›Mein Ruh ist hin, mein Herz ist schwer‹ vorträgst. Also erstmal was Bodenständiges in Angriff nehmen, in der Produktion tätig sein, mit dem Hellwerden im Menschenstrom eintauchen, der sich in die Fabriken und Werkstätten ergießt, den Zug erreichen, den Kilometer zum Bahnhof im Sauseschritt. Als Perspektive war nämlich Lokomotivführerin erwähnt worden. Denn eine Frau zu sein, ist heute kein Hinderungsgrund mehr: Ich sah mich in der Phantasie an der runtergelassenen Schranke vorbeisausen, einen Pfeifton ausstoßen, vielmehr den Hebel dafür betätigen, Dampf ablassen – und Hansi Fromm auf seinem blankgeputzten Motorrad in eine Wolke hüllen, während mein rußfleckiger Heizer Briketts ins Ofenloch schmeißt ... Technische Zeichnerin kannst du werden nach Abschluß der Lehre, in Mathe müßte ich zulegen. Die Hälfte der Woche ist Schule, die andern Tage stehen wir an der Werkbank, feilen, kriegen bohren, drehen, fräsen und schweißen beigebracht. Wir – das waren anfangs an die zwölf Jungs und ich als einziges Mädel. Später kam die kleine Schwarze mit blauen Augen dazu, resolut und lieb. Im RAW war ein Lehrer, einfühlsam, fröhlich und wach, kriegsversehrt, wo ich dachte, den würde ich mir gern als Vater nehmen, ihn adoptieren.

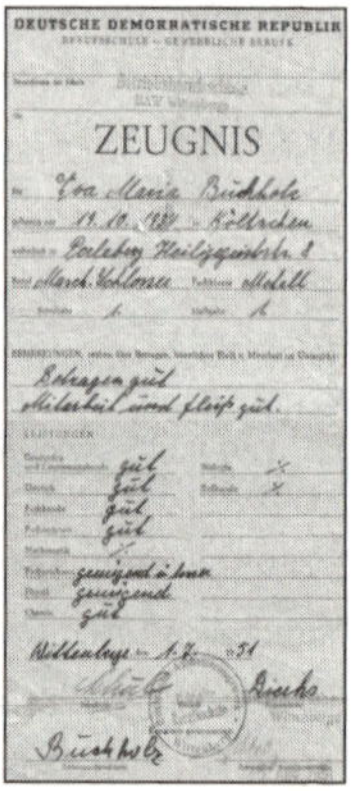
DEUTSCHE DEMOKRATISCHE REPUBLIK

ZEUGNIS

Betragen gut

Mitarbeit und Fleiß gut

Ach, lieber nicht. Er hätte nicht anders gekonnt, als nach mir greifen, weil ich ihm schöne Augen gemacht habe, er wäre in Schwierigkeiten geraten. Bei ihm hatte ich große Lust zum Lernen – und mitbekommen, daß man vor einer Hürde nicht kapituliert, sondern einen neuen Anlauf nimmt. Unser Werkstattmeister war wie ein Papa. Der Lehrgeselle haute mir mal, als niemand in der Nähe war, auf den Hintern, daß ich vor Schreck aufschrie. Er war bleich geworden, fragte vorwurfsvoll: Willst du mich unglücklich machen. Um Gotteswillen, nein! Sie sollen sich Ihres Lebens freuen, aber ich mich auch. Und sowas wie eben, das kann ich nicht leiden.

Maschinenschlosserlehrlinge. Fachklasse Metall. Eva, 3. v. links, ist das 1. Mädchen gewesen, das so eine untypische Lehre angefangen hat.

Danach ist er mir etwas ironisch aber respektvoll begegnet. Da war ich froh.

Ich soll auf der Werkbank getanzt haben, mit Überschlag runter vom Tisch, wurde später berichtet. Donnerwetter, das hätte ich nicht gedacht. Eine vom Büro, die zu den Fahnenschwingerinnen gehörte beim Deutschlandtreffen, wo wir nebeneinander auf Strohsäcken schliefen, hatte Liebeskummer, weil ihr Freund eine Andere hatte – und sie wollte sich rächen: Ich sollte ihrem Klaus auf dem Betriebsvergnügen den Kopf verdrehen, ihn verrückt machen und wenn er in Flammen steht, ihm die kalte Schulter zeigen. Vielleicht hoffte sie, daß er dann reumütig zurückkommt zu ihr. Doch obwohl mir Theaterspielen Spaß machte, lehnte ich diese Rolle ab. Zu der Zeit sang ich schon Lieder zur Gitarre. Denn bevor die Lehre begann, war ich bereits einmal ausgerissen und eingefangen worden. Und da bin ich, um nicht durch die Fahrkartenkontrolle zu müssen, am Bahnsteigende die Böschung runtergesprungen, genau rein ins Wespennest, vor die Baracke der Bahnpolizei. Aber ich hatte die Adresse von Tante Martha, Giesesplan, in Bernau – und sie ließen mich laufen, weil sie das ja nachkontrollieren konnten. Allen erzählte ich, daß ich mich an der Schauspielschule bewerbe, was ja auch der Wahrheit entsprach, wo aber der Ausgang des Unternehmens noch in den Sternen stand.

Neun Uhr abends. Kann ich bei Ihnen übernachten? Bin zu Besuch in Berlin, die Verwandten sind nicht zu Hause, verreist anscheinend, wollte sie überraschen, morgen sind sie aber bestimmt wieder da ...
Die Schwester von der Inneren Mission sah an mir vorbei. Auf dem Tisch stand ein Topf mit einem Schlitz für Geld: Geben Sie mir Ihren Ausweis, sagte sie. Wozu um Himmelswillen das denn, dachte ich. Und sie trug alles ein. Dann tat sie das Dokument in eine Schublade, wo schon mehrere Pässe drin lagen – und schloß sie ab, schob den Sammeltopf zu mir rüber und sagte streng: Um sechs Uhr morgens ist hier Reinemachen, da müssen Sie raus sein. – Ja, natürlich.
Im niedrigen Raum, wo sie mich reingeführt hatte, standen Doppelstock- nein, Dreilagenbetten. Ich kletterte auf eins rauf. Die Luft roch nach Desinfektionsmittel, die Strohsäcke fühlten sich feucht an.
Eine schwache Glühbirne brannte, weiter hinten war Schatten. Fast alle Schlafplätze waren belegt. Von überall kamen Geräusche, Atmen, Gehuste. Unter mir, in der Mittel-Etage, lag eine Frau, die jammerte. Ich fragte, ob ihr was fehle, sie erzählte, daß ihr Vater gestorben sei. Sie hatte ihn gepflegt bis zuletzt, eigenhändig unter die Erde gebracht. Nun das! Im Testament war sie nicht bedacht worden, deshalb kam sie nach Berlin, wollte zum Staatsanwaltschaft. Da ist ein ›P‹, womit sich alles beweisen läßt. Der Verstorbene schrieb es mit vollem Bogen. Der Strich ging nie bis zur Rundung. Auch Schriftsachverständige hatten versagt, bestochen von der Sippe der zweiten Frau. Sie als Tochter will nicht eher Ruhe geben, bis das Unrecht aufgedeckt ist. Und wenn sie deshalb bis zur Regierung geht, zu Walter Ulbricht persönlich, sagte sie.
Im Dämmerlicht kicherte eine Fistelstimme: Die wartet schon druff! Ruhe! verlangte jemand lautstark. Das P wäre nicht seins. Das ganze Testament ist das Werk einer Fälscherbande, flüsterte die Frau böse. Irgendwo im Dunkel weinte ein Kind auf im Schlaf. Eine liebevolle Stimme summte einen Singsang. Und wieder das Problem mit dem fragwürdigen P. Ich hörte nicht mehr zu. Meine Gedanken waren mit Plänen vom Meistern der nächsten Schritte beschäftigt oder verweilten bei frohen Momenten der vergangenen Tage.
In kurzen Abständen erschütterte das Dröhnen ein- und ausfahrender S-Bahnen die Wände. Draußen krakeelten Angetrunkene, schlugen gegen die Tür, wollten eingelassen werden, so daß Unruhe entstand.

Nach heftigem Wortwechsel mit der unverkennbaren Stimme des Gesetzes und Protestgemurr der vergnügungssüchtigen Nachtfalter, versickerte der Tumult im Bahnhofsbereich und verzog sich Richtung Kneipen, erreichte das Ohr der Obdachlosen kaum noch.
Allmählich schlief ich ein, glücklich, ein Dach überm Kopf zu haben. Im Traum taumelten Wörter mit dem Anfangsbuchstaben P herum: Pommerland, Prignitz, Personalausweis, Papiere, Portemonnaie, Parkbank. Eine Polizei-Aktion wurde gestartet, denn ich stritt mich wegen einer Panzerfaust, die von Pionieren auf Perleberg geworfen werden sollte. Kontrolleure mit Lupe und Fernrohr, verglichen Buchstaben auf dem Testament der Frau im Mittelstockbett mit Evas Pockenimpfschein.
Der Traum wurde unterbrochen. Beim Erwachen spürte ich Gefahr. Das Zifferblatt der Uhr war leuchtend und ich sah, es war gegen eins. Wovon ich keine Ahnung hatte war, daß die Mission mit dem Revier von gegenüber verkoppelt ist, Ausweise zur Überprüfung rüber gab, ob steckbrieflich Gesuchte drunter sind, welche, nach denen gefahndet wird, die gegen das Gesetz verstoßen hatten. Schien ihnen was nicht koscher zu sein, also verdächtig – wie bei mir wohl – bat man den armen Sünder runter vom angewärmten Stroh, rüber die paar Schritte durch die Nacht, hinauf die Stufen in den hellen Raum der Ausfrager.
Ich wußte, sie sahen es gern, wenn man ihre Autorität anerkante und auf unsinnigste Fragen, sie einen feuchten Dreck angehende Sachen, Antwort gab: Wieso, woher, warum, weshalb. Und immer wieder das Anheben der Stimme am Schluß des Satzes zum Fragezeichen.

Ich saß mit zusammengekniffenen Pobacken auf der Stuhlkante.
Ein jüngerer Polizist an der Schreibmaschine tippte im Zweifingersystem meinen Namen in die Tasten und fragte mir Löcher in den Bauch. Dann kam noch einer und gemeinsam beschlossen sie, sich beim Amt in Perleberg zu erkundigen, ob das Vögelchen dort vielleichtg entflattert war und meine märchenhaften Angaben reine Phantasiegebilde. Oho, ein Psychologe. Der eine hatte anscheinend Lunte gerochen. Dabei war ich lieb und brav gewesen dem Manne gegenüber, hatte die Haarsträne hinters Ohr gestrichen, meinem Blick Festigkeit verliehen. Vielleicht hatte ihn das gerade stutzig werden lassen, weil gleichzeitig mein Herz bis zum Hals hoch schlug. Sie meldeten ein Gespräch an.

Danach ging der eine seinen pflichtgemäßen Rundgang machen durch den Abschnitt, wo es von Kakerlaken und Nachtschwärmern wimmelt. Na? Von zu Hause ausgerückt, fragte die männliche Tippse angeregt. Was ausgefressen? Gib es ruhig zu, wir kriegen es sowieso raus.
Gott, war ich müde. Der Mann hinter der Barriere aber ließ sich Zeit, packte Stullen aus, schälte einen Apfel, zerschnitt ihn, stopfte, ohne die Bedeutung des Essens zu erfassen, was in den Mund, kaute ungeniert. Mir wurde schwindlig im Kopf und ich fragte, ob es hier Wasser gäbe. Wieso? Ist Ihnen schlecht, doch wohl nicht etwa ... Er unterbrach die Frage, merkte, das hatte ihn nichts anzugehen. – Na, kommen Sie mit. Wir gingen in den Nebenraum. Auf einer Liege lag noch einer von der Sorte, aber in aufgeknöpfter Uniformbluse und schnarchte leise.
Der Wachhabende ließ aus der Leitung Wasser in den Ausguß laufen, spülte ein Glas aus, füllte es und reichte es mir. Hunger, fragte er dann. – Wie kommen Sie denn darauf. – Er gab mir einen Apfel. Ich bedankte mich lächelnd. Dann sah er mich an, wieder weg, wieder an: Sonst sehen sie ja ganz in Ordnung aus, wenn man genau hinsieht. Lieber nicht, dachte ich – und versuchte, seine Sympathie zu gewinnen. Vielleicht gelingt es. Frauen hatten schon Größeres geschafft, wußte ich aus der Geschichte. Vielleicht war auch in mir Unwiderstehliches. Sein Dienstgesicht war verblaßt, das natürliche hatte was Jungenhaftes. Es muß eintönig sein und anstrengend, nachts und sonntags arbeiten, wenn die andern rausfahren ins Grüne. Ein nettes Lächeln haben Sie, zirpte Eva, es erinnert mich an meinen Bruder. – Er blätterte im Buch. Dann sah er plötzlich auf. In seinem Blick lag die Bereitschaft zum Entgegenkommen und deutliches Interesse. – Ach, eitle Männer!
Ich hatte ihn allmählich davon überzeugt, daß es Begünstigung zu einem Justizmord wäre, wenn er seine Skepsis mir gegenüber nicht fallen ließe. Er unterhielt sich jetzt lockerer, hätte mich sicher auch gehen lassen, wenn mehr los gewesen wär, was seine Aufmerksamkeit beanspruchte. Doch Nachtdienst an Werktagen war eher langweilig, kaum Randalierer oder Kriminelle. Wenn da ‘ne hübsche Abwechslung ins Haus fällt, beispielsweise eine Ausreißerin, verwegen, mit Lust und Laune, die sich ihren Jungfernkranz aller Wahrscheinlichkeit nach über kurz oder lang zerreißen lassen würde, mit Traumfigur, die einem Honig ums Maul schmiert, Beschützerinstinkte weckt im Manne – das hat was.

Und so nutzte er seine Stellung aus, ohne sich dessen bewußt zu sein, denn er war wirklich ein netter Kerl und die Verführung geht immer vom Weibe aus, heißt es: Das Vögelchen ist selber Schuld, wenn es dem Vogelfänger auf den Leim geht und in den Käfig gesperrt wird.
Seit Stunden saß ich da wie auf Kohlen. Das Heimatrevier hatte keine negative Auskunft erteilt, wollte aber nochmal zurückrufen.
Wie lange bleiben Sie in Berlin? – Acht Tage etwa. – Ich könnte Ihnen, wenn du willst, was von Berlin zeigen. – Das fände ich prima, wo ich mich hier noch nicht auskenne. – Und die Verwandten in Bernau, was sagen die? – Die sind schon älter, gehen früh schlafen. – Und Sie? – Ich nicht. – Sonntag um acht Bahnhof Friedrichstraße? – Gut. – Er schrieb was auf einen Zettel, seine Untermiet-Adresse in Hoppegarten und gab ihn mir: Für alle Fälle. Wäre doch schade, wenn wir uns aus den Augen verlieren würden, sagt Josef in sehr privatem Ton. – Finde ich auch, hört man eine Klapperschlange im Apfelbaum zischeln.
Nein, Eva war in dem Moment wirklich der Meinung. Wie schnell sich das entwickelt hatte! – Wo Sie mich finden, haben Sie sich notiert.
In meinem Herzen kehrte Frieden ein, in den Beinen war ein Prickeln. Weg, bloß weg. Josef, hieß er: Ich heiße übrigens außer Eva auch Maria.
Das Neonlicht surrte. Die Nacht war eine uneigennützige Helferin, hatte Samtpfötchenstimmung produziert: Im Blick meines vor kurzem noch bedrohlich wirkenden Vertreters der Spezies Treiber, Fänger, Jäger, Kettenhemd- und Pickelhaubenträger, Haudegen und dergleichen Ordnungshüter-Berufe mehr, lag jetzt innerliches Zuzwinkern. Dann mal wieder rauf aufs Stroh im Erdenparadies mit dem Frollein. Sonst ist sie nachher nicht ausgeschlafen, wankt müde durch Berlin und ich hab Gewissensbisse noch am hellen Mittag, wenn meine Schicht zu Ende ist und ich mich langmachen kann und davon träumen, daß ...
Ich war gerne hier, säuselte Eva, ohne dabei groß heucheln zu müssen, denn Maria umschmeichelt in Grenzsituationen mit ihrem imaginären Heiligenschein oder Charme unbewußt zu grob geschnitzte Szenen, jedenfalls arbeiten die beiden Archetypen meistens gut zusammen:
Ach, das bißchen Daliegen im Schlafsaal der Bahnhofsmission ist nicht der Rede wert, hätte sonst nicht die Gelegenheit gehabt, das Glück ...
Die sich noch im Selbststudium befindende Elevin hatte absichtlich gestockt und das Gesicht von Josef überflog ein Hauch in Rosenrot.

Das Glücksrad hatte sich weiter gedreht, war nicht stehen geblieben, die Nacht paar Runden älter, das tiefe Dunkel bereits unterlegt von helleren Schatten, die von Osten her auf unsern Standort zuglitten, Lichtfetzen, Wetterumschwung, Regentropfen, die den Lebenssaft der Nacht verdünnten und schwächer fließen ließ, ihre spezielle Kraft ausschaltete und das Steuerruder für den Weltenlauf dem Tag übergab.
Da geschah die Katastrophe! Das Telefon rasselte. Mein Herz schlug wie ein Schmiedehammer. Der Schnarchende von nebenan stand da, den Hörer am Ohr, den Apparat mit Drehscheibe in der Hand und sein Verschlafensein war auf einmal wie weggeblasen.
Er horchte auf die Stimme in der Leitung, nickte dabei angestrengt. Ich hatte das Gefühl, die Erdkugel, auf der ich mich befand, rollt auf den Abgrund zu. Denn er, der Schnarcher, weiß nun Bescheid, wird sein Mundwerk losplappern lassen und Neuigkeiten ausspucken.
Noch war Josef ahnungslos. – So ein Früchtchen, also. Ausgerissen. – Josef fragte irritiert: Was ist los? – Ich zog es vor, zu schweigen. Gern hätte ich ihm diese Enttäuschung erspart, heute wenigstens und die nächsten Tage; er hatte wie ein zukünftiger Freund auf mich gewirkt.
Durch meine Ohren sausten Worte voll Spott, Ironie und Sarkasmus. Und wieder saß ich auf dem harten Stuhl, sollte mich nicht von der Stelle rühren – und hätte heulen können, doch ich ließ es beschämt bleiben. Meine Schultern wurden steif, verkrampft die Haltung. Wie konnte nur, obwohl dem Körper nicht viel mehr als etwas Schlaf und Nahrung fehlte, ein solcher Seelenschmerz und diese Pein entstehen.
Alles war nun verloren. Der Nachrichtüberbringer knöpfte seine Bluse zu, die von vorhin offen war, dann machte er Notizen – und ging wieder.
Die Grüne Minna kommt nach dem Frühstück. Der Morgen graute.
Josef saß hinter der Barriere und seine Finger klopften einen gleichbleibend monotonen Takt auf Holz: Das war mir eine Lehre, waren seine ersten und bitteren Worte. Warum lügst du so scheinheilig, glaubst du, du kommst damit durchs Leben? Böse blickten seine Augen, mitleidslos, verletzt, beleidigt. – Es war nicht alles gelogen, sagte ich. Ich wär gekommen Sonntag und nett fände ich Sie immernoch, wenn ... Geschenkt, das hast du umsonst, Süße. – Sagen Sie nicht Süße zu mir und Du und ich könnte mich ja noch ändern. – Wers glaubt, wird selig. – Sie kennen mich doch gar nicht. Ich soll einen guten Kern haben.

Er lachte amüsiert: Das kann schon sein, bloß, ehe man den freigelegt hat, ist einer alt und grau. – Und Sie finden sich wohl zum Küssen und in jeder Lage vorbildhaft, was? – Nein, du Luder hast es drauf, einem schöne Augen zu machen. So mancher wird noch darauf reinfallen. Los, gib mir meine Adresse zurück. – Ich fingerte den Zeitungsrand aus der Tasche, auf dem der Name Josef Adam stand wie zum Hohn, schmiß ihn hin: Stecken Sie sich den doch an den Hut, Sie Josef, Sie. Werde nicht pampig, ja. Er vertiefte sich in die Zeitung von gestern. Nach einer Ewigkeit wagte ich, nochmal das Wort an ihn zu richten. Aber das Mitleid unter den Menschen ist abgestumpft: Bitte, lassen Sie mich laufen. – Damit ich auf die Straße fliege? – Das kriegt keiner mit, ich bin abgehauen, verstehen Sie. – Nein. – Sie haben so menschlich auf mich gewirkt. – Du machst mir Spaß. Was wäre daran menschlich, wenn ich dich laufen ließe. Du würdest in Bälde unter die Räder kommen. – Und wenn Sie mir behilflich wären, Arbeit zu finden? – Sehe ich aus wie ein Patenonkel oder Bewährungshelfer?

Mit ihm hatte ich es mir verscherzt. Einen letzten Versuch unternahm ich noch, erklärte, daß ich lieber sterben würde, als ins Heim kommen. Er reagierte schon nicht mehr. – Haben Sie denn kein Herz?, fragte ich.

Zum Donnerwetter, nein! – Es kamen zwei von einer Streife zurück: Was für 'ne nette Braut hat sich zu uns verirrt, fragte ein Pummel. – Nach Stralau kommt die, gab Josef Adam Auskunft. – Oh, stöhnte der Frager, da wird ihr Kinderstube beigebracht, Erziehung 1. Klasse. Von allen Sparten sind sie da vertreten. Sieht so harmlos aus, die Kleine. – Ich bin auch fast drauf reingefallen, knurrte Josef. Sie musterten mich. Man kann sie sich ja schlecht als Heimarbeit mitnehmen. – Darauf die Reaktion von Pummel: Da wär ich aber auf das Resultat gespannt. – Ich auch, sagt Josef nachdenklich – Ich nicht, sagte Eva und dachte:

Männer, alles Schweine. Aber eines Tages treffe ich diesen Einzigen. Er weiß noch nichts davon, aber wir sind für einander bestimmt.

Ein neuer Tag brach an, naßkalt, häßlich. Ich fror und hatte Hunger. Endlich kam auch die ›Minna‹ und Josef Adam sagte zum Schluß mit leiser Stimme: Wenn du wieder rauskommst, laß von dir hören. Vielleicht kann ich dir zumindest einen Rat geben, sowas in der Art.

Er gab mir den Knüllzettel mit seiner Anschrift, murmelte: Wäre schade, wenn du vor die Hunde gingst. – Keine Sorge, Genosse Adam.

In dem Vorort von Berlin war ländliches Klima, ein altes Stadttor, fast wie im pommerschen Pyritz, das damals dem Erdboden gleich gemacht wurde, überwachsene Reste vom Fundament einer Mauer. Und doch trägt dich die Technik in kurzer Zeit ins Stadtzentrum, zum Alexanderplatz und Brandenburger Tor, dem Bahnhof Zoo, zum Kudamm ...
Das Korn stand gut. Frauen mit hellen Kopftüchern fuhren an mir vorbei auf einem Pferdefuhrwerk. Die Sommergerste wurde geerntet, Hocken aufgestellt, die in Kremlin auch Puppen hießen.
Ich bin auf solchen Holperwagen mit raus aufs Feld gefahren zum Rübenverziehen. Und Gefangene gehörten damals zum Alltagsbild:
Francois, Gaston, Pierre. Sie hatten öfter Schokolade bei sich, was eine Sensation war, durften sich tagsüber frei bewegen – im Gegensatz zu Russen. Abends jedoch, wenn die feindlichen Bomber kamen, weinten sie vor Angst, weil sie eingeschlossen wurden – und nicht wie die Deutschen in den Eselstall durften bei Fliegeralarm. Vor ihrem Fenster waren Gitterstäbe einbetoniert. Das Haus lag gegenüber vom Turnplatz. Geschützdonner und Flugzeuglärm drang durch die Mauern.
Die Bäuerin Frau Soundso, trug ein weißes Kopftuch bei der Arbeit. Weil sie viel Land hatte, kriegte sie Gefangene zugeteilt. Die früheren Knechte, wie die eigenen Männer, waren im Krieg oder schon gefallen.
Manchmal hatte man den Eindruck, die Helfer sind Verwandte, einst ausgewanderte Familienangehörige, wäre da nicht nach Feierabend das Eingeschlossenwerden gewesen, als würde man Vieh in den Stall sperren – und dabei die Angst in den Augen dieser ... Menschentiere.
Einmal sah ich, wie der Franzose Gaston der Herrin das Fußgelenk massierte wie ein Doktor, der sich auskennt auf dem Gebiet.
Sie war umgeknickt und er hatte sie auf den Arm genommen und an den Heuschober getragen. Die beiden sahen sich lange stumm an oder verständigten sich durch Gesten. Und wenn der Fremdmann die Milch zur Molkerei fuhr, saß sie aufrecht neben ihm auf dem Kutschbock. Weiter oben, wo der Weg zum Schloßhof abbiegt, war der meiste Wind und ihr Kopftuch flatterte wie ein Wimpelchen, ein weißes Fähnchen.

Die Kopftücher von Bernau waren jetzt nur noch weiße Punkte ...
Es schien mir zu früh für einen Besuch bei Tante Martha, deshalb die Muße für den Rückblick ins Vergangene, aber nicht Vergessene.

Eva und die Gitarre. Dieses Instrument wird von nun an ihre ständige Begleiterin ...

In Perleberg hatte mich eine Ansässige von der Frauenmannschaft in den Ratskeller beordert mit der Gitarre, wo sie mit dem Freund turtelte und was feierte, mehrere Gänge bestellte – und ich war die Kapelle. Die beiden blickten sich in die Augen, ich sollte singen, kuckte weg, damit sie sich nicht genieren. Andere Musik als meine gab es nicht. Auch kein Radio. Als alle Lieder durchgesungen waren, ich aufhörte, gehen wollte, fragte die Auftraggeberin: Warum spielst du nicht weiter. Ich sagte, das waren alle, mehr kann ich noch nicht spielen. – Dann fang nochmal von vorn an, sing langsam und schön mit Gefühl, flüsterte sie. Ich kriegte noch einen Nachtisch. Von hinten am Tresen hörten welche zu, wenn ich sang: Leila, du bist das Mädchen aus dem Morgenland. – Es war ein Mädchen, jung an Jahren, verführt durch Männerschmeichelei. – Kleiner Student, hör zu, laß die Bücher in Ruh, küssen ist so schön, man muß es nur verstehn, lern es, mein kleiner Student. – Der Wind hat mir ein Lied erzählt von einem Glück unsagbar schön. – Die Blumen möcht ich selbst mir schenken, mich schmücken wie die schönste Braut. Und das Lied aus der Kutsche: Wie schön, so zu reisen durch die Wunder dieser Welt ...

Und das kam so: Einmal, ich schlief unter der Brücke, wollte nicht bei der Bahnhofsmission auftauchen, schon wegen Josef oder Verwandte überraschen, da stolperte ein Friedenskämpfer aus Westberlin über mich in der Trümmerlandschaft Moabit, vielmehr war es die Spürnase seines Hundes. Sein Herr war geschockt, wurde wieder locker, als ich keine Leiche war. Neugier entstand: Wie kann ein Mädchen allein im Freien übernachten, als wäre es eine wild lebende Katze. – Nein wirklich, ich habe keine Angst ... Sein Vater war Eisenbahner und in der DKP, der Sohn im Jugendverband. Da hatten wir schon mal was Gemeinsames. In wenigen Tagen fuhr seine Gruppe mit Sonderzug nach Thüringen in eine Jugendherberge, war eingeladen vom Verband der Freien Deutschen Jugend – Ferien zu machen vom Frontstadtmilieu – und wenn ich wollte, ließe es sich arrangieren ...

Aber ich hatte nichts, womit ich mich ausweisen könnte, den Konfirmationsschein nur. Kein Problem, er setzt mich einfach auf die Liste. Nein, kontrolliert wird nicht. – Es schien ihm dran gelegen, mich mitzunehmen auf die Reise, ich dürfte bei Treffen mit östlichen Jugendlichen eben nur nicht durchblicken lassen, daß ich aus der DDR bin, das könnte das Aus bedeuten, was Kontakte mit Ostgruppen anbetraf.
Er besorgte paar nette Westklamotten, zeigte mir drei Gitarrengriffe, mit denen man eine Handvoll Lieder begleiten kann, das heißt, meine Augen saugten sich an seinen Fingern fest – und ich sang mit: ›Weil wir jung sind, ist die Welt so schön‹. Eine Entdeckung, die Begegnung mit einer Gitarre, eine Art Weichenstellung kann man sagen.
Ich freute mich auf das Abenteuer mit dem Sonderzug, würde für Manfred – so sein Name – schauspielern, was das Zeug hält.
Sicher wäre ich auch später noch über so manch Saite gestolpert – besonders die A-Saite ist ein Sensibelchen und zerspringt am ehesten – aber dieser Friedenskämpfer aus Berlin-West, war der Stein des Anstoßes, dazu einer, der Nägel mit Köpfen machte und nicht nur rumsülzt.
Durch ihn wurde ich süchtig, wollt das Instrument besitzen, mich begleiten können beim Singen, trug es die nächsten Jahre bei mir, wie andere ihre Kofferheulen, nutzte jede Gelegenheit zum Singen, war eine Troubadoura.
Ich erzählte frei von der Leber weg von meiner bisherigen Laufbahn in freier Natur, aus Opposition wohl auch, denn sein Hemd war sehr weiß.
Er setzte sich auf den Granitstein, der von dem in der Nähe gelegenen Denkmal stammen mußte – und staunte bergeweise Bauklötzer; verlegen oder schüchtern war er aber nicht die Spur.
Eva erhob sich frisch und munter von ihrem Schlafplatz, vorher den Haushalt ordnend in der Nische des einstigen Säulenganges, dem Steinegarten, striegelte sich das Haar, aß paar Sauerampfer, leistete sich eine Katzenwäsche am Ufer der Spree, verschwand kurz im Gebüsch.
Neue Sträucher waren gepflanzt worden, Wildkirschen, mit Blüten, von denen einige abgezupft und zwischen den Händen zerrieben wurden – und mit dieser Spur von Feuchtigkeit paar Stellen des Körpers betupft.
Der Hund legte seine struppige Schnauze auf Evas Knie.
Sein Herr schwieg und die Idee, die er dann hatte, war sensationell.
Warum ich mich ohne langes Besinnen drauf einließ, kann einer vielleicht nachvollziehen, wenn man die folgenden Aufzeichnungen liest:

Ein Wartesaal zur Nachtzeit, wenn man drauf wartet, daß es tagt, kann trist sein und deprimierend, ein Sammelplatz für Strandgut, Nachtasyl, Treffpunkt. Meist ist er voll besetzt. Einige von denen, die dort warten, warten wirklich auf einen Zug, der sie heim bringt – und diejenigen, die ihn verpaßt haben, auf den nächsten, die letzte oder erste S-Bahn; ansonsten darauf, eine nette Bekanntschaft zu machen, Unterhaltung zu haben. Andere sitzen da aus Angst, in ihre Ruinenbleibe zu gehen, wo sich Ratten tummeln. Zwei mittlere Freundinnen warten auf einen Kavalier, der ein Bier ausgibt, eine Zigarette anbietet. Eine hat verweinte Augen, ein gepflegtes Aussehen, ihr Mantel ist aus feingeripptem Stoff.
Daneben sitzen Zimmerleute in Manchesteranzügen, weiten Hosen, Hut. Mengen an Gläsern stehen auf dem Tisch, die zu Bruch gehen, weil zwei sich anrempelten. Ganz heisere Stimmen hatten sie von ihrem Streit.
Es ging um Fußball, Politik und darum, wer die nächste Runde schmeißt.
Ein nächster Ausschnitt vom Sittenbild: Da schläft stocksteif ein Mann mit offenem Mund. Die Nase ist durchzogen von Äderchen, die Augen sind nicht ganz geschlossen. Ab und zu gibt er einen Krächzer von sich, der die nur so vor sich hindösenden Nachtfalter erschreckt und ihn hochfahren läßt. Dann schüttelt er sich wie ein nasser Pudel, räuspert sich beschämt – und schon ist er wieder weggetreten.
In der Geräuschkulisse des hohen, von Pfeilern und Bögen abgestützten Raumes, dem Gemisch aus an- und abschwellenden Lauten von Stimmen, Wortfetzen, Hüsteln, Rotzhochziehen, hängt eine Dunstwolke: Tabakschwaden ziehen spiralenförmig aufwärts und nebenbei gibts Unstimmigkeiten mit dem Kellner, der auf seinem Betrag beharrt.
Eine Polizeistreife. Innerlich werde ich zur Knautschpuppe, schalte die Scheinwerfer aus und bin die Gleichmut in Person. Vorbei der Spuk.
Da sitzt ein reiferes Liebespaar. Sie hat bereits Fältchen, er graumelierte Schläfen, schaut auf ihre Hände – und sie fragend in seine Augen. Weltentrückt scheinen beide, sehen nicht, daß ich sie sehe, lächeln, trinken was, haben sich wohl nach langer Zeit wiedergetroffen.
Wie wird es mir ergehen in dem Alter! Ich habe dann längst Kinder.
Zwei, denke ich. Ach, was: alle guten Dinge sind drei – wie schon Agnes und Antonie es vorgemacht haben. Mein Mann ist lieb, klug, schlägt mich nicht. Nur an Himmelfahrt, dem ›Vatertag‹, zieht er mit der alten Clique in die Destille, läßt die Puppen tanzen und haut auf'n Putz.

Dann fährt er mit der Pferdekutsche durchs ganze Dorf, knallt mit der Peitsche, reißt mich vor Leiders Gaststätte in die Arme, wo ich mich mit dem Besuch aus Berlin unterhalte. Meist ist er wie ein guter Freund, nicht böse, wenn mich ein anderer Mann küßt auf der Laienbühne. Und obwohl seine Hände rauh sind von Wind und Wetter, fühlen sie sich an wie Samt und Seide, wenn er mich streichelt. Ich sage kein Wort. Er ist von Natur aus ein Märchenprinz und hat eine Koppel mit Pferden.
Und die beiden nun hier, ob sie bis jetzt gewartet haben, allein waren die ganzen Jahre, ohne sich? – Herr Ober, noch einen Kaffee, bitte. – Zwölf erst. Mitternacht. Zwei aufgedunsene Gesichter schwimmen durchs Bild. Die Freundinnen am Tisch und die aalglatten Stromer, kennen sich, denn die holen von einem leeren Tisch die Stühle, obwohl der Oberkellner meckert, was die Herren Kavaliere aber ignorieren: Was für ein müdes Täubchen in eurer Runde, liebe Schwestern, sagen sie zur Begrüßung. Ach, Schwestern sind das, denke ich, sehen sich gar nicht ähnlich, sind sie wohl auch nicht, ist scheinbar eine Redensart: Wir werden sie aufmuntern. Herr Ober, eine Lage Kirsch mit Rum.
Der Begleiter trägt sein Scherflein bei: Wie wäre es mit 'nem panierten Schweineschnitzel! – Oh, mein Gott, führe mich nicht in Versuchung.
Ich klinke mich aus, schreibe auf, was mir einfällt, male Gesichter aus von Perleberg und Wittenberge, besonders eins, das aus dem Ort W. stammt, wo der Schaffner die Randalierer – wir waren während der Fahrt um den Zug herumgeklettert – rausgeschmissen hat, nicht weiter nach Perleberg fahren ließ, wir nachts laufen mußten. Aber der Schönste nahm mich mit nach Hause zu seinem Vater – eine Mutter gab es nicht – der Tee aufbrühte und ich sah an dessen Blick, daß er keinen Flunsch zieht, falls sein Sohn mir demnächst einen Antrag machen sollte. Auch ich war nicht grad abgeneigt, wäre da nicht dieser Sog der großen weiten Welt gewesen, gegen den man machtlos war.
Trotzdem mußte der Junge mich in dunkler Nacht die etwa noch zehn Kilometer nach Hause begleiten, an der Stelle vorbei, wo dieses Ekel von Kneipier mich hinverschleppte und es fast schiefgegangen wäre mit meiner Unschuld, ich aber dank Evas Wildkatzenart mit blauem Auge davonkam, was ich dem Freund aus W. erzählte, daß der stolz war auf mich, voll heimlicher Hochachtung, denn ich war ja noch minderjährig. Und deshalb durfte auch mit ihm noch nichts sein.

Die Küsse unterwegs waren auch dementsprechend: keusch und züchtig. Doch ich – in seiner warmen Regenjacke, Butterbrote in der Tasche und Bonbons, die der Papa uns mitgegeben hatte als Wegzehrung, von der herzklopfenden Verliebtheit des Sohnes angesteckt, geschmeichelt durch die Fürsorge und Verwirrung über unser abenteuerliches Verstricktsein – wußte es nicht zu schätzen oder wollte nicht schon vor ›Fahrt auf hoher See‹ verankert werden, ihm nicht das Herz brechen, dazu mochte ich ihn zu sehr. Deshalb tat ich kühler, als ich es war in Wirklichkeit.

Und ich schrieb weiter in dem großen Wartesaal von Berlin – in einem anderen Stil wie jetzt, aber vom Sinn her im Großen und Ganzen, nur fehlerhafter, aber konzentriert auf mein Tun, damit man den Eindruck hat, ich sei beschäftigt, arbeite an einem Aufsatz über ›Menschenkunde‹, in dem du alles unterbringen kannst, was dir am Herzen liegt, in den Sinn kommt – und zwar für die Abendschule, im Kursus für Weiterbildung, damit ich mitreden kann, mich nicht nur vollsabbeln lassen muß.

Und der Brief an meinen festen Freund wird geschrieben – den ich zwar nicht habe, aber was nicht ist, kann bekanntlich noch werden.

Und vor allem schreibe ich, damit ich nicht Fragen der angesäuselten Nachtschwärmer beantworten muß, es sei denn, mir fällt was Extraordinäres ins Auge, etwas Seelenverwandtes, Exotisches; nur nicht ständig die fade, angebrannte oder versalzene Hausmannskost – obwohl, da gibts ganz leckere und nahrhafte Sachen, Wruken mit Rippchen, wenn einer kochen kann, davon mal abgesehen ...

Und ich versuchte angestrengt, mich nicht durch die Angebote der Tischnachbarn ablenken zu lassen. Denn nach dem Schweineschnitzel, folgte ein französisches Bett, ob ich sowas zu schätzen wüßte. Verkehr mit Parisern oder lieber ohne ... Überzieher durch den Regen laufe.

Die Schwestern prusteten los, stießen sich an, lachten dröhnend.

Seid nicht albern, Mütter, was soll das junge Gemüse von euch halten.

Wie wär es mit einem Slivowitz, Fräuleinchen Rühr-mich-nicht-an?

Sein Blick schlierte an mir runter. Ich kuckte ihn an mit leichtem Silberblick, summte die Internationale, tat, als wäre ich nicht mehr von dieser Welt, sondern bereits im Jenseits, redete absichtlich wirres Zeug, daß der Anmacher sich peinlich berührt abwandte.

Eine Weile stockte die Konversation, sie kippten paar Doppelte und plötzlich, als wäre vorher kein Wort gefallen zwischen uns:

Na, so allein? – Ich schaue mich um, sage: Genau wie Sie und die andern. – Darauf er: Dann schmeißen wir uns doch zusammen für die Nacht. Gott, du Gerechter, warum läßt du mir solche Kotztypen übern Weg schlunzen! Es gibt nettere, die auch alleine sind. Kuck nur, wie der die Zähne bleckt, obwohl er aus dem Maul stinkt, als wäre er eine Mülltonne. Oh, wenn man Gedanken lesen könnte, hätte er mir eine rein gelangt, wie ich den einschätze – und meine Perlenkette im Mund wäre futsch. Ich bezahle den Kaffee und gehe in einen anderen Teil des Raumes. So geht es nicht. Selbstbewußt auftreten mußt du, als hätte man hier was zu suchen; ich warte auf ... Das geht Sie doch einen Scheißdreck was an! Klar, auf morgen warte ich, fällt mir ein und auf den Postillon Fortunas. Man muß an ihn glauben und nur am falschen Ort sein im richtigen Moment, damit das Fallbeil des Henkers dich nicht trifft. – Lachhaft: Im großen Wartesaal Berlin, warte ich auf ... den Losverkäufer mit der Trommel, die voller Nieten ist, aber mittendrin lauert der Haupttreffer. Josef Adam, der sozialistische Sheriff, wollte einst mit mir ins Kino gehen. Ein sauberes Bett wäre nicht schlecht, in das man sich legen kann. Arbeit. Hand in Hand am Fluß entlang gehen, Kahnfahren. Hinter den S-Bahnbögen leuchtet der Himmel. Möwen gibt es, Kinos, wo es muffig riecht, wir dafür umso verführerischer. Gleich wird alles verzaubert durch Liebe und Leidenschaft auf der Leinwand. Hinterher duften im Park Sträucher mit weißen Blüten, der Jasmin. Und jemand spielt Mundharmonika. Den Ausweis bitte! Batsch! fiel ich in die kalte Wirklichkeit zurück. Eine Streife hatte sich unbemerkt genähert und mein Entrücktsein bei ihnen Mißtrauen erweckt. Sie kontrollierten nicht bei allen, machten nur hier und dort Stichproben, wenn ihnen wer verdächtig vorkam. Na ja, war auch kein Kunststück in meinem Fall; Mist verdammter. War da kein plausibles Argument zur Hand fürs Hiersein um die Zeit – wurde ein Riesenfaß aufgemacht für nichts und wieder nichts. Was tun Sie hier um die Zeit, fragte eine Uniform. Daß ein Gesicht dazu gehörte, ein Mensch drin steckt, auf den Gedanken kam ich nicht. Ich warte auf den Zug, sage ich. Und fühle Schweiß in den Kniekehlen. Um 3 Uhr 25 fährt der, das wußte ich zufällig. Den Fahrschein bitte. – Den wollte ich erst nachher ... Am Ausgang war ein Tumult entstanden. Der Polizeikollege pfiff auf seiner Trillerpfeife. Mein provisorischer Ausweis fiel auf den Tisch zurück. Man hatte kein Interesse mehr an mir.

Dahinten schwamm scheinbar ein größerer Fisch; war ihnen etwa ein Hai ins Netz gegangen? Den schafft einer nicht allein, an Land zu ziehen. Rabiates Gewühl, eine Festnahme. Um wem es ging, um was, blieb offen. Am Boden wurde jemand mit der Knebelkette gefesselt und abgeführt. Ruhe und Ordnung war wieder eingekehrt, die Uniformen abgezogen.

Die Nacht war lang. Noch einmal würden sie ja wohl nicht kommen, zumindestens die gleichen nicht. Falls doch, dann war ich eben kurz mal eingenickt und hatte ihn verpaßt, den Drei-Uhr-fünfundzwanziger. Wann fährt der nächste? Egal. Ich konnte vor Müdigkeit kaum denken. Der Ventilator summte, die Stimmen übertönend.
Ich strich die Decke glatt auf meinem Tisch, rollte aus aufgeweichten Bierdeckeln Kügelchen, zählte die Tische, Stühle und Anwesenden, dann Brillenträger, Damenhüte, denn ich durfte keinesfalls einschlafen. In Gedanken rezitierte ich Gedichte. Und in Kremlin hatten wir auch das große Heldenepos von den Nibelungen auswendig lernen müssen: ›Jung-Siegfried war ein stolzer Knab', stieg von des Vaters Burg herab‹, ›Die Bürgschaft‹ von Schiller und sowas, wo Treue drin vorkam, Liebe, Freundschaft. Doch die Bedeutung der Wörter war Schall und Rauch, bestand aus zufällig aneinandergereihten Buchstaben. Wem sollte ich Treue halten, wer hatte überhaupt Verlangen danach. Und wenn, wäre ich dazu überhaupt imstande – wenn mir der wahre Messias begegnet?
Da saßen zwei, die miteinander flüsterten, als heckten sie einen Plan aus. Ob das vielleicht Gauner waren? Aber in diesem Wartesaalgesumm ... Der eine war jung wie ich, zwei Jahre älter höchstens, sein Haar braun, mit hellen Flecken drin. Während des Zuhörens, schaute er ins Weite. Sein Blick war schwer, aber noch klar. Der von dem Älteren brütend. Er schien besessen von einer brandheißen Sache, der Junge eher nicht. Das Widerständige stand ihm gut. Der ist nicht einverstanden damit. Es machte ihn mir sympathisch, daß er eine eigene Meinung hatte, denn was der Alte flüsterte, war schlaubergerisch und hinterlistig.
Zwei neue Kreuzfahrer kamen hinzu, ziemlich zerknittert, Bekannte vom Flüsternden. Das Thema wechselte, man zog mich ins Gespräch. Sie rückten ihren Tisch näher heran. Der Junge saß mir direkt gegenüber. Seine Blicke wurden anhaltender; es mußte schon was an mir sein, denn die beiden Neuen waren in Wettstreit getreten. Der Alte schwieg.

Möglicherweise war er Anhänger jener Sekte, die sich ›Jehovas Zeugen‹ nennt, auf Straßen singt, mit Klingelbüchse rumschepppert; die waren oft fanatisch von ihrer Sache überzeugt und ließen sich schwer abwimmeln. Der Wartesaal schien ein lohnender Ort zu sein, da gabs verirrte Schafe wie Sand am Meer, die sich leicht einfangen ließen – wenn es auch nur vorübergehend war, bis zum Ende des Tunnels, das heißt, bis es tagte. Durch meine Anwesenheit, die unschuldig-weltliche Einflußnahme von Eva, war das Thema vom Jenseits jedoch vorerst vom Tisch.

Ich war Mittelpunkt der vier, nein drei, geworden, Jehovas Zeuge sah in mir eine, die sich als Feindin entpuppen könnte, Elevin vom Hexentanzplatz auf'm Brocken. Für die andern war ich eine willkommene Abwechslung.

Es war kurz nach halb vier. Tokki, wie er genannt wurde, dünn wie eine Bohnenstange, verstand es, mit Spielkarten und Geld zu zaubern. Er schluckte Münzen, aß Glas, holte aus meinem Ausschnitt was raus, das sich als eine weiße Maus entpuppte. Ich schrie auf vor Schreck und Überraschung.

Der zweite Neue war ein Witzereißer, fing umständlich an, um auf dem Höhepunkt des Gespanntseins die Pointe zu verschlucken und sich darüber kaputt zu lachen. Das war zwar nicht komisch, doch wir lachten wie die Blöden über seine Lache – vor lauter Überdrehtheit.

Und seine Augen fragten: Bin ich gut? – Nicht mit Geld zu bezahlen.

Und nuschelte in seiner originellen Art und dem Berliner Zille-Dialekt: Schenkt mir die Nymphe der Morgenröte zwei Stündchen zwischen sechs und acht? – Er würde erst nachmittags arbeiten, hatte er verlauten lassen gleich am Anfang, denn er war Vorführer in einem Kino. Zeit zum Ausschlafen. Wohnen tat er im Bezirk N4 mit seiner Großmutter zusammen, die morgens um fünf nach Mahlsdorf rausfährt auf die Klitsche. Das war ein Angebot und tastend streifte mich sein Knie. Ich sah in die Runde. Mal sehen, was der Blondgefleckte anzubieten hat. Ein Bett hatte sonst niemand für 'nen Gast und unter Aufsicht, danke. Der Junge, der, wenn überhaupt, als einziger akzeptabel war, machte mal eine Bemerkung. Sein Blick gefiel mir. – Es war noch alles offen, schien den Herren, nichts entschieden. Tokki zauberte neue Varianten, nur die Maus kam nicht mehr vor, die hatte sich schlafen gelegt.

In einer Schaubude am Rummelplatz war er die Attraktion des Tages. Ich sah auf Nummer Vier. Der saß da mit malmenden Kiefern, war eingeschnappt, nippte am Bier, blickte, als hätte ich ihm was vermasselt. Mann, Mensch, ich will dir deinen Fang doch gar nicht streitig machen, glotz nicht so, kann einer ja Albträume kriegen. – Aber mit Suggestion war nichts zu machen, sein Blick blieb kalt, obwohl ich freundlich war. Ob die Sorte was gegen Frauen hat? – Nein, die waren doch ihre Helferinnen, standen in Gruppen am Zoo, sangen mit zum Himmel überkippenden Augen vom Erlöser, dem Herrn, spielten Klampfe vorm Bahnhof. Später, so gegen vier, ich war fast eingenickt, bekam der Schmale von der Schaubude – Tokki hatte ein paar Fünfziger verschluckt vorher – diese Anfälle, epileptische. Der Anblick war grausig und faszinierend, ich mußte immerzu hinsehen. Der mit den blonden Flecken beruhigte mich, drückte meinen Arm dabei. Jehovas Zeuge und der Witzerzähler mühten sich ab. Tokki schlug um sich: Das kriegt er öfter, ist nichts weiter, kommt vom Strom. – Was denn fürn Strom? – Der wird ihm jeden Abend durchgepumpt, weil er steif in der Luft liegt. – Wieso das? Die Attraktion, der Mann des Tages! Paß auf, das gibt sich gleich. – Tatsächlich: Wenige Minuten und vorbei war der Zauber. Tokki klopfte seine Sachen ab, wischte sich den Schaum vom Mund, trank sein Bier aus. Ich konnte nicht mehr bleiben. Der Junge, der meinen Arm gedrückt hatte, wollte mich begleiten, Jehovas Zeuge hielt ihn fest: Bleib doch. Ich ging allein. Nasse Straße, Grashalme, ein Auto huschte lautlos vorbei. Gaslaternen, eine streunende Katze, zu scheu, ließ sich nicht anfassen, strich herum um meine Füße, legte sich auf den Rücken, ließ sich den Bauch kraulen, biß mir verspielt in die Hand, stemmte ihre Pfoten gegen mich, wodurch ein Ahnen der Sinne ausgelöst wurde, traumhaftes Erinnern an Zeiten, als der Dschungel dieser Ruinenstadt in weiter Ferne lag.

Aus dem Taxi stieg eine Dame in Pelz, ging in ein heiles, alleinstehendes Haus, seitlich davon ein Trümmerberg. Schwaches Licht ganz oben hinter den Scheiben, dann sich bewegende Schatten, Kerzenschein.

›Ein Königreich für ein Bett‹, soll so ein kleiner Feldherr gesagt haben. Schon heißes Wasser wäre momentan das Höchste aller Gefühle!

Unter einer Spreebrücke im Westen, nicht weit entfernt vom Bahnhof, eingehüllt in meine Pferdedecke, vor Wind geschützt und abgedeckt durch Flußgestrüpp, entschlief ich sacht der Wirklichkeit, der rauhen.

Ja – und danach folgte die Geschichte mit der Reise in dem Sonderzug, von der ich schon ein paar Seitenwege zurück den Anfang erzählt habe. Eines frühen Morgens jedenfalls ging der Zug vom Lehrter Bahnhof ab. Ich war zeitig dagewesen und stand gespannt in der Trümmerhalle, wartend auf meinen Menschenfreund. Der hatte selber Herzklopfen, sah ich ihm an. Auf alle Fälle war die Sache ein Wagnis. Doch wie ein lebendes Schutzschild stand er an meiner Seite. Ich tat, als würde mich das alles nur amüsieren und kalt lassen, zwinkerte ihm konspirativ zu; schließlich war ich eine, die er selig schlafend unter einer Brücke fand. Sich meiner anzunehmen, dazu gehörte Instinkt und – Abenteuerlust. Nun waren wir Verschwörer, aber aus unterschiedlichen Motiven.
Adressen wurden nicht notiert, weder Geburtsdatum noch Herkunft, Parteizugehörigkeit der Eltern vor Fünfundvierzig, Bildungsweg, etc. Nur der Vorname war in eine Personenliste eingetragen worden: Eva. ›Vertrauen ist gut – Kontrolle ist besser‹, wie Lenin gesagt hat, war bei den sonst wie zu Preußens Zeiten bürokratisch-durchorganisierten Jugendverbands-Aktivisten überhaupt kein Thema, stellte ich fest.
Sehr tolerant plötzlich der Staat jenseits, das heißt diesseits der Elbe. Aber die andern Teilnehmer waren ja wohl alle ohne Fehl und Tadel.

Ich fuhr einer sorglosen Zeit entgegen. Gott hatte einen mildtätigen Moment gehabt, mit dem Strafen anderer genug zu tun; weiß der Teufel. Ich kostete alles bewußt aus, so sehr ich dazu auch nur imstande war. ›Carpe diem‹, zwei Worte, hatte ich von einem Lateiner aufgeschnappt, konnte man sich gut merken, weil sie auch vom Inhalt her stimmten.

Diese Losung hatte ich mir auf die Innenseite der Stirn geschrieben:
Genieße das Leben – nutze die Stunde – oder wörtlich: pflücke den Tag! Bis in entlegendste Zellen der Blutbahn gelangte Salz aus den Tiefen der Meere, reinigte tote Winkel, wo sich Schamott angesammelt hatte, brachte den dahinhastenden Fluß in gelassenes Fließen zurück.

Leute dieser Gegend, seid glücklich, denn euer Land ist wie kein anderes. Ich beneide euch, bin ein Blatt im Wind, mal hier, dann dort hingeweht. Aber nur, weil ich einen Hang zur Wortmalerei habe und Wörter verflechte wie Blumen zum Kranz, klingt es oft wie nicht von dieser Welt, denn ich ahme die Sprechweise der Poeten und Schwärmenden nach, mische seltsam Klingendes der Alltagssprache unter, so daß man aufhorcht.

Ich danke dir Windsbraut für die Stille, das Verweilendürfen im Schatten deiner abmildernden Schleier, freue mich auf deinen stürmischen Bruder, wenn er mir unter den Rock greift, hochstemmt und wiegt mit einer ganzen handvoll von Armen: zärtlich-streichelnde, ungestüm-freche, verlangende, er mich abheben läßt, freigibt – und später mit mir um die Häuser zieht.

Schon eine Woche in der freien Natur. Die Tage und Nächte wechselten hier anders, beginnen mit Vogelgezwitscher, hörbares Flügelbewegen der Libellen, Pfeifen und Singen und abends enden sie mit Sehnsucht und Vorfreude auf den nächsten Tag. Doch vor dieser Idylle, wurden mir noch einige ›Kostproben‹ aus dem Gegenlager serviert, die so schmeckten, als hätten Unterweltler aus Abfällen ein Suppe zusammengerührt. Unbewußt wurde ich durch die beim Zuhören erfahrenen Geschichten und aus Büchern gewonnenen Weisheiten, oft getröstet und ermutigt.

Rastlos vorwärts mußt du streben – nie ermüdet stillestehen.
Willst du die Vollendung sehn; mußt ins Breite dich entfalten,
soll sich dir die Welt gestalten.
In die Tiefe mußt du steigen, soll sich dir das Wesen zeigen.
Nur Beharrung führt zum Ziel. Nur die Fülle führt zur Klarheit.
Und im Abgrund wohnt die Wahrheit.

Spruch des Konfuzius – Friedrich Schiller

Rückblende: Hunger. Bei der Unterführung Bahnhof Friedrichstraße entdeckt mich ein Mann, mittleres Alter, Züge des Gesichts im Entgleisen begriffen, sagt dicht an meinem Ohr: So alleine? – Ich schaue in den vorbeiflutenden Menschenstrom, sage: Wie man es nimmt.
Er mustert mich nochmal von oben bis unten, scheint zufrieden, fragt: Darf ich Sie einladen zum Kaffee? – Kaffee? Na gut, denke ich. Brühe mit Ei wäre mir zwar lieber, aber das wäre komisch, wenn einer daherkäme und fragen würde: Wie wärs mit einer Tasse Brühe mit Ei. Haha. – Ja, gern, antworte ich also auf die Kaffee-Frage. Er nickt zufrieden, hakt sich bei mir unter und schlägt die Richtung ›Untern Linden‹ ein, dabei einen Fuß leicht nachziehend, als hätte er einen Klumpfuß.
Ich hopse unmerklich, um mich seinem ungleichen Schritt anzupassen. Das ist nicht gerade der Einstieg in einen dieser Dreigroschenromane, denke ich, in dem unscheinbare, doch geheimnisvolle Herren auftauchen – Arzt, Herzspezialist, Psychologe, Heiratsschwindler, Talentsucher – die sich für junge Mädchen interessierten, was gegen Herzschmerz suchen, die Maid mitnehmen ins Studio, zu sich empor heben, was aus ihr machen. Aber dann gibts meistens einen Haken an der Geschichte. – Ach, nein, für ein romantisches Kapitel im Tagebuch von Eva ist dieser Passant nicht interessant genug, dachte sie, ein Abklatsch des Urviechs aus der Mottenkiste in diesem Film mit Marlene Dietrich. Doch Prof. Rath oder Unrat, wie ihn seine Schüler nannten, war schon deshalb was total anderes, weil der tolle Emil Jannings den spielte. Und da war auch noch Hans Albers dabei, der meinem eigentlichen Vater oder Erzeuger, was der Fritz Löwe war, ähnlich gesehen haben soll, wie Tante Lene stur und steif behauptete, was nicht nachprüfbar ist.
Was solls. Zum Kaffee wolle er mich einladen, hat der Mensch gesagt. Vielleicht läßt sich auch noch ein Stück Kuchen rausschlagen.
Der Mann schaute mir zwischendurch öfter durchdringend in die Augen, als wolle er mich hypnotisieren, was mich amüsierte und zum Grimassenschneiden verleitete; möglicherweise war er ein Varieté-Künstler.
In Perleberg hatte das mal einer versucht, war durchs Publikum gegangen in der Nachmittagsvorstellung, um ein Kind auf die Bühne zu holen. Mich kriegst du nicht, hab ich gedacht – und ihn genau so durchdringend angesehen wie er mich. Da hat der schnell ein anderes Kaninchen angepeilt, es vorgeführt, zur Sau gemacht, daß der ganze Saal gewiehert hat.

Dann flackerten seine Augen wie zwei Zwanzig-Watt-Birnen kurz vorm Durchbrennen – und er sprach in Halbtönen, ohne Tiefe, als hingen ausgefranste Stimmbänder im leeren Raum von der Decke herab: Ich weiß ein ganz nettes Stübchen, wo es sich angenehm plaudern läßt. Und voll ist es da auch selten. Wollen Sie sich meiner Führung anvertrauen? –
Ja, warum nicht. Er trug einen grünen, weiten Lodenmantel, hatte einen weichen Filzhut auf mit breiter Krempe, sah etwas altmodisch aus.
Wir gingen in Richtung Adligen-Viertel. Den Ruinen konnte man ihre einstige Schönheit noch ansehen. Und selbst in diesem kaputten Zustand übten sie einen starken Reiz aus, majestätisch und stolz gaben sie sich, obwohl von ihrer einstigen Pracht nur ein Ahnen übrig war. Der gesamte Himmel war rot, den schwarze Flügel durchflatterten.

Zeichnung von der Gegend am Gendarmenmarkt vor dem Krieg

Der Mann setzte sich auf die oberen Stufen der Freitreppe vom einstigen Palast, auf die er mit großer Sorgfalt Zeitungen ausgebreitet hatte. Einen ganzen Batzen davon trug er bei sich.
Mir kam der Gedanke, ob er vielleicht öfter im Freien schläft und sich damit zudeckt? Möglicherweise ist er nur ein armer Schlucker, schnorchelt und schnorrt sich durch die Gegend. Es gab in Berlin unzählige Sorten davon. Aber dann war er wohl, im Gegensatz zu mir, bereits den Lehr- und Wanderjahren entwachsen.
Wir wollen erst die Luft genießen, kleines Frauchen, meinte er – und dabei kam er ins Plaudern. Sehen Sie sich den Himmel an! Wie dieses Rot muß das Blut sein im Menschen, dann ist es gut. – Ja, ja, ist toll. – Lieben Sie auch die Natur? – Kommt drauf an. Mann, dachte ich, was wären wir ohne Natur. Aber jetzt würde ich gern in einem gepflegten Raum sitzen, gut zu Abend essen, langsam und ausgiebig. Wenn der rote Himmel dabei durch die Scheiben schimmerte, wäre er das Sahnehäubchen zum Dessert. Auch die zerschossenen Steinfiguren hätten mein Mitleid und meine Bewunderung erregt, wäre nicht das rumorende, sich penetrant aufdrängende Bedürfnis nach Essen gewesen.

Unsere Übereinstimmung, was die Farbe des Himmels anbetraf, nahm er jetzt zum Anlaß, Verwandtes zu entdecken zwischen uns. Und trotz meiner Jugend, meinte er, hätte der Ernst des Lebens mich bereits gestreift. Er würde liebend gerne meine weitere Entwicklung verfolgen.

Großer Gott, dachte ich, na, das wäre was. Und ich sagte: Wer weiß. Was hätte ich erwidern sollen. Irgendwas sagen mußte ich doch, damit er mich nicht für blöd hält. Mein Magen murrte: Sei kein Stockfisch! Der Blick des Herrn streifte mich nun öfter als den Himmel, huschte vorbei, blieb haften, unruhig zwar, um wieder zum Naturschauspiel hin zu gleiten, wo grad die Farbe ins Violette sickerte. Und da begann er über sich zu reden: Sehen Sie, Mädchen, ich bin Professor, habe meine Bücher, Freunde und Bekannte noch und noch. Aber man muß mal weg von alledem, hinaussteigen aus dem Kreis, der einen gefangen hält. Manchmal werfe ich mich hinein in den unberechenbaren Strom des Lebens, ohne an morgen zu denken, an die Gefahr; sein Sog zieht mich mit und ich lasse mich treiben. Mit Ihnen hier zu sitzen, das macht mich glücklich. Vielleicht halten Sie mich für ein bißchen verrückt? Jaja, Sie haben Recht. Es läßt sich nicht verleugnen, daß ich ein Außenseiter bin. Mein Rock war etwas hochgerutscht, der Blick des Onkels erfaßte ein Stück meines Oberschenkels. Ich ließ den Rock so, als hätte ich nichts bemerkt, instinktiv, um ihn nicht aufmerksam zu machen, daß mir bei ihm der Gedanke an etwas Sexuelles kommen könnte.

Mögen Sie schöne Kleider? Natürlich, sonst wären Sie keine Frau, nicht wahr? – Ich lächelte nur, hatte überhaupt nicht an Klamotten gedacht.

Er weiter: Ich persönlich lege keinen großen Wert auf Äußerlichkeiten. Vielleicht ist das ein Fehler, man wird von unerfahrenen Frauen oft danach eingeschätzt. Einen Blick auf den Anzug, den nächsten auf die Schuhe, Krawatte, um das Einkommen zu taxieren. Aber es gibt auch andere Frauen, selten, aber es gibt sie. – Er griff nach meiner Hand, besah sie sich, sagte bedeutungsvoll, daß das Leben noch Großes mit mir vorhabe und drang mit dem Fingernagel in die Haupthandlinie ein. Ich fragte, ob er was vom Handlesen verstünde. Er warf daraufhin mit Begriffen wie Psychologie, Graphologie, Astrologie, Horoskop herum: Die Sterne haben es mir angetan. Im scherzenden Ton: die Frauen auch. Meine Handlinien hatten ihm genug gesagt, daß er sich nicht getäuscht habe, genauso hätte er mich eingeschätzt. Wie, das sagte er nicht.

Seine Stimme wurde eindringlicher: Wenn mich etwas packt, kann ich mich ganz dieser Sache hingeben, verstehen Sie, ich gehe darin voll auf. Eine Schwäche von mir: Alles, was ich bin und habe, gehört den Frauen. Nicht allen, versteht sich, sie müssen schon das bestimmte Etwas haben, Sie wissen sicher, was ich meine, dann tue ich alles für sie. Wirklich alles. Der Ausdruck meines Gesichts muß ihn gebremst haben, denn er ging wieder über zum Verschmelzen der Farben am Firmament: Sehen Sie, ist das Bild nicht göttlich? Und ist es nicht wunderbar, hier zu sitzen? Einfach nur sitzen und schauen? Der Himmel ... Ich fand ihn nicht mehr schön den Himmel, immer wieder Gefühle, Veranlagungen, von Kaffee kein Wort mehr, geschweige denn von Kuchen.

Was für zierliche Füße Sie haben. Größe 37, sagte ich. Wie alt sind Sie? – Ich log, sagte achtzehn, damit er Respekt vor mir hat, nicht denkt, ich bin so ein Hascherl, dem er mit Schmonsens imponieren kann.

Wieder plinkerten seine Augen, der Blick durchstreifte die Umgebung. Dunkel und Kühle senkte sich herab. Ein Haus im Grunewald tauchte auf, mit Garten, ein Weinkeller, Gurken, selbsteingelegt, Hängematte zwischen Kiefern. Und wieder Himmel, diesmal vorm Fenster beim Erwachen und nachts die Sterne. Doch diese Einsamkeit und Leere, ein guter Geist fehlt, Wärme, das Gebrauchtwerden ...

Schluß jetzt, rief eine resolute Stimme in mir. Habe keine Lust mehr auf Phantasiegemälde und das Gequatsche von dem Herrn, nannte mich innerlich eine Idiotin, stand auf, sagte: Es ist spät. Der Strom, den Sie im Auge hatten, um sich rein zu schmeißen, wird reißender am Abend. Man muß ein guter Schwimmer sein ... Ich zieh es vor, an Land zu gehen. Sie sollten auch in die Heia, lieber Professor, hier auf den Steinen könnten Sie sich was wegholen. – Ich setzte an zum ersten Schritt, spontan ergriff er meine Hand: Ein Augenblickchen nur noch, ich bitte Sie. – Immer weniger Ruinenbesichtiger tauchten auf, wurden schemenhafter. Nein, es reicht. – Sie können mich doch hier nicht einfach sitzen lassen! Sie sind mir zu verschroben. Und von verwandt kann keine Rede sein. Villa! Hängematte! Pah! Ich hab 'n Schloß im Mond und 'ne Garde aus Schokoladenmännern. – Bitte, bitte! – Machen Sie es gut und nächstens auf eine andere Tour. Den Himmel können Sie sich dabei schenken.

Bums! Da lag er vor mir auf den Knien – ich dachte, ich spinne – küßte meine ausgelatschten Schuhe, die staubig waren – und er weinte.

Wenn ich alles erwartet hätte, das nicht! Und stand ziemlich hilflos da. Seine Arme hielten meine Waden umklammert. Komisch, dachte ich, wie einer aus dem Raritätenkabinett oder aus der Klapsmühle. – Lassen Sie sich nur noch sagen, was die volle und reine Wahrheit ist. Ich hatte eine Frau, sie war alles für mich. Eines Tages war sie verschwunden und ist es geblieben bis zum heutigen Tag. Sie ähneln ihr. Die Halslinie, der gerade Blick, auch das Haar trug sie meistens offen. Sie haben mich erinnert an meine schönste Zeit im Leben, verstehen Sie! Sie tun mir ja leid, Mann, beruhigen Sie sich. Wenn jemand kommt ... Er richtete sich auf und drückte mir dann seinen Kopf in den Schoß: Ich will nicht viel von dir, dich nur einatmen, schmecken, trinken, von deiner Ausscheidung essen, nicht das Übliche, daran liegt mir nichts. Das könnte Herr Hinkefuß persönlich sein, schoß es mir durchs Gehirn. Aber nicht hier im Staub, versuchte ich ihn wegzulocken und mich aus der Umklammerung zu befreien. Dann ging alles sehr schnell. Es kam zu einem Nahkampf, ich kriegte einen Stein gegen den Kopf, er saugte wie ein Vampir in meinen unteren Gefilden, meine Stimmbänder versagten, ich fiel durch Schutt in eine Art Gewölbe, sah den sich duckenden Schatten weghüpfen. Und wie ein Tier, das sich totstellt bei Gefahr, verharrte ich im Schamott der Ruine, Wut empfindend, an jenem Ort, einen Kanonenschuß nur entfernt von der Endkampfstätte, dem Reichstagsbunker, wo wenige Jahre zuvor Adolf Hitler samt Anhang sich der Verantwortung entzog, Selbstmord beging, die Kinder seines Propaganda-Ministers, wie Engel angezogen, vergiftet wurden, wo inzwischen Gras drüber gewachsen war, wie über diese Geschichte auch, die ich nur erzählen kann, weil sie Schnee von gestern ist, vom Fluß des Lebens hinabgespült ins Meer der toten, doch wenn ein Gedanke sie berührt, sich ewig bewegenden Schattenbilder der Vergangenheit.

Durch das offene Dach des einst prächtigen Palastes, sah ich die Sterne verblassen. Der Morgen kam mit frischem Rot aus Richtung Ost. Meine Glieder waren gefühllos, im Haar spürte ich Verkrustungen, Sand zwischen den Zähnen. Mit Geduld und Spucke, machte ich mich ›stadtfein‹. Das unwegsame Grundstück war mit bizarren Kothaufen bestückt. Eine kleine, zähe Birke wuchs durch einen Spalt im Fundament.
Auf der Freitreppe lag eine zerknitterte Zeitung, welche dieser Wahnsinnige zusammengerollt bei sich gehabt, mit mir drauf gesessen hatte:

Es war ›Die Welt‹. Ich stieß sie mit dem Fuß an, daß sie sich öffnete, der Wind sie aufnahm, geräuschvoll mitschleifte – und weiter über die von Halmen und Blaublümchen durchwachsenen Trümmer trieb.
Welch Glück, daß Agnes, meine Mutter, von der Szene nichts wußte und nie erfahren würde – obwohl, es hätte schlimmer kommen können, hätte diesen Part ein normaler Typ bestritten, ein Vergewaltiger, wie im Krieg die Art, wo sie im Dutzend über Frauen herfielen, aber so war hauptsächlich mein immer noch kindliches Gemüt betroffen, als wäre es mit einer Tonne Jauche überschüttet worden, daß es zum Himmel stank.
Für Einsfünfzig konnte man eine Badekabine mieten im Untergeschoß vom Bahnhof Friedrichstraße, sich den Schmutz von der Haut abspülen, unter der die Seele lebt, Haare waschen, im warmen Wasser liegen.

Eva einige Zeit später an der inzwischen aufgeräumten Trümmerhalde, der ›Begegnungsstätte‹ mit einem Abgeordneten von Herrn Hinkefuß – oder er selbst leistete sich den ›Spaß‹

Und Gottes fleißige Arbeitsbienen sind weiter unermüdlich im Anflug, befruchteten die Natur und speziell für Eva einen Hügel voll mit Himmelschlüsselchen hier jenseits von Eden, diesem ursprünglichen Daheim, damit sie Ersatz hat für den Fall, daß Not am Manne ist, soll heißen, das Leben ihr, bei all dem Honigseim, mal wieder beschissen vorkommt.

Eva in einem Unterstand der Kirche von Kremlin, jetzt Polen – im Jahr 2002

Das Haus, in dem ich gelandet war, hat vier Stockwerke und ist voll belegt. Die Ferne hatte gelockt, die bunte Welt mit den unzähligen Straßen, auf denen die Abenteuer nur so rumliegen und bestanden werden wollten, wo an jeder Ecke die Prinzen der Neuzeit warten in ihren Lederjacken, mit Transistorradios, groß nur noch wie kleine Koffer, die sie stets bei sich haben, wie einst die Troubadoure ihre Laute. Und woher sie alles kamen. Was mag es sein, das unsere Hintern nicht mehr ruhig sitzen können? Manche lebten in geordneten Verhältnissen – und doch rissen sie aus! Nun entwich manche Träne den Augen der Ausgeschwärmten, verursacht durch Reue, Enttäuschung, Heimweh, Eingesperrtsein.

Ehe der Schreibkram erledigt war, die Untersuchungen, Aussprachen, Formalitäten, verging Zeit. Und das für einen Singvogel wie mich, der bereits des öfteren im Freien herumgeflattert war.

Dann kam der für solche Fälle angeheuerte Lotse und brachte die lebende Fracht in den Heimathafen zurück. Bis dahin hieß es ausharren. Das erste Schlimme war dieser Stuhl, auf den man sich legen mußte. Jede muß rauf, egal, ob sie was hatte mit einem Mann oder nicht. Dann Beine spreizen, damit die kalten Untersuchungsinstrumente aus Metall eingeführt werden können und ein Abstrich gemacht werden kann.

Da gibt es Geschrei und Widerstand. Ich hatte ein solches Faß aufgemacht, was aber nichts nützte, sonst wäre man betäubt worden.

Eine Erzieherin nahm mich später beiseite und sagte, tut uns ja leid, aber warum spielst du dich auch so auf, daß man sonstwas vermutet. Was, das erfuhr ich nicht, nur, daß ich noch eine ›Unberührte‹ war – und ohne Befund. Die meisten waren das. Nur zwei waren schwanger. Man sah es aber noch nicht, weil es erst am Anfang war.

Eine sah allerdings aus, als hätte sie sich dumm und dämlich gefressen. Nein, das Essen war nicht toll, aber man brauchte nicht zu hungern. Wir mußten die Treppen schrubben, Fenster putzen, man konnte seine Sachen waschen, ausbessern, bügeln. Ich kriegte mein Zeug wieder fast auf Neu, nähte Knöpfe an, Säume um, von den Büstenhaltern trennte ich die ausgeleierten Verschlüsse ab, machte welche ran, die gerade auf den Markt gekommen waren und von denen ich, als ich mich noch frei bewegte, welche davon im Kaufhaus KDW erstanden hatte.

Die würde ein Mann so schnell nicht aufkriegen, dachte ich und dann: Wie lange wird das wohl dauern, bis dieses Kapitel hinter mir liegt.

Lucie hieß das Mädchen, welches neben mir schlief. Sie hatte man hergebracht wegen Unmoral und Prostitution. Was Auf-den-Strich-Gehen genannt wurde. Zwar war sie erst Anfängerin, hatte aber schon viel zu erzählen. Meist war es nicht amüsant, eher zum Gruseln.
Da war eine Geschichte, die letzte, die damit anfing, daß sie Geld von einem annahm, der schon älter war, das Gras feucht in den Anlagen, sie hatte das Hellgeblümte an und die ausgehandelten zwanzig Mark steckten schon unterm Hemd. Da war sie abgehauen und der Kunde stand im Regen. Der wollte das nicht einfach hinnehmen, eilte zum Polizeirevier, schlug Lärm und gab zu Protokoll, er sei bestohlen worden.
Das war der Grund für Lucies Aufenthalt in dieser Einrichtung hier. Vater Staat wollte, daß sie ein nützliches Mitglied der Gesellschaft wird, aber das wollte Lucie nicht, fand sowas öde, wollte es beim nächsten Mal schlauer anstellen, zu etwas kommen mit ihrer Methode.
Nun hier, im 2. Hinterhof, ausgesperrt vom pulsierenden Leben, sank der Mut, Hysterie feierte Triumphe, sowas wie Wahnsinn mischte sich drunter, von zwei, drei Mädchen, darunter ich, angefacht, geschürt, daß es mitunter zu einem zünftigen Aufstand ausartete.
Hier war der Berliner Norden, Prenzlauer Berg, die Stargarderstraße. Ich sollte ursprünglich nach Stralau, nun war ich hier gelandet, weil das Haus an der Spree bei Treptow schon überfüllt war.
Als ich im 2. Hinterhof erschien, von einem Schutzring umgürtet – drei Offizielle hatten aufgepaßt, daß ich nicht entkam – meine Augen auf die Häuserwände hoch mit den vier Stockwerken richtete, sah ich sie in den Fenstern liegen und auf mich herabschauen: selbstbewußt, keß, unerfahren, verdorben, unschuldig, raffiniert, sich als Nabel der Welt fühlend und ich war gespannt auf das Zusammentreffen mit den Artverwandten oder Ausreißerinnen. So übel war es vielleicht ja gar nicht, einen Moment lang anzuhalten. Kann sein, es wird lustig und ich lerne was von ihnen. Und wenn es nicht mehr auszuhalten ist, weiß ich schon einen Ausweg. Man gießt kochendes Wasser auf etwas Tabak, trinkt den Bittersaft, bekommt Fieber, hohes, wird ins Krankenhaus gebracht und von da ist der Weg in die Freiheit ein Kinderspiel.
Natürlich ist es mit Risiko verbunden. Nimmt man zuviel ein davon, kann es schief gehen. Wäre schade, denn das Leben – mit allem Drum und Dran, Liebe vor allem – hatte doch noch gar nicht richtig angefangen ...

Lucie, richtig hieß sie Marie Luise, war eine Stunde sehr still gewesen, hatte heimlich geweint – wohl wegen dem Bescheid: Jugendwerkhof. Das war eine Art Jugendstraflager, nichts Vorübergehendes, sondern man blieb da meistens, bis man volljährig war. Und die Strafen gegen Aufmüpfigkeit und eigenständige Ansichten waren hart, so wie für richtige Verbrecher. Ihre Mutter war einverstanden damit: Nehmt mir das Flittchen aus dem Haus, hatte sie die Jugendamtsleute gebeten, sonst kann ich für nichts garantieren. Ich schlag sie tot.
Nun sang die Tochter frechste Lieder – und jede gab was zum Bestem. ›Wenn du was mit der Lucie hast – sich schenken einen Hut sie laßt. – Auf Schnitzel mit Salat sie hust' – doch auf Champagner hat sie Lust.‹ Andere spielten Theaterszenen vor, selbst ausgedachte, alle hatten das Thema Liebe zum Inhalt, in den verschiedensten Variationen.
Die Lämmer der Gruppe, unbeleckt, niedlich, wie die Englein mit den rosa Wölkchen auf der Vertiko der Großmütter, bekamen Kulleraugen. Zwar wußten sie, dann wieder nicht, was es mit Mann und Frau so auf sich hatte, nur, daß sie einander irgendwann und irgendwie brauchten. Ob sie wieder heil zu Hause landen würden? Einige Federn hatten sie auf der ersten Wegstrecke bereits verloren. Man hätte die weißen von den schwarzen Lämmern trennen sollen. Nein, das wäre auch nicht die richtige Methode: Durch Fehler wird man klug, heißt es ja.

Und ich? Zu welcher Gruppe gehörte Eva-Maria? Manchmal kam sie sich vor wie ein Schäfchen, nein zwei, ein schwarzes, dann ein weißes, wie die meisten Schafe es einst waren. In den Augen der Erzieher war mein Leben gegen alle Regeln der Moral. Ich fand das nicht, aber sie konnten ja nicht in mich hineinschauen. Ach ja, Moral. Wenn ich das Wort hörte, bimmelten die Alarmglocken. Oft ging der Begriff mit Falschheit einher. Es ist keine Kunst, moralisch zu sein, wenn man die Heimat nicht von heute auf morgen nur noch als Fatamorgana wahrnimmt – oder was zu essen hat. Schluß jetzt damit. Ich werde die mit Blei verglasten Fenster ins Vergangene schließen und sehen, was der Tag bringt.
Die Mädchen rühmten sich mit ihren Verhältnissen, wie der war, der vorige – in allen Einzelheiten, dadurch wurden sie wahrgenommen, es waren Beweise ihrer Existenz – und dafür, daß sie geliebt werden – und wenn nicht das, zumindest für den Moment gebraucht wurden.

Und der Kontinent jenseits des großen Teiches, dieses Amerika, das voll unbegrenzter Möglichkeiten stecken sollte, war oft Inhalt ausufernder Phantasien. Die Citys, hellbeleuchtet, keine so diffusen Gaslaternen und Trümmerlandschaften wie bei uns, bis dahin hatten die Nazi-Flugzeuge es nicht geschafft, nur umgekehrt haben sie alles zerbombt und den Eichenwald aus Hakenkreuzen abgeholzt, sonst wären wir jetzt wohl im BDM und hätten nichts zu lachen. Da mußte man dem Führer blauäugige Söhne schenken, damit die Rasse sich ausbreitet in der Welt. Uns Paradiesvögel hätten sie da auch nicht frei herumflattern lassen. Aber nun besteht die Chance, daß ...
Märchen von Millionären wurden durchgeträumt, Partys besucht in Traumhäusern, auf Luxusdampfern, an der Küste vom Pazifik gebadet. Wie leicht das Untertauchen wäre, in dem riesigen Land. Die Polizei war nicht so streng zu jungen Mädchen, die einfach leben wollten und sich amüsieren, die hatte sich um schwere Jungs zu kümmern.

Dämmerung, das Dunkelwerden, der Mond manchmal, gehörten mit zur Original-Dekoration bei den täglichen Exkursen übers unerlaubte Verlassen des Elternhauses – das von manchen als Hölle bezeichnet wurde oder als ein verhangener Käfig: als wäre man ein Kanarienvogel. Das waren Seminare, die es an keiner Universität gab. Dazu Gesänge, sentimentale, rauhe, eindeutige. Ich sang meist voller Begeisterung mit. Da war vom Schicksal die Rede, der Vorbestimmung – was ich zwar anzweifelte, mehr ans Glückhaben glaubte und an den eigenen Willen – daß alles lebenslänglich sein wird: die große Liebe, das Verlieren von ihr, Suche nach dem Fortgegangenen, Verfolgtsein von denen, die das Gesetz hinter sich haben und blaue Bohnen im Revolverlauf. In Moll das Ganze.
›Mit Hinlegen und Stöhnen kann man eine Menge Geld verdienen, mußt nur lernen, das Gefühl abzustellen. Alle sind sie ja nicht fies, baden jeden Tag, putzen sich die Zähne, reiben sich nach dem Rasieren Kölnisch Wasser ins Gesicht. Sie haben eine Frau zu Hause, die sie nicht mehr sonderlich aufregt, weil nichts Überraschendes mehr passiert. Bißchen Abwechslung braucht der Mensch aber zwischen dem ganzen Geschäftemachen. Seit Jahrhunderten ist es Brauch: der Mann kauft sich sein Vergnügen, wenn er Geld hat, wenn er Lust hat, Kummer, Leid – oder nur so zum Zeitvertreib. Das läßt er sich was kosten!

Dafür kannst du dir wiederum die schönen Kleider kaufen, dich in gepflegten Restaurants aufhalten, mit lackierten Fingernägeln dasitzen, teure Zigaretten rauchen, tun, als wär es selbstverständlich, daß man begütert ist von der Wiege an. Es ist kein Zeichen eingebrannt auf deiner Stirn, mußt nur lernen, mit Geld umzugehen. Das kannst du dir abkucken von deinem Galan, dem Geschäftspartner. Vielleicht kommt dann Er, der eigens für dich auf die Welt kam, dein Prinz. Und wenn der dann deine schönen Klamotten sieht, die selbstsicheren, fast gelangweilten Bewegungen, wie du die Zigarette anzündest und an die Lippen führst, vielleicht würde er unverhofft fragen, ob der Platz neben dir noch frei ist. Warum sollte es nicht mal was Längeranhaltendes sein. Und wenn nicht, ist auch drauf geschissen. Kommt halt der Nächste.‹

Viola hatte bis fünfunddreißig mitgezählt, dann die Übersicht verloren. Lotti aus Halle, die ihre Vaterstadt aus Liebeskummer hinter sich ließ, fragte Lucie, ob sie das schön fände, jeden Abend mit einem andern. Ein fester Freund, das ist es, wonach man sich sehnt von klein auf.

Lucie meinte, in den Kreisen, wo sie meistens verkehre, sind die Männer ebenso: heute die, morgen die. Soll ich heulen, wenn er mich kein zweites Mal mehr haben will. Mach ich es genauso. Peng.

Eine hatte sieben Männer gehabt, eine neunzehn, die nächste nur einen. Dann wurde ein Rekord gemeldet: Einhundertneunundachtzig: Und wenn ich nicht in diesem gottverdammten, verbarrikadierten Hinterhof säße, hätte ich auf meiner Strichliste schon den zweiten Hunderter abgehakt.

Und was die noch alles schaffen konnte, wo sie doch erst siebzehn war. Lucie war neidisch, weil sie nicht an erster Stelle stand – und sie sagte: Wetten, ich hol dich ein, sobald die mich hier rauslassen.

Eine andere, mit zarter Stimme, gestand, daß ihr die Männer immer nur Leid täten, wenn sie so betteln und stöhnen, sie selber hätte nichts davon, es wäre reine Nächstenliebe. Da ging ein Prusten und unflätiges Gebrüll los im dritten Stock und ebbte nur langsam wieder ab.

Man riet ihr, sich das Mitleid abzugewöhnen, denn Dankbarkeit könne sie abschreiben, im Gegenteil: Triffst du ihn wieder im Saal, auf'm Bums, kennt er dich nicht mehr oder ist gemein. Dann lieber schon gleich für Geld, da hast du etwas in der Hand, kannst dir was leisten, kaufst dir ein großes Bier und gießt es ihm über seine Dauerwelle.

In der hinteren Ecke weinte eine und unter Schluchzen stammelte sie:

›Gibt es denn kein anderes Thema als Hurerei und Rumrühren im Dreck.‹ Man riet ihr, sich am Unterhalten zu beteiligen nach eigenem Geschmack. Da könnte sie uns, falls vorhanden, was von inneren Werten vorschwärmen, mit Seelenkäse aufwarten, Kitschgesäusel, mit Händchenhalten und in'n Mond kucken, die platonische Masche abziehen.
Das Mädchen im Hintergrund schrie, daß es mir weh tat in den Ohren: Ihr Tiere ihr, ihr Schweine! – Was hast du gegen Tiere, Schwesterchen. Wir Menschen stammen angeblich alle vom Affen ab, kommen aus'm Urwald, vielmehr Paradies, was wohl keinen Unterschied ausmacht.
– Wenn man euch reden hört, schämt man sich eine Frau zu sein. – Dann geh ins Kloster beten. Und bitte Jesus in Gottes Namen, uns zu verzeihen, denn der war bestimmt kein nachtragender Typ.
Ich hatte mir eine ergreifende Geschichte ausgedacht, die keinen kalt lassen konnte und dazu Respekt einflößt, denn ich wollte nicht als unbelecktes Küken dastehen, womöglich verspottet werden, sondern als eine vom Schicksal frühzeitig bedachte Schwester, die also schon mitreden konnte und akzeptiert, zumindestens ins Vertrauen gezogen wird. Mich interessierten Erlebnisse theatralischer Art mit überraschender Wendung, wo der Schluß offen bleibt und spannend – wegen Anregung der Phantasie, damit die nicht verkümmert und der Film ausblendet.
Also hatte ich mir eine Mär zusammengesponnen, die alle anderen übertraf, sich glaubwürdig anhörte, weil ich nicht groß damit prahlte, sondern nur unterm Siegel der Verschwiegenheit preisgab, als mein ansonsten streng gehütetes Geheimnis, das allein für sie gelüftet wird, weil unsere Wege sich ja demnächst trennen – und deshalb ...
Das war plausibel, wurde akzeptiert und nur im Flüsterton bestaunt: Ich hatte schon ein Kind, einen Sohn, der bei meiner Großmutter war. Und der Clou dabei, es war von einem verheirateten Mann mit graumelierten Schläfen, dessen Frau nichts wissen durfte, weil die mich oder sich umbrächte aus Rache und seine vier Kinder ohne Mutter dastehen würden, denn ich könnte mich nicht ständig um sie kümmern, weil ich doch Schauspielerin werde – wenn alles gut geht – und ich mich demnächst auf ›die Bretter, die die Welt bedeuten‹, begeben würde,
Es schlief dann eine nach der andern ein. Zwei ruhige Mädchen waren dabei, die, wenn sie annahmen, die andern wären nicht mehr wach, zusammenlagen und Küssen übten, wie es Mann und Frau tun.

In meinen Schultern, im Rücken, war ein Ziehen und Sehnen nach seinen Armen, die mich an seine Brust drücken, Glück in Glücklichsein verwandeln. Ich wußte, daß es sowas gibt, hoffte, es wieder zu fühlen, aber nun war ich hier, konnte Manfred keine Nachricht zukommen lassen. Darum war mein Unmut und das Herzeleid mitunter grenzenlos.
Am Nachmittag, einige Tage nach meiner Ankunft, war Aufruhr ausgebrochen. Ich weiß nicht mehr, wie es begonnen hat, nur, er konnte nicht mehr aufgehalten werden, als der erste Stein geworfen war.
Es war ein Sonnabend. Ein Sonnabend ist nicht wie jeder andere Tag, vor allem, für die Männer nicht. Schon mittags ist die Arbeit vorbei, man wäscht sich gründlich, ist voller Erwartung: Was kommt auf mich zu, die Liebe meines Lebens; diese Stimmung unterschätze man nicht. Von gegenüber, wo normale Menschen wohnten, zog Duft von Sonntagsbraten über den Hof und eine sentimentale Melodie zusätzlich. Renate kannte den Schlager. In ihre Augen trat schmachtender Ausdruck. Sie summte, wiegte ihre Hüften, sagte: Bei der Musik kam er herein, wir sahen uns zum ersten Mal in die Augen, tanzten wortlos, ich war hin. Den Rest der Nacht lagen wir in einer Baubude, auf Maurerklamotten. Er konnte nicht genug von mir kriegen, war große Klasse, einfach Spitze. – Ihr sorgfältig geschminktes Gesicht spannte sich, bekam eine steile Falte zwischen den Augenbrauen. – Das war, glaube ich, der Moment, wo der Funke entstand, der jene Eskalation entfachte.

Später, in der Nacht, landeten die vermeintlichen Anstifter auf dem Polizeirevier Schönhauser Allee, U-Bahn Senefelderplatz; ich auch.
Ein Vorsitzender stellte uns Fragen in einem Büro. Lucie fühlte sich wohl, es war eine Abwechslung, zwar nicht die, die wir hatten erzwingen wollen, aber immerhin. Männer gab es hier auch, aber die sahen uns an, als hätten wir die Lepra oder ähnlich Schlimmes.
Der Mann am Schreibtisch verhielt sich wie ein gutmeinender Vater, redete ernst, mit traurigen Augen. Dann schwieg er, erwartete eine Antwort, die aber nicht kam. – Was habt ihr euch bloß dabei gedacht, hm? – Wir schwiegen weiter wie eiserne Jungfrauen. – Ja, habt ihr denn, wo andere Menschen einen Apparat zum Denken haben, ein leeres Loch? – Anzügliches Kichern erklang nun im Raum. Peinlichkeit, dann eine kesse Erwiderung: Sie kommen der Sache allmählich näher.

Wir sind an Fleisch gewöhnt, verstehen Sie, sind keine Vegetarier. Lassen Sie sich mal so lange auf Eis legen. Wetten, daß trotz Soda in der Suppe Wünsche aufkommen. – Zu frech, dachte ich, ›Bescheidenheit ist eine Zier‹, die lassen uns hier schmoren, bis wir schwarz sind. Das Isoliertsein habt ihr euch selbst zuzuschreiben. Wäret ihr richtige Mädchen, vernünftig, wie die meisten eures Alters, kämet ihr nicht in solche Situation und brauchtet keine nutzlosen Kraftakte vollbringen, um mal tanzen zu gehen. – Renate hatte eine neue Pose eingenommen, gab die vom Leben Enttäuschte. Was ging sie das alles überhaupt noch an, wo die Chance, hier rauszukommen aus dieser Scheiße, vorerst vertan war. ›Jugendwerkhof‹ hieß ihre Zukunft. Ade, du Mann meines Lebens, dich kann ich abschreiben. Und ich sah sie wieder zwischen I. und II. Stock an Bettlaken hängen, die wir mühsam zusammengeknotet hatten. Polizisten, die alarmiert worden waren von einem entkommenen Erzieher, rasten mit eingezogenen Köpfen über den Hof, suchten Deckung an den Mauern vor herabfliegenden Möbelteilen. Ein Globus knallte runter, zerbarst auf dem Tschako eines Unvorsichtigen. Aus dem IV. Stock kam der. Der Mann fiel um von der Wucht. Seine Kollegen zogen ihn hinter die Mülltonnen, in deren Schutz sie sich um ihn bemühten.
Renate schrie. Die Kraft ihrer Arme reichte nicht aus, um wieder hochzuklettern. Wir halfen, brachten ihr böse Schrammen bei an Armen und Beinen. Die Schreie wurden jämmerlicher, hallten durch die Nacht.
Einige versuchten, die lodernden Flammen der Strohsäcke zu ersticken. Der Sauerstoff wurde knapp. Die Türen hatten wir mit Schränken verbarrikadiert, saßen nun in der Falle, die wir selbst errichtet hatten.
Als Renate endlich wieder hochbugsiert war, flogen die angebrannten Teile in hohem Bogen durch die Nacht in den Hinterhof. Doch der Zerstörungswahn wütete weiter, Löschversuche scheiterten, denn im Raum gab es dummerweise keinen Wasseranschluß.
– Bedenkt, daß ihr mutwillig teures Volkseigentum vernichtet habt, Anschaffungen, die von Arbeitergroschen stammen. Euch müßte man ... Und plötzlich war unser Gegenüber kein verständnisvoller Papa mehr, sondern ein Zeitungsdeutsch sprechender Agitator, der die gerade flügge gewordenen Zugvögel und Heimchen mit platten Tiraden nicht verschonte, in denen es vom Aufbau des Sozialismus nur so hämmerte und höhnte. Und ein neuer Begriff wurde verwendet: Wir waren asoziale Elemente.

Und Aufbaustörer, ohne Charakter und Ideale, was andere junge Menschen haben. Wir hätten keine Würde noch Stolz im Leibe, waren Ballast für die Gesellschaft, den diese ohne uns schon zur Genüge mitzuschleppen hatte, durchfüttern ließen wir uns, Parasiten waren wir, Schmarotzer.
Eine weinte leise. Mir war leer in der Brust und schwindlig im Kopf. Lucie dachte sicher, quatsch du mal, Renate dachte, denke ich, gar nichts: Menschenleben in Gefahr gebracht, Verletzte, zwei Erzieher, drei Mädels, Brandwunden. Eine war über die Dächer entkommen, die nächste lag im Krankenhaus. Alles euer Werk! Ihr könnt euch gratulieren!
Ich biß die Zähne aufeinander, sie hätten sonst zu klappern angefangen, weil Kälte sich in mir eingenistet hatte und Mutlosigkeit entstand.
Dann wurden wir entlassen. Eisenbeschlagene Stiefel gingen voran, schlugen den Weg ein über Stufen, Absätze, Korridore, einer Treppe aus Beton. Die Geräusche widerhallten im Gewölbe.
Unten im Keller ein Raum, wo ein leerer Tisch drin stand, eine Glühbirne – von zwei, drei Motten umflattert – die uns blendete, wurden wir durchsucht und abgetastet, von einer Frau in nachtblauer Uniform. Vorher haben wir alles, was wir bei uns hatten, auf den Tisch legen müssen – und sie schrieb jedes einzelne Teil in ein DIN-A4-Heft ein, wobei sie die Zunge rausstreckte, den rechten Zeigefinger mit Spucke anfeuchtete und umblätterte. Ein neues Blatt wurde für mich benutzt. Sie fragte nach meinem Namen, trug ihn ein, so wie den Lippenstift, fünf Zigaretten, Siebenmarkfünfzig, Kamm, Spiegelscherbe, ein Foto, das sie betrachtete, dann sagte: Sieht nett aus, vernünftig, der Freund? Der würde sicher Augen machen, wenn er wüßte, was sein Mädchen so für schlimme Sachen macht. – Würde er nicht, sondern sich freuen. Außerdem ist er im Gefängnis, weil ... Dann paßt ihr ja zusammen. – Genau. Und ihre Bemerkungen können Sie sich sparen. – Daraufhin schaute sie streng und hielt mit spitzen Fingern den Büstenhalter in die Höhe, der sich in meiner Manteltasche befunden hatte, obwohl er mir nicht gehörte, ich auch nicht wußte, wie der da rein gekommen war. Die Polizistin hielt ihn ebenfalls schriftlich fest, wie alles andere.
Für den Rest der Nacht kriegten wir Einzelkabinen, vielmehr Kellerlöcher zugewiesen, mit Schwamm an den Wänden, wo es nach Ratten roch, Fäulnis, Desinfektion, Kremliner Schnitterkaserne, dazu niedrig und eng, mit Drahtgitter vorm Fenster, daß man Platzangst kriegte.

Ich schrie etwa eine Stunde lang. Als meine Stimme dann heiser wurde, die Hände wund vom Gegen-die-Tür-Schlagen, das Innere angefüllt war mit Leere, beschloß ich, wie vom Blitzstrahl getroffen, zu sterben. Und griff durch das schadhafte Gitter, brach ein Stück Fensterscheibe ab, überlegte, ob die rechte oder linke Hand, entschied mich für die Herzseite: denn in der Rechten ist mehr Kraft für die Ausführung.
Es tat weh. Dann wurde es warm in der Hand, die ich geballt hatte. Im Licht von außen schien es, als ob mein Blut schwarz sei. Ich fühlte Genugtuung, aber da waren noch die Gedanken, die frei sind, wie es im Lied heißt – und konnten Erinnerungen in lebende Bilder umwandeln. Auch in der engen Zelle hatten Wiesen Platz, war das Plätschern vom Bach zu hören, der Himmel zu ahnen, blaß ein Gesicht, das deutlicher wurde. Die Vorstellungskraft ließ mich das Lied von ›Lenin, mit der roten Fahne‹ vernehmen, seine Lippen spüren, den Duft im Haar nach dem Schwimmen.
Jener Abend war unser Anfang gewesen ... Ich wollte hübsch sein für ihn, damit er mich zur festen Freundin will. Für die anderen kannten wir uns seit langem, für uns seit hier, denn er unterhielt sich mit mir, als sei ich ein Findelkind, das keine Ahnung hat, vor allem vom Goldnen Westen nicht – und dem man alles erklären muß. Er hatte Bücher von Marx und Engels gelesen, Gedichte von einem Bertolt Brecht, kannte Lieder: ›Und weil der Mensch ein Mensch ist – hat er Stiefel im Gesicht nicht gern. Drum links, zwei, drei. Wo dein Platz, Genosse ist, reih dich ein ...‹

Eva später auf den Stufen vom Berliner Dom: Das Sich-Interessantmachen, weil Geliebtwerdenwollen, gehörte zum Lebensinhalt.

Wir zogen durch die Wälder, machten lange Wanderungen, tanzten unter freiem Himmel, der wie eine Glocke war und uns beschützte. Einheimische kamen auf den Platz, wo wir die blaue Fahne hißten, sie uns Sagen aus den Bergen erzählten, Anekdoten der Gegenwart.
Wir gingen mit zum Heuwenden. Für mich war das ja nichts Neues, für die Großstadtpflanzen schon. Ein Leiterwagen schuckelte uns raus. Manfred saß neben mir. Wir ließen die Beine baumeln, streiften die Gräser mit den Zehenspitzen. Ein Mischmasch aus Glückseligkeit und Traurigsein gluckste in der Brust, weil ich eine in den Tag hinein rankelnde Pflanze war, die anderen dagegen auf festem Boden wuchsen.

Ich konnte deshalb nicht so frisch von der Leber weg reden, wie ich es sonst mit Gleichaltrigen tat, über mein ihnen vielleicht sonderbar vorkommendes Verhalten auch nicht, weil keiner was wissen durfte.
Wir hatten über die Sache kein Wort mehr verloren. In Berlin war ich unbekümmert, aber dann hatte sich was Grundlegendes verändert ... Kalenderblätter von damals beschreiben in Andeutungen das Schöne und Wahre, mein Hin- und Hergerissensein, aber es war komplizierter als ich es hier wiedergebe, nämlich der Manfred, in den ich mich verliebt hatte, den lernte ich dort kennen oder im Zug auf der Hinfahrt. Und der andere Manfred, der mich unter der Spreebrücke fand, mir Gitarrengriffe zeigte, für mich wie ein Bruder war, Jugendfreund, Lehrer – obwohl kaum älter, aber klug, großstädtisch – er war sicher nicht begeistert über das Flatterwesen, zu dem ich mich aus seiner Sicht entpuppt hatte. Vielleicht läßt er mich plötzlich fallen wie eine heiße Kartoffel, dachte ich, weil unser Geheimnis auffliegen könnte. – Dieses Damoklesschwert schaukelte stets über Allem.

Und wie das so ist, wurde ins Strickmuster vom Kapitel ›Evas Lehr- und Wanderjahre‹, neben Seidengarn, Leinen, auch schwarze Schafwolle und Lügengarn gesponnen. Aber noch war alles reine Unschuld, doch kein Schwein vermutete, daß diese Eva – wie peinlich – noch eine unberührte Jugendfreundin war. Die andern der Gruppe hatten sich in Pärchen geteilt, schwirrten rum. Wir waren bisher nie oder kaum allein gewesen, aber diesmal, nach dem Tanz im Dorf, ergab es sich, daß wir hinter den anderen waren, uns zurückfallen ließen. Der Ort hinter einer Kluft und einer aus unzählbaren Grüntönen bestehenden Mulde, war unser Gesprächsstoff. Wir fanden, die Häuser sehen aus als begänne dort Liliputanien, das Land der Däumlinge, deren Gefühle als Ausgleich und im Verhältnis zu ihrer Größe aber größer sein könnten als unsere. Nebel stieg auf im Tal und über uns war sternklare Nacht. In einer Stube ging das Licht aus, gleich wird der Mann dort einschlafen. Manfred meinte, eine Frau. Vielleicht ja beide, schlug ich vor.
Wir bemerkten, daß das Korn bald reif ist, aßen Weizenkörner aus den Ähren und unsere Schritte wurden zögerlich kurz vor der Herberge. Im Flur war es dunkel. Er gab mir seine Hand, die kühl war, sagte, daß meine warm ist. Ja, sagte ich, auch im Winter. Und wir sagten uns Gute Nacht, spielten brave Jugendverbandsfreunde: Dann also bis morgen.

Im Zimmer waren nicht alle Mädchen. Ich las bei abgedunkelter Nachttischlampe Heimatmärchen. Zwei Nachzüglerinnen kamen, erzählten ihre Erlebnisse, waren zu Gast bei Bergbauern. Die hatten selbstgemachten Wein und frisch geräucherten Schinken aufgetischt. Nachbarn haben thüringisch gesungen. Morgen dürfen wir mit aufs Feld raus. Komm mit, du interessierst dich doch für Landwirtschaft. Warst du schon mal auf dem Lande? – Ja, bis ich zehn war, hinter der Oder-Neiße-Grenze, in Kremlin, das gehört jetzt zu Polen, aus Strafe, wegen dem Krieg. Später habe ich einen Sommer bei der Ernte geholfen.

Der Wein tat seine Wirkung, der Schlaf kam über die beiden.

Ich grübelte, wie ich den Wirrwar in mir entwirren könnte. Und eine leise Stimme von irgendwo Innen, im Rauschen des Windes, von Gott, im Zirpen der Grillen, meinte: Sag ihm einfach die Wahrheit.

Doch ich ging ihm aus dem Weg am nächsten Tag, fuhr mit auf die Wiesen, ohne ihn gesehen zu haben. Das Essen schmeckte nicht, da wußte ich, es war was faul. Der Tag verging, als kröche eine Schnecke bis nach Eisenach, die Sonne stach bis zum späten Nachmittag hinein. Am Abend taten mir die Schultern weh, Arme, der Rücken, so hatte ich mich ins Zeug gelegt. Wäre es nach einer vorgeschriebenen Norm gegangen, ich hätte sie hundertprozentig erfüllt oder in Rekordarbeit alle geschlagen, wie Ella Miller einst in Kremlin. Der Bauer war dann voll des Lobes, fragte, woher ich das denn könnte – und lud uns ein, bei ihm noch Abendbrot zu essen auf der Veranda. Das war mir sehr willkommen und ich überredete die andern ebenfalls dazu, die anfangs gezögert hatten, weil heute doch Lagerfeuerfest war.

Das war dann auch, ein Stück vom Haus entfernt, bereits im Gange. Da saßen viele, sangen, Manfred der Erste spielte Gitarre, sang das Lied von Lenin mit der Roten Fahne in der Hand und das Friedenslied. Die Mädchen wuschen und kämmten sich schnell, zogen frische Blusen an und Röcke, schnell waren sie wieder unten, obwohl sie sich das letzte Stück hierher vor Müdigkeit kaum auf den Beinen hatten halten konnten. Ich wusch mich von oben bis unten, bürstete ausführlich die Haare. Das Kleid, das ich gebügelt und angezogen hatte, zog ich wieder aus, schlüpfte in die Hochwasserhosen und den Pullover rein, löschte das Licht, ging auf den langen Balkon. Die Lustigkeit und frohe Laune reizten mich einerseits und zogen mich an, dabei zu sein.

Niemand wußte ja schließlich, daß ich nicht dazu gehörte, daß mein Hiersein mit List und Tücke erschlichen war, daß ich öfter im Freien schlafe, im Doppelstockbett der Bahnhofsmission oder unter der Brücke. Nur einer von ihnen hatte es gesehen. Manchmal haßte ich ihn dafür. Ob ich abhaue? Das wäre die gerechte Strafe gewesen für sein Wissen über mich und dem Prahlen, seine Hand für mich ins Feuer zu legen, falls die Vertrauensfrage gestellt wird. Ungerecht wegen seiner Überzeugung von Brüderlichkeit und Solidarität, aber ›Gutheit ist ja immer Dummheit‹, wie der Volksmund behauptet. – Nein, er hätte sicher mächtigen Ärger gekriegt, das wollte ich nicht. Nur verschwinden und dann übers Jahr wie der Phönix aus der Asche auftauchen ...

Und wieder stand ich außerhalb des Kreises. Lieber Gott, wann hört das denn auf, ich bin dem auf Dauer nicht gewachsen. Meine Natur ist widerstandsfähig geworden durch die klaren Jahreszeiten in Pommern, aber meine Seele erinnert oft an einen Vogel mit gestutzten Schwingen. Denn warum schmerzt die Schönheit und Ausgelassenheit des Abends, der Feuerschein auf den Gesichtern, Geruch von Frühkartoffeln in der Glut, mein frisch gebügeltes Kleid am Haken – und daß der eine Manfred es wußte und der andere nicht, ich wohl zu feige war, um ... Schon mußte ich weinen, niemand vermißte mich, keiner sah nach mir. Ich hatte ›Weltschmerz‹, wie Onkel Albert solche Stimmung nannte. ›Denn bis zur Hochzeit ist alles wieder gut ...‹ Mir fielen stets Lieder ein, wenn es zum Weinen war oder zum Lachen: ›Mädchen, seid schön auf der Hut, beim Tanz, mit Müllers Franz und seinem Ringelschwanz. Schläft du schon, fragte Reni, als es draußen vorbei war und sie als letzte reinschlich. Ich brummelte was von Sonne und schwer wie Blei. Manfred hat gefragt, warum du nicht runtergekommen bist. Du seist zu müde gewesen vom Heuwenden, hab ich gesagt. Aber morgen, meint er, sollst du nicht ins Heu gehen, wir wollen einen Ausflug zur Burg rauf machen, es soll da unheimlich romantisch sein. Wir nehmen Kaltverpflegung mit, dann haben wir den ganzen Tag dafür. Sie putzte sich die Zähne, gurgelte, fragte: Ihr habt euch doch nicht etwa gezankt? Ihr beide zusammen, das sah doch schon sehr vielversprechend aus. Gern hätte ich jetzt gejauchzt vor Freude oder wäre als Elfe verkleidet ums Haus gehüpft, in eins der Jugendherbergsbettbezüge gewickelt.

Auf der rechten Seite liegend, sah ich ins beruhigende Nachtdunkel. Sterne blinkten hinter den Augenlidern und funkelten mir das Blaue vom Himmel herunter. Der Mond war unbeeindruckt weiter gewandert.

Von der Ruine hab ich wenig behalten, nur, es war etwas unheimlich: Geraschel und Knistern, als würden Mumien zerfallen und Fledermäuse sich paaren. Manfred, mein Entdecker, ebenfalls in der Nähe, meinte ironisch, das läge nur an meiner ausschweifenden Phantasie.
Ich nahm mir vor, mit beiden: Fred, der mein Herz berührt hatte und Freddy, meinem Gitarrenlehrer, zu reden, dachte in meinem jugendlichen Leichtsinn, wir könnten vielleicht Freunde fürs Leben werden.
Morgens waren wir uns ausgewichen wie zwei Geheimnisträger unterschiedlicher Systeme. Zufällig – oder war es Absicht – streiften sich unsere Hände beim Trepperuntergehn und bekamen gleichzeitig einen elektrischen Schlag, daß Funken knisterten und uns auseinander katapultierten.
Ich gab dann zur Abwechslung das Mauerblümchen im Bukett, für ihn bestellte ich beim Szenenbildner einen Korb voll Wiesenallerlei und unzählige Gräsersorten, obwohl er was von der Blauen Blume an sich hatte, ernsthaft war, mit einem aus der Tiefe kommenden Forscherblick.
Da stand eine Burg auf den Felsen. Ich fragte: möchtest du da wohnen? Er antwortete: Für immer wär mir das zu einsam – und dir sicher auch,

wie ich dich kenne. Ich blickte zu ihm hoch, er war einen schiefgewachsenen Baum hochbalanciert: Du kennst mich? – Ein bißchen. – Und wenn wir zurück sind? – Dann kenne ich dich noch besser.

Dann waren wir auseinandergedriftet. Wieder nahte ein Abendrot. Heute werde ich nicht außerhalb des Kreises stehen, nahm ich mir vor. Nach dem Abendbrot in der Herberge zogen wir nochmal los.
Wollen wir nachher baden gehen, hast du Lust? – hatte er unterwegs gefragt. – Im Kollektiv? – Zu zweit. Mit mir allein. – Ich habe Lust.
Die meisten gingen ins Kino. Es gab einen Film mit Marika Röck. Hinterher sangen Jung und Alt: In der Nacht ist der Mensch nicht gern alleine, denn die Liebe im hellen Mondenscheine, ist das Schönste, Sie wissen was ich meine – einerseits und andrerseits und außerdem.

Das Wasser war klar, am Grund waren Steine. Bis zur Badestelle wäre Zeit verschenkt worden: Das sind die ersten Schritte mit den Steinen, dann wird es tiefer, meinte Manfred. Wir baden nackt. Hast du Angst? – Sehe ich so aus? Trotzdem zog ich mich abseits aus, hörte ihn im Wasser prusten, rief: Du darfst mich aber nicht untertauchen.
Aus dem Schatten der Bäume waren wir raus ins Freie geschwommen. Der Himmel sah aus wie mit Goldpapier bespannt. Er kraulte davon. Ein Stück hielt ich mit. Tief ein- und ausatmend schweben wir uns im Wasser gegenüber. Die Nacht war so klar, daß seine Wimpern wie gezeichnet wirkten, die Wassertropfen darin wie schwarz glänzende Perlen. Über uns fuhr der Große Wagen hinweg, als wäre es nichts Besonderes Schwimmen wir zurück? – Wenn du willst. Wir waren abgetrieben und gegen die Strömung war es anstrengend, doch wir gelangten ans Ufer. Unsere Sachen lagen weiter oben. Und damit ich nicht über Wurzeln stolperte und Huckel, hielten wir uns an der Hand das Stück Weg.
Als die kleine Lichtung erreicht war, ließ er meine Hand los, lief vor. Mit dem Handtuch kam er mir entgegen, legte es auf meine Schultern. Als ich angezogen war, fühlte ich mich tatsächlich wie neugeboren.

Es war noch früh. Im Kino lief sicher erst die Wochenschau oder der Beifilm. Vielleicht hatte Marika auch schon einen Revue-Auftritt hinter sich. Wir gingen noch ins Waldhaus, eine Kneipe aus Balken. Drei Bauern saßen drin und zwei pfeifenrauchende Opas von der Siedlung zur Fuchsfarm. Einer mischte Karten, ließ abheben, teilte aus. Pik war Trumpf. Wir setzten uns an den hintersten Tisch auf die Eckbank.
Ich sah zu, wie er trank, sich mit der Hand über den Mund strich und stellte mir vor, es wäre meine Hand, nein, nur der Ring- und Mittelfinger, so daß er kaum was spürt und mehr davon haben will. Warum hat er mich nicht geküßt vorhin? – Der Gedanke verließ mich eine Weile nicht. Er merkte nichts, erzählte von dem Lehrer, den er kennengelernt hatte, als dieses Treffen mit Oberschülern war.
Ich hielt mich im Hintergrund, wollte nicht allein in der Herberge bleiben. Wenn einer der beiden Manfreds in der Nähe war, fühlte ich mich besser. Nicht, daß mir nichts eingefallen wäre, ich hatte Einblick in das Leben der Westfreunde erhalten, außerdem wußte ich im Osten Bescheid, war in der FDJ wie alle Lehrlinge – aber das Eis war mir zu dünn, so schwieg ich.

Natürlich ist auch Abenteuerlust dabei, wenn junge Menschen losziehen, Aktionen starten für die Sache des Friedens, Plakate ankleben, Flugblätter verteilen und so weiter. Unser Organisator, Leiter der Feriengruppe, berichtete anschaulich über die Schwierigkeiten der Freien Deutschen Jugend Westberlins: Es ist aber noch was anderes mit im Spiel, nämlich Herz und Verstand. Gegen Krieg, für Frieden, sind fast alle Menschen auf der Erde, werdet ihr sagen. Aber die meisten Nachgeborenen denken, Frieden ist eine Selbstverständlichkeit, der kommt von allein – und lassen die Karre laufen. Aber auf längere Sicht ist das Unterstützung für Kriegsgewinnler, Waffenfabrikanten, Monopolkapitalisten, Imperialisten, Nazischweine – er nannte Namen, Leute, die nichts aus der Vergangenheit gelernt haben, wieder hohe Posten bekleideten und das große Wort führen und meinte: Denen müssen wir entgegen treten, wollen wir neuen Krieg verhindern. Das ist nicht ungefährlich. Man findet immer einen Dreh, Menschen wie uns was anzuhängen. – Einige hatten bereits Bekanntschaft mit der Zitadelle Moabit gemacht. –

Der Sprecher war überzeugend, fand ich. Nicht allein durch die Worte und den Inhalt seines Vortrags: wie die Augen dabei leuchteten. Als hätte Lenin Licht angeknipst, wie einst, als er die Welle mit der Elektrizität ins Rollen brachte.
Der Westgenosse war ein sehr guter Agitator. Manfred ging mit ihm immer zu Demonstrationen, am 1. und 8. Mai waren sie zusammen, zum Tag der Oktoberrevolution, wenn Rosa Luxemburg, Karl Liebknecht und August Bebel gewürdigt wurden, wo dann meistens Polizei aufkreuzte, Fahnen beschlagnahmte und die Ansammlungen zerschlug.

Ölbild von Boris W. Joganson: ›Die Führer der Revolution‹: Lenin, Stalin. – Trotzki ist nicht mehr dabei.

Eva an einem Feiertag in Berlin – Unter den Linden

Also bei diesem Lehrer, den Manfred getroffen hatte am Abend mit den Oberschülern, war er sogar zuhause gewesen, zwei Ortschaften weiter, in einer kleinen Stadt. Der wußte auf jede Frage eine Antwort, nicht nur aus Büchern, sondern auch eigener Anschauung. Bevor es wieder zurückging, wollte er ihn nochmal besuchen und nach Berlin einladen. Der müßte Vorlesungen halten, warum vergräbt er sich in diesem Nest. Was mag ihn halten, das würde mich interessieren. – Vielleicht lebt hier seine Liebe, sagte ich. – Das ist kein Grund für so einen scharfen Intellekt! Die Frau könnte ja mitgehen. – Vielleicht liebt er das Land, seine Heimat und verabscheut die Stadt. Sowas soll es geben. – Mir fiel ein altes Lied ein, wo zwei rüst'ge Gesellen hinaus zogen, ›um was Recht's in der Welt zu beginnen‹, wo der eine bald ein Büblein im Arm wiegt und behaglich zum Fenster rausschaut, während der andere von Stimmen gelockt wird ins Ungewisse, dessen Schifflein zerschellt – und über den Wassern weht's kalt ...
Manfred sagte nichts. Er fand mich manchmal wie eine Zwölfjährige. Nie erfuhr ich, was den Lehrer abhielt, kann es mir aber ausmalen. Es gab ähnliche Beispiele, die weniger idyllisch ausgingen: Einer wurde strafversetzt, ursprünglich aus Leipzig, hatte einen leitenden Posten gehabt, aber einen zu eigenen Kopf, wollte Lehren von Marx und Engels umzusetzen in die Praxis ... Soweit konnte ich zu der Zeit jedoch nicht denken oder derartige Schlüsse ziehen, wollte geliebt werden und was erleben.
Dann kamen wir doch auf meine Situation zu sprechen. Er war ja nicht blöd, hatte mitgekriegt, daß ich anders bin als die Westmädchen.
Manfred grübelte, schien abwesend. Jetzt denkt er nach, was wird, wenn wir in Berlin ankommen. Vor dem Bahnhof Tschüß statt Aufwiedersehn und jeder geht seiner Wege. Den Satz: ›c'est la vie‹, benutzte ich gern in Gedanken. So ist das nun mal. Keine Sorge, ich werde dir kein schlechtes Gewissen machen; schließlich war ich nicht das erste Mal verliebt. Aber nie in dieser Art. Wären wir uns doch bloß wo anders begegnet! Was klage ich! Sei froh, daß du ihn getroffen hast. Es ist kein Traum, er sitzt vor dir in dieser Hütte, wir haben im Fluß gebadet, der Abend schreitet voran; es liegt an dir, Eva, aus der Zeit mehr zu machen.

Findest du mich schlimm? fragte ich. Es geht. Er lächelte nicht, war ernst. Das Licht wurde gleich ein bißchen trüber, als wäre die Leitung überlastet worden. Wir brachen auf. Die Skatbrüder reizten sich weiter.
Er nahm meine Hand, wir rannten. Ich mußte große Schritte machen. Vorsichtig, um den Weg abzukürzen, balancierten wir über den Bach auf glitschigen Steinen. Ich rutschte aus. Einen Moment hielt er mich im Arm. Eine Lichtung. Rehe brachen durch die Schonung. Unterholz zerbrach unter ihren Sprüngen. Beide waren wir erschrocken, unsere Hände hatten sich ergriffen. Leises, erlöstes Lachen.
Ich hielt mein Ohr an die Stelle, wo sein Herz ist. Es klopfte schnell.

Wiedermal ins Netz gegangen. Es begleitete mich etwas Weibliches in feldgrauer Kleidung. Wir fuhren mit der Straßenbahn, stiegen um. Dann klingelte sie am Tor, das beim Öffnen mächtig quietschte. Mädchen standen grüppchenweise rum, buntgescheckt, meine Altersklasse. Regelmäßigkeit über eine Woche lang, Ordnung und zugeteiltes Essen. Wildrosensträucher rankten die Mauern hoch. Wir harkten Wege.
Ich gehörte eigentlich gar nicht hierher. Das Anwesen stand nämlich im Westsektor und ich war doch eine aus dem Osten. Man wollte mich also schnellstens wieder loswerden. Aber der ganze Bürokram, die Befragungen und Untersuchungen, das brauchte seine Zeit.
Ob das Herz normal schlägt, die Lunge in Ordnung ist, wurde mit einem Abhörrohr überprüft, es interessierten sie die Geschlechtsorgane ...
Dann ging es los mit einem Individuum, nicht heimwärts, wie Gleichbetroffene, mit denen ich mich angefreundet hatte und tränennaß annahmen, als Abschied war, paar Stationen mit der S-Bahn nur, wo die nächste ›Durchleuchtung‹ stattfinden würde, nur im Ostteil der Stadt.
Er war stets auf dem Sprung, mein Begleitmann. Ich studierte ihn heimlich im Bus, der zum Umsteigebahnhof fuhr. Mir war die Gegend unbekannt, er kannte sich in ihr dagegen wie in seiner Westentasche aus.
Ich war zwar flink wie ein Wiesel, mußte aber flinker sein als der sich mit Ausreißerinnen, auch solchen, die mit allen Wassern gewaschen sind, auskennende Betreuer. Und er hatte das Provisorium meiner Identität in Gewahrsam genommen. Das war sein Vorteil, ein Faustpfand und mein Pech. Ich saß gleichgültig tuend da, ließ mich von ihm beobachten. Er wußte nicht, daß ich ihn in der Fensterscheibe sehe.

Dann fühlte er sich sicher, spielte Makarenko, gab mir meinen ›Probusk‹, sagte milde, daß er mir traue, er trüge eine Waffe bei sich. Ich fragte, wozu das. – Zur eigenen Sicherheit. – Ob er schon mal angefallen wurde. – Das nicht, aber man muß auf alles gefaßt sein im Leben.
Wir stiegen aus am Bahnhof, ich hörte Freiheitsgeräusche, Züge anfahren, Lautsprecherdurchsagen, sah nicht nach rechts, sah nicht nach links, verhielt mich, als würde ich dem Manne bis ans Ende der Welt folgen, nach Sibirien, in die Wüste Gobi, denn ich war ja ein geläutertes Schaf.
Als ich auf dem Dachboden eines altberliner Hauses meinen Pulsschlag fühlte, stellte ich fest, daß ich geflohen war. Und dachte: Das war der neue Weltrekord in Hindernislauf – über eine unbekannte Strecke.
Der Mann hatte, glaub ich, gerufen: Stehen bleiben oder ich schieße! Und: Haltet sie! Leute waren zwar stehengeblieben, sind mir aber ausgewichen aus Furcht vielleicht, ich könnte sie über den Haufen rennen. Die Gegend war verwinkelt, ich war schon um die nächste Ecke, ehe sich einer der Passanten entschließen konnte, mir ein Bein zu stellen.
Dem berufsmäßigen Kurier für schwererziehbare Mädchen zwischen Ost und West, stößt es jetzt sicherlich sauer auf, er kriegt Scherereien, eine Verwarnung, den Rat, sich nach einer anderen Tätigkeit umzusehen, weil er nicht schnell genug im Reagieren ist und auf den Beinen. Doch zu seinem Gunsten muß ich anführen, daß ich besonders schnell sein kann und nicht zu halten bin, wenn es nun mal ums Ganze geht.
Als ich wieder normal atmen konnte, wußte ich, wie in etwa ein sich vom Jagdhund verfolgtes Reh fühlen muß – das der Freiheit wiedergeschenkt wurde und der Liebe natürlich, ihn, der über sechs Tage ohne Nachricht von mir war – und ich ohne seine begehrenden Küsse.
Das Holz war warm, auf dem ich lag. An einer Wäscheleine hingen halbnasse Sachen, Omaschlüpfer, Männerunterhosen, Monatsbinden. Staubteilchen tanzten im schrägen Sonnenstrahl, hinter der Eisentür befand sich eine Terrasse. Ich klemmte mich auf den Sims ganz hinten, um nicht entdeckt zu werden, setzte mich der Sonne aus, war froh, genoß das Hochgefühl, den weiten Blick über die Dächer, denn vorerst hatte ich nicht vor, diesen Unterschlupf zu verlassen. Womöglich strich der ge- und enttäuschte Fänger noch unten herum, darauf spekulierend, wenn das Mäuschen Hunger kriegt, kommt es von alleine wieder aus dem Loch herausgekrochen und läuft mir geradewegs in die Falle.

Die Stadt lag blauäugig und noch etwas verschlafen mir zu Füßen, hatte leichtes Rouge aufgelegt, war umgeben von Lichtschwankungen aus Grün. Wie im Haarnetz gebändigt, hörte sich das Blattgeflüster ihrer Bäume an. Es war die Stadt Berlin, die mich anzog, wie ein menschliches Wesen und lockte, ihre unterschiedlichen Gerüche einzuatmen. Doch mußte ich zur Zeit vor ihren Ordnungshütern und gleichfalls vor den Ordnungsverweigerern, die kein Maß kennen, auf der Hut sein.

Manfred hatte keine Anstalten gemacht, sich zu verabschieden, auch kein Wort darüber geäußert, was er denkt, ob wir uns wiedersehen; es geschah nicht nur aus Nächstenliebe, was sich dann ergab.
Er küßte seine Mutter, sagte, ich habe jemand mitgebracht, sie wird einige Zeit mein Zimmer haben. Ich schlaf im Wohnzimmer auf der Chouch, mehr erklärte er nicht. Seine Mutter war glücklich, daß er da war. Der Vater, um zehn von der Spätschicht heimkommend, war toll in der Situation, freute sich auch über mich, wie es mir vorkam.
Wir tranken Weißwein, berichteten von der Reise, der Jugendgruppe. Das Aussehen Manfreds gefiel den Eltern – er sei auch reifer geworden, fröhlich; naja. Manfreds Vater war ebenfalls ein fortschrittlicher Mann, erzählte von Veränderungen im Betrieb, wo beide arbeiteten, bei der Reichsbahn nämlich, deren Verwaltung in den Händen des Osten lag, was mir neu war und ich mir schwierig vorstellte.
Manfred sollte seine Lehre beenden im Herbst, dann studieren, auf eine technische Hochschule gehen. Die Eltern wollten, daß er was Ordentliches wird, was Hand und Fuß hat, ihr Sohn, ihr Ein und Alles.
Da lag ein Stapel Hemden, frisch gebügelt. Überall Ordnung im Haus.
Ich wusch meine Wäsche gleich am nächsten Tag, nähte lose Knöpfe an, unterhielt mich mit der Hausfrau, erzählte, was ich vorhatte.
Mein Freund hatte schon eine Idee tagsdrauf, doch sie zu verwirklichen, würde eine Weile dauern, denn ich war noch nicht volljährig, ging mit zu Jugendveranstaltungen, die immer auch spannend waren: Polizei strich um sie rum. Merkwürdig, daß man im Westteil der Stadt Unterricht bekam, wie im Osten: Ernst Thälmann wurde zitiert, Karl Liebknecht, Rosa Luxemburg, aber diese Wissenserweiterung ergab sich durch die Gruppe, in die ich hineingeraten war, aus der welche nachts an die Wände malten: ›Es lebe der Frieden‹ und ›Ami go home‹.

Eine Schäfchenwolke schob sich vor die Sonne. Ich rückte mich in eine andere Lage auf dem Dach, holte das mir mitgebene Butterbrot, belegt mit Schnittkäse, aus dem Umhängebeutel, pickte jeden Krümel auf mit feuchtem Zeigefinger, damit ich ›groß und stark‹ werde. Dann kommt nur ihr Zwerge, ihr Riesen, seht meine Arme, fühlt meine Muskeln. Glaubt nicht, ich sei eins von diesen schwachen Geschöpfen!
Habt ihr meinen Wettlauf gesehen, wie ich den Plattfuß austrickste? Versucht es! Das Pflaster unten ist nicht von Pappe, ihr würdet zerschmettern, ein blutiger Matsch sein, falls ihr mich angreift.

Amerikanern dürfte man von nun ab nicht mehr trauen; es war bestimmt einer, der mir das angetan hat, sah aus wie ein Sheriff im Westernfilm – und alles nur, weil ich mich ordentlich anmelden wollte. Im Osten der Stadt ging das schon mal gar nicht, da brauchte man eine Zuzugsgenehmigung, Arbeitsstelle, Wohnberechtigungsschein, Empfehlung einer Organisation wie FDJ. Um im Westen anerkannt zu werden, mußtest du einen triftigen Grund angeben, daß man politisch verfolgt wird, heiraten will, ein Kind kriegt, Familienzusammenführung anstrebt. – Es war ein Spießrutenlauf durch diverse Instanzen, nicht nur durch die deutsche Bürokratie, auch Vertretungen der Besatzungsmächte: französische, englische – als letzte das amerikanische Protokoll – hatten ein Wörtchen mitzureden. Man wird ins Geheimzimmer geführt, füllt Fragebögen aus, läßt sich besichtigen, auf Herz und Nieren prüfen ...
Und das war so gekommen: Ich lag oft wach nachts auf einer Decke auf dem Fußboden: wir wollten das Bett nicht verknautschen wegen seiner Mutter. Er schlief halb in meinem Arm – und ich dachte an meine vertrackte Lage und daß ich daran was ändern mußte. Es war zu nervig, besonders für ihn, denn wir hatten nichts weiter miteinander, Herzliebe schon, Ankuscheln, aber nicht miteinander schlafen und die Sache machen. Da hatten wir einen Versuch in den Bergen gestartet, er hatte mich überrumpelt, fast wäre es zum ... Blutbad gekommen, aber ich schrie derart laut auf vor Schmerz in des Waldes Stille hinein, daß ein Uhu verschreckt aufflatterte in den Bäumen, mein Angebeteter von mir abließ und in sich ging. Ich war, wie gesagt, noch mit dem Schutzspanzer, dieser zählebigen Jungfernhaut ausgestattet, er jedoch bei der Attacke anscheinend durch die Wolken ins hohe Blau geschossen.

Da beschloß ich diesen Gang nach Canossa. Es war mir peinlich, so dahin zu leben bei seiner Familie. Und ich zog los ohne sein Wissen, ging in das Amtszimmer, wo der große Schreibtisch steht mit klobigen Sesseln drumherum, weil ich dachte, am Abend bin ich mit allem durch und hole ihn mit der tollen Überraschung in der Hand von der Arbeit ab. Dieser Raum war der letzte, durch den ich mußte, hier sollten die letzten Fragen gestellt werden nach dem Warum, Woher, Wieso und so weiter und wo nach meinen überzeugenden Antworten, das mein Leben verändernde ›Okay‹ erteilt werden würde, dachte ich.
Westdeutschland erstmal, gab ich an – und dann vielleicht Amerika. Da soll ja vieles möglich sein, hatte ich gehört. Ich dumme Pute wollte ihm schmeicheln, dem Mann, der ganz bestimmt von Übersee war, das merkte man an seinem Akzent. Der wußte mein Nettsein aber nicht zu schätzen, war ein kalter Fisch, nahm mich nicht für voll als Frau, na ja, ich war leider auch noch nicht volljährig.
Er machte auf meiner Akte einen Vermerk: Jugendheim im Westen, dann kam die Dame in der schlechtsitzenden Uniform und los ging es, Heidiheida. Zum Glück hatte ich nicht Manfreds Adresse angegeben, sonst wären die womöglich da aufgetaucht; schrecklicher Gedanke.

Und heute komme ich und sehe dich, Heißersehnter, weißt du, wie krank ich war vor Sehnsucht? Machst du dir Sorgen, wo ich bleibe, ja? Du schläfst wieder in deinem Bett, da liegst du und denkst, warum kommt sie nicht, liebt sie mich nicht mehr, hat sie vergessen, was war. Kann sie sein ohne das Einatmen unserer Düfte, die heimlichen Küsse, kann sie sein ohne die süßen Augenblicke, Stunden. – Nein, Schatz, ich kann es nicht, ich verbrenne ohne dich, verdurste ...
Ihr blöden Akten und Vermerke, Gesetze, Bestimmungen, ich lasse mir von euch nicht die Laune verderben, ihr könnt mir nichts anhaben auf Dauer, ich werde euch umgehen und einfach leben.

Da zog ich los vom Boden oben, leise meine Füße setzend, vorbei bei Müllers und Laduse, bei Hertel und Markowski, dem zweiten Stock, dem ersten dann – und unten war ich. Die Hitze war dichter als oben in der Höh. Ein Polizist ging seine Bahn, doch ohne Hast und Argwohn. Ich ging direkt auf ihn zu: Bitte, wo ist die Kronenstraße?

– Er weiß es nicht, ist harmlos, ahnt nichts von einem entflohenen Mädchen, das siebzehn wird im Oktober und verliebt ist, wild auf das Leben und auf eine grüne Brause, aber dafür keinen Groschen in der Tasche hat, alles haben sie einkassiert bei der Durchsuchung – und jenem zu lahmarschig reagierenden Mann mit auf den Weg gegeben, der es jetzt unnütz mit sich herumschleppt.
Bis zum Bezirk Tiergarten laufen – dauert wahrscheinlich Stunden, egal und wenn es Tage bräuchte, ich würde mich auf den Weg machen. Am Bahnhof Putlitzstraße werde ich dich erwarten. Du kommst um zehn nach fünf mit der Bahn, manchmal mit der drauf folgenden.
Ich werde dich zwischen der Menschenmenge sofort erkennen. Vorher muß ich noch meinen Durst löschen, mich erfrischen, waschen.
Da finde ich endlich eine alte Pumpe, der Hahn ist ein züngelnder Schlangenkopf, das Wasser anfangs lauwarm. Ich pumpe, bis es kalt und frisch sprudelt wie das in den Gebirgsbächen von Thüringen.
Kinder kommen hinzu, plantschen, trinken auch. Wir spritzen uns gegenseitig naß. Die Sonne saugt die feuchten Flecke sofort auf.
Bei einem Mann mit Stühlen und gestreiften Sonnenschirmen vor der Tür frage ich, ob er bißchen was zu tun hätte für mich, ich habe mein Fahrgeld verloren, als ich gerannt bin, kann nun nicht nach Hause. Der Mann denkt nach, geht rein, kommt wieder, sagt: tut mir leid, das macht alles meine Frau. Aber bitte, hier sind zwanzig Pfennig.
Ich bedanke mich und wünsche ihm Gesundheit bis ans Lebensende. Ich meine es ehrlich, doch er kuckt, als wolle ich ihn verscheißern.
Die Stadtbewohner fahren ins Strandbad, manche noch weiter raus, mittags, wenn der Schulunterricht zu Ende ist, die Kinder, dann die Werktätigen von der Frühschicht um zwei – die, die nichts machen, jederzeit und allmählich die übrigen. Vier Uhr, halb fünf.

Eine halbe Stunde früher bereits bin ich am S-Bahnhof Putlitzstraße. Da stehe ich, schaue aus schmalen Augen auf den Menschenstrom.
Werde ich ihm gleich vor allen Leuten einen Kuß geben oder nur sagen: Wie gehts. Nein, ich nehme seine Hand ohne ein Wort – und später erzähle ich alles, wenn wir durch die kleine Anlage gehen.
Vielleicht ist die Bank am Rosenbeet frei, da setzen wir uns eine Weile, halten uns fest, umarmen uns. Schau ich ihn ernst an oder lächle ich?

Ich glaube, lächeln ist besser. Und er wird so tun, als wäre ich wie jeden Tag gekommen, als hätte er sich nie Gedanken gemacht über mein plötzliches Wegbleiben, denn er zeigt keine Gefühle.
Sechs Tage, eigentlich keine Zeit, gemessen daran, was vor uns liegt. – Ein neuer Schub schraubt sich die Treppe hoch. Aber er ist nicht dabei. Er kommt sonst immer mit den Ersten. Und doch kuck ich, bis auch der Letzte die Sperre passiert hat. Vielleicht kauft er noch Zigaretten. Ein Zug nach dem andern rattert durch; es ist bereits fünf nach sieben.
Ich hab ihn verpaßt. Pech. Naja, nicht so schlimm, da klingle ich eben. Hoffentlich macht er auf und nicht Frau Hermes, nein, besser ich schicke ein Kind rauf. Oder ich pfeife den Anfang von ›Kam der Lenin mit der roten Fahne in der Hand‹. Dann weiß er Bescheid.
Es brennt Licht oben. Ich gehe auf den Hof, sein Fenster ist dunkel. Vielleicht essen sie Abendbrot, nein, ist noch zu früh. Bevor ich wage, den Klingelknopf zu drücken, laß ich den Atem erst ruhiger werden und das Blut wieder abziehen aus dem Gesicht.
Das sind nicht seine Schritte, die seiner Mutter: Na, sowas, sagt sie auf mein Guten Abend. Sie lassen sich ja auch mal wieder sehen.
Ich habe einen Brief geschrieben, log ich, meine Verwandten haben mich nicht gehenlassen. Sie waren nett, wollte sie nicht enttäuschen. Wir haben keinen Brief erhalten. – Sie ging ins Wohnzimmer, ihre Art war kühler als bei der ersten Begegnung, geradeaus sagte sie mir ihre Meinung: Ich glaube kaum, daß Sie zu Manfred passen. Außerdem ist er noch viel zu jung für Sowas. Erst soll er was Richtiges werden, dann kann er an was Festes denken. Ich hoffe, wir verstehen uns. – Ja, sagte ich. Sie haben recht. – Schweigen. Sie gab mir meine Sachen, die waren schon aussortiert worden. – So konnte ich nicht weggehen, ich mußte noch, wollte, wünschte ... Ich muß ihn nochmal sprechen, wann kommt er? – Das wissen wir nicht. – Wo ist er hin, sagen Sie's mir, ich warte sonst vielleicht umsonst unten vor der Tür. Ist er zum Klub? – Sie weinte. – Bitte, was ist passiert ... Die Polizei war hier. Sie haben ihn mitgenommen vor einer Woche. – Warum denn nur? – Sie antwortet nicht. Ich ahnte es, erinnerte mich, weil sie nachts an Häuser schrieben: Es lebe der Frieden und Versammlungen abhielten. Ich versuchte etwas zu trösten: Ach, die behalten ihn nur paar Tage, er ist doch kein Verbrecher, das nehmen sie als Jugendstreiche. Er hat doch nichts getan weiter.

Mir fielen die Ausführungen vom ›Chef‹ ein bei dem Treff mit Oberschülern im Thüringer Land. Es war wohl doch keine Propaganda. Diese Helden aus Fleisch und Blut hatten es erlebt, Tage, Nächte und Wochen einsam verbracht, eingeschlossen ...
Die ganze Wohnung haben sie mir auf den Kopf gestellt, Gedrucktes wurde entdeckt. Gestern kamen welche von der Müllabfuhr, wollten was abholen aus dem Keller. Manfred hätte mir alles sagen müssen. Unten war ein großer Stapel Broschüren, Transparente mit Losungen. Die Männer haben das woanders versteckt, unser Haus wird seitdem beobachtet. Mein Gott, ich hab ihn immer machen lassen, was er wollte; hätte er nicht mehr Vertrauen haben können, so stand ich da!
Sie war in der Küche verschwunden, um Kaffee aufzubrühen.
Ich nahm mir ein Foto von Manfred, das auf einem Bord gestanden hatte, erzählte, was war inzwischen. Sie verstand nur halb, war beschäftigt mit eigenen Sorgen. In Moabit war er, bei den Politischen.
Gott! Muß sich dein Gegenspieler, dieser Satan, denn in alles einmischen. Es war gerade so gut gewesen, weißt du noch: die Berge; dein Himmel – er sah friedlich und zuverlässig aus – und als würde er länger halten.
Ob ich zu den andern gehe, zur Gruppe? Ich weiß einige Adressen. Aber was würden sie sagen, wenn sie erführen, daß ich ihnen was vorgeflunkert hatte, die Lage ausnutzte, um paar schöne Tage zu haben. Nein, ich schämte mich zu sehr. Dieser Weg war mir versperrt.
Aber ich konnte doch nicht weiter tatenlos durch die Gegend ziehen, wo ich ihn hinter Gittern wußte – und das waren andere Gitter als die vom Jugenddurchgangsheim. Dramatische Bilder wurden ins Himmelblau reinprojiziert, theatralische Szenen, wie ich Menschen anspreche auf der Straße, Männer anwerbe, lebenshungrige Schwestern aus dem Stargarder Hinterhof zur Kolonne zusammenstelle, die auf mein ›Hauruck‹ mit einer Fahnenstange das Gefängnistor durchbricht, damit mein Freund ins Freie kann – und mit ihm in einem Aufwasch die anderen Kandidaten, Nachkommen von Lenin und seinen Anhängern.
Im Traum hatte ich Arme wie Trapezkünstler, die durch die Luft fliegen, andere auffangen mit Muskeln wie aus Stahl. Dadurch war ich in der Lage, Eisenstäbe zu biegen, Mauern zu durchbrechen ...
Ach, waren das kindische Tagträume. Welch ein hilfloses und unnützes Geschöpf hast du in deinen Armen liebkost, mein liebster Freund.

Ich schlich um die ›Festung‹ rum, wagte nicht zu fragen an der Pforte, fuhr mit der Stadtbahn vorbei, schickte Grüße durch den Zwischenraum, sah auf den Hof. Welches ist das Fenster, hinter dem du wartest.
Sei nicht traurig. Diese Zeit geht vorüber, draußen warten Genossen auf dich. Die von der Justiz haben sich geirrt, bald bist wieder frei. Schlechte Menschen sperrt man ein, Diebe, Betrüger. Dich, mein Lieber, doch nicht. Das wäre ungerecht. Das sind Wörter, aber sie können auch über kalte Momente weg helfen, wenn ich mich daran erinnere, wie du zu deiner Mutter sagtest: Sie schläft in meinem Bett ...

Ich hielt den Arm hoch. Hatte ich es vergessen: Alles lag vor mir. Schluß mit der Vorstellung, bei der nur ich mein Publikum war. Ich riß einen Streifen ab vom Hemd, umwickelte das Handgelenk, leckte es sauber. Das Blut trocknete bereits. Die plötzliche Stille in meiner Kemenate irritierte die Wachhabenden. Sie brachten Lucie. Die schimpfte über den Krach zu nachtschlafender Zeit, nannte mich eine richtige Pute, sah keinen Sinn in der Extratour und bald lag sie in tiefem Schlaf auf der harten Pritsche. Draußen knipste der Wächter nochmal Licht an in der Zelle, legte sein Auge ans Guckloch, ließ den Blick unsern Aufenthaltsort durchwandern, schlurfte, nachdem er sich überzeugt hatte, daß Ruhe eingekehrt war, mit eisenbeschlagenen Stiefeln davon. – Ich stand eine Weile am verbarrikadierten Kellerspalt, die Schönhauser Allee in Augenhöhe vor mir. Menschen gingen vorbei, Schuhe mit Kreppsohlen, Frauenbeine in Nylonstrümpfen mit schiefen Nähten. Bierfahnen zogen her vom ›Café Hirsch‹, links runter ein Stück. Eine Spätsommernacht. Sonntag.
Die müssen heute nicht arbeiten, können ausschlafen, ahnen nichts von den in Greifnähe – wäre nicht das Drahtgeflecht – auf die schiefe Bahn geratenen Mädchen, trotten dahin, ohne sich ihres Glücks bewußt zu sein, Freiheit um sich zu haben. Und das alles, weil der Russe in Kremlin – der uns allesamt: Agnes, Horst, Ingrid, Eva aufs Korn genommen hatte, weil meine Mutter Nein gesagt hatte – vor sieben Jahren in die Luft schoß. Und weil Manfred ein Friedenskämpfer war, war auch mit ein Grund.
Das Licht wurde bläulich, erinnerte an Magermilch. Wieder dämmert ein Morgen hoch, stellte ich fest, empfand Scham, dachte: gut, daß ich lebe.

Wind trieb Blätter in den U-Bahnschacht und rechts hoch, da wo der Jüdische Friedhof liegt, neben besagter Polizeistelle. Der Herbst begann. In den nächsten Tagen – obwohl ich mich nicht, was die genaue Abfolge einzelner Stationen meiner Gegenwartsberichte betrifft, verbürgen möchte – wurde ich von einem Begleiter nach Perleberg gebracht und zu Hause abgeliefert wie ein Stück Lebendware, mit Unterschrift der Erziehungsberechtigten, Empfangsbestätigung und guten Wünschen für die Zukunft. Doch ich sagte meiner Frau Mutter klipp und klar, es sei vorübergehend. Ich wäre nicht zurückgekommen, um in dieser netten, aber langweiligen Stadt zu versauern und ›meine Zeit, die mir auf Erden hier gegeben ward‹, unnütz, als wäre es nicht mein Leben, sondern das eines x-beliebigen Lebewesens, genügsamen Haustieres, einer Zimmerpflanze, vergehen zu lassen.

Dann kriegte ich erstmal eine Stelle im Konsum, wo Eva sich anfangs gut machte, dann öfter vom Pfefferminzfondant und Kokusflockenkonfekt naschte, auch mal ein Talerchen aus Aluminium abzweigte, bis sie eine, möglicherweise von Gefängnisinsassen geklebte Spitztüte voll hatte und zwei, drei bunte Scheine, wenn mich nicht alles täuscht, zwei Zehner und einen knittrigen Fünfziger. Aber der Verkaufsstellenleiter war dahinter gekommen, hatte mir eine Falle gestellt, so daß ich auf frischer Tat ertappt wurde und eine Lehre daraus zog, nämlich nicht noch mal so dumm zu sein, sondern lieber auf der Straße singen und tanzen und die Leute erfreuen und mich obendrein. Ich hatte schon Kunststücke drauf, wofür sie was springen lassen würden. Es kam ein Kriminaler und Jugendamtsmensch zu uns und Agnes schlug die Hände überm Kopf zusammen. Ich rückte den Stoff wieder raus, den ich gekauft hatte für einen wadenlangen Glockenrock – an feierlichen Sachen hatte ich nur das abgeänderte Konfirmationskleid und wollte zum Abschluß von der Tanzschule was Modernes anhaben; die Nachbarin Frau S. im Hof hinten, hätte mir den Rock genäht. Zerknirscht übergab ich den unrechtmäßig erworbenen Stoff der Abordnung und versuchte, diesen bösen Tagtraum zu vergessen.
Dann gab man mir eine Stelle, wo ich selbst verantwortlich war, Zuckerschnecken verkaufte Amerikaner, Limonade und Kaffee.

Davor war noch Stralau mit Blick auf die Spree dazwischen gekommen. Auf dem Hof lag eine Menge vom Hausmeister frisch gehacktes Holz.

Die Treppen waren gebohnert, Nähstube, Bügelbrett, mehr Komfort als in der Stargarder, mehr Zucht und Ordnung auch, strengere Regeln, die Insassinnen: schwereres Kaliber. Ich machte brav, was man sollte, um nicht aufzufallen, kam auf den mich stets in Panik versetzenden Stuhl. Wieder irritiertes Wundern darüber, daß ich noch eine Jungfrau war. Sowas hatte hier Seltenheitswert. Eine Schlägerei fand statt, ich bekam einen Kinnhaken und sah Sterne tanzen – und das am hellichten Tag. Danach begann mein Abstieg am Blitzableiter, wobei ich mich, an der steilen, mit kleinen Unebenheiten versehenen Wand, das Gewicht des Körpers geschickt verteilend, ohne Netz und doppelten Boden, vom Dachfirst, dem obersten Stock, runter bis auf die Erde transportierte. Liebe Kollegen der Baubrigade, die ihr einst diesen Blitzableiter legtet! Habt Dank, daß ihr bei eurer Arbeit nicht mit heißer Nadel genäht und keine Tapeziernägel verwendet habt, sondern echte Stahlkrampen, sonst wäre mein Leib längst Fraß der Würmer. Staub, vom Winde verweht. Und ohne Nachkommen auch, kein Hahn hätte je nach ihnen gekräht. Aber so, Genossen Handwerker, dank eurer Präzisionsarbeit, konnte Evas Stammbaum ins Licht hinauf wachsen und sie selbst ist deshalb überhaupt nur in der Lage, diese Bilder alle im Speicher abzurufen, wobei ich auf den von meinem Löwen-Vater geerbten Leichtsinn stoße, so daß mich fliegende Röte überfällt vor Scham wegen der Flirterei mit ›Freund Hein‹, dem Draufankommenlassen, falls er mich haben will. Konzentration, Entspannen, die letzten Meter mit federndem Sprung. Unser Hausmeister hatte die Holzscheite stufenförmig – damit sie nicht umstürzen und dabei gut austrocknen – an den hohen Lattenzaun gestapelt, weil er sicher nie auf die Idee gekommen wäre, daß seine Gedankenlosigkeit von einer wie mir als ›Trittbrett‹ oder ›Fluchhilfe‹ benutzt werden würde, ich also ohne großen Aufwand entkommen konnte.
In meinen Adern schienen, statt rote und weiße Blutkörperchen zu kreisen, Kuhglocken anzuschlagen wegen dem gelungenen Ausgang, was aber nur ich vernahm, sonst wäre die ›Grüne Minna‹ angerückt. Trotzdem sind solche Kapriolen nicht zur Nachahmung zu empfehlen. Hopp! und ich war drüber weg – in Freiheit. Eine Frau kuckte leicht verwundert, hörte wieder auf, schleppte ihre Einkaufsnetze heimwärts. Ich lief ohne Hast, schaltete eine neue Gangart ein im Kopf, der den Befehl an die ausführenden Organe weiter gab; der Rest war ein Katzensprung.

Bahnhof Ostkreuz. Da ich weder Ausweis noch Zahlungsmittel in der Tasche hatte oder Dinge besaß, die sich vielleicht hätten ummünzen lassen, mußte ich zusehen, wie ich ohne Fahrkarte auf den Bahnsteig gelange, denn überall waren Sperren, Kontrolleure mit der Knipszange.
Aber es hat geklappt – durch Anschleichen, Stillverhalten, Vorstürmen. Hurra! Und ich war unbeschadet raus aus dem ›Strafraum‹ von Stralau, hatte verschiedenste Gefahrenmomente unterlaufen, das ganze Fluchtmanöver überstanden und zog nun gelassen Bilanz, genoß das zurückliegende Bewundertwerden von den sich wie Eva nach Abenteuer sehnenden, zu dieser Wahnsinnstat glücklicherweise aber unfähigen Mädchen. Aus dem 4. Stock, durch ein schmales Handtuch von Toilettenfenster! Die meisten wußten nichts von dem Unternehmen, nur paar verwandte Seelen waren eingeweiht worden kurz vorm Ausstieg aus der Gefangenschaft, dem Einstieg in die Gefahrennummer, wo im Zirkus Busch sonst der Trommelwirbel einsetzt. Denn wie heißt es im Lied, das mir zwar noch unbekannt war, aber bereits in mir sang, wenn auch noch ohne Worte, Sinn und Verstand, nämlich, daß schon dem Hirsche die Hirschkuh folgt und die Löwin dem Löwen ins Feld. Und dem Geliebten das liebende Weib – wohl bis ans Ende der Zeit, ach nein, Welt muß es heißen, damit es sich reimt.

Die Leidensschwestern im Stralauer ›Mädchenpensionat‹ haben mich jedenfalls nicht verpfiffen, den Erziehern kein Sterbenswörtchen verraten, sondern die Daumen gedrückt. Und solche, die noch dazu fähig waren und nicht bereits zu abgebrüht oder von der neuen Heilslehre zerfressen, haben während meiner gewagten Fassaden-Nummer leise gebetet – Sophie besonders inbrünstig, weil sie sich den Anblick ersparen wollte, mich unten mit verdrehten Gliedmaßen liegen zu sehen.
Auf die Idee, dem Eingesperrtsein auf die Art zu entkommen, war vor mir noch keiner gekommen. – Aber ich war mit ihm verabredet gewesen.
Übrigens, daß ich aufs Ganze ging, hatte, wie schon angedeutet, mit Sehnsucht zu tun, zum ›Drachentöter Siegfried‹ nämlich, dessen Augen und das Flimmern entlegenster Sterne im Blick, seinem Stolz, dem Mut, der mich an Märchen aus der Ewigkeit der Kindheit erinnerte.
Oder wie es im Gedicht, auf das ich später stieß und das ich, was mein mir oft selbst unerklärbares Verhalten angeht, unterschreiben kann:

Da heißt es, daß ›viele dächten, unsere Intensionen drängten uns zu den abgelegensten Verrichtungen, wir bemühten uns um seltene Aufträge, wir wollten unsere Kräfte erproben oder unter Beweis stellen. Aber in Wirklichkeit läge der eher richtig, der uns das Unvermeidliche tun sieht, nämlich, möglichst gerade zu gehen, zu versuchen, Hindernisse des Tages zu überwinden‹ – (wie ich gerade Abgrund, Lattenzaun, Fahrkartenkontrolle) – ›Gedanken zu vermeiden, die schlimme Folgen gehabt haben, die günstigen ausfindig machen, den Weg des Tropfens zu bahnen im Fluß, der sich durch das Geröll den Weg bahnt‹. (Brecht)
Solcherart Aussagen von Dichtern und Denkern beruhigen, bestätigten sie doch, daß eine nicht allein hockt im Wald mit ihrem ... nicht der Norm entsprechenden Verhalten, sondern jeder Einzelne seinen Weg gehen muß.
Und als ›Gottesgeschenk‹ hat die Natur Stimmbänder erfunden, uns das Singen ermöglicht, Troubadoure entwickelt, die sich Lieder ausdenken, die ich singen werde, wo sinngemäß oder wörtlich folgendes drin vorkommt:

Wenn ich traurig bin, dann sing ich still für mich, wie es mir gefällt.
Wenn ich lustig bin, dann sing ich – bumsfideldumm – für alle Welt.

Einst glaubte ich, als ich noch unschuldig war und das war ich einst grad so wie du.

Die Kraft nicht, noch die Schwäche – nichts hat der Mensch auf Dauer ...

Was ich auch singe, ich kann ja nur immer – nur dich, meinen Liebsten meinen.

Hat mein Herz in deiner Brust sein Plätzchen – findt ich auf der Welt mein' Platz ...

Weil Liebe, die allerschönste, auch zerbricht ...
... nach solchen Küssen kommt das Leiden ...

Ging meiner Wege, sprang voran und schleppte mich.

Ich weiß nicht zu wem ich gehöre ...
Ich glaub, ich gehöre nur mir ganz allein.

Die Nacht ist nicht allein zum Schlafen da.

Was meine Mutter sagte, kann wahr nicht sein: bist du einmal befleckt – wirst du nie mehr rein.
Das gilt nicht für das Linnen – auch nicht für mich.
Laß den Fluß drüber rinnen – und bald ist's wieder ...

Dat du min Leewsten bist ...

Berlin-Oberschöneweide, Schnellerstraße, großes Grundstück an der Spree, geräumige Villa, Garten, Wiese, Park. Ein Schwarm von Paradiesvögeln. Eva, die Jüngste unter den etwa zwei Dutzend junger Mädchen, die zur ›Musterung‹ eingeladen waren – nur daß jede von uns unbedingt als tauglich eingestuft werden wollte im Gegensatz zu Wehrpflichtigen – mit erhöhtem Pulsschlag lässig auf der Stuhlkante sitzend, hoffend, in die engere Wahl zu kommen und nach bestandener Eignungsprüfung einen Vorsprechtermin zu bekommen.
Da waren klassische Schönheiten drunter, selbstbewußt, redegewandt, die mit Namen von Regisseuren und Filmprojekten nur so um sich warfen, hier und da mitgespielt hatten, in kleinen Rollen, tolle Fotos vorweisen konnten, oft wie Modelle für Modezeitschriften wirkten. Ich fühlte mich unterbelichtet dagegen, hatte keine Kontakte aufzuweisen, kannte niemanden persönlich vom Theater – Laienspiel war für Talentexperten uninteressant, sollte man nicht erwähnen, weil die lieber unverformtes Material in die Hände bekommen, wo das Ursprüngliche noch vorhanden ist – und ich konnte ja auch schlecht mit Erfolgen als Sportskanone angeben, mich als Tramp, der auf Abenteuer aus ist oder als Schlangentänzerin präsentieren ...
Als ich da so saß im Schwarm der zurecht gemachten zukünftigen Schauspielerinnen, kam so was wie Skepsis in mir auf. Ich wußte zwar, daß ich mich in andere Menschen hineinversetzen kann, nachempfinden, was Dichter aufgeschrieben hatten, es auf meine Weise zum Ausdruck bringen – mit Betonung und durchdringender Stimme, die als ›Sirene‹, gemeinsam im Chor mit Dorfkindern in Kremlin, bereits erfolgreich zum Einsatz gekommen war, Vergewaltiger in die Flucht geschlagen hatte, aber hier und jetzt, war es eine andere Situation.
Vielleicht waren die Prüfer langsam müde, hatten genug vom ganzen Theater und konnten nicht mehr unterscheiden oder herausfinden, was Talent ausmacht, Bühnenpräsenz, Persönlichkeit, welches Fach gefragt ist. Ob ihr Daumen nach unten zeigen wird oder mal wieder nach oben?
Dann war es soweit. Endlich war ich an der Reihe. Einzelheiten und Unterschiede der Figuren, wie ich mich als Gretchen von Faust, Klärchen von Egmont oder Heilige Johanna, die von Bernhard Shaw, nicht die von Schiller, aufführte, all solche einst so entscheidenden Momente, treiben verschwommen im Fluß des Vergessens dahin.

Kurz, ich wurde reingerufen hinterher und mir wurde eröffnet, daß ich nicht durchgefallen war und Bescheid bekäme demnächst, wann die Aufnahmeprüfung fürs nächste Semester stattfindet.
Gott, war das ein erhebendes Gefühl. Ich konnte es kaum fassen, weil viele der Geprüften enttäuscht waren, traurig, daß sie nicht zu den drei oder vier Auserwählten gehörten, sich wunderten, wieso ich kleine Mieze aus der Provinz eine Chance bekam und sie nicht.
Glück gehabt, einen guten Tag erwischt, mein Typ gefiel, besonders Herrn Burckhard aus Westberlin, bei dem ich später zusätzlich Privatunterricht bekam und statt Bezahlung mit Geld Naturalien mitbrachte, die im Osten günstiger zu haben waren, aber nicht für Einwohner aus dem Westsektor, man mußte beim Einkaufen den Ost-Ausweis vorzeigen, wenn man den nicht besaß, mit Westgeld eins zu eins bezahlen, obwohl du in der Wechselstube am Zoo für eine Westmark etwa vier Ostmark kriegtest. Aber die Ware hättest du schmuggeln müssen.

Zwischen den beiden Abschnitten liegen Kulissenwechsel, Atmosphärisches aus der ›Dreigroschen-Oper‹, an Hauptmanns ›Ratten‹ erinnernde Konstellationen und Gorkis ›Nachtasyl‹; für die genaue Reihenfolge der ›Szenen‹ lege ich meine Hand aber nicht ins Feuer.
Ich überspringe jetzt den Zeitraum des sehnsüchtigen Wartens mit stillstehender Zeit, den Beschuß von Amors Pfeilen und darauf folgenden, mitunter recht schmerzlichen Entzugserscheinungen.
Es war soweit. Ich war glücklich, wie ein Lebewesen, das alles hat, was es braucht: Flügel, Fühler, Flossen, Kiemen, ein heißes Herz, das geliebt wurde, stets heimlich oder offen verliebt war, angstlos.
Ich durfte also auf die Schauspielschule. Es war das Jahr 1952.
Auf dem Stundenplan waren Fächer verzeichnet, von denen ich zum Teil noch nichts gehört hatte, wie Gesellschaftswissenschaft, wo von Marx und Engels die Rede war, dem ›Kapital‹, wie Lenin die Sache sah, der alles überragende Josef Stalin, Trotzki, ein Abweichler, negativer Typ, ermordet in der Emigration mit dem Eispickel, Rosa Luxemburg am Rande, sie und Liebknecht ebenfalls umgebracht worden und in den Landwehrkanal geschmissen, aber von faschistischen Mördern, Thälmann und die Widerstandskämpfer im Nationalsozialismus wurden durchgenommen, Wilhelm Pieck und unsere Regierung positiv.

Ein gewisser Georg Lukács aus Ungarn spielte eine größere Rolle, doch beim Barte des Propheten oder besser bei dem vom Genossen:
Soviel Mühe ich mir auch gab, die Texte der behandelten Kapitel immer wieder las, Begriffe anstrich, Sätze, Gedankengänge verfolgte: unterm Strich verstand ich, unter uns gesagt, leider nur ›Bahnhof‹. Mir fehlte das Gerüst, die Basis sozusagen, um mit dem Überbau was anfangen zu können.
Die sicherlich einfachen, für mich jedoch komplizierten Verstrebungen zu den Stahlträgern der einzelnen Stockwerke mit ihren politisch-philosophischen Abteilungen, um überhaupt Zusammenhänge erkennen und verbinden zu können, das war vergebliche Liebesmüh.
Der Gewi-Lehrer war ein moderner und die Zeit nutzender Mann, der Studenten auch privat weiter half, Nachhilfeunterricht gab und – was nicht ausbleibt in solcher Position, sie verführte oder umgekehrt oder beide einander, nämlich als alle gegangen waren, hinterm Vorhang der Probebühne, auf dem Requisitenabstelltisch, das hat mir meine Zimmermitbewohnerin – ihr Name, ebenfalls wie meine beiden aus der Bibel stammend, aber nur einsilbig, dem Äußeren nach eher eine etwas üppige und verhalten-leidenschaftliche Carmen, glücklich angesäuselt und übermütig herumtanzend, sich dabei ausziehend, ihre Wäsche in die Luft werfend, daß der BH an der Lampe hängen blieb, mit ›Pst‹ und Finger auf den Mund, unter dem Siegel der Verschwiegenheit diese Sensation verraten, denn der Mann war bereits amtlich vergeben.
Und ich dachte, ach du liebe Zeit, hoffentlich wird sie nicht unglücklich.
Später hat sie einen Selbstmordversuch mit Rattengift gemacht, ob seinetwegen oder noch aus anderen Gründen, weiß nur sie allein.
Selbst wenn er ein typischer Herzensbrecher gewesen sein sollte und an mir was gefunden hätte, das ihn reizt, für Eva war er ein biederer Otto Normalverbraucher, nichts zum Schmusen oder für die Seele, noch für ein Abenteuer – und weitergebracht hätte es mich auch nicht, was die Gebiete Gegenwartskunde, Gesellschaftswissenschaft oder Polit-Ökonomie angeht. Aber die Geschmäcker sind zum Glück verschieden.
Dann waren da noch die Fächer Theaterwissenschaft, Kunst- und Literaturgeschichte, Sprechtechnik, Stimmbildung, theoretisches Zeug alles.
Aber auch Fechten, Sport, wo ich, bis auf Kugelstoßen, in sämtlichen Disziplinen, als ein Wettkampf zwischen den Schulen Leipzig, Berlin und Rostock oder war es Dresden, stattfand, jedesmal Siegerin wurde.

Es war schon peinlich, daß ich dauernd auf das Treppchen rauf mußte und eine Trophäe samt roter Nelke nach der anderen überreicht bekam. Auf dem Stundenplan war auch tänzerische Gymnastik, Ausdruckstanz bei Frau Buchmüller, die besessen war von ihrer Arbeit und besonders von der männlichen Schülerschaft verehrt wurde.
Für den Musikunterricht kam der Komponist Paul Dessau in die Schule. Seine Musik war aber nicht meine Welt. Ich konnte dieser Art nicht viel abgewinnen, es klang irgendwie getüftelt, bis auf die Lieder im ›Puntila‹, aber das waren zum größten Teil Volksweisen.
Improvisation, Pantomime, Etüden waren weitere Unterrichtsfächer. Aber es fand kein Schauspielunterricht statt für den ersten Jahrgang, was meinen Elan etwas dämpfte. Ich wollte unbedingt spielen, es war mir ein echtes Bedürfnis – wie das Lieben und Geliebtwerden. Und es fand sich immer eine Gelegenheit, denn die Fortgeschrittenen machten es vor, waren uns Vorbild, erfanden Geschichten, zum Beispiel, wenn wir mit der S-Bahn fuhren und kein Platz war mehr frei, fiel Hartmut Reck, zweites Studienjahr, interessanter, eigenwilliger Typ, in die Besinnungslosigkeit. Und die als eher schnoddrig verschrieenen Berliner räumten den Platz, so daß der junge ›Rebell‹ mit dem Cäsaren-Haarschnitt die Stationen von Treptow, Baumschulenweg bis Oberschöneweide lang ausgestreckt auf der Bank lag, blaß und elend aussehend, als ginge es ihm wirklich schlecht – dabei war er in Gedanken sicherlich woanders oder mit dem Hamlet-Monolog beschäftigt.

Am S-Bahn-Ausgang Johannisthal war ein Kiosk aufgebaut worden, wo es Bier, Limonade, neuerdings auch Bockwürste gab und Knacker. Wenn ich da vorbeikam nach dem Unterricht mit leerem Magen und mir der heiße Duft der prallen oder geplatzten Würste in die Nase stieg, wäre ich einmal vor Entkräftung wirklich bald in Ohnmacht gefallen.
Ich weiß nicht mehr, wieviel Gramm Fleisch jeder auf seiner Lebensmittelkarte kriegte, erinnere mich aber in dem Zusammenhang, was Essen für einen Stellenwert besaß: Es gab an der Schule ein Mädchen, deren Eltern eine Fleischerei hatten. Das war, als wäre sie von Adel gewesen in alten Zeiten, eine begehrte Partie jedenfalls, aus reichem Hause.

Alle warben um ihre Freundschaft, buhlten um Zuneigung, denn sie kriegte von den Eltern öfter Pakete geschickt. Die männlichen Kollegen umkreisten sie wie ausgehungerte Wölfe. Aber sie hatte bereits einen festen Freund, Romeo-Typ. Auf Anhieb war sie keine Julia, aber als ›Käthchen von Heilbronn‹ die Idealbesetzung. Der Prinz jedoch gab mir indes unmißverständlich zu verstehen, daß ihm an einer Abwechslung aus dem bunten Strauß der frisch eingetroffenen Wiesenblumen ebenfalls etwas lag. – So sind sie halt, auch die ansonsten soliden Partner.

Agnes schickte manchmal kunst- und liebevoll verschnürte Pakete mit

Nährmitteln: Eiernudeln, Eingewecktes wie Pilze, Blaubeeren, selbstgesammelt, etwas Geld auch, das sie sich vom Munde abgespart hatte.

Ich bekam 150 Mark Stipendium, aber damit konnte man keine großen Sprünge machen. Untergekommen war ich im Wohnheim, zusammen mit zehn weiteren Schülerinnen. Gegenüber auf der Etage wohnten die zukünftigen Bühnenhelden und Liebhaber.

Adresse: Berlin, Schönhauser Allee, U-Bahn-Eingang Senefelderplatz.

Auch war hier einst das Nachtquartier der Weltfestspiele gewesen, wo die Kollegin aus dem Büro vom Bahnbetriebswerk, die, mit dem Racheplan aus Liebeskummer, wo ich ein hinterhältiges Luder spielen sollte, ihrem Verflossenen den Kopf verdrehen und ihn dann sitzen lassen, neben mir ihre Schlafstelle hatte – und zwei Dutzend weitere Teilnehmerinnen an den Vorführungen im Walter-Ulbricht-Stadion – untergekommen waren.

Schräg rüber war das ›Café Hirsch‹ und ein Frisörladen, dessen Chef sagte, es wäre eine Sünde und himmelschreiende Ungerechtigkeit, wenn nur ein Mann alleine mich bekäme. – Und gleich daneben, als wäre Berlin ein Dorf, lag das VP-Revier vom letzten Jahr, wo ich mit Lucie, Renate, Viola – wo mögen die stecken, was aus ihnen geworden sein – die im Zusammenhang mit dem Aufruhr im Übergangsheim Stargarderstraße, wie ich, dahin gebracht worden waren mit der ›Grünen Minna‹ und wo ich eine schlaflose Nacht verbracht habe.

Szene (später) aus dem TV-Spiel ›Die Mädchen in Zelle 7‹ – wie aus dem wahren Leben – links Helga Piur, auf dem Hochbett Eva-Maria.

Die Mädchen IN ZELLE 7

Und geschrien habe ich wie alle Kremliner Kinder zusammen, wenn Russen die Frauen abholten zur Massenvergewaltigung, nur mit dem Unterschied, daß es damals mechanisch ablief, das Heulen, Kreischen und Zähneklappern wie auf Knopfdruck funktionierte, während das eigene Eingesperrtsein eine einzige Folter war.

Die Nachkriegswehen in jeder Hinsicht, besonders das dauernde Hungerhaben, war längst nicht vorbei. Die Trümmer waren zwar einigermaßen zusammengetragen, das Geröll zu Bergen aufgetürmt, das später mit Erde beschichtet und Sträuchern bepflanzt wurde, wie beispielsweise der ›Mont Klamott‹ im Friedrichshain, der sich zu einem Park mit Wiesen und Hügeln mauserte, lauschige Wege, Springbrunnen und Bänke zu bieten hatte, der Liebespaare anzog, mit Ausblick in den Westteil der Stadt, wo die Sonne unterging, aber der Wahnsinn, der einst gewütet hatte, war noch spürbar.
Und Berlin war, was Vergangenheit als auch Gegenwart betraf, eine Frontstadt geblieben. Jeder sah zu, wie er durch Tauschhandel, Schiebereien, Ost-West-Verkehr, so gut es eben ging über die Runden kam – bis zum nächsten Happen, einer kleinen Zwischenmahlzeit.
Doch trotz alledem, es lag eine spannende und mitreißende Aufbruchstimmung in der Luft, weil eine Menge Menschen, die junge Generation besonders, davon überzeugt war, daß die Welt jetzt besser wird, schöner und gerechter. Und daß es sich immer lohnt zu leben, schon mal, um ins Kino gehen zu können, vor der großen Leinwand zu sitzen, entspannt, Gérald Philipe zu erleben, sich seinem unwiderstehlichen Charme auszuliefern oder zu dem englischen Schauspieler Laurence Olivier in heimlicher Liebe zu entbrennen, verzückt zu sein von seinem Spiel, der Präsenz und Ausstrahlung, daß eine am Ende vom Film ›Rebecca‹ einige Tage nicht unter Menschen gehen mochte, noch angesprochen werden wollte, damit der Eindruck, dieses Gefühl, so lange als möglich erhalten bleibt.

Ich hatte zwei neue Freundinnen, Rita und Ruthchen. Die erste eine Kodderschnauze mit Mutterwitz und Unternehmungslust. Mit ihr konnte man Pferde stehlen. Ihr Selbstbewußtsein dagegen stand auf wackligen Füßen. Deshalb versuchte sie durch ihr Äußeres davon abzulenken.
Männer, die ihr gefielen, hatten Probleme mit Ritas rauher Schale, die ihr Herz umgab und sie hatte Schwierigkeiten mit Männern aus verschiedenerlei Gründen. Der letzte war ein seriöser Fall gewesen, aber jedesmal das gleiche Ritual: Uhrzeit, gleiche Stelle, gleiche Welle, Vorspiel, Hauptgang, Finale. Sie brachte es nicht fertig, ihm den Laufpaß zu geben, aus Angst, als frigide zu gelten – und das war sie nicht – nur vermochte keiner, das Feuer in ihr zu entfachen, also spielte sie die ›Femme fatale‹, eine die scharf war wie eine Rasierklinge.
Später war ein bekannter Filmregisseur auf sie abgefahren, traf sich mit ihr im Club, fand Extravaganzen stimulierend, den Pagenkopf, der einen an Walther von der Vogelweide denken ließ, Jeanne d'Arc, Heilige Jungfrau. Ihr Galan wünschte sich, daß sie mit ›unten ohne‹ am Tisch sitzt.
Wenn sie die Lockerheit besäße, könnte er sich gut vorstellen, sie in einem sich in Vorbereitung befindenden historischen Stoff einzubauen, der zu der Zeit spielt, wo sie auch alle nichts drunter trugen.
Rita ging auf die Toilette und kam mit dem in die Faust geknüllten Schlüpfer zurück, legte ihn auf den Caféhaustisch. Er grabschte danach, tat, als wäre das Wäschestück eine Serviette, schnüffelte dran, daß ihm vor Erregung der Kamm schwoll und die Augen übergingen.
Aus Ritas verzweigter Familie bekam ich wie von Heinrich Zille gezeichnete Bilder aus dem Milieu des Berliner Plebejertums zu Gesicht.
Eine Schwester zum Beispiel, ausgemergelt, hatte jährlich mehrere Abtreibungen, war bereits mit einem halben Dutzend Kinder gesegnet.
Ihr Mann weigerte sich stur und steif, einen Überzieher zu benutzen.
Die ganze Abwicklung fand bei einer erfahrenen Frau aus der Nachbarschaft statt, auf deren Ausziehküchentisch. Man benötigte dazu einen Kessel mit kochendem Wasser zum Desinfizieren der Instrumente wie Stricknadel mit Maschenstopper, also abgerundetem Kopf wie beim Nagel, damit nichts verletzt wird am Gebärmuttermund, zwei Stühle seitlich auf der Tischplatte, wo die Abtreibende ihre Beine jeweils links und rechts drauf legt, ähnlich wie beim Gynäkologen und dann ging die ›Operation‹ vonstatten bei vollem Bewußtsein.

Es war wie ein Donnerschlag aus heiterem Himmel, denn als das Jahr um war, wurde mir eröffnet, daß ich nicht bleiben darf, zu ›unreif‹ sei, gefährdet und man empfahl mir, zurück in die ›Produktion‹ zu gehen – so nannte man das Arbeiten im Betrieb – um gefestigt zu werden. Dabei hatte ich keine Gelegenheit gehabt zu zeigen, was in mit steckt, keine Stunde Schauspielunterricht. Ja, ich war ungebildet, hatte keinen Schimmer von Politik und Wissenschaft, was Kunst ist, wie man sich am besten darstellt, nämlich unauffällig, angepaßt. Immerhin machte man mir Hoffnung, daß ich es nächstes Jahr unverbindlich wieder versuchen könnte, dann würde man sehen, ob sich was getan hat mit meiner Entwicklung. Herr Burckart, der Westlehrer, nahm mich beiseite, sagte, er hätte die Entscheidung nicht verhindern können, aber würde an mich glauben, gab mir Adresse und Telefonnummer für den Fall, daß ich Hilfe bräuchte. Außerdem hatte die Leitung gewechselt, der Direktor, Herr Dierichs, wurde abgelöst, weil er ideologisch angeblich nicht ganz linientreu war, offiziell hieß es, er wolle sich wieder mehr seinem eigentlichen Beruf, der Schauspielerei widmen. Frau Espay übernahm die Stelle. Ihr war ich anscheinend zu oberflächlich und nicht ernsthaft genug. Sie hatte keinen Blick für mich. Wenn ich sie grüßte auf der breiten, geschwungenen Treppe zum ersten Stock hoch – wo die Jungen öfter Fallübungen machten, sich artistisch überschlugen, ich ihnen nacheiferte – lächelte sie zwar, sah mich aber nicht an dabei, es war mehr eine Grimasse. Sie konnte mit diesem ›Rohmaterial‹ nichts anfangen. Wahrscheinlich hatte ich zu verrückte Sachen gemacht, die ihr hinterbracht worden waren, wo sie dachte, die Verantwortung sei zu groß, denn ich war manchmal wirklich unberechenbar. Jedenfalls war mir, als wäre ich von einem gemütlich dahinkreuzenden Dampfer von Deck geschubst worden und an der Sektorengrenze der vier Besatzungsmächte gestrandet, wo es von Haien nur so wimmelte. Dazu war die Berlin-Aufenthaltsgenehmigung ungültig. Doch es wird niemand ernsthaft angenommen haben, daß ich aufgebe und die Segel streiche, mich abtreiben lasse zu denen, die es ›gleich gewußt‹ haben, denn:

›So unvermeidbar ein Geschick dir scheine, neig ihm dein Haupt in frommer Demut nie.
Was heute sich des Schicksals Maske lieh, war gestern vieler Möglichkeiten eine.
Und wird heut ohne dich die Wahl gefällt, von morgen die, ist dir anheimgestellt‹.

Arthur Schnitzler

Nicht weit vom Wohnheim, in einer Seitenstraße, fand ich ein Zimmer zur Untermiete, mit Plüschsofa, klumpigem Federbett, das sich anfühlte, als würde darin Hefeteig gären, Waschtisch, Blechschüssel, Kanne. Die Wirtin, tagsüber im Zeitungskiosk, hatte einen Kavalier, der beim Besteigen des Bettes hinter der Durchgangstür und dem drauf folgenden Geknarre, Töne von sich gab, daß man dachte, sein Ende naht.
Natürlich war ich die Nächte meistens unterwegs. Nach dem Theater, das ich, so oft es nur ging, besuchte: ›Deutsches‹, ›Kammerspiele‹, ›Schiffbauerdamm‹, wo der Intendant Fritz Wisten war, die Kinos im Westen, manchmal drei Vorstellungen hintereinander, dann in die ›Badewanne‹, das war ein Lokal seitlich vom Kudamm oder in die ›Hajo-Bar‹ zwischen Spree am Bahnhof Friedrichstraße und der Marienstraße, wo sich die Nachtschwärmer trafen, tranken, sich drehten in schummrigem Licht.
Und immer spielten Musiker zum Tanz auf. Am Eingang war ein Gitter, da kam nicht jeder durch; ich schon, weil der Einlasser mich hübsch fand.
Aber das Untermietverhältnis in der Lottumstraße ging nicht lange gut und das kam so: Ruth schlief ab und zu bei mir, sie war ebenfalls von der Schule geflogen, wollte in den Westen, sollte sich was ergeben.
Eines Tages hatte sie die Haut voll roter Flecke, meinte, das wären Flohstiche. Der Mops von Frau Soundso hätte vielleicht welche.
Am nächsten Tag, ich schlief wieder im Bett, juckte es wie einst in der Gefangenenbaracke hinterm Schützenhaus bei Perleberg, wo wir als Flüchtlinge kampierten – und was entdecken meine vor Entsetzen geweiteten Augen? Eine Wanze. Ich hin zur Wirtin, ihr die Neuigkeit berichten. Sie darauf: Wenn Sie bis Mittag schlafen, wann soll ich die dann raussammeln.
Ich war sprachlos, griff meine Siebensachen und haute ab.

Mal schlief ich hier, mal dort, bei Johannes Elchlepp und seiner Frau in Staaken, das liegt bei Falkensee. Hannes leitete nebenbei eine Laienspielgruppe. Er gab mir die Rollenempfehlung zum Vorsprechen damals für die Schule, jetzt manchmal Unterricht, gute Ratschläge. Wir hatten Auftritte mit der Gruppe, wo er Regie führte, in Hoppegarten, auf einer Freilichtbühne, im Gasthaus, das Stück hieß ›Krethi und Plethi‹. Vom Inhalt weiß ich nicht mehr viel, nur daß es fast alles ausgebildete Schauspieler waren, die mitspielten, Zeit überbrücken wollten, bis sie eine festes Engagement finden, na, ähnlich wie ich.

Wieder ein neuer Wohnsitz, in Falkensee, Vorort von Berlin, zusammen mit Freunden aus jener Zeit: Helga unten rechts, ihre Mutter, Schwestern und Bandonium; daneben Eva mit Gitarre.

In Falkensee lernte ich eine buntgemischte, liebenswerte Familie kennen, Mutter mit vier Töchtern und einem Nachkömmling, der wie ein Prinzlein umhegt wurde, einen amerikanischen Vater hatte, eine Menschengruppe, die ein tolerantes, zugleich bürgerliches Leben führte, alle künstlerisch angehaucht, musikalisch, gastfreundlich, wo einer für den anderen da war – und immer Leben in der Bude – und wo Liebe auf allen Ebenen die Hauptrolle spielte. Gegenüber bekam ich ein Zimmer zur Untermiete mit Blick ins Grüne.

Am Theater hatte ich gefragt, ob ich vielleicht als Kleindarstellerin mitmachen könnte, etwas Geld verdienen, denn im nächsten Jahr gehe ich wieder zur Schule nach Oberschöneweide. Als Überbrückung würde ich gern bißchen Bühnenluft schnuppern, hinter die Kulissen schauen, zukucken bei Proben, in der Praxis lernen, wie eine Figur entsteht.

Es klappte. Unter anderem im ›Egmont‹ von Johann Wolfgang von Goethe, wo ich in Volksszenen auf dem Marktplatz untertauchte, wenn ›Klärchen‹ die Bürger anflehte und befahl, ihren Geliebten, der privat Hans Peter Thielen hieß, ein leidenschaftlicher Mann, aus dem Kerker zu befreien, wo ich mitbebte mit Antje Ruge, jedes Wort auswendig kannte, daß, wenn sie stecken geblieben wäre, ich ihr den Text hätte souffilieren können. Aber sie war perfekt und wickelte sich vor der Vorstellung zum Konzentrieren in den Vorhang ein. Und wenn das Licht ausging, während die beiden sich küßten, das Paar eine Weile im Dunkeln stand, sich dann langsam frei machte aus der Umarmung, dachte ich: Die lieben sich auch sonst, aber heimlich.

Und dann ergab es sich, daß ich mit Brecht in Berührung kam, der unauffällig war, nie auf den Putz haute, wie das Regisseure gern tun, daß ich ihn für einen Techniker hielt in der bescheidenen Aufmachung, dieser Schlosserjacke, als wäre sie aus dem Laden für Berufsbekleidung, nur abgefüttert.
Im Dämmerlicht hinterm Eingang war die Begegnung, ich fragte ihn, wo der Aufenthaltsraum sei, das sogenannte Konversationszimmer. Er sagte mit wachem Blick: Sie stehen davor. – Aber selbst, wenn ich gewußt hätte, es ist Brecht, hätte ich nicht kapiert, was es bedeutet, war zu unbeleckt, was sein Werk angeht und was seine Stellung in der Theaterwelt betraf. Sein Händedruck war kühl und herzlich.
Zu der Zeit hatte er noch kein eigenes Theater, bereitete auf der Probebühne gegenüber vom ›Deutschen‹ seine Inszenierungen vor. Wolfgang Langhoff, Intendant vom Deutschen Theater‹, ließ Brecht in seinem Haus spielen. Den ›Urfaust‹ sah ich, Käthe Reichel als Gretchen ...
Schon, als ich noch im Wohnheim der Schule war, ergab es sich, daß wir nach Vorstellungen in die Kantine, der Stammkneipe oder in Bars gingen, zum Vergnügen in Tanzschuppen, um Darsteller und Regisseure zu treffen, Kontakte zu knüpfen, natürlich nicht allein, dazu war ich noch zu scheu und wissensmäßig unterernährt, konnte nicht gut mitreden.
Auch wurde man, wenn die Kneipen dicht machten, nach der Polizeistunde – und die Stimmung den Höhepunkt noch nicht überschritten hatte – auf einen Gute-Nacht-Trunk öfter nach Hause eingeladen, zusammen mit feuchtfröhlicher Runde, bei einem Schauspieler-Ehepaar, das tolerant war, freizügig. Von den Russen war die Methode übernommen worden, wenn man wo eingeladen wird, mit Flasche unterm Arm zu kommen; Blumen waren Mangelware, Schnaps eher zu haben.
Musiker, Sologeiger aus der Komischen Oper waren dabei, gegen Morgen erschien ein sehr selbstsicheres Mädchen, Tochter eines Dichters, Kichererbse, Xanthippe, frech und aufgekratzt, ein Herz und eine Seele mit einem jungen Rebellen, der ihr Angebeteter zu sein schien, auch Schauspieler; beide riegelten sich zusammen im Bad ein.
Trotzdem konnte der ›Feste‹ es nicht lassen, zupfte charmant an den Rüschen der Elevinnen herum mit seinen appetitlich-knubbeligen Pfoten – was seine Begleiterin geflissentlich übersah oder zu tolerieren schien.

Dann ein Rundfunkkommentator, der Ruth belagerte, die noch waidwund wegen der verkorksten Kiste mit dem Gesellschaftswissenschaftsdozenten war und die, obwohl wissend, wie sowas endet, nicht nein sagen konnte – der Spruch: ›Ich kann allem widerstehen, nur nicht der Versuchung‹, steckte an ihrem Spiegel samt vertrockneter Rose – und trotzdem auf den ›Windhund‹ von Reporter schimpfte, sich blödes Weib nannte aufm Heimweg, weinte, schwor, ein neues Leben anzufangen, das Rumscharwenzeln um sie satt habe, die kurzlebige Geilheit potentieller Protegés, dieses Scheißersatzleben und Warten auf ›Was‹ zum Kotzen fände.
Ihretwegen hatte es aber auch heimliche Tränen gegeben: Unser Gastgeber, der neben ihr gelegen hatte in der Blauen Stunde zwischen Nacht und Morgen – sechs Personen schliefen, dösten, ruhten außerdem im herkömmlichen Ehebett in voller Montur, nur zwei der Gäste hatten Schlips und Kragen gelockert, die anderen waren legerer, trugen erst gar keinen – und die Stöckelschuhe ausgezogen beziehungsweise kreuzweise gebundenen Schnürsandalen wie Eva, die dicht an der Bettkante lag, respektvoll und lauernd umkreist – der liebenswürdige Wohnungsinhaber also hatte versehentlich eine unverkennbare Spur hinterlassen: der Fleck auf dem Laken sollte von ihm stammen und darüber weinte seine Annedore an der Schulter eines Hausfreunds, der sie zu trösten suchte, ihr übers Haar strich, wie einer von Herrchen ausgesetzten Rassehündin. Doch Dorli kostete das Liebesleid erst einmal aus mit entsprechendem Gesichtsausdruck, als wäre sie die Heldin in einem Strindberg-Stück, dabei war es normale Gegenwart der 50. Jahre in Berlin-Mitte.

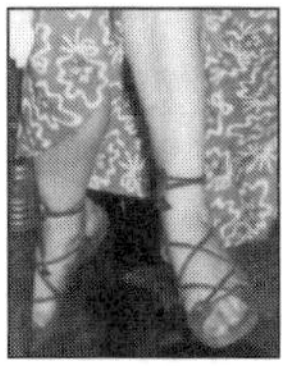

Später sah ich sie in den Armen des ›Rasenden Reporters‹ Gläser auslecken, in denen Eierlikör gewesen war und die Flasche bereits leer, dann auf dem Küchentisch, trotz beginnender oder bereits ausklingender Ehekrise, einen einst wohl gekonnten Stepptanz hinlegen, wobei sie von rhythmischem Klatschen und Kochtopfdeckelschlagen der Gäste angefeuert wurde.
Der Operngeiger war ebenfalls mit von der Partie beim Anfeuern, aber seine Stradivari packte er nicht aus, da half kein Bitten und Gutzureden: Der Geigenkasten lag sicherheitshalber oben auf'm Schlafzimmerschrank. Das Ganze hatte etwas Archaisches oder Anarchisches, war eine Luxusausgabe von Gorkis ›Nachtasyl‹, Ausschnitt einer Aufführung vom Faust, die Walpurgisnacht in Wittstock an der Dosse.

Artisten übten an ihrer Nummer, zwei Gäste verschwanden in der Rumpelkammer, Gepolter, ein Strauchbesen fiel auf den Korridor.
Der Jungstar griff im Flur nach Eva, wo sie was gegen Durst suchte.
Instinktiv entzog ich mich dem Annäherungsversuch in der entgleitenden Art und Weise von Eidechsen – was mich an Agnes, meine strenge Mutter, erinnert, die das seltene Glück hatte, den Greifarmen der Roboter, diesen durch Kriegsbeteiligung entmenschten Kämpfern, durch die Lappen zu gehen, wodurch ihr Körper und ihre Seele ohne Trauma davon kamen – um nicht, weil es nun mal üblich geworden war, ins Kollektiv einbezogen zu werden, ins Mitmachenmüssen durch den Gruppenzwang, wollte man nicht als Spielverderber dastehen oder als prüde gelten.
In dem Zusammenhang fällt mir eine Szene ein, 1945 in Kremlin, das Gezuckel der Gören in Margrets Kinderbett, wo sie bereits rausgewachsen war. Es ächzte und knarrte so, als wollte es den Geist aufgeben.
Denn den ›Doktorspielen‹ und ›Vater-Mutter-Kind‹-Varianten, die seit eh und je zum Standard, also ins Repertoire der Stehgreifspiele Heranwachsender gehörte, war diese neue, von den Helden aus Rußland mitgebrachte Spielart hinzugefügt worden. Dieser ›Frau-komm-fünf-Minut‹-Auftritt wurde ausprobiert, ein Spektakel zum Schreien, mit Heulen und Zähneklappern, Gnade-Erteilen oder auch nicht – bei der Erschießungs-Szene, wenn sich eine weigerte, das ›Fronttheater‹ mitzumachen.
Mutter S. war auf Arbeit, wirtschaftete für die Uniformen, kriegte nichts mit vom Nacheifern der reifer werdenden Nachkommen.
Ich höre noch das Kichern und Gackern, Gekreisch der Dorfmädchen, sehe die Hoppe-Reiter-Versuche der Jungen mit ihren drolligen Ringelschwänzen, die sich noch in der Vorpupertät befanden – obwohl, behaupten kann ich es nicht, weil Vergleiche fehlten: der Russe zog sich nie aus vor Kindern und bei Gewaltakten kam er erst recht nicht dazu.
Das Ganze geschah in der Sickertschen Wohnung, wo Holundersträucher, die Schatten der Zweige und die gegenüber liegende Mauer vom Bauer Goss das Nachahmen der Erwachsenenspiele ins Halbdunkel tauchte.
Mein Bruder war auch dabei. Dadurch wurde ich nicht ausgewiesen, obwohl nicht beteiligt: die natürliche Scham verhinderte es. Eva verfolgte vom Ehebett aus das kindlich-unbeschwerte Gewusel der Spielkameraden.
Ein gleichaltriger Junge redete mir zu: Das nächte Mal machst du aber mit, sonst darfst du nicht mehr die Prinzessin sein, nur noch die Magd.

Ich wußte, mein Bruder würde es nicht zulassen, er hatte den solidesten Anwärter vom Dorf für mich im Auge, der ihm sein Katapult versprochen hatte zur Belohnung, wenn er einen Kuß von seiner Schwester kriegt.
Die noch Lebenden von damals werden sich erinnern ... Übrigens haben etliche Jungs im Dorf angeblich mit echten Ziegen geübt, hab ich mir später zusammengereimt aus dem Getuschel besorgter Mütter, die beobachtet haben wollten, daß die Bengels länger ohne Grund im Stall waren.
Aber zurück in den Nachkriegs-Dschungel mit den Großstadt-Beteiligten, wo es nicht mehr so frei vor sich ging, sondern Alkohol dazu gehörte, die Zeit zwischen Nacht und Morgen, um sich der Hemmungslosigkeit hinzugeben, dem Fließen des Flußes über Stock und Stein zu überlassen.
Aber wie gesagt, Eva und Maria brauchten für dieses spezielle Tun – allein die Zweisamkeit; so ist sie nunmal gestrickt worden.
Ja, wollte was erleben, sehen, hören, wissen, essen, trinken, lachen, küssen, lieben, geliebt werden, aber die spezielle Liebe zwischen den Geschlechtern – nur in der Zweierkonstellation. Später gab es unglückliche Versuche, als die sexuelle Revolution ausbrach, aber ich wurde keine Anhängerin dieser Bewegung; bin halt eine Romantikerin; Gottes Tierreich ist groß.
Trotzdem kriegte ich vom ›Fadenverlauf‹ des Geschehens, dem Banalen wie Tragischen, vom Traum in der Wirklichkeit, eine ganze Menge mit.
Aber nun wieder zurück zum Theater. Die Bühnenarbeiter im Deutschen Theater, waren patente Kerle, besonders ein Inspizient aus dem Westen war nett, brachte Obst mit, Schokolade, steckte mir einen Zehner zu, ohne Andeutung, daß er eine Gegenleistung erwarte, sagte nebenbei, ist in Ordnung, mach dir keine Sorgen.
Ich sah bei Proben von ›Othello‹ zu, mit Willy A. Kleinau in der Titelrolle, Ursula Burg als Desdemona, Inge Keller die Intrigantin, Ernst Busch Jago. Manchmal schlief ich im Theater, in einer Solo-Damen-Garderobe.
Der Regieassistent Degenhard hatte es mir erlaubt. Da war richtige Schminke in allen Farben, Perücken, Kostüme. Einen so roten Mund, hatte ich nie vorher. Und tolle Augenbrauen, Wimpern. Ich war selig.
Als ich damit allerdings morgens draußen war, merkte ich an den Blicken der Passanten, daß ich doch etwas zu dick aufgetragen hatte.
Herr Aderhold, der Sprecherzieher von der Schauspielschule, gab mir ab und zu Unterricht. Und immer hatte ich die Gitarre dabei, sang wo ich ging und stand oder sich eine Gelegenheit dazu bot.

Kalenderlied

Starr stand der Frost.
Lang war die Nacht.
Jetzt blaut der Tag.
Das Dorf erwacht.

Der Tag, der ist lang.
Die Arbeit ist schwer.
Die Äcker sind karg.
Die Säcke sind leer.

Ein Mann müht sich ab
um ein größeres Brot.
Ein Weg wird geplant,
der Plan wird bedroht.

Die Wünsche sind groß,
die Kräfte noch klein.
und doch blaut der Tag;
der Frühling zieht ein.

Erwin Strittmatter

›Katzgraben‹ – ein Stück von Erwin Strittmatter
Regie: Bert Brecht. Eva gehört zur Dorfjugend

Eines Tages kriegte ich im ›Katzgraben‹ von Erwin Strittmatter, Regie Brecht, die ›Mammler-Trude‹ angeboten, Tochter vom Neubauer, den Wolf Kaiser spielte, die nicht viel zu sagen hat, aber singen durfte, gemeinsam mit Regine Lutz, Heinz Schubert alias Schubi, Sabine Thalbach, Ekke Schall: Haben zusammen am Weiher gesessen, weißt du noch ... Der Mond kam raus, daß wir uns viel zu sagen hatten, ein Birnbaum sein Schattengeflecht auf den Rain warf, denn nur ›Schatten und Licht waren dein‹.

Brecht u. Strittmatter ›vor Ort‹, beim Studieren der Veränderungen.

Im Stück gings darum, die alte Zeit in eine neue umzuwandeln, Bauernhöfe in Genossenschaften. Das Thema riss mich nicht vom Hocker, aber Strittmatter hatte eine sehr eigene und poetische Sprache, kannte die Probleme, kam selbst vom Dorf, hatte mit Brecht gearbeitet. Das war alles neu und spannend.
Aber daß wegen der Umwälzung so viele Bauern die Flinte ins Korn schmissen, das Feld räumten, kam mir seltsam vor. Die Leute aus meiner Gegend, von denen die meisten keinen Acker hatten, wären nicht freiwillig weggegangen.
Aber die Neuerer meinten: Wo gehobelt wird, fallen Späne.

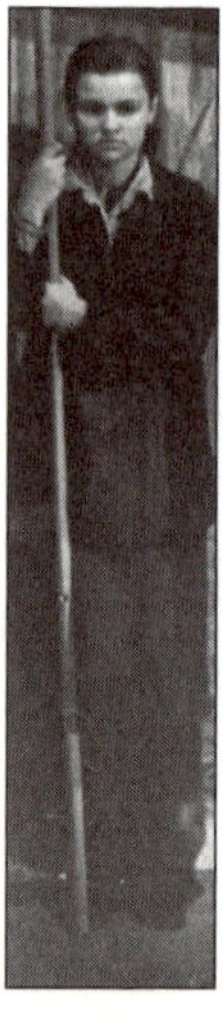

Die Schlußworte: ›Und diese Zukunft kann man wie sein Leben lieben; für solch ein Leben wird man alles wagen.‹ – Ekke Schall alias Günter hat das letzte Wort: ›Und jede Tatze, die es ankrallt, niederschlagen.‹

Und was ich sonst noch von Proben bei Brecht in Erinnerung behielt: Es ging ernsthaft zu und locker, Brecht war freundlich, wenn er was zu mir sagte, gar nicht eingebildet, gab mir was von seinem Frühstück ab, eine Leberwurststulle, eine mit Käse drauf. Einst zog er mich beiseite, sagte: Ich solle lieber pünktlich sein, sonst kriegt er Ärger mit den Kollegen, wenn er nicht mit mir schimpft. Manchmal gingen die Proben bis nachts. Brecht wußte wohl von Mitarbeitern, daß ich außerhalb wohne. Es gab stets einen ganzen Schwarm um ihn herum, wie Jesus mit seinen Jüngern kam er mir vor: sie hingen an seinen Lippen, spitzten die Ohren, saßen da mit gezücktem Bleistift, machten sich Notizen.
Und eines abends sagte er, weil es auf Mitternacht zuging, ich könnte bei Heli, der Weigel übernachten, sie hätte nichts dagegen, es wäre für ein junges Mädchen gefährlich um die Zeit. Ich dachte, Hilfe, wenn der wüßte, daß ich unter der Brücke und mit Obdachlosen bei der Bahnhofsmission, schon auf, nein, hinter einer Parkbank geschlafen hatte, als ich nicht wußte wohin; das war ungefährlicher als oben draufliegen.

›Katzgraben‹-Probe
v.l.n.r. Erwin Geschonneck, Friedrich Gnaß, Bella Waldritter, Bertolt Brecht, Gerhard Bienert.

Bin von Falkensee mit der S-Bahn zur Friedrichstraße gefahren, über die Spreebrücke in die Reinhardtstraße gegangen, wo mein ›Vater‹, das Schlitzohr Macky Messer, mir ›sittenwidrig‹ wohin griff. Ich protestierte nur leise, wollt nicht als Kneifzange dastehen. Trotzdem machte ›Mutter Courage‹, die Prinzipalin des Hauses, die mitspielte im Stück, ein Riesenfaß auf. Die Arie hätte sie angeblich für Bertchen aufgeführt, hat jemand gemeint, damit der nicht auf dumme Gedanken kommt.
Alle standen betreten rum und mein ›Papa‹, der Missetäter, stand wie ein begossener Pudel da. Dabei war das verhältnismäßig harmlos gegen die üblichen Witzeleien und Scherze der Truppe, wie zum Beispiel folgende: Begrüßung der männlichen Darsteller in Pantomimenspache. Einer hält drei Finger hoch, ein anderer verschämt nur einen, der Platzhirsch des Ensembles stolze sieben, der nächste mit gesenktem Kopf hat sämtliche Finger in der Faust versteckt, sie geballt, damit dem Himmel gedroht, was in Worte übersetzt, gleich Null bedeuten sollte.

Erst dachte Evchen, es ist sowas wie ein Zahlenrätsel, sie haben eine interne Taubstummensprache entwickelt, nein, hatten sie nicht. Es war ganz simpel: sie gaben sich zu verstehen, wieviel ›Nummern‹ sie geschoben hatten, was mir bei manchen wie Wunschdenken vorkam.
Brecht kriegte nichts mit davon, es sei denn, seine Informanten haben es ihm gesteckt. Einmal stubsten sie mich während einer Unterbrechung oder Pause aus der ›Gasse‹ auf die Bühne, sagten, ich solle Brecht mal was vorsingen, der mag sowas. Ich legte sofort los, sang die Moritat, wo eine durch Männerschmeichelei Verführte ihr Haupt auf Schienen legt und schön begraben wird, weil sie's aus Liebe tat. Dann den Gassenhauer: ›Herr Bolle lenkt zu Pfingsten nach Pankow hin sein Ziel‹.

Der Schauspieler X. aus'm Westen – damals kriegten manche Künstler sogar Westgeld, wenn sie von Drüben waren – ein Durchschnittstyp eigentlich, aber wenn er den Mund aufmachte und vom Maskenbildner zum Gruseln zurechtgemacht war, war er zum Schreien und Davonlaufen, vielmehr zum Bleiben: man war fasziniert von ihm.
Doch bevor er den ermordeten, wieder auferstandenen Vater gab, lernte ich ihn bei Proben zu ›Katzgraben‹ kennen. Er beobachtete mich unauffällig, kriegte mit, daß ich mich nicht in festen Händen befand – und machte mir das Angebot, sachlich, direkt, als wolle er auf dem Bauernmarkt ein zwar mageres, frisch aus der Wildnis gekommenes, doch mit gesunden Zähnen und fester Mähne ausgestattetes Rassepferd erstehen per Handschlag und darauf einen Adlershofer Wodka. Denn wenn man es etwas aufpäppelt, der noch unbeholfen dahintänzelnden Stute Zaumzeug und Sattel anlegt, Steigbügel investiert: Er zahlt mir monatlich 650 Mark Gage auf die Hand, wenn ich seine Geliebte werde. Das ist mehr als das Doppelte von einer Anfängergage. – Erst dachte ich, er nimmt mich auf'n Arm, es ist ein Zitat aus einem Stück, nein, er meinte es ernst und ganz ehrlich. Ich schämte mich seinetwegen, daß er soviel Geld ausgeben wollte, um jemand lieben zu dürfen, denn er war ein ganz origineller Typ. Deshalb bemühte ich mich ebenfalls, sachlich zu sein, wollte ihn nicht vor den Kopf stoßen, sagte diplomatisch, ich müßte mir die Sache erst noch überlegen, hätte sozusagen mehrere Eisen im Feuer. Einerseits war es eine Unverschämtheit, andererseits ein Kompliment. Aber ich hieß doch Eva – und die sucht sich ihre Liebhaber selber aus.

1. Mai-Feier 1953 – Vorbeimarsch an Funktionären, Blaskapelle, Bier, Bockwurst, Hochstimmung, Tanz, eine laue Frühlingsnacht.
Es hatte keinen Sinn mehr, nach Falkensee rauszufahren, denn das Fest ging bis morgens und um zehn begann die Probe am Stück. Wenn ich den Film zurückspule, sehe ich freien Himmel über mir. Ich war eingeschlafen im Liegestuhl vorm Eingang zum Probenhaus.
Als mich die Sonne küßt, sitzt vor mir Benno Besson, der Regisseur, Mitarbeiter von Brecht, studiert, wie ein Maler mein Gesicht, lauschte dem anbrechenden Tag entgegen. Am Abend, die Nacht über, wo auch wir uns umeinander gedreht hatten unterm Maibaum, war er mir wie eine Figur des französischen Romanciers Stendhal erschienen, nun wurde er, nach der übersprungenen Nacht, wieder ein kühler Kopf, Intellektueller, ironischer Brechtianer, führte den Verfremdungseffekt vor, war kurz angebunden, spielte mit Kollegen Tischtennis, zeigte nichts mehr von Gefühl und dem wilden Sanften in sich.
Brecht war ausgeschlafen, hatte das Volksvergnügen gemieden, strich mir eine Haarsträhne aus der Stirn, gab mir einen Apfel.

Bertolt Brecht mit Schlips und Kragen am 7. Oktober 1953 während des Empfangs zum 4. Jahrestag der Gründung der DDR im Amtssitz von Präsident Wilhelm Pieck.

40 Jahre später hat Eva sich an B.B's Brust geschmissen und singt ›Joe, mach die Musik von damals nach‹.

Es waren Zettel verteilt worden, wo Worte drauf standen, die von Brecht stammen sollten, daß das Volk sich das Vertrauen der Regierung verscherzt habe – und es nur durch doppelte Arbeit zurück erobern könne.

Wäre es da nicht die einfachere Lösung, die Regierung löste das Volk auf und wählte ein anderes?

Zeitungsausschnitt vom Aufstand des 17. Juni 1953

Ich bin zufällig reingeraten. Am Bahnhof Friedrichstraße, Nähe Weidendammerbrücke und Schiffbauerdamm-Theater, war ich einem Gewerkschaftsfunktionär aus Perleberg in die Arme gelaufen, Nachbar von nebenan, Heilige-Geist-Straße, in der ›Arschkerbe‹, den ich nett fand, der im Auftrag der Partei losgeschickt worden war, Eindrücke sammeln vor Ort, sollte rauskriegen, was da läuft in der Hauptstadt, gegebenenfalls, mit Fingerspitzengefühl auf der Linie der Partei argumentieren, diskutieren mit den streikenden Arbeitern von der Baustelle an der Weberwiese, den Erbauern der Stalinallee, ihnen klar machen, daß die Normerhöhung nötig ist, es müssen Anstrengungen gemacht werden, wenn wir nicht in die Barbarei zurückfallen wollen. Denn das Ganze wird gesteuert von den Ausbeutern im Westen. Faschisten reiben sich die Hände, wittern Morgenluft, wollen unsere junge Republik schlucken, das Rad der Geschichte zurückdrehn. Aber das lassen wir nicht zu: Unsere sozialistischen Freunde, die große Sowjetunion unter Führung der KPdSU und an ihrer Spitze der Genosse Stalin, nein, der war schon im Mausoleum, sein Nachfolger, wie hieß der, ja, Berija, der auch starb, na, dann eben Nikita Chruschtschow, wie ein schlaues Füchlein sah der aus, er wird unsrem Politbüro unter die Arme greifen, wenn nötig mit Waffengewalt dem neuen Deutschland beistehen und diesem Bubenstreich Einhalt gebieten. Aber die Zusammenhänge kriege ich nicht mehr zusammen, egal ...
Wir waren dann ins Gemenge ›Unter die Linden‹ geraten, hingeschwemmt worden Richtung Brandenburger Tor. Russische Panzer fuhren auf uns zu, Jugendliche warfen mit Pflastersteinen nach ihnen.

Es war unheimlich aufregend. Als würde wieder Krieg ausbrechen. Ich überredete den Gewerkschafter, verführte ihn dazu, mit raus zu kommen nach Falkensee, auf das schmale, mit Plüsch bespannte Sofa einer Bekannten unterm Dach, Uschi, Westgängerin, die immer Schnaps im Haus hatte und Essbares, sowie anrüchige Sprüche parat, wenn die Unterhaltung zu versanden drohte. Oder sie streute Ungereimtes aus dem Intimbereich wie Gewürze zwischen den Salat: Trotz Waschorgien und Parfümversprühen, ließe sich der Duft fangfrischer Meeresfrüchte nicht vermeiden beim ... Räuspern. Ehe bei mir der Groschen fiel, entstand eine peinliche Pause.
Jedenfalls, statt im Hexenkessel vor Ort zu bleiben, sich der Gefahr auszusetzen, zerfleischt zu werden oder selbst Ränke zu schmieden – wäre ein Ausflug ins Vorstadtmillieu doch eine reizvolle Alternative.
Meinem Nachbarn aus der Prignitz – leuchtete das ein, denn er folgte mir auf dem Fuße: Morgen ist auch noch ein Tag, um den Aufstand zu zerschlagen, die alte, vielmehr neue Ordnung wieder herzustellen.
Ersteinmal weg aus der Schußlinie, Abwarten und ... was trinken.
Mensch ja, ich hatte mit eigenen Augen gesehen, was solche Panzer, wie diese in Berlin, Nähe Brandenburger Tor, mit ihren Ketten und Rohren, anrichten können: Kirchtürme zerschießen, Menschen zermalmen, Häuser – wie das von Wagners in Kremlin: vorne rein, hinter raus, mit Nippes und Gardinen drapiert, dem ramponierten Tannenbaum mit Lametta, der noch von Weihnachten 1944 in der Stube stand.
Aber jetzt war heißer Sommer, das Jahr 1953, die S-Bahnhöfe überfüllt, keine Züge fuhren oder rasten durch, brütende Hitze lag auf der Stadt: Wir fangen Wasser mit den Händen auf, trinken aus einem Springbrunnen, ich tauche samt Kleid unter und wenige Minuten später ist es wieder trocken. Wir laufen quer durch Berlin, zum Bahnhof Ostkreuz, wo Pendelverkehr eingerichtet wurde. Krankenwagen heulen, Leute werden ohnmächtig. Ratlosigkeit und Chaos herrscht, bis der alte neue Ordnungsapparat wieder funktioniert, die Staatssicherheitsdienstleute weniger zach und Verhaftungen an der Tagesordnung sind.
Irgendwann erreichten wir das von mir in Aussicht gestellte Nachtlager vor den vom Krieg beschädigten Stadttürmen, machten es uns auf Uschis Sofa bequem, schliefen, erschöpft von den Mühen des Tages wie unschuldige Kinder Gottes und frühmorgens machte sich mein Nachbar wieder leiseweinend auf den Weg, um einst sagen zu können, dabei gewesen zu sein.

Mein Schiff tanzte, einer Nußschale gleich, weiter auf den Wellen, kenterte, wurde flott gemacht von am Ufer lauernden Piraten auf der sich zu einer künstlich entwickelnden Insel Berlin. Und genoß das Leben in vollen Zügen, trank Blutsbrüderschaft in der Newa-Bar, Invalidenstraße, Nähe Chausseestraße, mit Emil, der einen BMW wie im Ufa-Film fuhr, zum deutsch-polnischen Schieberring vom Außenhandel gehörte, was ich erfuhr, als er verschwunden war hinter Schwedische Gardinen. Der hatte mich dazu gekriegt – Ruth und Mirko, Emils Freund, der was am Magen oder mit der Leber hatte, Organisator, Stratege der Bande, um den sich Emil kümmerte, als wären sie Brüder, ihn fragte, ob er das Hühnchen gegessen habe, Schonkost, die zwei waren also Zeugen – daß ich mich von Emil, ohne mit der Wimper zu zucken, am Türpfosten mit Messern bewerfen ließ. Kommentar dazu von Mirko: Beides Verrückte. Ich lebte wahr und wahrhaftig mit Todesverachtung, vielleicht käme ich mit der Nummer zum Zirkus Busch. Und stets war ich auf der Suche nach einer Schulter zum Anlehnen, nach einem Ankerplatz …
Ja, ich hätte schon gern eine feste Bleibe gehabt, eine Arbeitsstelle, aber sowas war rar und Glücksache, so hoffte ich auf den Zufall.
Da gabs den Robert, Fuhrunternehmer, der nicht tanzen mochte, weil er seinen Fahrern die Tagesroute übergeben mußte; er war nicht mehr der Jüngste, Mitte vierzig etwa, nett und väterlich. Zwar nicht das Gelbe vom Ei, aber als Begleitung: in der Not frißt der Teufel Fliegen. Doch in Falkensee gab es einen, der mich nötiger brauchte, der sich mit einer Spritze sowas wie Morphium in den Oberschenkel piekste. Eine Sensation fand ich und fühlte mich verpflichtet, ihm beizustehen. Denn der Kumpel von ihm sagte, Heiner könne ohne das Zeug nicht mehr sein, er würde sich umbringen. Und die Samariterin in mir war auf den Plan gerufen, wollte sein junges Leben retten.
Aber bald schien es mir, sie würden mich foppen. Ich wendete mich ab und fand beim nächsten Tanz an einem Einsiedler Gefallen, dessen Vater in den Westen ›gegangen‹ war und ihn samt Haus am Wald allein gelassen hatte. Da war ich dann manchmal am Wochenende.
Es war Winter und dermaßen kalt, daß unser Atem sichtbar war und wir ineinander verflochten schliefen. Die dicken Federbetten erinnerten an ›Frau Holle‹, darunter schwitzte man wie in der Finnischen Sauna, aber wenn die Hand kurz draußen war, wurden die Finger zu Eiszapfen.

Ich hatte einen prallen Busen bekommen und auf dem Weg zum Bahnhof Falkensee, wurde mir eines Tages so schlecht, daß ich hinterm Baum verschwinden mußte und mir fast die Seele aus dem Hals kotzte. Nanu, dachte ich. Die Frühstückseier waren doch wohl nicht faul? Als die Übelkeit immer mal wieder kam, ging ich auf den Rat von Uschi hin zum Arzt und der sagte, daß ich schwanger sei – und das nicht erst seit gestern. Aber wieso denn, ich hatte doch gerade noch ... Ach, du lieber Herr Gesangsverein! Nun war ich, die sich so schlau vorgekommen war, doch in die Fußstapfen meiner Mutter getreten und mußte zusehen, wie ich aus der Bredouille rauskomme.
Agnes wollte ich nicht beunruhigen, das mußte ich allein durchstehen. Der sympathische Junge, aber schon volljährig, zweiundzwanzig, bot mir an, bei ihm zu wohnen, da würde ich das Geld für die Untermiete sparen und sein Vater schickte ihm öfter Westsachen. Er wollte sich auch drum kümmern, daß es wieder in Ordnung kommt mit mir.
Anfangs war ich unbekümmert, verdrängte es, dachte, kommt Zeit, kommt Rat, das Problem löst sich schon irgendwie – so oder anders, aber ihn, der keine Schuld an meinen ›Zustand‹ hatte, wollte ich nicht damit belasten, ihm womöglich dankbar sein müssen und die Freiheit aufgeben, im Haus am Waldrand hängen bleiben. Danke, sagte ich, aber da gibt es schon jemanden, der mir helfen wird, die Suppe auszulöffeln, die er mir eingebrockt hat – was natürlich gesponnen war.
Ich werde einen Arzt bitten, mir zu helfen, eine ›Engelmacherin‹ vielleicht, Rita kennt sich aus. Aber auf den Küchentisch lege ich mich nicht, wie die Schwester von ihr ... alle Jahre wieder. Andererseits wollte ich nicht, daß es Bekannte aus meiner Vergangenheit erfahren und rumerzählen.

Aber es wurde eine der einschneidensten ›Operationen‹ meines Lebens, physisch wie psychisch. Und obwohl dieses Absterben umgürtet wurde von unzähligen Jahresringen und Erdschichten im Laufe der Ereignisse, von Baumrinde und abgelagerter Borke – eine Art Panzer, der das Bewußtsein abschirmte – blieb diese Abtreibung eine meiner deprimierendsten Tiefpunkte und nie versiegende Quelle von Schuldgefühlen.

> Wir sind die Generation ohne Bindung und Tiefe. Unsere Tiefe ist der Abgrund.
> Wir sind eine Generation ohne Abschied – aber wir wissen, daß alle Ankunft uns gehört.
>
> Wolfgang Borchert

Fredman saß abends beim Bier in einer Seitenstraße vom Kudamm, Nähe Modehaus Horn, las Zeitungen, die dort auslagen, von hinten bis vorne durch, aß ein gepflegtes Abendbrot gegen dreiundzwanzig Uhr, knobelte mit dem Kellner, wenn der nicht bediente, trank wieder Bier.
Fredmann hatte ich durch Herrn Grosse kennengelernt. Herr Grosse wohnte am Kurfürstendamm und hatte dort unterm Dach ein Büro, bis zu dem ein gemusterter Läufer hoch ging, fünf Treppen hinauf bis direkt zu seiner Tür. Ich bürstete den ab und putzte Staub von der getäfelten Wand. Das hatte ich Bärbel zu verdanken.
Bärbel liebte das Leben wie ich, aber sie hatte noch für sie sorgende Eltern. Manchmal arbeitete sie; jenachdem, wieviel Geld sie benötigte. Sie hatte mir die Westtreppenstelle für einige Zeit überlassen, weil sie verreisen wollte. So kam es zur Begegnung mit Herrn Grosse. Der fragte mich eines Tages, ob ich ihm ein paar elektrische Birnen hochholen könnte, weil welche durchgebrannt waren.
Als Dankeschön bot er mir was aus einer orientalischen Keksdose an. Dann schickte er mich nach Halensee, wo ich ein Paket hinbrachte. Danach schenkte er mir einen Likör ein und fragte, ob ich mit ihm essen gehen möchte. Ja. Abends landeten wir dann in dem Lokal.

Fredman hatte wohl die schönsten Augen, die es gab weit und breit. Tiefes Blau, kilometerweite Sehnsucht. Der mußte verloren gegangen sein, als seine Sippe nach einem neuen Futterplatz suchte zwischen Grönland und Kap der guten Hoffnung. Wir wechselten kaum Worte. Herr Grosse ahnte nichts, trank gemächlich, mit Vorfreude wohl auf einen wie auch immer gearteten Nachtisch, wunderte sich nur ab und zu, daß mein Glas so schnell leer war. Wir saßen mit am runden Tisch, weil die anderen besetzt waren. Der Kontakt war zustande gekommen, weil Fredman Herrn Grosse Feuer gab, als dessen Benzinfeuerzeug nicht zündete. Ich hatte glänzende Laune gekriegt, lachte ohne Grund. Die Stunden vergingen, als würden sie in einem unsichtbaren Saugrüssel verschwinden. Und ein Zauber hatte sich gebildet. Jedenfalls war eine Spannung entstanden. Und wenn wir uns ansahen, flogen Funken durch die Luft, als stünden wir unter Strom.
Dann lag meine Hand plötzlich in der fremden ... Tatze, Kralle, Pfote, Hand, die kühl war, weich, keine arbeitende Hand.

Herr Grosse wollte nun gehen, aber ich rührte mich nicht vom Fleck. Der Kavalier setze sich wieder, denn er hatte an die dreißig Mark bezahlt für Getränke und für die Brathühner, vorher auch noch was. Dann ging er doch, was blieb ihm weiter übrig. Das junge Paar ging tanzen in die Blue-Bar nebenan oder hieß das Lokal was mit Venus, vergessen, wo Licht war wie in einer Dunkelkammer, schwüle Luft. Ich schmiegte mich in Fredmans Arme oder zog er mich in sie hinein? Dann sah ich zum ersten Mal eine Frau vor fremden Leuten sich langsam ausziehen und dabei tanzen – als Kunstnummer sozusagen. Die Musik klang, als wären die Töne verstimmt; das lag aber wohl am Lautsprecher. Die Beleuchtung war eher eine Verdunklung. Die Bedienung ließ sich davon aber nicht abhalten, trotzdem gefüllte Gläser zu den Tischen zu tragen. Mir war, als säße ich in einer Lasterhöhle. Der Teufel fehlt nur noch, dachte ich. Oder sollte er sich als normaler Bürger verkleidet haben und wie einer aus der tiefsten Provinz aussehen, ein moderner Prinz vielleicht, mit auffallend veilchenblauen Augen? Ich fühlte Scham, es war mir peinlich sowas anzukucken, als würde ich es sein, die vom Lichtscheinwerfer, einem Verfolger angestrahlt und von den Gästen begutachtet wird – denn ich tanzte ebenfalls für mein Leben gern, hab als Schulmädchen und bei Ausflügen jede Gelegenheit genutzt, um auf mich aufmerksam zu machen, aber so ... wie diese Frau, das war mir unangenehm, aber ich behielt es für mich, dachte: wie mag sie sich fühlen, kommt sie sich nicht vor wie ein Tier im Zoo, wenn sie ihre Bewegungen macht, damit sie existieren kann. Ach, was sollen Gedanken, ich hatte mich mal wieder Hals über Kopf verliebt, sog den herbsüßen Duft meines Ritters ein und schaute bei der Darbietung ins Ungefähre, hoffend, die Nummer ist bald vorbei. Fredman gab zu der Darbietung der nun fast nackten Tänzerin leise seine Kommentare ab, sagte, daß ihr Busen zu wünschen übrig ließe, aber sie würde sich geschickt verkaufen. Meine Figur dagegen wäre makellos und der Busen gliche dem von Aphrodite, einer Schönheit. In dieser Nacht war mir, als sollte ich mit Haut und Haaren gefressen werden, auf einer Kinderschaukel am Ufer mit Aussicht auf den Klaren See. Und war von Dankbarkeit erfüllt, weil der neue ›Bekannte‹ mir trotz der Umstände unserer Begegnung und einer nach Unterwelt riechender Atmosphäre Vertrauen einflößte. Mein Instinkt spürte, er ist ehrlich.

Das Glück ging weiter die nächsten Tage, wir fühlten uns sorgenfrei, er schmiedete schon Pläne, obwohl wir erstaunlich offen zueinander waren. Fast wie Vertraute, erzählten, woher wir kamen, wo wir hinwollten, was wir erlebt hatten, mochten, was nicht – wie wir uns die Zukunft vorstellen: nämlich unabhängig sein, wozu er schwieg und die Stirn kräuselte.
Also: Er war verheiratet, haßte, nein, verachtete seine Frau, weil er sie erwischt hatte, als sie auf den ›Strich‹ ging. Er hat sie verprügelt, verlassen, sie kam wieder angekrochen, bettelte, versprach das Blaue vom Himmel herunter, doch bald ging sie heimlich weiter ›anschaffen‹.
Nicht daß sie scharf drauf war, sie tat es wohlüberlegt, aus kühler Berechnung. Der gesunde Menschenverstand sagte ihr: Jugend gut und schön, kostbar und teuer, aber auch aus dem Grunde, weil man sich dadurch was leisten kann, wovon der Ehemann mitprofitierte, ohne zu ahnen, wo plötzlich der warme Regen herkam.
Nun war er daran gewöhnt und hatte sich mit dem ›Zuhälterdasein‹ arrangiert. Doch jetzt wird alles anders. Auf die Begegnung mit mir hat er gewartet, sieht wieder einen Sinn im Leben, wird nicht mehr von mir lassen, durch Dick und Dünn mit mir gehen, was auf die Beine stellen, mich Tag und Nacht lieben, was mir ein bißchen Angst machte, weil es wie eine Drohung klang. Aber er war wirklich lieb und besorgt um mich, wußte jetzt auch, wie es um mich stand, was mit mir los war: Ich hätte schon allerhand unternommen, die üblichen Prozeduren hinter mir, die Frauen in Kauf nehmen müssen, wenn sie ungewollt schwanger werden, zwischendurch auch Blutungen gehabt. Er schwieg eine Weile, nahm mich an die Hand und brachte mich zu seiner Ehefrau.
Die sah sehr ordentlich aus in ihrer weißen Nylonbluse, den frisch gebleichten Haaren, dem engen schwarzen Rock bis zur Wade, eher wie eine Chefsekretärin, aber niemals wie eine Nutte.
Sie musterte mich dezent, war kühl, aber nicht unfreundlich, sagte kaum etwas, tat und machte jedoch alles, was Fredman ihr auftrug. Mag sein, sie glaubte, er war der Übeltäter von dem Malheur, aber das schien ihm nichts auszumachen; die zwei waren ein seltsames Paar.
Nachts waren wir in einem Hotel gelandet, er rückte auf meine Bettseite rüber, war zärtlich und voller Begehren, was mich irritierte, denn dadurch würde er seiner Angetrauten doch bestimmt weh tun. Er hatte sie in meiner Gegenwart verächtlich behandelt, ihren Busen entblößt.

Es war eine Demütigung für sie und ich war erschrocken, dachte, warum benimmt er sich so. Aber sie steckte es stillschweigend weg. Kuck dir das an, hatte er abschätzig gesagt. Damit hatte er mir wohl zeigen wollen, wie das Verhältnis zwischen ihnen war. Würde mich jemand so behandeln, drehte ich mich auf dem Absatz um – und wäre weg. Zwischendurch kriegte ich ein hochprozentiges Gemisch eingeflößt, paar Tropfen zum Einnehmen, einen Mix, der totsicher sein sollte. Zusätzlich wurde der Unterleib mit Manneskraft massiert und geknetet. Aber so richtig ernst nahm es keiner, denn man sah äußerlich nichts von diesem ›Malheur‹, es reizte den Mann sogar, so daß ich ihn bat, seine Lust zu zügeln, was er auch tat. Dann schliefen wir etwas.
Gegen Morgen setzte Bauchweh ein, Krämpfe. Wir machten uns auf den Weg, als die Schübe nicht aufhörten und ich dachte, es zerreißt mich. Fredmanns Frau hatte sich um mich gekümmert, mir Ratschläge gegeben. Jetzt rannten wir, hielten uns an den Händen, sprangen wie aufgescheuchtes Wild, wollten hin zur Roten-Kreuz-Station von einem in der Gegend gelegenen Flüchtlingslager. Dann konnte ich nicht mehr vor Schmerzen, hockte auf der Bordsteinkante, wo Abwasser entlang sickerte:
Im Rinnstein bist du gelandet, dachte Eva voll Selbstironie, das kommt davon, wenn eine glaubt, ihr passiert das nicht, was dieses Kapitel betrifft – und lief los, von dem sie begleitenden Paar, Mann und Frau, Helfern in Not, gestützt, gezogen, geschleift – hatte das Gefühl, als wüchse Eisen in ihr, Gott straft das ›Fräulein‹ derartig hart, daß es daran krepiert oder ein Lebtag lang für den mordsmäßigen Eingriff in seine Belange büßen muß. Dann weiß ich nicht mehr groß was von dem weiteren Verlauf dieser ... weltweit wie Sand am Meer vorkommenden Altagsgeschichte. Schemenhaftes nur wallt auf, Messerscharfes sticht ins Gehirn; von einem Gemisch aus Grünspan und Rost überzogene Prosa inzwischen. Ich werde auf eine Trage gepackt, mit Tatütata durch Kreuzberg gekarrt, auf einen fahrbaren Untersatz gelegt, in den Lastenaufzug vom Hospital geschoben. Und in diesem Kasten, jetzt völlig allein auf der Welt, vor Jammer und Übelkeit fast besinnungslos, erlebt Eva eine Eruption, fühlt die Erde zerbersten, ihrem Leib was Glibbrig-Heißes entweichen, das zwischen den Schenkeln der Abtreiberin die Gnade erfährt, eine Erlösung durch Mutter Natur, nämlich nicht weiter gequält zu werden, sondern als reines Etwas ins Jenseits zu entschweben.

Und wieder dringt das Salz der Weltmeere aus den Augen, die Sicht verschwimmt im Dschungel der Erinnerungen, zwischen blutigen Scherben verläuft sich das Geschehen in den Kanälen zum Verdrängungsspeicher, sickert ein, verdichtet sich auf den Punkt, als Eva diejenige war, die sich eingenistet hatte im Bauch von Agnes, vielmehr ein Samenfädchen von Fritz dem Löwen sie erwischte, das Ei im Sprung durchdrang und ich mich den anfänglichen Ausrottungsversuchen erwehren mußte, es auch schaffte – meine Mutter war noch naiver als ich und hatte keine so cleveren Helfershelfer wie Eva aus der nächsten Generation. Die bekam jetzt eine Narkose, hörte Metall klappern und ist schon bald nicht mehr von dieser Welt.

Danach kamen Fredman und Hilde mit Blümchen, saßen am Fußende, schauten erleichtert auf das von der Last befreite Opfer eines ›Verkehrsunfalls‹, das nur eins ist von den unzähligen Leidensgenossinnen tagtäglich und bald wird der Fluß, der da Leben heißt, dich wieder an freundlichere Strände spülen, diesen Jammer von der Sonne verbrennen und Eva neu fühlen lassen ...

Nach wenigen Tagen kam der mir, wie es fast schien, selbstlos zugetane Freund, brachte mich im Hotel unter, doch ich war physisch wie moralisch noch zu geschwächt, um schon voll da zu sein.
Zudem war vor den Fenstern meiner Seele das Dunkle nur langsam am Schwinden und Freude wollte nicht aufkommen.
Aber aus Dankbarkeit und seiner veilchenblauen Augen wegen, wies ich ihn nicht ab. Die Gier in ihm jedoch nahm keine Rücksicht, obwohl vom Arzt Enthaltsamkeit empfohlen worden war.
Ich war danach wie versteinert und entschlossen – eigentlich schon im Krankenhaus, als er täglich kam, für uns Zukunftspläne schmiedete – daß mein Weg in eine andere Richtung geht.
Er verfluchte sich, weinte, machte sich Vorwürfe, sagte leise:
Du hast ja Recht. Geh deinen Weg. Ich bin bereits zu tief gesunken, um nochmal von vorn anfangen zu können. Doch wenn du gewollt hättest, hätte ich die Welt aus'n Angeln gehoben. Ich liebe dich zu sehr, als daß ich dir Steine in'n Weg legen würde. Wenn du mich brauchst, für was auch immer, du weißt, wo du mich findest.

Es war wie in einem Dreigroschen-Roman. Das Gute im Menschen kam zum Vorschein, er schenkte mir sein letztes Geld für die Fahrt zu meiner Mutter, zwei Scheine, die sicher sein Frauchen von einem Freier herhatte – die Münzen behielt er für sich, wollte nachher am Spielautomaten sein Glück versuchen. Zum Schluß warnte er mich mit ernster Miene: Wehe, das passiert ein zweites Mal und du läßt dich rumkriegen von so einem gewissenlosen Knacker oder ich treffe dich mit einem von meiner Sorte. Dann Gnade dir Gott! – Ich dachte: Keine Sorge, Fredman von der Bleibtreustraße; oder wo war das noch. Einer hat gereicht. Es war eine harte Lehre. Du bist ein prima Kerl gewesen, wer weiß, was sonst noch passiert wäre. Unsere Zeit ist vorbei. Dem anfangs fortwährend zwinkernden Stern im Baldachin über Berlin, ist seine Leuchtkraft entwichen. – Du siehst mich nicht wieder, Mann.

Denn du hockst in deiner Stammkneipe, liest alle gängigen Zeitungen durch von vorn bis hinten, ißt gepflegt zu Abend vor Mitternacht, hältst Ausschau nach einem Seitensprung wie ich es einer war, wartest auf den Feierabend deiner dir treu ergebenen Gemahlin und Geschäftsfrau, die für euer Söhnchen – das hatte ich ganz vergessen zu erwähnen: die beiden waren schon deshalb aneinandergekettet, weil ein Kind existierte aus einst ja wohl glücklicherer Zeit, ein von der Natur geknüpftes Band hielt sie zusammen – für das die Mama fleißig anschaffen ging, die Oma sich lieb kümmerte, so daß kein Mangel herrschen wird.

Ach, Mensch, das Leben könnte so schön sein! Ich wünsche dir, mein veilchenblau-äugiger ... Bekannter, daß du und sie, deine wasserstoffblonde Gefährtin, daß ihr drei ... Ich weiß nicht was ich sagen soll, jedenfalls auf alle Fälle Glück habt. – Kopf hoch, Eva, sagt Maria.

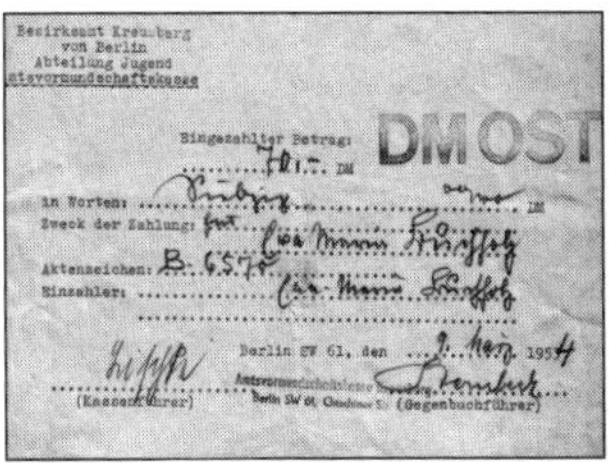
Bezirksamt Kreuzberg
von Berlin
Abteilung Jugend
...tsvormundschaftskasse

DM OST

Eingezahlter Betrag: 70.- DM
In Worten: ... DM
Zweck der Zahlung: ...
Aktenzeichen: B. 6570
Einzahler: ...

Berlin SW 61, den ... 1954

(Kassenführer) (Gegenbuchführer)

Der ›Spaß‹ im Hospital hat siebzig Ostmark gekostet, die ich Monate später beim Amt persönlich einzahlte. Die Quittung darüber existiert noch, ein Stück vergilbtes Papier, die schriftliche Bestätigung vom Absturz aus dem 7. Himmel in die Hölle hier auf Erden.

›Die Erinnerungen verschönen das Leben‹ – soll Honoré de Balzac gesagt haben. ›Aber das Vergessen allein macht es erträglich.‹

Langsam erholten sich Sinne und Gemüt. Ich war mit zwei Freunden aus Falkensee und einem geliehenen Fahrrad durch Brandenburg nach Caputh zum Zelten gefahren. Zwar kam es mir anfangs vor wie verlorene Zeit, war es aber nicht, denn meine Lebensfreude kam schnell zurück, die Haut, worunter die Seele wohnen soll, wurde milchkaffeebraun und wieder wie neu.
Ich freute mich wie ein Kind auf das Vor-mir-Liegende, denn es konnte nach dem vergangenen Kapitel ja nur besser werden, auch weil ich mich darauf konzentrieren wollte, einen Beruf zu erlernen, der – wenn schon nicht direkt auf der Bühne, dann zumindest was mit dahinter zu tun hat: Kostüm- oder Maskenbildnerin, vielleicht würde mich dann jemand entdecken ... Jedenfalls war ich gespannt darauf, was auf mich zukommt, wenn ich wieder in Berlin bin.
Aber wiedermal wurden die Karten neu gemischt und ich bekam eine ganze handvoll Herzen vom Austeiler hingeblättert.

Wir haben uns in die Augen geschaut und waren verliebt.
Im Presse-Café, in der Friedrichstraße von Berlin, war das, wo Hans Hagen, ein schöner Mensch mit sanften, gleichzeitig feurigen Augen, ehrgeizig, stolz, verletzbar, 32 Jahre alt, nein, jung, muß man sagen, weil er oft wie ein Junge war, unberechenbar, seinen Gefühlen ausgeliefert. Journalist, angehender Schriftsteller, Drehbuchautor, sein Pseudonym war Oliva, weil in Ungnade gefallen bei der Obrigkeit.
Jedenfalls aus der Sozialistischen Einheitspartei Deutschlands ausgeschlossen worden wegen Weiß-der-Teufel-was, auf kleiner Flamme am Köcheln gehalten, weil er Verfolgter des Naziregimes war; davon später.

Im Presse-Café nun, wo Hans Hagen mit Kollegen, klugen Köpfen, befreundeten Artikelschreibern, an bestimmten Wochentagen zusammentraf, die sich damals noch trauten, unter ihrem Namen Beiträge von ihm zu veröffentlichen, damit er seine Miete bezahlen konnte – da fand also der erste Blickwechsel zwischen den Protagonisten statt. Es wurde über Weltereignisse und das innenpolitische Auf und Ab diskutiert, bis die Köpfe rauchten, am Stück ›Kabale und Liebe‹ rumgefeilt, Rollen verteilt, Wetterprognosen aus den Wolkenkonstelationen und deren willkürliche Verschiebungen am kulturpolitischen Himmel gestellt – und justament fiel der Blick von Hanne auf ›Mascha‹, wie er Eva bald nennen wird, das ist der Kosename von Maria im Russischen. Und da er sich gut auskannte in Literatur, Dostojewski, Tolstoi, Tschechow, Gorki, besonders Puschkin mochte, fand er, daß Mascha zu mir paßt. ›Puschkin liebte seine Frau mit großer Leidenschaft‹, schrieb er mir, ihm fühlte er sich verwandt:

Drum muß so hilflos ich verderbe, soll nicht zu früh mein Hauch vergehn,
mir jeder Morgen, eh ich sterbe, Gewißheit schenken: sie zu sehn!

Später gingen die beiden in die ›Melodie‹, hinterm Schiffbauerdamm, wo ein Tresen war, wie im Westernfilm und auch Tanz. Am selben Abend haben sie sich verlobt. Hans riß sich ein Haar aus und wickelte es Eva um den Finger. Sie spielte das Spiel mit.
Nachts fuhr uns ein Taxi in die Stargarder, Querstraße zwischen Schönhauser- und Prenzlauer Allee, Einzimmerwohnung mit Küche, Toilette, Kammer, Hinterhof, linker Eingang, 2. Stockwerk.

Paar Hausnummern weiter war ich einst hinverfrachtet worden mit der ›Grünen Minna‹, in besagtes ›Pensionat‹, für Schwererziehbare, wo die verunglückte Revolte stattfand – was hoffentlich kein böses Zeichen war, Vorwarnung, sich nicht mit Fremden einzulassen. Ach nein, er war kein Fremder, ein Verwandter, mit glühendem Herzen.
Aber Hans hatte anstandshalber und raffinierterweise einen Freund samt Begleitung eingeladen, auf einen Gutenachttrunk, Gerd Z., später Architekt, sonst wäre ich vielleicht nicht rumzukriegen gewesen – zumindest nicht so schnell.

Aber ich war hingerissen von ihm und er schien, trotz der bürgerlichen Gepflogenheit, dieser Verlobungskiste, sonst auch seriös zu sein. Doch bevor wir dort ankamen, kurz nachdem wir in die Droschke eingestiegen waren, küßte er mich auf diese unerhörte Art, als wollte er mich auf der Stelle verspeisen, auf dem Rücksitz einverleiben. Ähnlich verwegen, wie in Perleberg der Russe im Hausflur vom schiefen Haus, in dessen Gebälk der Holzwurm zugange war, eine Alkoholfahne im Durchzug hing, an die Schnapsbrennerei von Kremlin erinnerte, der Invasion von zurückschlagenden Kriegern aus Fernost, Harmonikaklänge, rhythmisches Stampfen der Kosaken, wehmütiger Gesang, Verwirrtsein über das wild entfachte Feuer im Innern, wo ich geflohen war wie von Furien gejagt – was in gegenwärtiger Situation, während der Fahrt dazu, schwierig war und auch nicht das Bestreben der frisch gekürten Braut.
Der Verlobte drückte sie in seinen Schoß, daß eine fast ohnmächtig wurde. Doch diese Methode, der Wirklichkeit zu entfliehen, ist ihr in früher Kindheit abgewöhnt worden durch den Vater, der nicht ihr Vater war und doch mehr als der eigentliche je hatte sein können, weil Fritz Löwe sich abgeseilt, in eine Traumgestalt verwandelt hatte, bevor Eva ihn wahrnehmen konnte, so daß nur ein Phantasiegebilde übrig blieb. Aber jetzt geht es um Anfaßbares, um den Beginn einer neuen Zeit.
In jener Nacht schlief der Freund mit Begleiterin auf der Couch und Eva mit im Bett ihres Verlobten und das im Schwebezustand.
Aber im Morgengrauen verschwanden die Gäste und da war für die Vereinigung der Geschlechter naturgemäß kein Halten mehr.
Nach dem Erwachen in jenem Wonnemonat Mai fragte ich den Mann an meiner Seite: Sind wir jetzt wirklich verlobt? Das fand er wohl zum Herzen und sagte: Aber natürlich, was dachtest du denn, meine Süße, liebe Kleine, sei die Meine ... Da war ich ganz froh.
Nach drei Tagen machte er mir einen Heiratsantrag mit einer lustigen Reimerei. Auch sonst bekam ich bei jeder Gelegenheit Liebeserklärungen in Versform.

›Alle Uhren stehen still, muss ich auf Dich warten.
Und ich weiß schon, was ich will: Deinen Mund, den zarten. ...
Fragst Du mich, was Liebe ist, kann ich gar nichts sagen,
Denn wer Deinen Mund geküsst, gab Dir Kopf und Kragen.‹

Es folgten Wochen, in denen ich viel über Leben und Leute aus seinem Kreis erfuhr, über Bücher – er hatte eine ganze Wand voll damit.
Das Wichtigste aber: Ich wurde innig geliebt und liebte ihn ebenso. Anscheinend war das Ende meines unseriösen Daseins buchstäblich über Nacht hereingebrochen, wie ich ohne Bedauern feststellte.
Wir besorgten Papiere, meine Mutter kümmerte sich drum – und zwei Wochen später war die Trauung im Standesamt Prenzlauer Berg.

Am Polterabend sagte ich nochmal Nein, gab ihm die Chance, zurückzutreten, weil es Wahnsinn war und reine Unvernunft – und meinte, ich würde keine Ehefrau werden, wie man sie sich vorstellt. Aber wir schliefen die Nacht kaum, er war deprimiert, traurig, wollte es anscheinend wirklich wissen. Da atmete ich erleichtert auf. Denn abgesehen davon, daß ich ihn bewunderte für sein Wissen und Herumgekommensein, wie er Geschichten erzählte, Unmengen von Witzen kannte, solche zum Lachen und Weinen zugleich, wie den: Moische geht im Grunewald spazieren, muß sich verstecken, wartet auf ein Visum. Es ist naß, kalt, er hat Hunger. Da fliegt ein Vogel vorbei, scheißt ihm auf'n Kragen. Moische sagt: Und für die andern singste!

Also außer, daß ich in den Hans verliebt war, ihn liebte, hatte ich auch Sehnsucht nach einer festen Bleibe, denn ich war nicht im Besitz einer Aufenthaltserlaubnis für Berlin. Mit entsprechendem ›Hinweis aus der Bevölkerung‹ hätte mich die ›Grüne Minna‹ abtransportieren können. Man mußte sich nämlich beim Hausvertrauensmann als Besuch ins Hausbuch eintragen, sonst war Übernachten illegal, also strafbar und wurde angezeigt.

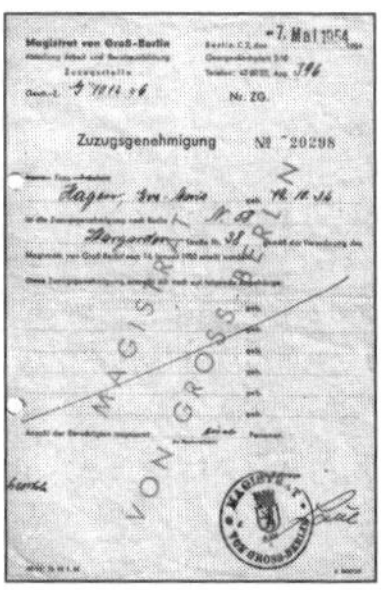
Magistrat von Groß-Berlin
7. Mai 1954
Nr. ZG.
Zuzugsgenehmigung Nº 20298
MAGISTRAT VON GROSS-BERLIN

Zuzugsgenehmigung für Berlin
am 7. Mai 1954

Am 4. Mai 1954 fand die Zeremonie statt. Es kam mir vor, als wäre es ein Bubenstreich: wir hatten nämlich keine Trauzeugen.
Deshalb unterschrieben zwei zufällig vorbeikommende Personen: Bote und die Gehilfin der Standesbeamtin, glaube ich, daß ich jetzt offiziell in Berlin sein darf, nicht aus Schikane oder wegen eines Gesetzesparagraphen, in die Provinz zurückbeordert werden kann.
Während der Standardrede über unseren zukünftigen Lebensabschnitt im ersten sozialistischen deutschen Staat, nämlich der DDR, zupfte mir Hans am Strumpfhalter und kniff mir – ohne mich anzusehen, weil er die mit Anteilnahme ihren Dienst versehende Beamtin im Blick behielt – in den Hintern, wobei er die Augen verdrehte wie ein Schlingel, daß ich Sorge hatte, sie bleiben womöglich stehen.
Oder die sozialistische Beamtin verweigert uns wegen Unreife und Unfähigkeit, die Bedeutung der unheiligen Handlung zu erkennen, ihren Segen, vielmehr wichtiger, den Stempel unter der Urkunde.

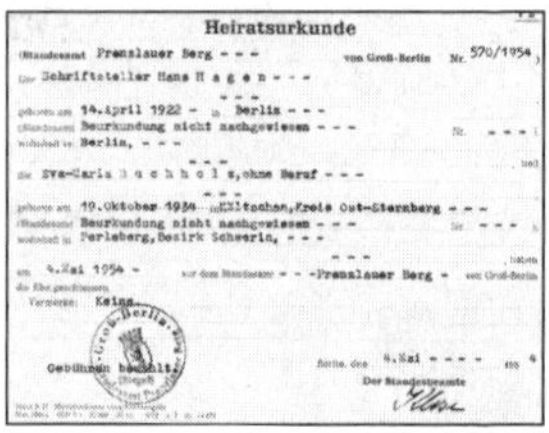
Heiratsurkunde

(Standesamt Prenzlauer Berg - - - von Groß-Berlin Nr. 570/1954)

Der Schriftsteller Hans H a g e n - - -

geboren am 14. April 1922 - in Berlin - - -
(Standesamt Beurkundung nicht nachgewiesen - - - Nr. - - -)
wohnhaft in Berlin, - - -

und

die Eva-Maria B u c h h o l z, ohne Beruf - - -

geboren am 19. Oktober 1934 in Költschen, Kreis Ost-Sternberg - - -
(Standesamt Beurkundung nicht nachgewiesen - - - Nr. - - -)
wohnhaft in Perleberg, Bezirk Schwerin, - - -

haben am 4. Mai 1954 - vor dem Standesamt - - -Prenzlauer Berg - von Groß-Berlin die Ehe geschlossen.

Vermerke: Keine.

Gebühren bezahlt.

Berlin, den 4. Mai - - - 1954

Der Standesbeamte

Aber mit überzeugtem Herzen unterschrieb ich das Dokument, voll kindlicher Freude und heimlichem Stolz, Dank auch an den Großen Wagenlenker, dem vorerst aufs Altenteil geschobenen Gottvater und früherem Ansprechpartner, zum ersten Mal mit – Eva-Maria Hagen.
Anschließend gingen wir mit noch einem Liebespaar, den Freunden vom ersten Abend, in eine Berliner Kneipe und feierten schön.

In die Flitterwochen gings nach Thüringen, Hans sollte eine Reportage schreiben, konnte somit zwei Fliegen mit einer Klappe schlagen. Wir besuchten Eisenach, die Wartburg, wo einst ritterliche Dichtkunst gepflegt wurde und Martin Luther Zuflucht fand. Er war vom Papst mit

dem Bannfluch belegt worden, weil er ein Dickschädel war und mutiger Geist, der sich nicht einschüchtern ließ – wie auch Hanne, der trotz des über ihn verhängten Verdikts unterwegs war voll Elan und unermüdlichem Unternehmungsgeist. Ach, ja.

Und von den Künsten hat Martin die Musik am meisten geschätzt. Hans hatte ebenfalls eine Vorliebe dafür und einen Plattenspieler, der viel in Betrieb war. Dann dirigierte er mit wilden Armbewegungen Beethoven-Symphonien, Schubert – und brachte sich damit in Schwung. Luther läßt in einem von ihm verfaßten Gedicht Frau Musika sagen:

›Fur allen Freuden auff erden –
Kan niemand keine feiner werden,
Denn die ich geb mit meim singen –
und mit manchem süssen klingen.
Hie kan nicht sein ein böser Mut –
Wo da singen Gesellen gut,
Hier bleibt kein zorn, zanck, hass, noch neid –
Weichen muß alles hertzeleid ...‹

Hätte ich nicht gedacht, daß der ›mittelalterliche‹ Mann, neben seiner Hauptbeschäftigung Reformation und Bibelübersetzung, so manche Lanze für das Singen brach und eine verständliche Sprache predigte.

›Das edlest werck am Menschen ist, das er reden kan.
Die sprachen sind die scheyden, daynn dis messer des geyts stickt.
Sie sind der schreyn, darynnen man dis kleynod tregt. Sie sind das gefess, darynnen man disen tranck fasset.‹

Evas alte Bibel

Und GOtt sprach:
Lasset uns menschen machen, ein bild das uns gleich sey;
die da herrschen über die fische im meer, und über die vögel
unter dem himmel, und über das vieh, und über die ganze erde,
und über alles gewürme, das auf erden kreucht.

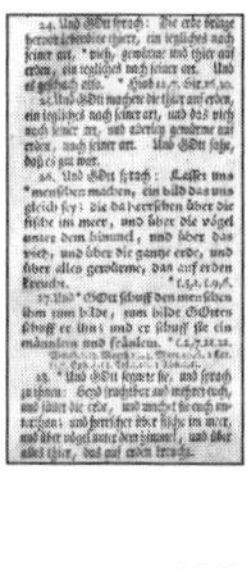

Und GOtt schuff den menschen ihm zum bilde, zum bilde GOttes schuff er ihn; und er schuff sie ein männlein und fräulein.
Und GOtt segnete sie, und sprach zu ihnen: Seyd fruchtbar und mehret euch, und füllet die erde, und machet sie euch unthertan.

Weimar und seine großen Söhne lernte ich näher kennen, Friedrich und Johann Wolfgang, ihre Behausungen, Denkmäler, über ihre Liebschaften gabs Interessantes zu erfahren, die Ehe. Meine Sympathie war nun mehr auf Schillers Seite. – Nächste Station: Erfurter Dom und Augustinerkloster, das den Reformator als Mönch beherbergte, der später gesagt haben soll: In der Woche zween, macht im Jahre hundertvier, schadet weder mir noch dir – oder so ähnlich. Hanne und ich kuckten uns an wie Verschworene, verschwanden irgendwo ins Inkognito auf der Empore, dem Geheimverlies, ins Adlernest, hinterm Strauch: wir befanden uns schließlich in den Flitterwochen, dazu auf einer Hochzeitsreise – da galt Martins Vorschlag eher für einen Tag, die Nacht nicht mitgerechnet, denn was sich da tut zwischen traumhafter Wirklichkeit und phantastischer Realität entzieht sich dem Erinnerungsvermögen. Mensch Martin, mutiger Mann, hast sicher nicht Buch geführt über Anzahl der Verstöße gegen die Regel, wenn es dich überkam, keine Strichliste auf dem Nachttisch liegen gehabt.

Dann fuhren wir nach Meißen, wo die berühmte Porzellanmanufaktur ist, sahen einem Meister zu, wie er eigenhändig Gefäße formte aus ›Weißem Gold‹, das der Alchimist Böttger einst erfunden hat.
Danach kam Naumburg an der Saale dran, wir bewunderten Uta, die Mannen ihrer Sippe, denen der Erschaffer durch seine Kunst Lebendiges in den Gesichtsausdruck meißelte. Die Schönheit der Frau hat er so echt getroffen, daß Hans vor ihr kniete und ich mich in sie reinträumte.
Und als mein Mann nachts den Kreuzgang entlang kam bei Vollmond, schlug ich den steinernen Mantel zurück und präsentierte ihm die Be-

scherung aus feinstem Meißner Porzellan, verziert mit Ranken aus Weinlaub. Trotzdem war ich aus Fleisch und Blut, konnte küssen wie Eva vor und nach dem Sündenfall, so daß der Kunstliebhaber sich fast nicht wieder einkriegte vor ... Staunen.

Wahrhaftig, ich befand mich jetzt in einer anderen Verfassung, als zu der Zeit mit der Westgruppe hier in der Jugendherberge, wo der Tagesablauf oft ein abenteuerliches Auf'msprungseinmüssen war.
Mein Freund Manfred war in der Schauspielschulzeit noch mal aufgetaucht, als er wieder frei war und wir eine Party veranstalteten. Aber das Verliebtsein in ihn war vom Theaterdunst eingesogen worden, Bühnenhelden waren inzwischen meine Welt, wo fürs Herz auch nicht das Richtige dabei war, aber mehr meiner erträumten Richtung entsprach. Manche von ihnen wollten mich für ein Techtelmechtel haben, aber nicht diejenigen, mit denen ich gern eins gehabt hätte.
Jetzt hatte ein neues Leben begonnen, mein Mann sah in mir etwas Besonderes und ich in ihm. Als hätte Amor uns miteinander verkuppelt.

Hans erzählte vom Schicksal seiner in die ganze Welt verstreuten Familienmitglieder: zwei Brüdern, den Eltern, Schwestern, Helga, Hertha, Gerda – hab noch die Festausgabe, achtzehnbändig, blaues Leder, Goldschrift auf'm Einband, von Johann Wolfgang von Goethe. Ursprünglich hießen die Vorfahren Levy, hatten eine Bank in Köln.

Villa Karlshagen, Juli 1927 – und die Eltern von Hans: Hermann und Hedwig

So sah Karlshagen in den neunziger Jahren nach dem Ende der DDR aus (vergl. oben.) Vielleicht ist es aber inzwischen restauriert oder abgerissen worden.

Die Brüder: Hans, Karl-Heinz, Günter als Kutscher, drei Kinderfrauen und das Pferd ist ein Ziegenbock

Hanne unten rechts und ein Teil der Verwandtschaft

Das traditionelle Sommerfest in Karlshagen, wo die Familie Hagen vor dem 2. Weltkrieg aus Nah und Fern zusammentraf

Die drei Schwestern

Ausflugsschiff der Hagens

Vorfahrin mit Namen Nina Hagen.

Hans, links unten, Günter, der kleinste, Karl-Heinz, Schwestern Gerda, Helga, Hertha und Vater Hermann Hagen

Rechts: die schöne und kluge Schwägerin von Hanne: Helga, Ehefrau von Karl-Heinz H. Aus ihren Alben stammen diese Familienfotos.

Einer der Männer mit Namen Louis, heiratete so um 1870 herum eine Frau, deren Mädchenname Hagen war. Er nahm ebenfalls den Namen an und von da an hießen alle Nachkommen, wie der aus den ›Nibelungen‹, obwohl sie vom jüdischen Volk abstammen.
Jedenfalls haben sie das nicht so eng und verbissen gesehen, sich kreuz und quer vermischt, halt wo die Liebe hinfiel. Dadurch ist eine schön bunte Mischpoke entstanden, der weltweit verbreitete Hagen-Clan.
Und ich gehörte nun ja auch dazu, obwohl aus einer total anderen Ecke kommend. Wenn man dann noch die Spur von Fritz, dem Löwen verfolgt, meinem mich versehentlich in die Welt gesetzt habenden Erzeuger, dessen Verwandtschaft was Schwedisches dazugeliefert haben soll, einer davor von noch nördlicher aus Skandinavien: Wende ich den Blick nach Innen, ist mir, als würde ein in Tierfelle gewickelter ›Karl‹ den Rentieren nachjagen. Und von meiner Mutter Agnes der Stammbaum soll den Mix mit baltischen Wildbeerensaft, also Widerstandskraft angereichert haben. Auch Wikinger haben sich nicht lumpen lassen, so daß der Faden zur Urmutter Eva nicht abriß. Außerdem vernehme ich noch das Rauschen russischer Birkenwälder.
Der jüngste Bruder von Hans hat sogar eine Japanerin gefreit, sie, als der Krieg vorbei war, nach Übersee entführt und sich dort erfolgreich um die Fortpflanzung der Menschheit bemüht. Hannes Vater hieß Herrman, war Bruder vom Bankier Louis. Die Mutter starb nach langer Krankheit 1934 – in dem Jahr, als Eva-Maria geboren wurde. Hans war zwölf Jahre alt und es hat ihn ungemein schwer getroffen.
Vater Hermann wurde in den Jahren nach der Machtergreifung Hitlers wegen ›Rassenschande‹ verurteilt, kam nochmal frei, wurde später mit einigen hundert anderen unliebsamen Zeitgenossen umgebracht, als der Vergeltungsschlag wegen dem Attentat auf Heydrich stattfand.

Nach dem Tod der Mutter, in der Übergangszeit zwischen Frieden und Krieg, war Hans und sein jüngster Bruder, in einem Schweizer Internat, wo er eine solide Schulbildung, vor allem in Kunst und Literatur erhielt – im Gegensatz zur zukünftigen Braut Eva in Kremlin. Vorher war ihm noch von amtswegen, da er Halbjude war, ein ›arischer‹ Vormund zugeteilt worden.

Dann konnten die Hagens sich finanziell das nicht mehr leisten; das in einen Fond eingezahlte Geld war aufgebraucht, viele der Verwandten emigriert. Hans ging auf Wanderschaft, nach Madrid, wo ein Bürgerkrieg ausgebrochen war, meldete sich als Freiwilliger bei den Internationalen Brigaden, die gegen Franco-Spanien kämpfen wollten.
Dort landete er beim deutschen Politkommissar, der sagte: Kinder können wir hier nicht brauchen. Hans hatte ihm vorgeschwindelt, er sei siebzehn, in Wahrheit war er fünfzehn. So schickten die deutschen Kampfgenossen ›Hans im Glück‹ wieder weg und deshalb landete er im französischen Marseille, wurde Hafenarbeiter, wo er sich einer kommunistischen, französisch-algerischen Jugendgruppe anschloß und als Kurier zwischen deutschen Emigranten und kommunistischen Untergrundzellen in Deutschland fungierte, wobei seine Jugend ihm sehr nützte – hat Defa-Regisseur Heinz Thiel gemeint.
Auch mein damals Zukünftiger selbst erzählte mitunter Sachen, die sich wie Abenteuer aus ›Tausend und eine Nacht‹ anhörten. Aber selbst, wenn seine Phantasie vielleicht manchmal wilde Blüten trieb, müssen die Geschichten sich so oder ähnlich zugetragen haben.
Zu jener Zeit war Eva jedoch noch im Vorschulalter und ihrem Bruderherz Horst galt hauptsächlich ihr Interesse, dessen Unternehmungen und Bubenstreiche. Ihn bewunderte sie – manchmal auch skeptisch – und stand ihm bei auf Biegen und Brechen. Er war der Inbegriff von Nestwärme, Zuhause, Familie, Freud und Leid.

Hanne war wieder in Berlin gelandet, mußte sich verstecken, ist bei illegalen kommunistischen Aktionen – wie Flugblätter verteilen und Botengänge machen – gefaßt und in Moabit eingesperrt worden.
Dort wurde er für Arbeiten in der ›Domäne Dahlem‹ als Gefängnis-Erntehelfer eingesetzt, wo er zu fliehen versuchte, was aber mißlang. Dabei ist er zusammengeschlagen und in nachfolgender Zeit böse mißhandelt worden: seine Brust war von seltsamen Narben übersät.
Sein älterer Bruder Karl-Heinz wurde als Soldat zur Wehrmacht eingezogen, ist desertiert, geschnappt und zum Tode verurteilt worden. Aber dann kam raus, daß er als Halbjude nicht wehrtauglich war, dadurch auch nicht straffällig. Welch seltsam glückliche Fügung:
das Halbjudesein rettete dem Bruder von Hanne das Leben.

1945 wurde Hans von den Russen befreit, die Strafanstalt Moabit gestürmt, aber am Alexanderplatz war der Krieg noch im Gange, dort wurde weiter erbittert um jedes Erdloch, jeden Zentimeter Territorium gekämpft. Es war nicht ungefährlich, kahlgeschoren, ausgemergelt und in Sträflingskleidung durch die Gegend zu wanken.
Dann hat ihn ein Offizier der russischen Besatzungsmacht und Kommandantur zum ersten Nachkriegsbürgermeister von Berlin-Mitte ernannt. Eine seiner Amtshandlungen war die Veranlassung einer Trauung zwischen einem Mann, der während der Nazizeit eine Frau, die Jüdin war, versteckt hatte – wo Hans dann Trauzeuge war.
Das alles gehörte nun der Vergangenheit an, so wie die Erlebnisse im Krieg, worüber nicht mehr gesprochen wurde, denn offiziell war die Flucht oder Vertreibung, wie sie aber nicht genannt wurde, diese unter die Haut eingewachsene ›Schande‹, sowieso ein Tabuthema.
Jetzt galt es, die Gegenwart meistern, anstehende Aufgaben anpacken, wie es die ›Trümmerfrauen‹ vorgemacht hatten, einen Stein nach dem anderen in die Hand nehmen, sichten, aufschichten, sich am Entstehen einer lebenswerten, vor allem sozialistischen Zukunft zu beteiligen.
Und eine gute Ehe führen, hatte ich mir vorgenommen, anders als die anderen, keine von der Sorte mancher der Kollegen, die sich gegenseitig Vorwürfe machen, die Luft abschnüren, keinen Raum lassen für Entfaltung der Persönlichkeit, wo das Miteinanderschlafen zur Pflicht gehört – angeblich auch im Gesetz verankert ist – und zur Routine wird.
So soll es nie werden. Wir wollen jeden Tag neu erleben, auch Kleinigkeiten wichtig nehmen, die blaue Blume aus dem Unkraut beim Gaswerk drüben, die Hanne mir auf dem Frühstückstisch gelegt hat, ins Glas tun, ihr Wasser geben, wir uns einen Kuß und noch einen ...
Jeder Morgen fing mit Musik an, die leichtfüßigen Stücke von Chopin zuerst, dann Mozart, Schubertlieder ... Hanne schenkte mir täglich irgendeine Kleinigkeit und Aufmerksamkeit, machte Waschwasser heiß in der Küche, die halbe Zinkwanne voll, manchmal die ganze, wusch mir den Rücken, verwöhnte und liebte mich wo wir gingen und standen, kümmerte sich wie ein alter und neuer Freund:

Einen grossen Kuss, Du Liebe, ich habe Wasser in die Töpfe getan. Kaffee in Tüte, Eier in Speisekammer, Brötchen sind auch da. Lass alles liegen, ich mache Ordnung, wenn ich wiederkomme, vergiss nicht, den Schlüssel rauszulegen. Ich hab Dich so lieb!

Wenn Hanne mit der Bahn wegfuhr, ein Photograph ihn begleitete, Klaus Poche, der später ebenfalls Bücher schrieb, weil sie eine Reportage zusammen machen sollten, packte ich ihm ein paar Schnitten ein, mit Käse belegt, großlöchrigen, den aß er gern – und füllte die Löcher extra aus, worüber er fast weinte vor Freude, wenn er sie auspackte: glaubte er doch daran zu erkennen, wie mir auch sein leibliches Wohl am Herzen lag.

Bei Freunden von Hans in Rangsdorf

Nach sechs Wochen Verheiratetsein war ich plötzlich schwanger. Darüber war ich glücklich wie die Schneekönigin im Märchen, Hanne aber leider Gottes nicht. Wir lebten in dieser Ein-Zimmer-Wohnung ohne Bad, Geld verdiente er nur ab und zu. Ich sei zu jung für so eine Aufgabe, argumentierte er, womit er vielleicht Recht hatte aus seiner Sicht, aber aus meiner nicht. Er wußte nichts von der Hölle, durch die ich geschleift worden war durch die Umstände vor unserer Zeit, obwohl ich ihm von der Tatsache erzählt hatte, nur nicht so ausführlich.
Nein, ich ließ mich durch nichts beirren, kein Argument, noch Appelle an die Vernunft überzeugten Eva, weder Verlockungen wie diese:
Das Paradies auf Erden läge vor uns, denn als Eltern wären wir erstmal für Jahre gefesselt und könnten nicht schnell mal alles stehen und liegen lassen, um ins Blaue zu fahren.
Er hatte einen Kollegen, der Photograph war und dessen Frau ist zufällig Ärztin ...

Aber die Rudimente meines Kinderglaubens an den Vater im Himmel, der mich mit angedeutetem Kopfschütteln ansah aus den Weiten über mir, zustimmend nickte, als er meine Gedanken las, mich also bestärkte in dem Entschluß und mir das Gefühl gab, als wäre ich ein Fels in der Brandung, in dem Fall schienen mir Fels und Wasser gemeinsame Sache zu machen, so daß ich mich nicht dafür entschied, dem ›gesunden Menschenverstand‹ zu folgen, sondern der göttlichen Eingebung den Vorrang gab – oder wie Pastor Müller in solchen Fällen zu sagen pflegte: die ›Vorsehung‹ hat es so gewollt. Ich jedoch war davon überzeugt, daß ganz allein die Liebe es entschieden hatte.

Mit einem Kranz aus vierblättrigem Klee lief ich durch die Straßen, liebte und wurde geliebt wie eine Frau, in der das junge Mädchen weiter lebte, das als eigenes Wesen betrachtet wurde – und sich trotzdem zugehörig fühlte zur großen Menschengemeinschaft. Und dieses eigenwillige Ding bestand partout darauf, das Resultat der Verschmelzung mit diesem Mann, die Frucht ihrer tiefen Zuneigung reifen zu lassen und ein Kind auf die Welt zu bringen. So in etwa habe ich es ihm erklärt.

Na, gut, sagte mein Ehemann Hans Hagen mit einem Seufzer, wenn du es unbedingt willst, will ich es auch. – Amen, dachte ich erleichtert.

Das wird bestimmt ein süßes Baby und das allerschönste von der Welt. Ein Junge oder Mädchen, egal, vielleicht mit seinen braunen Augen ...

Ich wurde rund, als hätte ich einen Globus verschluckt. Von hinten sah man nichts, in die Breite war ich nicht gegangen, alles hatte sich nach vorn gedrängelt, Beine und Arme vor allem, denn manchmal trat dem zukünftigen Vater nachts das Kindlein in den Rücken, wenn ich dicht an ihn geschmiegt schlief. Aber dann, als die Zeit gekommen war, wollte das Kind die Höhle einfach nicht verlassen. Ende Februar wäre es soweit, hatte Dr. Kirch ausgerechnet. Aber es wurde März, ich hatte Probleme mit dem Bücken – und überhaupt: Hans zog mir die Schuhe an, band die Schnürsenkel, half mir beim Waschen der Füße, verwöhnte mich mit Aufmerksamkeiten rund um die Uhr.

Dann hatten wir Sorge und ich begab mich auf Anraten des Arztes ins Krankenhaus, damit alles genauestens vor Ort untersucht wird.

Aber bis dahin dauerte es noch neun Monate und wir hatten ein schönes und aufregendes Leben, fuhren im Land herum, an die Ostsee, wovon ich hier einige Bilder aus dem Photoalbum einbaue ...

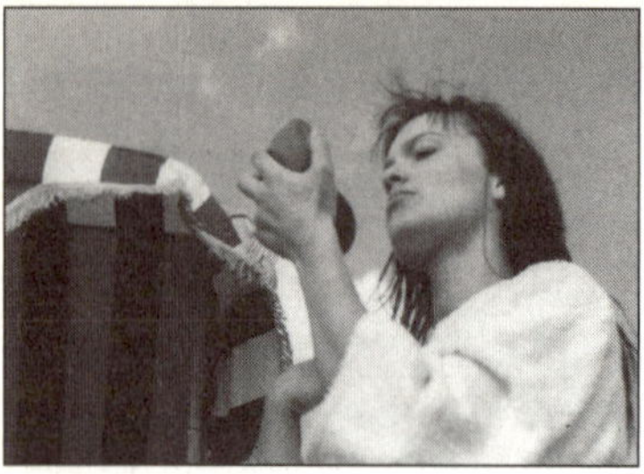

Eva und Hanne 1955 an der Ostsee

Nachdem die Mutter der drei von ihr auf die Welt gebrachten Kinder: Agnes, Helene, Paul, als Antonie Modrzinski, unsere Költschen-Oma, gestorben war und der Pastor am Grab ein Taschentuch aus der Hose holte, sich die Nase schnaubte, als würde er Posaune blasen, ich mich davon stahl, weil ein Lachkrampf mir zusetzte, Tränen runterliefen, ich dran denken mußte, als die Enkelkinder auf der Straße standen, zu Tonis Fenster hochschrien ›Oma, wir haben Hunger‹, sie Maiskörner runterwarf, die wir wie Vögel aufpickten; als das ›Leittier‹ also die

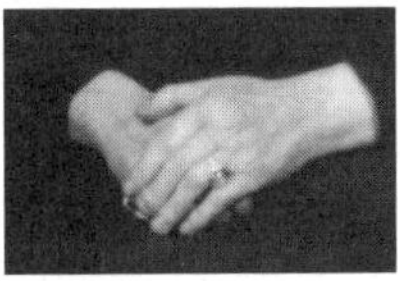

Herde verlassen hatte und ins ›Reich Gottes‹ eingegangen war, verließen die Nachkommen, diesmal von selbst fluchtartig die Gegend.

Äußerlich war es ähnlich wie das Ankommen nach unserer ersten Flucht. Nur in Perleberg waren keine abgeteilten Parzellen wie hier im Westen, weniger komfortabel auch, man kampierte nicht wie auf einem überdachten Marktplatz. Aber wir hielten damals zusammen wie Pech und Schwefel, waren eine fast heile Familie gewesen im Gegensatz zu jetzt, wo wir freiwillig in alle Winde verstreut waren.
Mein Bruder war sehr aktiv in der neuen Umgebung, trotz der Behinderung, kümmerte sich, daß es voran ging. Er hatte es geschafft, den Schicksalsschlag, die Tatsache ohne Beine dazustehn, zu verkraften; die Kniegelenke hatte er zum Glück noch.
Horst fragte, ob ich nicht im Westen bleiben wolle, denn er hing an mir. Nein, das war nie mein Begehr. Der Osten wird die Welt verändern, so daß die Menschen nicht mehr in zwei Klassen eingeteilt werden, in Arme und Reiche. Und Stalin war unser aller Erlöser, der neue Messias und Zauberer, der die Menschen in seinen Bann zwang, daß sie ihm zujubelten, sich begeistern ließen von seinen Visionen.

Wir hatten einen Wäschekorb aus Weidenruten mit feinem Linnen ausgeschlagen. Agnes hatte mir Rüschen mitgegeben. Sie war kurz vorher in den Westen ›gegangen‹, meinem Bruder Horst und Schwiegertochter Martha hinterher, in Hamburg gelandet, wollte nicht zu weit von der Jüngsten weg, weil die das Nesthäkchen blieb, sich nie so ganz hatte abnabeln können, die Mutter mehr brauchte als alles andere, deshalb später nach Berlin ging, in der Charité Arbeit fand, als sie die Schwesternlehre abgeschlossen hatte. Da konnte Agnes sie eher besuchen, als in der DDR.

Ingrid, Evas Schwester, 3. v. r. während der Lehre.

Schwester Ingrid – im doppelten Sinne – links, mit Fasching feiernden Patienten. Rechts: Horst und Martha im Westen.

Horst mit den Prothesen und Schwägerin Martha, waren in einem Flüchtlingslager im Rheinland gelandet, wo ich sie während der Schwangerschaft besucht hatte, wohin ihnen auch Leni, Schwester von Agnes, mit Anhang folgen wird; der einstige Marinesoldat, der im Krieg durchs Feuer geschwommen war, lebte bereits auf der anderen Seite, hatte nach Perleberg öfter Westpakete geschickt, mit allerlei Nahrungsmitteln, Kleiderstoff, bedruckt mit Blumen im Sommerwind. Und Kreppschuhe, wo die Sohlen aussahen, als wären sie aus Schweinespeck, aber die Sorte war große Mode, der letzte Schrei, jeder war scharf drauf. Mit Horst hatte es Diskussionen gegeben, ich hatte mir Formulierungen gemerkt von den Funktionären: Wir müssen die Ideen von Marx, Engels, Lenin und Stalin auch im Westen verbreiten. Menschen wie Manfred hatten mich angesteckt und Hans hatte ähnliche Vorstellungen. – Wenn ab und zu was Böses über Stalin zu hören war, hielten wir es für Propaganda des Westens. Mein Bruder schaute besorgt, Martha bereits wie eine Klassenfeindin. Ich sagte, als könnte ich in die Zukunft sehen: Ihr werdet euer blaues Wunder erleben. – Horst schwieg eine Weile, sagte dann leise: Oder du!

Nach Westberlin zu gelangen, war noch unproblematisch, wenn man kein Gepäck hatte. Aber den Ausweis mußte man an jeder Ecke vorzeigen. Du fuhrst mit der S-Bahn zum Bahnhof Zoo, gingst in die Wechselstube, wo man für fünf Ost- eine Westmark bekam, am Steinplatz ins Kino, da liefen tolle Filme – und am Kudamm Chinesisch essen.

Und in einer schönen Gegend wohnte der ältere Bruder von Hanne, Karl-Heinz, jener, der wegen Desertation von der Wehrmacht zum Tode verurteilt worden war, aber wohl einen Schutzengel hatte. Dort nahm Hans mich mit hin und ich lernte seine interessante Frau Helga und den Sohn kennen.
Die waren liebenswürdig und nett zu uns, aber der Bruder von Hanne war Chefredakteur von einer berüchtigten Springerzeitung und die war unsern Genossen in der DDR ein Dorn im Auge. Deshalb sahen wir uns nur selten. Die beiden Brüder waren offiziell nun sowas wie Klassenfeinde – und als der kalte Krieg wütete, interessierten sich ›Kundschafter‹ beider Seiten für sie, was ich blauäugiges Ding aber nicht so mitkriegte, sondern mir später zusammenreimte.

4. 3. 55

Meine liebe, liebe kleine Mascha! Ganz schnell ein Briefchen. Ich hoffe, dass es Dich bald erreicht. Weisst Du, ich wollte heute, als wir uns sehen konnten, etwas Wichtiges sagen, und hab es so schwer rausgebracht: Ich bin Dir so sehr dankbar, weil Du mich sehr, sehr glücklich gemacht hast. Und dafür küsse ich Dir dankbar Deine Hände, Deine Augen, und vieles andere noch. – Ich freue mich schon auf den Sonntag, dann können wir uns sehen und sprechen. So allein ist es nicht schön. Aber Du bist so tapfer und dann kann ich ja wohl erst recht nicht klagen. – Nun ist es wieder Abend. Der zweite ohne Dich, aber in Gedanken bin ich immer bei Dir. – Weisst Du, Liebe ist sehr, sehr schön! Ich liebe Dich, und bin so froh, dass ich Dich lieben darf. Dein Mann

8. März 1955

Mascha-Liebste! Einen herzlichen Glückwunsch zum Internationalen Frauentag.
Nun bist Du ja schliesslich auch eine Frau, und sogar eine, die sehr bewusst für das eintritt, was schon immer das höchste Glück für alle Mütter und Frauen war: Dass sie und ihre Kinder in Frieden glücklich sein können. Und ich bin sehr stolz, eine so kluge, bewusste und schöne Frau wie Du es bist, an meiner Seite zu haben. Ich küsse Dich also sehr ergeben und bin nur traurig, dass ich Dir den heutigen Tag nicht so schön machen kann, wie ich es gern täte. Als Geschenk erwartet Dich bei der Rückkehr aus dem Krankenhaus eine Koffernähmaschine.
Heute kam Post von Mutti + Ingrid. Ich stecke die Briefe mit hinein.
Dienstag sehen wir uns ja, mein Glück, bis dahin küsse ich Dich so zärtlich, wie nur ein Mann seine Frau küsst, wenn er sie sehr sehr liebt. Dein Hans

Aus mir hat es herausgebrüllt, als wäre ein Urwald in meinem Innern, alle wilden und zahmen Kreaturen in Angst und Schrecken versetzt wegen dem sich ankündigenden Beben in ihrem Reich. Mein kleines Menschenleben und das, was ich uns und der Welt schenken wollte, dem Vater, mir, dem sich im Kampf um Sein oder Nichtsein befindenden Wesen selbst an erster Stelle, mit vollem Bewußtsein und tiefem Bedürfnis – alles drohte zu zerbersten. Das dauerte ewig und drei Tage. Dazu das beunruhigende Geraune der Umwelt: Was sollen wir tun. Die Zeit war reif, der Termin überfällig. Hauptsache, das neue Leben schafft den Durchbruch und kommt heil auf die Welt. Was mit mir wird, war zweitrangig. So eine Roßkur aber auch! Dazu ist die menschliche Konstitution falsch konstruiert, unausgereift, meine zumindest.
Das Becken war zu schmal, hatte sich während der Schwangerschaft keinen Millimeter ausgedehnt, alles in mir Gewachsene hatte sich nach vorn orientiert, eine Halbkugel gebildet, die jetzt von Erdstößen erschüttert wurde. Ich warf alle Kräfte in die Waagschale, half nach mit eisernem Willen und Gebrüll, wie es Gewichtheber ausstoßen, wenn sie den Weltrekord brechen bei der Olympiade.
Dann war das Spektakel und Radauschlagen von einem Moment zum anderen Vergangenheit. Das Kindeleinmein hatte, mit entsprechender Unterstützung der Gebärenden, Namensschwester der Urmutter Eva und Unbefleckten Maria, Catharina hatte es geschafft, sich durch die Meeresenge zu zwängen, zu quetschen, die Felsen auseinander zu drücken und endlich vollkommen unbeschadet ins Freie zu gelangen.

Ein alle Fasern des Bewußtseins durchdringendes und die Seele erschütterndes Ankunftsgeschrei ertönte, das neue Leben war auf der Welt – und aller Schmerz davongeweht, wie der Winter vom Hauch des anbrechenden Frühlings. Es geschah am 11. März 1955 um 17 Uhr 30. Mir schien, es war ein Sonntag. Aber auch wenn es ein gewöhnlicher Wochentag gewesen sein sollte, war es mein bisher größter Feiertag. Eine zärtliche Welle aus Sommerfrische schwappte durch mein Herz. Ein Mädchen, rief man, hielt es mit dem Kopf nach unten in die Luft, befreite es mit gekonnten Handgriffen vom nun nicht mehr notwendigen Verbindungskabel, der Nabelschnur und dem ganzen übrigen Dazubehör, wischte es sauber und legte es kurz neben mich.

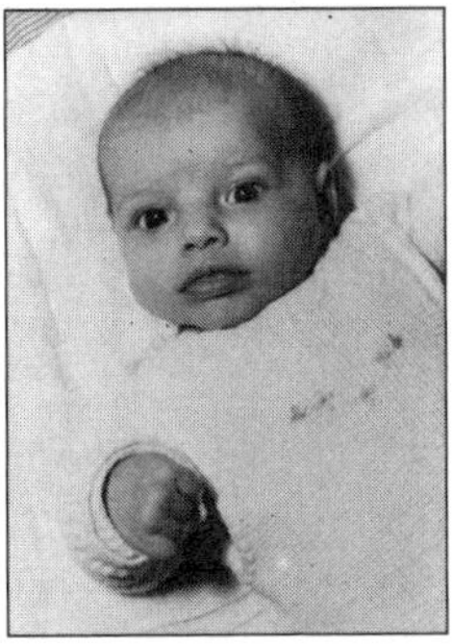

Das Menschlein hatte große klare Augen und als würde es bereits etwas erkennen, bewegten sich die Pupillen im Kreis herum. Ich berührte das Gesicht und Nina schaute still und zufrieden ins Dasein.
Das Geburtsgewicht war 3970 Gramm, Größe 55 Zentimeter, alles war in Ordnung. Mein Gesicht allerdings, Hals, Schultern, Brüste, waren gesprenkelt, als sei ich eine im Reifen begriffene Erdbeere. So gewaltig muß ich gepreßt haben, daß unter der Haut lauter Blutergüsse erblüht waren.

Hans kam noch spät abends, besah sich das Schnuckelchen und machte Freudensprünge. Er war absichtlich nicht von mir benachrichtigt worden, als es zum Endspurt kam, denn er wäre wohl ohnmächtig geworden. Ich wollte ihn vor die vollendete Tatsache stellen. Außerdem war es nicht üblich, daß der Mann bei der Entbindung dabei ist, ich hätte es auch nicht gewollt, daß er mich in dem kreatürlichen Zustand erlebt, wäre gehemmt gewesen, hätte mich geschämt wegen dem ganzen Geschlinge, das aus dem ›Delta‹ unterm ›Venusberg‹ hervorquillt, auch weil es hieß, die Flamme des Begehrens würde weniger ungestüm sein, wenn er, als Verursacher dieser ›Strafe Gottes‹ mitangesehen hätte, daß die Worte des Herrn keine leere Drohung waren, sondern blutiger Ernst, als der damals nach dem sogenannten Sündenfall Evas im Paradies gesagt haben soll: ›ich will dir viel schmerzen schaffen, wenn du schwanger wirst, du sollst mit schmerzen Kinder gebären und dein wille soll deinem Manne unterworfen seyn und er soll dein herr seyn‹. Jedenfalls war Hanne froh, daß wir die Kiste heil überstanden hatten und sagte beim Anblick meines Gesprenkeltseins, daß er mich auch weiter lieben würde, selbst wenn ich von nun an eine Erdbeere wäre.

Eva und Nina-Baby
kurz nach der Geburt
Mitte März 1955

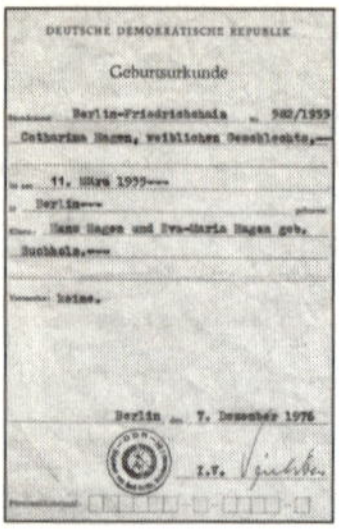

DEUTSCHE DEMOKRATISCHE REPUBLIK

Geburtsurkunde

Berlin-Friedrichshain 982/1955

Catharina Hagen, weiblichen Geschlechts,—

11. März 1955—

Berlin—

Hans Hagen und Eva-Maria Hagen geb. Buchholz,—

keine.

Berlin 7. Dezember 1976

i.V.

Diese Zeichen verblaßten jedoch bald. Ich sah äußerlich zwar geschafft aus, fühlte mich innerlich aber reich beschenkt und war stolz auf das vollbrachte Werk.

Erschöpft von der Schwerarbeiterschicht schlief Eva ein. Trotzdem mußte sie eine Woche im Krankenhaus bleiben, weil sie sich verausgabt hatte. – Kunststück, was blieb ihr übrig. Die hätten einen Kaiserschnitt gemacht. Und das war damals noch nicht so ein Kinderspiel wie in der Neuzeit. Am nächsten Tag allerdings war ich fast zu Tode erschrocken, denn man hatte mir das gebündelte Kindlein gebracht, ich legte es an die Brust, aber es kriegte nicht sofort den Zipfel in den Mund – und deswegen hob ein derartig furchterregendes Protestgeschrei an, das Baby holte keine Luft, lief blau an, wie ich als Kleinkind die Methode ebenfalls drauf hatte, daß ich Angst bekam und nach der Schwester rief. Drei kamen sofort gerannt, stießen in der Tür zusammen, nahmen den Säugling am Schlafittchen, gaben ihm paar Klapse, stopften ihr meine Brust in Mäulchen und sofort war Frieden auf der Welt.

Die Kleine saugte und soff, als hätte sie eine Wüste durchquert und endlich die Oase mit der Quelle erreicht. – Oh, mein Gott! Ich lächelte vor mich hin, dachte leicht irritiert: Das kann ja heiter werden ...

Berlin, 13. 3. 55

Liebe grosse Mascha und liebe kleine Catharina, gleich geh' ich los, um Euch zu besuchen, aber damit Ihr am Montag auch noch etwas von mir hört, schreib' ich rasch ein Briefchen. Ach jemineh, ich hab Euch ja so lieb, dass ich das gar nicht richtig sagen kann. – Mein Herz schlägt ganz doll, wenn ich an Euch denke, und da das so oft ist, bummert es ohne Pause in meiner Brust. Nun habe ich doppelte Verantwortung! Und da will ich Euch versprechen, dass ich für Euch so gut sorgen will, dass Ihr immer ein schönes Leben habt, glücklich seid und viel, viel, viel Liebe spürt. Nina wird ja nicht bös sein, aber deine Mama ist mir der liebste Mensch auf der Welt, ja, sie ist es jetzt, da sie uns ein so süsses Kindchen geschenkt hat, doppelt. Der Mama schenke ich den Mann, der Tochter den Vater. Ganz! Mit Haut und Haar, mit Herz und Verstand! Mehr hab ich ja nicht, aber ich gehöre Euch ganz! Euer Mann + Papa

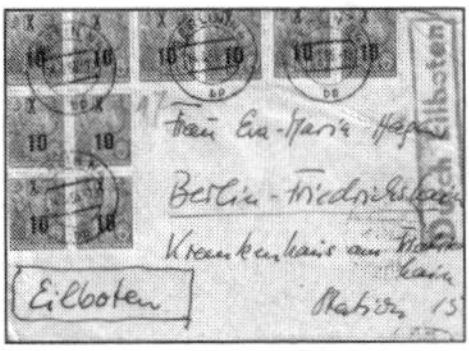

Liebe kleine Mascha, nun ist es 3/4 8, ich bin fertig mit der Arbeit und schreibe rasch an Dich.
Ich weiss gar nicht, was ich sagen soll, ausser, ich liebe Dich, meine Frau, ich hab Dich so sehr lieb. Das Zimmer hinten ist so leer, es wartet schon sehr auf Dich und unser Kindchen.
Aber bis dahin bin ich fleissig, damit sich meine Frau wunderschön anziehen kann. Ich küsse Dich, Maschenka, und bin ganz – Dein Hans
Habe an Mutti und Martha geschrieben.

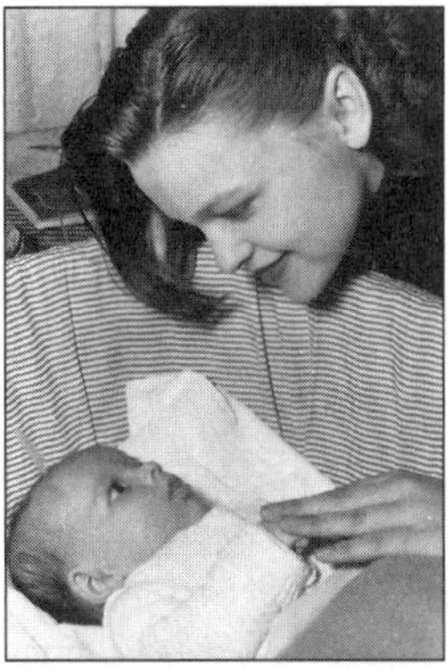

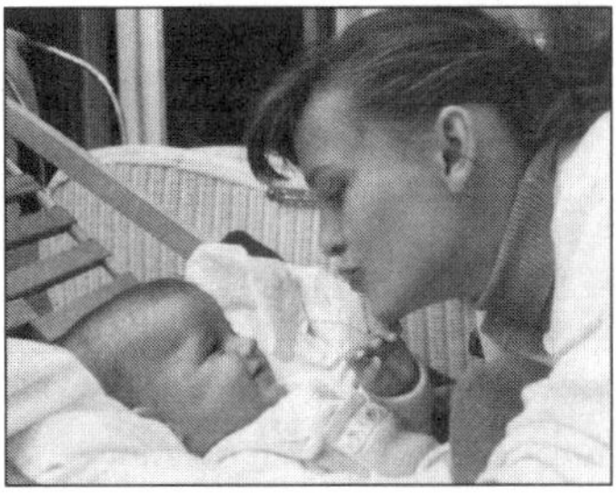

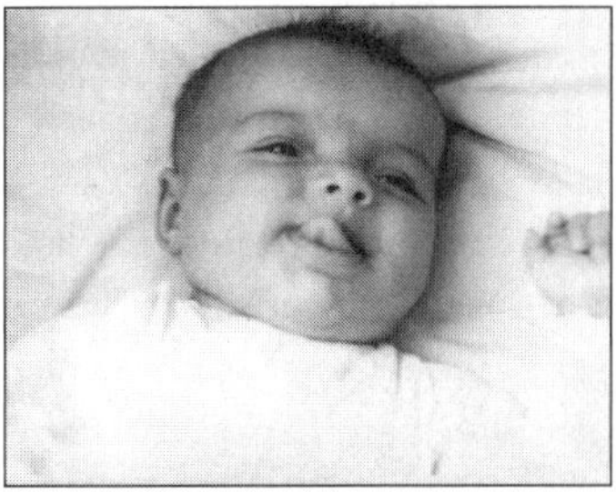

Wir hatten im Seitenflügel von der Stargarder 38 – eine Zweiraumwohnung bekommen, zwar nicht größer als die vorige, Dreiquadratmeterkorridor statt dem sieben Meter-Schlauch, dafür ein Durchgangszimmerchen mehr, wo Hanne seinen Tisch mit Schreibmaschine hatte, die Bücher, Radio, einen Plattenspieler und zusätzlichen Schlafplatz auf der Couch.

Eva kommt vom Einkaufen, schaut hoch zu den Fenstern ihrer neuen Bleibe, dem Nest ihrer kleinen Familie

Unser Kindlein war gesund und munter. Ich hatte soviel Milch, daß ich nicht wußte wohin damit, mußte sie mit einem wie aus dem Chemie-Labor stammendem Saugding selbst abpumpen, bereits im Krankenhaus, die dann sterilisiert und Babys gegeben wurde, bei deren Mütter die Brunnen noch nicht flossen oder versiegt waren. Das war ziemlich anstrengend und schmerzhaft dazu, weil die zarte Haut am Busen wund geworden war vom täglichen Stillen. Das Glücksgefühl jedoch machte das wieder wett und die Gewißheit, daß es für das Kleine gut ist.
Aber wirklich unerfreulich war, daß ich nach etwa vier Monaten Stillen Gallenkoliken bekam und der Arzt meinte, es wäre wahrscheinlich eine ›infektiöse Gelbsucht‹, obwohl die Augäpfel weiß waren und meine Haut wie von Alabaster. Ich mußte Pillen schlucken, eine Diät einhalten, nichts Fettes oder Schweres essen, wie hartgekochte Eier zum Abendbrot, nichts Gebratenes. Einst waren wir ins Theater gegangen, da bekam ich einen dermaßen heftigen Anfall, daß ich mich rausschleichen mußte, fast gekrochen bin durch die Sitzreihen.
Das käme öfter vor nach Schwangerschaften und ich sollte das Kind nicht mehr stillen. Zum Glück war Nina so gesund und kräftig, daß wir uns, was sie betraf, keine Sorgen machen mußten, zumal sie die laut Empfehlung angegebene Zeit an der Mutterbrust genährt wurde.

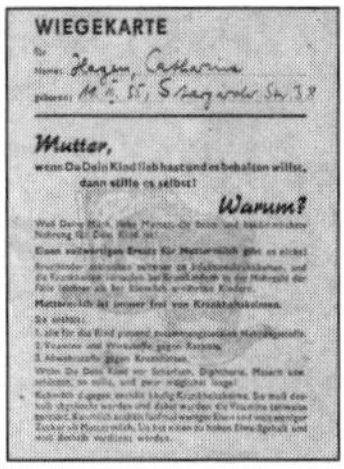
WIEGEKARTE

Mutter,

Warum?

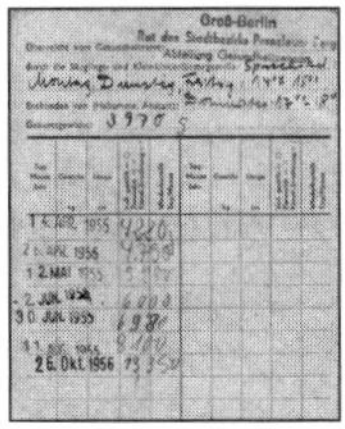
Groß-Berlin

WIEGEKARTE für: Hagen, Catharina
geboren: 11. III. 55, Stargarder Str. 38

M u t t e r, wenn Du Dein Kind lieb hast und es behalten willst, dann stille es selbst! **Warum ?** Weil Deine Milch, liebe Mutter, die beste und bekömmlichste Nahrung für Dein Kind ist!
Einen vollwertigen Ersatz für Muttermilch gibt es nicht !
Brustkinder erkranken seltener an Infektionskrankheiten, und die Krankheiten verlaufen bei Brustkindern, in der Mehrzahl der Fälle leichter als bei künstlich ernährten Kindern.
Muttermilch ist immer frei von Krankheitskeimen.

Sie enthält:
1. alle für das Kind passend zusammengesetzten Nahrungsstoffe,
2. Vitamine und Wirkstoffe gegen Rachitis,
3. Abwehrstoffe gegen Krankheiten.
Willst Du Dein Kind vor Scharlach, Diphtherie, Masern usw. schützen, so stille, und zwar möglichst lange! Kuhmilch dagegen enthält häufig Krankheitskeime. Sie muß deshalb abgekocht werden und dabei werden die Vitamine teilweise zerstört. Kuhmilch enthält fünfmal weniger Eisen und weit weniger Zucker als Muttermilch. Sie hat einen zu hohen Eiweißgehalt und muß deshalb verdünnt werden.
Wie stillst Du ? Lege Dein Kind fünfmal (alle 4 Stunden) wenn es der Arzt nicht anders verordnet. Bei konsequenter Einhaltung der Stillzeiten gewöhnt sich der gesunde Säugling schnell an die vierstündigen Pausen, und beginnt erst zu schreien, wenn die Zeit der nächsten Mahlzeit herannrückt. Immer das Kind nur an eine Brust anlegen, damit die Brustdrüse restlos entleert wird. Sonst geht mit Sicherheit die Milch zurück. Die zweite Portion Milch ist zudem die fettreichste. Also gut austrinken lassen. Schwächliche frühgeborene, kranke oder trinkfaule Säuglinge sind nicht in der Lage, die Brustdrüse restlos zu entleeren. Darum muß nach jedem Anlegen abgepumpt werden. Laß Dir das Abpumpen mit der Hand von der Hebamme zeigen.
Komme nicht mit der Flasche ! Das Kind findet das Trinken aus der Flasche bequemer, trinkt die Brust nicht mehr aus. Außerdem liegt die Gefahr einer Überfütterung nahe. Das einzige Zeichen für Gedeihen oder Nichtgedeihen ist das Aussehen und die Gewichtskontrolle. Hast Du Schwierigkeiten beim Stillen, wende Dich an die Beratunsstelle, an Deinen Arzt oder die Hebamme. Traue diesen Ratgebern mehr als noch so wohlmeinenden Omas und Tanten!
Wie entsteht Muttermilch ? Die Brustdrüse stellt die für den Säugling richtige Nahrung her. Sie ist eine chemische Werkstatt. Sie braucht dazu Rohstoffe, die sie der mütterlichen Nahrung entnimmt. Diese sind: Flüssigkeit (in jeder Form), Eiweiß, Stärke (enthalten in Brot, Kartoffeln, Nährmitteln, Zucker, Milch),Vitamine, Salze.
Deshalb laß Dir Deine und Deines Kindes Lebensmittelkarte während des Stillens ganz zugute kommen. Die Beratungsstelle berät Dich immer, darum besuche sie regelmäßig, im allgemeinen einmal monatlich, mit Deinem Kinde. Melde die Hebamme, durch deren Ratschläge und Betreuung es Dir möglich wurde, Dein Kind 5 bis 6 Monate voll zu stillen, dem Gesundheitsamt. Die Gesundheitsbehörde will ihre besten Mitarbeiter kennen!

Catrinchen, Katjuscha, Lütte oder Julchen, wie Nina auch genannt wurde, hatte Glück gehabt und bekam nun aus Maizena angerührte Nahrung und Kuhmilch, viel Möhrensaft und was es so gab an Gemüse und Obst; außerdem besorgte Hans Bananen im Westen, kriegte von seinen dortigen Verwandten öfter mal was. – Mir wurde empfohlen, mich vorerst von der Kleinen fernzuhalten. Das war hart für mich. Ich kriegte eine Kur verschrieben, nachdem die Koliken nachließen.

Vorne Ninas ›Tante‹ Trude,
Foto von 1958

Hans hatte mir Moorpackungen und Umschläge gemacht, sich sehr um die Lütte gekümmert. Außerdem gabs eine Tante von der vorigen Frau, aus deren Familie sein Pseudonym ›Oliva‹ herstammte. – Die Verwandte kaufte ein, half im Haushalt, hatte zu Nina ein enges Verhältnis, nahm sie öfter mit zu sich, war bei uns fast wie zu Hause: Tante Trudchen.

Auch meine Schwester Ingrid hatte einen Mann kennengelernt und bald ein süßes Baby, den Jens. Ihr Leben ist ein Roman für sich, ein Auf und Ab, voll von Tragik und Glück; es würde den Rahmen sprengen, ginge ich an dieser Stelle näher darauf ein.

Jedenfalls war unsere Familie nun in alle Winde verstreut, aber jeder einzelne von uns hatte genug mit der Bildung einer neuen Stammzelle zu tun, so daß man auch irgendwie froh war über die Veränderung. Selbst Agnes fing noch mal von vorne an. Alle Papiere waren verloren gegangen, die Geburtsurkunden. Eidesstattliche Erklärungen mußten abgegeben, Zeugen genannt werden. Otto, der seit 1943 im Krieg vermißt war, wurde 1953 erst für tot erklärt, so daß Agnes eine kleine Witwenrente bekam.

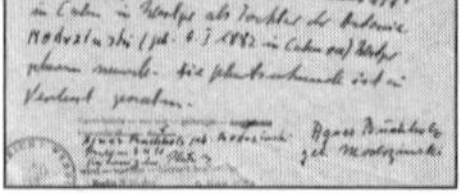

Aufgebot.
Die Hilfsschwester Frau Agnes Buchholz hat beantragt, ihren verschollenen Ehemann, den Maurer Otto Buchholz, zuletzt wohnhaft in Kremlin, Kreis Soldin für tot zu erklären. Der Verschollene wird aufgefordert sich bis zum 11. Dezember 1953, 9 Uhr vor dem unterzeichneten Gericht zu melden, widrigenfalls er für tot erklärt werden kann.
Alle, die Auskunft über den Verschollenen geben können, werden aufgefordert, bis zu dem oben bestimmten Zeitpunkt dem Gericht Anzeige zu machen.
Perleberg, den 4. September 1953 – Kreisgericht gez. Heidelk Richter

Agnes – in der Mitte und Krankenschwester in Perleberg

Agnes war jetzt sehr darauf bedacht, sich Papiere zu besorgen, denn ohne die war man mehr oder weniger nicht vorhanden. Auch das mußte sie lernen.

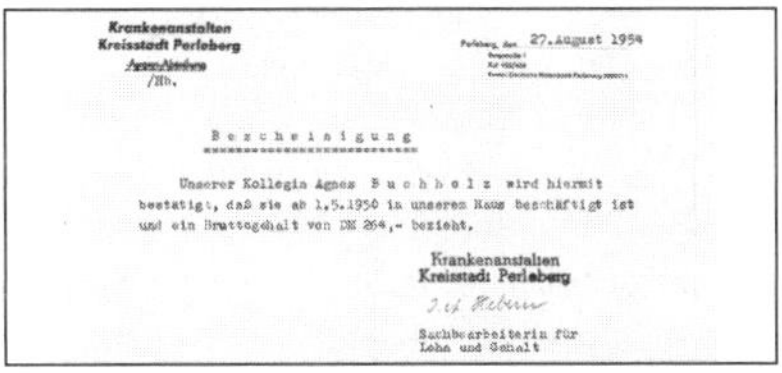

Krankenanstalten
Kreisstadt Perleberg
/Hb.

Perleberg, den 27.August 1954

Bescheinigung

Unserer Kollegin Agnes Buchholz wird hiermit bestätigt, daß sie ab 1.5.1950 in unserem Haus beschäftigt ist und ein Bruttogehalt von DM 264,- bezieht.

Krankenanstalten
Kreisstadt Perleberg

Sachbearbeiterin für
Lohn und Gehalt

In Hamburg arbeitete sie anfangs in einer Schokoladenfabrik, da konnte sie billiger einkaufen, als im Laden. Wir kriegten von ihr an Feiertagen Päckchen geschickt mit Westzeug.

Beim Betriebsvergnügen tanzten Frauen miteinander, weil Männer rar waren. In meinem Alter waren genug nachgewachsen, trotzdem war es nicht dassebe, wenn Mädchen zusammen tanzten. Hauptsache nach vorn tanzen, zum Saxophonisten hoch schmachten.
Später, als Agnes uns mit Passierschein besuchen durfte, als wäre das Land ein Straflager, kam sie als Packesel daher, beladen mit Tüten und Taschen, wurde bis aufs Hemd durchsucht, weinte vor Wut. Aber sie überwand sich; eine Mutter kann nicht anders, wenn es um die Kinder geht. –

Dann kriegte sie eine Stelle, wo Filmmaterial hergestellt und verpackt wurde, saß tagsüber in einer Dunkelkammer, verdiente mehr Geld und war froh, daß sie uns beschenken konnte.

Zurück zu meiner angeknacksten Gesundheit. Es ging nach Bad-Elster, wo ich diesmal vor Sehnsucht nach Mann und Kind fast verging. Aber ich mußte mich dringend erholen, auch für die beiden – und jeden Tag schreiben.
Evas Briefe aus jener Zeit gibt es leider nicht mehr. Nachfolgend ein paar Ausschnitte vom treusorgenden Papa und Hans.

14. 7. 55

Meine liebe, kleine Eva! Gleich nach dem Telefon bin ich zur Nina gegangen und hab ihr einen ganz zarten Kuss von Dir gegeben. Sie dankt recht herzlich mit einem Schlafgrunzer.
Nun bist Du weg! Aber ein Glück bald wieder da!!! (...)
Wir haben alle vier Stunden gegessen. Mittags Möhrchen (höchstens 10 Löffel) und um 6 Uhr eine Banane. Gebadet hab ich die Kleine auch. Es hat uns viel Spass gemacht.
Von der DEFA ist Geld gekommen, 300,-DM
Eben haben sie Dein Telegramm durchgegeben. Nun weiss ich wo mein Schusselchen, dass sogar vergisst, wo es ausgestiegen ist, wohnt. Morgen früh bringe ich den Brief zum Postamt, da ich keine Marken habe.
Ach, wie ich Dich liebe, dass ist so ein ulkiges Gefühl im Herzen.
Sehnsüchtig bin ich, und Du warst so süss heute morgen, das vergesse ich nicht eine Sekunde. Nun schlafe ich erst einmal. Morgen früh schreib ich mehr, ja!
Kuss auf Dich und alles was zu Dir gehört.
Wenn Du wüsstest, wie leer die Wohnung ohne Dich ist!
Nina schläft nach ihrem ersten Frühstück selig und ich mach schnell den Brief fertig, sonst bekommst Du ihn gar nicht mehr.

Hans und Eva-Maria zwischen 1956-57

Mein Engelchen,
heute will ich recht fleissig sein.
Und sparsam auch.
Heute abend schreib ich wieder.
Was macht denn Dein Unterbauch?
Ich sorge mich sehr, Eva, schreib schnell.
Und ich schreibe auch an Mutti, dass Du kommst, nicht wahr?

1000 Küsse
10000 Küsse
100000 Küsse
1000000 Küsse
Das Ganze mal 10000000000000

Rechne Dir das aus und Du bist ganz abgeknuddelt von Deinem Hans und Nina

15. 7. 55

Maschenka, liebste Maschenka, nun bist Du schon 35 Stunden und über 30 Minuten fort von uns, und wir zwei schlagen uns so gut es eben geht durch. Und gerade jetzt steh ich vor einer Gewissensfrage. Soll ich der Kleinen Blaubeeren geben? Ich lass es lieber, ich bin nicht sicher, ob das gut für sie ist. Ich war heute gar nicht sparsam!

Zeitungen	1,60
Saft + Tomaten	1,80
Telefon + Briefm.	22,--
Fleisch	--,55
Milch	--,16
Blaubeeren	1,30
Kinokarte	1,50
	28,91

Aber es ging nicht anders.

Heute geh' ich ins Kino. Babylon. Den Tanzfilm mit Cécile Aubry.
Nina schwitzt bei der Hitze. Das Mädchen war gestern und auch heute nicht hier. Aber bei der Hitze hätte ich Nina nicht runtergelassen. Heute haben wir uns wieder gebadet. Das ist für uns sehr vergnüglich. Danach schmeckt das Essen auch besonders gut.
Nina bekam Pfirsich-Maizena-Brei und ich hab mir gefüllte Tomaten gemacht.
So, jetzt kommt Pause, Nina quängelt, will das Fläschchen, es ist aber erst 3/4 6.
Jetzt ist es schon 1/2 7. Wir sind fertig, haben gespuckt und schlafen schon fast.
Und ich esse einen grossen Teller Blaubeeren in Milch.
Engelchen, lass mich nur recht bald wissen, was Dein Bäuchlein macht.
Und ruhe viel, iss gut. Sparen darf man da nicht, hörst Du?
Nun küsse ich Dich lieb, zart und wild, wie Du es grad magst.
Ich liebe Dich! Dein Hans
PS. Wenn Du Geld brauchst, musst Du rasch telegrafieren

16. 7. 55

Liebe Eva, Du Schusselchen meiniges! Unserer Lütten geht es ganz prächtig.
Heute morgen war es zwar kompliziert aber sehr meisterlich von mir gemeistert.
Ich bade die Nina, da kommen die Kohlen. Trude noch nicht da. Da habe ich Nina schnell abgetrocknet, ins Bettchen gepackt, bin runtergerannt, hab den Keller aufgemacht, hoch geschossen, Nina angezogen und .... da kam Trude.
Dann war ich bei Karl-Heinz. Nina hab ich Bananen mitgebracht. Ich war sehr sparsam heute, hab bei K.H. gegessen.
Von der „Freien Welt" (Schokolady) kamen DM 250,- (...)
Nina erzählt gerade (Es ist 1/2 8). Sie war heute vormittag mit der Kleinen, und abends mit Trude unten. Sie singt grad ein Lied.

„Ach mein liebes Mütterlein -
ich bin Dein und noch so klein
hab mich lieb bis morgen
ich hab keine Sorgen!" (...)

7. 1. 56

Maschenka, Kleines! Eben kam Dein Brief, und Nina und ich sind sehr glücklich darüber gewesen. Hast also doch dran gedacht, dass wir nicht schreiben können, wenn wir nicht wissen, wohin den Brief schicken. (...)
Ich habe den Vertrag noch nicht gekündigt, Wegner bat mich, mir bis Ende Januar alles noch mal zu überlegen. Er wird sich bemühen, dass ich nur noch mit grossen Sachen beauftragt werde. Mit KVP-Verlag, sagt ich schon, geh ich Dienstag Vertrag machen.
Dies, mein Liebling, ist nur ein kurzer Gruss, da alles durcheinander redet; Trude, Nina, Ingrid. Also, tschüss, ich küsse Dich sehr lieb! Dein Hans

9. 1. 56

Maschenka, Du Ausreisser, den ganzen Sonntag hat die Nina Mamam gerufen und zur Tür geschaut. Ganz traurig war sie, wenn ich ihr gesagt hab, die Mama ist verreist. Ihr geht es sehr gut, sie ist brav und so lieb. Appetit ganz prima, Aa auch.
Aber nun der Knüller. Deine Schwester, der Schlag soll sie treffen, kam um 2Uhr nachts und schliesst statt auf, ab! Na, und dabei hat sie das Schloss kaputt gemacht und kam nicht rein. Ich habe bis 3Uhr versucht die Tür aufzubrechen. Vergebens.
Da habe ich sie zu Trude geschickt, den zweiten Schlüssel und Manfred holen.
Um 4 Uhr waren sie hier, um 3/4 5 war die Tür auf, die Füllung kaputt, ich wütend und müde. Ein Glück, die Nina hat nichts gehört.
Morgen werde ich einen Schlosser und Tischler besorgen, damit die Sache wieder in Ordnung gebracht wird. Ich bin auf diese Weise um den Schlaf gekommen. Jetzt ist es 1/2 7 und Lütte-Maus schläft. Sie hat überhaupt viel geschlafen. Aber das Schlimmste, ich bin auch schon müde und hab nichts getan. Im Lotto haben wir 2mal 1 richtig.
Doof, nicht wahr? Na, nächste Woche besser. Du Kleines, betuppst Du mich auch nicht? Ich bin sehr voll Sehnsucht und zähle schon die Tage bis zu Deiner Rückkehr. Ach, fast hätte ich's vergessen: Nina hat heute zwei Schritte ohne sich festzuhalten gewagt. Sie ist natürlich auf den Po gefallen, aber immerhin, mutig ist unsere Kleine.
Gestern abend habe ich das Exposé für das Stacheltier geschrieben. Morgen kommt das für den KVP-Verlag dran. Dann will ich mich auch an den Vortrag machen.
Du, vergiss mich ja nicht! Und lieb mich, hörst Du! Sonst nehm ich unsere Kleine an die Hand und wandere in den dunklen Winterwald, wo böse Tiere sind. Schreib mir doch, wo Du spazieren gehst. Am besten mit Zeichnung und Postkarten, damit ich mich an alles erinnern kann. Jetzt Schluss für heute! Es küsst Dich ganz innig und verliebt – Dein Mann

Liebe kleine Mascha, das ist ja ein wahrer Postsegen! Vielen, vielen Dank für Deine Briefe, 3 Stück + 1 Karte. Schade, dass das Zimmer nicht so ist. Aber denke dran, die Luft soll Dich gesund machen, viel essen musst Du und mich lieben, keinen anderen.
Unser Piepmatz ist zaubersüss! Jetzt schläft er leis und sacht. Den ganzen Tag war Nina lieb und ist kerngesund. Ihr neuestes Lieblingsessen: Stulle mit Banane als Belag.
Ich bin ganz schön fleissig. Heute habe ich die ersten 5 Seiten Vortrag geschrieben. Morgen geht es weiter. Und da ich noch ein wenig tun muss, Exposé für Verlag der KVP schreiben, nur ganz kurz das Neuste. Ich traf Wolfram, der gerade von der Bank kam. Er lässt Dich grüssen und vergisst seinen Auftrag nicht. Im übrigen drängt er mich, ich soll ihm was schicken. So, mein Spatz: Anbei ein Artikel, der Dich interessieren wird. Für heute einen Kuss, noch einen, und noch drei, von mir und einen ganz spuckigen von Notschka.
Dein Hans

Liebe Eva Maria! Jetzt ist es 16.00. Lütte ist wach geworden, ich habe sie angezogen, nun spielt sie im Ställchen. Ich sitze daneben an dem kleinen Tisch und schaue ab und zu die Lütte an. Ach Gott, sie ist ja so so süss. Immer ruft sie Ei! Ei! Dann klatscht sie in die Händchen und verlangt ich soll „fein!" sagen. Wirst Du staunen, wie gross und selbständig sie geworden ist! Und schläft so fein, legt sich hin und macht Baba, sogar bei Licht. (...)
Roshi hat angerufen, um sich zu erkundigen, wie es uns geht. (...)
Heute vormittag war ich beim KVP-Verlag. Also, ich bin ganz platt.
Die machen Bücher und Hefte. Und sie wollen die Sache mit dem Schiff auf der Ostsee unbedingt haben. Aber auch Petershagen und die Gruppe Baum, weisst Du, diese Widerstandssache mit der Ausstellung, die in die Luft ging, und wofür mein Vater auch als Geisel erschossen wurde. Ich kenne dort mehr Leute.

Das darf sich nicht wiederholen!

Augenzeugenbericht von Verbrechen der Waffen-SS in den KZ

Mit Empörung vernahm ich die Nachricht, daß ehemalige Angehörige der Waffen-SS in die westdeutsche NATO-Armee aufgenommen werden sollen. In jahrelanger KZ-Haft (Sachsenhausen, Auschwitz, Warschau und Dachau) habe ich am eigenen Leibe zu spüren bekommen, was es heißt, Mördern vom Schlage eines „Eisernen Gustav" oder Schubert Machtbefugnisse in die Hände zu geben.

Noch heute liegt mir das Motorengeräusch der Autos in den Ohren, die Nacht für Nacht in den Monaten August und September 1941 sowjetische Kriegsgefangene zum Industriehof brachten, wo sie dann von den SS-Henkern ermordet wurden. [illegible] Sachsen- [illegible] acht. [illegible] Personen [illegible] 1800 bis [illegible] gepreßt. [illegible] liegen [illegible] be- [illegible] en; man [illegible] Krank- [illegible] t, Ruhr und Typhus. Jeden Tag lagen vor den Baracken 70 bis 80 Tote.

Ende Mai 1942 wurden in das Lager Sachsenhausen 248 jüdische Bürger aus Berlin eingeliefert und von der SS zusammen mit etwa 50 jüdischen Häftlingen erschossen. Danach mußten die Blocks 38, 39, 40 und 42, in denen ausschließlich jüdische Häftlinge untergebracht waren, nach dem Appell stehenbleiben. SS-Untersturmführer Suhren, der damalige Lagerführer, erschien mit einem Gefolge von SS-Führern und es wurden weitere 50 Häftlinge ausgesucht. Wie wir dann erfuhren, sind die 248 aus Berlin und die 100 jüdischen Häftlinge aus Sachsenhausen als Geiseln für die damals durch tschechische Patrioten erfolgte Hinrichtung des Massenmörders Heydrich ermordet worden.

In Auschwitz-Birkenau war ich als Angehöriger des sogenannten „Aufräumungskommandos" besonders in den Monaten Dezember 1942 bis Juni 1943 Augenzeuge zahlreicher Verbrechen der SS-Banditen. Ich erinnere mich an den 24. Januar 1943. An diesem Tage kamen aus der Tschechoslowakei zwei, aus Polen, Holland, Frankreich und Deutschland je ein Transport mit insgesamt rund 12 000 Menschen an. Der holländische Transport bestand aus Insassen der größten Nerven- und Heilanstalt Hollands. Von den 12 000 gingen 10 000 ins Gas, nur etwa 2000 kamen ins Lager. Die Krematorien hatten von diesem Transport allein vom Sonntag bis Mittwoch zu tun. In den Monaten Januar bis Juni wurden etwa 40 000 griechische Juden von der SS ins Gas geschickt und 100 000 holländische Juden.

Und diese SS-Mörder sollen wieder auf die Menschen losgelassen werden? Dazu sage ich: „Niemals."

Heute kann keiner sagen, wie 1945: Davon haben wir nichts gewußt! Die Menschheit ist gewarnt. So etwas darf sich nicht wiederholen!

Alois Eisenhändler, ehem. Häftling Nr. 9567, KZ Sachsenhausen

Artikelausschnitt: Ende Mai 1942 wurden in das Lager Sachsenhausen 248 jüdische Bürger aus Berlin rangeliefert und von der SS zusammen mit etwa 50 jüdischen Häftlingen erschossen. Wie wir dann erfuhren, sind die 248 aus Berlin und die 100 jüdischen Häftlinge aus Sachsenhausen als Geiseln für die damals durch tschechische Patrioten erfolgte Hinrichtung des Massenmörders Heydrich ermordet worden.

12. 1. 19

Ach, ach, ach, ist das alles schwer. Du fehlst uns so sehr, Maschenka! Gestern bin ich nicht zum Schreiben gekommen. Um 18.00 als endlich Ruhe eintrat kam Roshi mit der Isabella (...) Um zehn wurde die Kleine wach und schlief dann bis morgens nur noch halbstundenweise und weinte so viel und jammerte immer Mamamam, dass ich ganz fertig war. Aber in einer Stunde leg ich sie Baba. Übrigens: Die beiden Zähnchen oben rechts und links je einer, sind durch. (...) So, nun etwas erfreuliches. Für den Petershagen haben sie mir 1750,- angewiesen und Petershagen selbst 500,- Ganz ordentlich nicht? Ich kündige den Vertrag aber trotzdem. Weisst Du, ich bekomme genug Aufträge. Nun etwas neues: Wenn Du zurück bist, fahre ich nach Freiburg zu der Nichte von dem ehemaligen Reichskanzler Wirth. Ich soll eine Biografie für die FW schreiben. Wieder so mit Fortsetzungen, Reise etc. zahlt die FW. Ich reise etwa eine Woche weg. Du siehst, das Auto kann Wirklichkeit werden. So, nun ein ganz grosses Danke! Du hast mir so süsse, und soso lange Briefchen geschickt, dass ich ganz beschämt war, weil ich doch nur immer so kurz angebaumelt bin. So, so, die Sprungschanze hat Dir gefallen und die Bobbahn. Und was macht das Skirutschen? Ist doch herrlich, nicht? Ich freue mich aber am allermeisten, dass Du viel draussen bist und viel Hunger bekommst. Soll ich noch Geld schicken? Schreibe das, ich weiss, wie schnell das Geld im Urlaub schmilzt.

Und wenn die Leute pöbeln, kümmere Dich nicht drum, ich würde ihnen ja gern die Schnauze frisieren, aber ich bin ja hier und weg kann ich auch nicht, schon weil das meine letzte Kraft kosten würde, so auf einen Sprung und dann gleich die weite Reise bis Freiburg. – Samstag ist das Redaktionsfest, aber ich gehe nicht hin. Ich habe gar keine Lust. Ich wollte Dir noch erzählen, dass ich meine Jacke probiert habe. Sie ist schick und wird Mittwoch fertig. Schick schreibt man richtig „chique“. Lütte ist jeden Tag zweimal an der Luft. Das tut ihr gut: Du Luder, Du schreibst, ich soll von Dir träumen. Und dann? Mich sehnsüchtet schon sehr, und wenn alles klappt und Du artig aushältst, dann sehen wir uns schon Sonntagabend in einer Woche. Wie findest Du das? Ganz schön lange, aber immerhin.

Eva hat die Fahrerlaubnis gemacht, Hans noch nicht!

Biest! Alle hübschen Höschen hast Du mit! Wen willst Du verführen!
Ich töte Dich, hörst Du! Beim Gekreische meiner Tochter, ein Dolch ist Dir dann gewiss.
Also, richte Dich danach! Treue oder Tod. In diesem Sinne küssen Dich Hans + Nina

15. 1. 56

Meine liebe, liebe Frau! Ich war gestern doch auf dem Fest, und es war ganz lustig. Es begann um 14.00 und endete um 21.00, weil doch heute, Sonntag, die grosse Demonstration für Karl Liebknecht und Rosa Luxemburg stattfindet. Ich mußte mit Wegner Brüderschaft trinken und versprechen, mit ihm noch einmal zu verhandeln. Die Lütte ist auf die Nase gefallen. Im Ställchen. Dabei hat sie sich den ersten blauen Fleck an der Stirn geholt. Aber sie hat nur bisschen gejammert, geweint hat sie nicht. Aber ich wäre bald gestorben dabei. Doch sicherlich wird das noch öfter passieren. Jetzt ist es 12.00 und Trude ist mit der Nina noch nicht da.
Ich bin schon voller Sehnsucht.

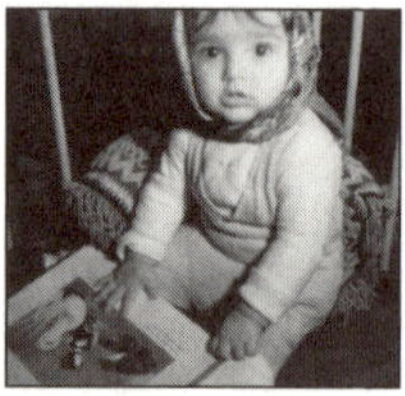

Ich habe seit neun Uhr getippt. Für den Konsum und für's Stacheltier. Der Wetterbericht sagt, es kommt Frost und Schnee, also Ski-Heil.

So, Dickerchen, jetzt einen Kniefall vor Dir aus Dankbarkeit. Sind die Bildchen süss. Einfach wonnig. Aber ich bin eifersüchtig, Du! Wen lachst Du so an, Lumpenweib elendiges!!?? Aber süss schaust Du aus. Das haben alle gesagt, denen ich es gezeigt habe. Übrigens hab ich auf dem Fest beim Preisraten zwei ganz schöne sowjetische Romane gewonnen. Weisst Du, mein Glück, ich habe grosse Sehnsucht.

Ich liebe Dich und nun, da wir so lange getrennt sind, spür ich das so doll, dass mir mein Herz weh tut.
Ach, wenn Du schon hier wärst! Ich warte voller Sehnsucht und Unruhe und Leidenschaft auf Dich, mein grosses Glück! Ich küsse Dich! Dein Hans

Liebe Mascha, jetzt ist es schon spät, die Lütte ist längst eingeschlafen und ich habe noch an dem Vortrag gearbeitet, der fast fertig ist, und bin dabei müde geworden. Nun will ich noch rasch an Dich schreiben, weil mein Herz so voller Sehnsucht ist. Aber nun ist die Hälfte der Zeit um und wenn das Briefchen bei Dir ist, dann rückt der Tag der Abreise immer näher. Und wie freue ich mich auf das Wiedersehen!
Du, wir wollen uns keine Nerven mehr töten, ich will immer ganz ruhig und lieb sein und es soll so schön werden bei uns wie nie, ja?!
Mir kommt es schon wie eine halbe Ewigkeit vor, dass Du fort bist. Keine Mascha zieht sich hier in meinem Zimmer aus und streckt den Po vor, wenn sie in ihr Zimmer geht (...) und niemand macht Unordnung. Es sieht alles aus wie abgeleckt.
So! Nun ist genug gejammert. Jetzt geh' ich schlafen.
Morgen um 10.00 treffe ich Erich und dann bringe ich das Stacheltier-Exposé nach Johannistal. Abends mache ich den Vortrag weiter. Morgen schicke ich Dir Geld. 100,- Reichst Du dann? Versuch' es mal. Sonst mußt Du Telegramm schicken.
Und wann kommst Du? Sonntag abend oder erst Montag? Ich warte schon sehr. Dein Hans
PS. Lütte schlägt im Moment alle Essrekorde. Meine Güte futtert sie. Und lieb ist sie. Mamam ruft sie alle Nase lang. Sie hat grosse Sehnsucht nach Dir.
Hast Du gemerkt: Wir wohnen Stargarder 38 in Berlin N 58 -
Du in Friedrichroda Hauptstr. 48

16. 1. 56

Liebe Eva Maria, heute eine weniger schöne Nachricht. Ich habe heute den zweiten Herzanfall gehabt, am Freitag den ersten. (...) Für Donnerstag hab ich mich in der Poliklinik der Rundschau-Druckerei angemeldet. Da gehen alle Zeitungsleute hin. (...)
Erhole Du Dich tüchtig, damit Du ganz auf dem Posten bist. Und nutze jede Minute frische Luft. Das ist das beste für Dich. Vergiss auch nicht die Sahne!
Weisst Du, das grosse FDGB-Heim am Perthes-Weg, das ist das Hotel, wo wir früher gewohnt haben. Warst Du mal im Schloss Rheinhardtsbrunn? In der Marienhöhle? Du schreibst nie, was für Wege Du gehst, und mich interessiert das so, weil ich alles kenne. Warst Du auf dem Gottlob? In Tabarz. (...)
Lütte hat grosse Sehnsucht. Dass Du auch nach ihr Sehnsucht hast kann ich verstehen. Sie ist aber auch zu goldig. Nach mir hast Du keine, wie es scheint, jedenfalls erwähnst Du so etwas nie. Eben habe ich die Lütte wieder hingelegt. Sie brabbelt vor sich hin.
Du! Wage es nur nicht früher zu kommen. Hier sieht es wüsst aus. Ich lasse die Küche machen. Da ist es kalt und ungemütlich. Vor Sonntagabend gibt es kein Zurück.
Lütte ist eingeschlafen. Ich habe sie eben zugedeckt. Da hat sie noch an ihrem Däumchen genuckelt und ganz süss ausgesehen. So, nun Schluss! Ich will noch arbeiten. Dein Hans

17. 1. 56

Na, Du? Wie gehts? (...)
Von hier gibt es nicht viel zu berichten. Lütte-Maus ist süss, lieb und quackelt den ganzen lieben langen Tag „Ata, ata!“. Das ist ihr neuester Schlachtruf. Holst Du die Stiefelchen, schon legt sie los, nimmst Du sie in den Wagen, jubelt sie ihr Ata, ata. (...)

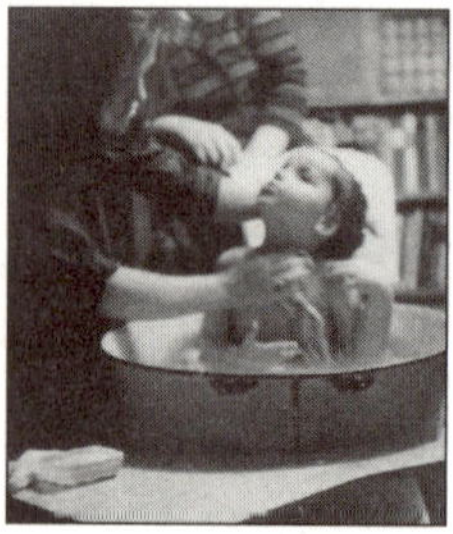

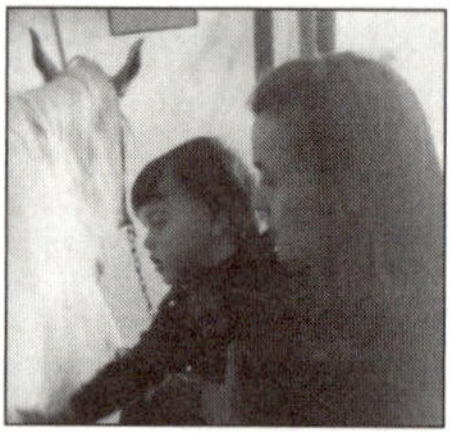

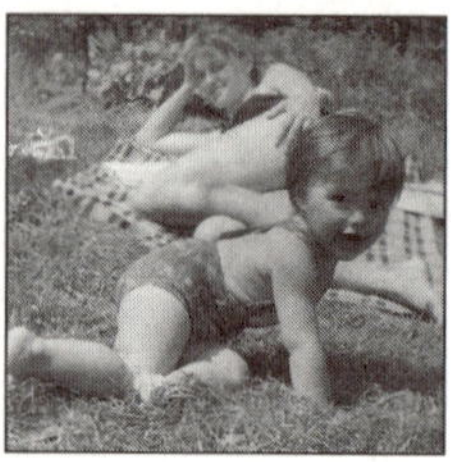

Nina zwischen 1-3 Jahre alt, links unten auf dem DEFA-Gelände Babelsberg: Sie soll Eva sein als Waisenkind bei den Nonnen, Sabinchen im Film ›Spur in die Nacht‹.

Obwohl ich glücklich war, überfiel mich Sehnsucht nach dem Theater. Ich konnte mich nicht damit abfinden, diesen Wunsch zu begraben. Hans hatte gehofft, der Teenager-Traum wäre ausgeträumt mit der Aufgabe, nämlich ein Kind großzuziehn, denn bei dem kürzlich, im wahrsten Sinne des Wortes lebensentscheidenden Entschluß, hatte er bereits ›Ja und Amen‹ gesagt, war im Nachhinein auch froh darüber. Aber nun im konkreten Fall, daß ich neben der Mutterrolle noch Schauspielerin werden wollte, das beunruhigte meinen lieben Mann. Es ging nicht anders, ich hatte mir diesen Beruf erwählt und würde ihn irgendwann auch ausüben, daran gab es für mich keinen Zweifel.
Ja, ich liebte mein Kind über alles. Was hätte es aber davon gehabt, wenn die junge Mutter ihr seit der Kindheit angepeiltes Ziel nicht weiter verfolgt hätte. Ich wäre unglücklich geworden und das hätte sich auf das heranwachsende Wesen womöglich übertragen. Und so hatte ich erstmal versucht, wieder zum Ensemble Kontakt aufzunehmen.
Vielleicht könnte ich dort ein wenig mehr Rüstzeug mitbekommen beim Zuschauen der Proben und Hospitieren, denn ich hatte mitgekriegt, daß Brecht mich mochte. Bevor ich verschwand, war eine vertrauliche Atmosphäre zwischen uns entstanden; später erfuhr ich, daß er mich sogar suchen ließ aus Sorge, ich könnte unter die Räder kommen.
Denn er kannte sich aus im ›Dickicht der Städte‹, noch aus den wilden Zwanziger Jahren, als Berlin ein Kochkessel war, im Gegensatz zu mir Landpomeranze, er wußte, was passieren kann, wenn eine unerfahren ist, ausgehungert und ins Leben verliebt ... dahinstrebt.
Wenn eine jedoch beim Überspringen der Abgründe ständig daran dächte, was alles passieren könnte, wäre sie nicht Eva gewesen.
Und als die dann wieder auftauchte, als wäre nichts geschehen, unter anderem Namen, dazu verheiratet, fühlte der Meister sich vielleicht genarrt, war gekränkt, daß er sich umsonst gesorgt und sogar Dedektive losgeschickt hatte, einen Aufwand trieb, vielmehr hat treiben lassen wegen nichts und wieder nichts, was zwar so nicht ganz stimmte: es fühlte sich mitunter schon wie die Hölle auf Erden an, ein nur schmaler Grad lag zwischen Sumpf und Festland, da hatte er mit seinem Spürsinn oder Instinkt, der Lebenserfahrung gar nicht so schief gelegen.
Aber ich war der unmittelbaren Gefahr in der Gosse zu landen, entkommen durch meinen Schutzengel und durch mich selbst vor allem.

Das Vergangene lag nun hinter mir, ich befand mich in ›festen Händen‹, war nicht mehr die ›kleine Buchholz‹, sondern Eva-Maria Hagen und fand den Namen klarer, schöner, war auch irgendwie stolz darauf ...
Aber seine Sekretärin sagte: Brecht kennt keine Eva-Maria Hagen.
Ach ja, er kannte mich unter meinem Mädchennamen, da nannten sie mich oft ›die kleine Buchholz‹. Und die war ich halt nicht mehr – eigentlich auch nie gewesen, denn mein Vater war der Löwe und aus einem anderen Holz geschnitzt als der herzensgute, vom Krieg verschlungene Soldat Otto Buchholz, der mich dankenswerterweise adoptiert hatte – obwohl Herz und Seele, Temperament und Veranlagungen nicht ausgetauscht waren, Träume mich weiter begleiteten, nur daß ich nicht mehr ständig am Steilhang rumkraxelte und von väterlichen Freunden beschützt werden mußte. All meine Liebe konzentrierte sich nun auf zwei Menschen: auf mein Kind und meinen Mann. Und manchmal, wenn mir mein Glückhaben zum Bewußtsein kam, erfaßte mich ein Hauch vom Kremliner Klaren See, wenn Sommerwind drüber strich. Und Johannes aus Staaken, der, bevor ich in Schöneweide zum Vorsprechen war, mit mir die Monologe geübt hatte, ihn suchte ich wieder auf und dachte an die Zeit, als er mit mir die Julia probte.
›O Romeo, warum denn Romeo. Was ist ein Name. Was uns Rose heißt, sie würde lieblich duften, auch wenn sie nicht so hieße ...‹ –
In Wirklichkeit spielen die Namen der verfeindeten Häuser schon eine Rolle, entwickeln geradezu die Tragödie, denn die Liebenden sterben, weil ihre Namen sie trennen, ihr Aufeinandertreffen Krieg bedeutet.
Brecht verband mit meinem Mädchennamen vielleicht das ungeformte ›Material‹, das sich nun in ›ungehobelten‹ Händen oder Armen befand, jedenfalls in keinen, die aus Menschen Künstler machen können.
Ach, ich spinne jetzt, ist sowieso nicht mehr rauszukriegen, was gewesen wäre, wenn ... das Wörtchen ›wenn‹ nicht wär, der Hund nicht geschissen, sondern den Hasen erwischt hätte oder versehentlich durch einen Fangschuß aus der Schrotflinte seines Herrn selbst zu Boden gegangen wäre und im Grünen dahingestreckt verblutet ...
Und wäre ich nicht – trotz all der grausigen ›Filme‹, die mein Gemüt durchflimmert haben, so naiv raffiniert gewesen, hätte ich vielleicht manches besser unter einen Hut bringen können. Aber was solls ...
Ich lebe und würde meinen Weg gehen, davon war ich überzeugt.

Was mit ›Katzgraben‹ inzwischen war, weiß ich nicht mehr, nur daß Brecht mir sagen ließ, ich könnte im ›Galileo Galilei‹ mitmachen, in der Marktszene. Ich sah mir das Treiben bei den sich hinziehenden Proben eine Weile an, mochte nicht drauf warten, bis sich was ergibt – und so machte ich mich erneut auf die Socken, streckte meine Fühler aus. Aber Brechts große Lieder eignete ich mir eins nach dem anderen an – und hatte bald einen Liederschatz, den ich erst nur vor mich hinsang, davon träumte, eines Tages öffentlich damit aufzutreten.
Dann gab es einen Parteitag, wo Stalins Führungsstil kritisiert wurde, er nicht mehr der göttliche Führer des Kommunismus gewesen sein sollte. In Ungarn war auch was los, das man als konterrevolutionär bezeichnete, Hinrichtungen stattfanden, Walter Ulbricht sich umorientieren mußte, die Entstalinisierung in die Wege leiten und das dem Volk möglichst unspektakulär beibringen, damit nicht wieder sowas passierte wie im Juni 1953. Dann war Brecht gestorben. Seine Schauspieler fühlten sich verwaist. Aber Helene Weigel, ›Mutter Courage‹, die schon das Schiff vor, während und nach der Emigration gelenkt hat, ließ die ›Besatzung‹ nicht untergehn.

Es gab in der Schönhauser Allee, nur zehn Minuten zu Fuß von uns, ein Photo-Studio. Dort ließ ich unterschiedliche Porträts anfertigen, um die im Besetzungsbüro der DEFA in Babelsberg abzugeben oder einem Regisseur unterzujubeln, falls sich eine Gelegenheit ergibt, der dann vielleicht auf die Idee kommt, mich zu Probeaufnahmen einladen zu lassen. Gleichzeitig startete ich den nächsten Versuch, an einer Schauspielschule angenommen zu werden. Das war ich runde 22 Jahre alt.
In Oberschöneweide wollten sie mich nicht mehr haben, denn statt in die Produktion zu gehen, wie mir empfohlen worden war, hatte ich mich in Berlin herumgetrieben und geheiratet. Ich sollte mich auf die Mutterrolle konzentrieren nach Meinung der ›Leitung‹, mein Typ wäre schwer einsetzbar im sozialistischen Alltag, nicht gefragt in der Praxis. Da war ich anderer Meinung, bewarb mich halt woanders und bekam prompt einen Ausbildungsvertrag von März 1956-1958.

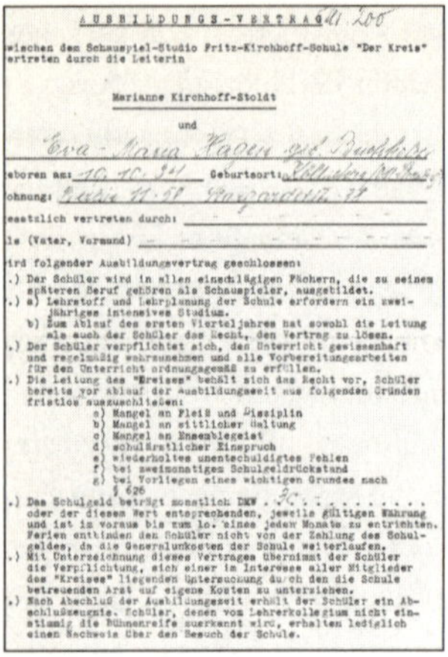

AUSBILDUNGS-VERTRAG Nr. 200

[z]wischen dem Schauspiel-Studio Fritz-Kirchhoff-Schule "Der Kreis" [v]ertreten durch die Leiterin

Marianne Kirchhoff-Stoldt

und

Eva-Maria Hagen geb. Buchholz

[g]eboren am: 19.10.34 Geburtsort: [illegible]

[W]ohnung: Berlin N 58 [illegible]

[g]esetzlich vertreten durch:

[a]ls (Vater, Vormund)

[w]ird folgender Ausbildungsvertrag geschlossen:

.) Der Schüler wird in allen einschlägigen Fächern, die zu seinem späteren Beruf gehören als Schauspieler, ausgebildet.

.) a) Lehrstoff und Lehrplanung der Schule erfordern ein zweijähriges intensives Studium.
b) Zum Ablauf des ersten Vierteljahres hat sowohl die Leitung als auch der Schüler das Recht, den Vertrag zu lösen.

.) Der Schüler verpflichtet sich, den Unterricht gewissenhaft und regelmäßig wahrzunehmen und alle Vorbereitungsarbeiten für den Unterricht ordnungsgemäß zu erfüllen.

.) Die Leitung des "Kreises" behält sich das Recht vor, Schüler bereits vor Ablauf der Ausbildungszeit aus folgenden Gründen fristlos auszuschließen:
a) Mangel an Fleiß und Disziplin
b) Mangel an sittlicher Haltung
c) Mangel an Ensemblegeist
d) schulärztlicher Einspruch
e) wiederholtes unentschuldigtes Fehlen
f) bei zweimonatigem Schulgeldrückstand
g) bei Vorliegen eines wichtigen Grundes nach § 626

.) Das Schulgeld beträgt monatlich DMW . . 30,– . . . . oder der diesem Wert entsprechenden, jeweils gültigen Währung und ist im voraus bis zum 10. eines jeden Monats zu entrichten. Ferien entbinden den Schüler nicht von der Zahlung des Schulgeldes, da die Generalunkosten der Schule weiterlaufen.

.) Mit Unterzeichnung dieses Vertrages übernimmt der Schüler die Verpflichtung, sich einer im Interesse aller Mitglieder des "Kreises" liegenden Untersuchung durch den die Schule betreuenden Arzt auf eigene Kosten zu unterziehen.

.) Nach Abschluß der Ausbildungszeit erhält der Schüler ein Abschlußzeugnis. Schüler, denen vom Lehrerkollegium nicht einstimmig die Bühnenreife zuerkannt wird, erhalten lediglich einen Nachweis über den Besuch der Schule.

Die Fritz-Kirchhoff-Schule lag im Westen, Nähe U-Bahn-Breitenbachplatz, auf die ich nun ging und monatlich nur dreißig DMW bezahlen mußte. Ich glaube, der Senat in Westberlin unterstützte damals Studenten aus dem Osten.

Die Leiterin war eine erfahrene Schauspielerin, hatte alle großen Rollen gespielt, ging auf jeden Schüler ein, war auch streng oder launisch, verließ kurz die Probe, kam zurück mit wippendem Glockenrock, hielt eine Kaffeetasse aus feinem Porzellan in der Hand, worin ein Zaubertrank dampfte. Jedenfalls war die Frau ein Schatz. Mit mir probte sie Klärchen in ›Egmont‹, die Amazone ›Penthesilea‹ von Kleist, die in einem Versmonolog zu sterben beschließt, allein durch Willenskraft – woran ich denken mußte in Situationen, wo der Schmerz nicht mehr enden wollte.

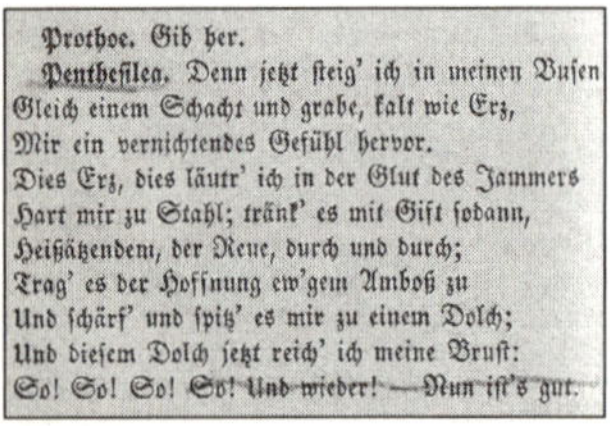

Prothoe. Gib her.
Penthesilea. Denn jetzt steig' ich in meinen Busen
Gleich einem Schacht und grabe, kalt wie Erz,
Mir ein vernichtendes Gefühl hervor.
Dies Erz, dies läutr' ich in der Glut des Jammers
Hart mir zu Stahl; tränk' es mit Gift sodann,
Heißätzendem, der Reue, durch und durch;
Trag' es der Hoffnung ew'gem Amboß zu
Und schärf' und spitz' es mir zu einem Dolch;
Und diesem Dolch jetzt reich' ich meine Brust:
So! So! So! So! Und wieder! — Nun ist's gut.

Das Tollste jedoch, im Gegensatz zur Ostschule war, daß wir was aus modernen Stücken wie ›Endstation Sehnsucht‹ von Tennessee Williams probten, wo ich die ›Blanche‹ war, welche Vivien Leigh im Film spielt, den Kerl Marlon Brando. In dieser Schule hier war ein ähnlicher Typ. Ich stellte mir dann vor, er sei das Original und ich die nervige Schwester seiner Frau. Eurydike von Anouilh folgte, Cocteau, Sartre ... Dichter, die man bei uns leider nicht aufführte.

Eva-Maria rechts, während des Schauspielstudiums in West-Berlin.

Frau Katsch, leidenschaftlich, besessen vom Beruf, war praktisch wie theoretisch für Sprecherziehung zuständig, faßte einem manchmal in den Mund mit ihren kalten Fingern, die mir wie Schiefergriffel vorkamen, um dem Gehirn klar zu machen, wie Konsonanten und Vokale zu behandeln waren, damit die Wörter ankommen noch in der letzten Reihe und das Ganze auch vom Sinn her verstanden wird.
Von Resonanzräumen war die Rede, an die sie ihr Ohr legte, um rauszukriegen, ob der Atem frei fließt. Das Ganze muß geerdet bleiben, durch die Fußsohlen, dann zur Wirbelsäule hoch, unter den Schulterblättern entlang, vom Zwerchfell gestützt, begleitet von Buchstaben und Tonleiterkaskaden, was mitunter zum Lachen reizte, das Frau Katsch mißfiel, denn dies sei Arbeit, kein Kindergarten. Aber was tut man nicht alles für die Kunst und um auf die Bretter, die die Welt bedeuten, hinaufzugelangen.
Herrn Mey gab es noch, der Schauspiel unterrichtete. Aber nicht nach der Stanislawski-Methode, wie zwei Jahre zuvor in Oberschöneweide, die mir vergrault worden war durch die Einengung, nur Etüden spielen zu dürfen, nach Plan und Vorschrift. Das war nichts für Eva, da blieb die Lust und Laune mitunter auf der Strecke, dem Antriebsrad fehlte das Schmier-Öl, um der Phantasie auch auf die Sprünge zu helfen.
Auf dieser Schule nun, war ich in meinem Element und konnte mich ausprobieren, wodurch mein Selbstbewußtsein wuchs, mein Wissen ... Grillparzers Stück ›Des Meeres und der Liebe Wellen‹ wurde einstudiert. Ich war auch ›Lysistrata‹ und mit auf dem Titelbild einer Zeitschrift, wo wir den Kudamm entlang gehen, am Café Kranzler vorbei, im Hintergrund die Ruine der Kirche am Zoo.

Es dauerte nicht lange und man bat mich zu Probeaufnahmen für den Kriminalfilm ›Spur in die Nacht‹.

Regie führte Günter Reisch, der davor Regie-Assistent bei Kurt Maetzig war, einem der Mitbegründer von der Defa, der außerdem sehr gute Filme machte. Ulrich Thein wurde mein Filmpartner.

Probeaufnahmen ›Spur in die Nacht‹

Vorn Mitte Hans Hagen, dahinter Anne-Kathrin Bürger, Eva, Uli Thein,

Regisseur Günter Reisch und Eva-Maria am 1. Mai in der Stalin-Allee von Berlin – oder war sie zu der Zeit schon umbenannt worden in Karl-Marx-Allee?

Jedenfalls als die Nachricht vom Tode des großen Führers der UdSSR Josef Wissarwjonnowitsch Shugaschwili eintraf, saß Eva mit Kollegen in der Defa-Kantine und trauerte mit ihnen stumm und feuchten Auges, denn unser aller Vater, das Oberhaupt des Kommunismus, hatte uns verlassen.

Bei den offiziellen Feierlichkeiten ging es zum Teil sehr theatralisch zu: eine bekannte Schauspielerin, Sängerin, Parteigenossin, hat nach der Methode der griechischen Klageweiber ein solches Faß aufgemacht, als wären wir jetzt alle im Arsch. Das war recht erschütternd, aber auch peinlich, weil es wie ›Bolschoi-Theater‹ aussah.

Ulrich Thein und Eva-Maria Hagen im Film ›Spur in die Nacht‹

Kollegen aus dem Filmkollektiv im Zittauer Gebirge, Waltersdorf

Eva links, in einem ›Stacheltier‹-Film zur Zeit, als Stalin gestorben war und Trauer herrschte.

Hans besucht Eva während der Dreharbeiten für den Film ›Spur in die Nacht‹ Zittauer Gebirge. Ausflug mit Pferdeschlitten - Winter 1956-57

20. 1. 57

Eva u. Regisseur Günter Reisch

Liebe Mascha, eben haben wir uns getrennt, und schon mach' ich erste Post fertig. Hab doch warme Strümpfe vergessen einzupacken. So gehts mir also auch. Vergib dem Vergesslichen. Du hast ihn so verwirrt mit Deinem Zauber. Ulli Thein und ich, wir standen, als der Zug fort war, ganz schön doof da. Er liebt seine Katrin wohl sehr. Abschied ist eben Schiet. So Dicki, jetzt bring ich das Päckchen schnell zur Friedrichstraße auf die Sonntagspost. Hoffentlich hast Du es bald. Sonst frieren die Füsse, die doch so wichtig sind, schon von wegen küssen u.s.w. – Toi-toi-toi – Dein Hanne.
Grüsse Günter + Götz sehr herzlich. Sag ihnen, ich sei neidisch, nicht nur, weil sie jetzt Dich da haben, sondern weil ich auch Film machen möchte.

22. 1. 57

Liebe Mascha, ach, war das gestern abend noch süss! Nina wollte und wollte nicht schlafen, so aufgeregt war sie nach dem Telefongespräch. „Mama poffewie, Mama hipss (hübsch), Mama liep, Mama arbeitet, Mama filmet". Und morgens ging es wieder los. Sie liebt Dich im Augenblick viel mehr als mich. Na, und das tut weh.
Wenn ich Euch beieinander habe, gehts ja. Aber so?
Du weg, Nina in Mama verliebt. Und wer liebt mich? Was muss ich leiden unter den Weibern. Entsetzlich, nicht wahr? Heut hab ich schon fleissig geschrieben.
Der nächste Tatsachenbericht ist fast fertig. Noch zwei Seiten. Einkaufen war ich auch. Ein Laken und einen Bezug. Zusammen 59,65. Geht, nicht wahr? – Heut geh ich zu H., morgen kommt Käding. Nina schläft hier. Sei ohne Sorge, ich hab sie so lieb, dass ich ohne die Lütte gar nicht schlafen kann. Übrigens hat sie heute nacht ins Bett gemacht. „Hossi i baba", hat sie um 1/2 2 gerufen.
Da habe ich sie zu mir ins Bett genommen.
Ich schlafe in Deinem Bett.
Weisst Du, ich bin ja gespannt, wann Du mir endlich vom ersten Drehtag berichten wirst.

Du solltest mal schreiben, erstens weil ich so gern Post bekomme und zweitens, weil man am Telefon nicht gleich an alles denkt, was man sagen will.

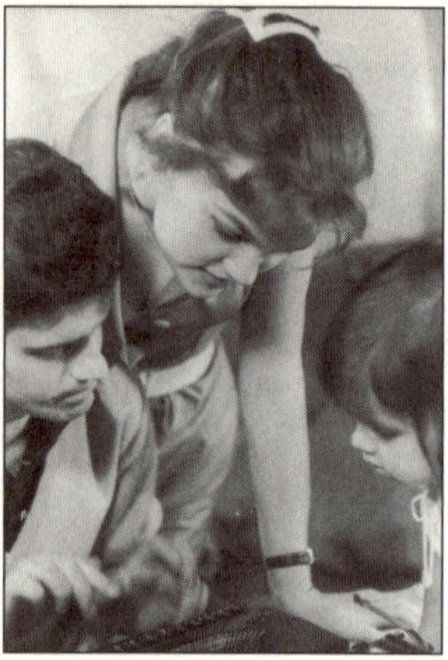

Du, vergiss nicht den Industrieladen. Rote Hose !!! Ich habe Schuhe von Dir zum Schuster gebracht, zum Kleben und dann den „Maschenreisser". Die Filme sind erst nächsten Dienstag fertig. Schade, was? So, das wäre der Bericht zur Lage. In meinem Herzen sieht's ganz ulkig aus. Ich bin ruhig aber voller Sehnsucht. Eben weil ich Dich liebe Du olles Karmuffel. Kuss auf Dich, Du Schriftstellerweib. – Dein Hanne
(„Vergiss mir meine Traudel nicht!")

23. 1. 57

My lovley Queen!*) Eben ist unsere Kronprinzessin Nina I. fort. Sie hat grosse Sehnsucht nach der kleinen Mama und mit mir zusammen haben wir laut gewehklagt. „Oh! Gebt uns unsere Königin wieder, verflucht seien alle DEFA's, sie rauben uns die Schönste aller Schönen."
Du, Spass beiseite, ich bin gespannt wie ein Regenschirm.

*)Meine liebliche Königin

Hat man Dich angebimmelt? Wann besichtigt Dich Maetzig? Drehst Du schon Sabinen? Ich habe einen duften Titel: „Raub der Sabine von G. Reisch" – Das nichtmitwirkende Opfer: Der Dichter Hans Oliva-Ryder-Buchholz-Hagen. (...)
Nach Beendigung des Tatsachenberichtes wendet sich mein schwacher Geist wieder dem Buch zu. Aber die Buchstaben tröpfeln nur.
Sonst? Gehts mir so, ich schlafe ganz gut, geniesse die Ruhe und warte von Post zu Post, ob nicht doch einmal eine schriftliche Sympathiekundgebung aus der Feder der Eva-Maria Hagen hier eintrudelt. Aber ist nicht. Sie hat keine Zeit!
Wie kommst Du denn mit den werten Kolleginnen und Kollegen aus? Hast Du Dich an den morgentlichen Krach vor Deinem Zittauer Volkshaus-HO-Hotel-Fenster gewöhnt? Soll ich mal kommen und aufräumen? Ich meine nicht mit denen, die Krach machen, sondern Deine Sachen? – Übrigens, frag' doch mal den Günter, wann er es für die Reportage günstig hält. Bisschen was Interessantes müsste er dann schon drehen. So, nun noch Mitteilungen und Vorschläge:

1. An Mutti ausführlich geschrieben.
2. Bitte an Frau Stoldt schreiben.
3. Mir die Adresse der Schule mitteilen, damit ich Schulgeld schicken kann.
4. Stoff-Industrieladen nicht vergessen.
5. Hanne nicht vergessen!!

Hans & Eva: Da! Ein Rehrudel!

Also, Du Scheusal in Seide, versuch' Dich ein wenig zu erholen, ich tue das auch. Kuss auf Deine Fingerspitzen (Innenseite) Dein Hanne. Herzlichen Glückwunsch zur ersten Hauptrolle ! Olle Hanne

LIEBE WUNDERSCHÖNE MASCHA – Verzeih, falls ich keine Rosen bekomme, dann sind die im Gedicht eben Dichters Wahrheit.
Aber lieben tu ich Dich, Du kannst Dir nicht vorstellen, wie doll. Hanne !

7. 4. 57

Mascha, vor einer Stunde, 18 Uhr, sind wir in Erfurt angekommen. Jetzt bin ich gewaschen, frisch und will schnell an Dich schreiben. Heut hast Du ja frei gehabt, nicht? Hast Du Nini gesehen? An mich geschrieben? Oder wenigstens gedacht? Ich jedenfalls an Dich.
Morgen wird es wieder schwer für Dich werden, von Traudel auf Sabine umschalten, ist ja nicht so einfach. Und wie geht's Dir körperlich? Appetit? Heut war ein wunderbarer Tag! Die Kadettenanstalt war ein ganz herrliches Erlebnis. Du, Dicki, sind das süsse Bengels, ich werde Dir viel erzählen, Du wirst genauso begeistert sein wie ich. Am liebsten hätte ich zwei Jungs mitgenommen.
Morgen abend werde ich mal zur Post gehen, aber ich hab vor einer Enttäuschung Angst. Du, ich hab Dich so lieb, und bin sehr stolz auf Dich und denke, dass ich Dir auch ganz und gar vertrauen kann. – Dein Hanne, am Samstag in Berlin. Ich hab in Naumburg auch die „Ute" besucht, in Weimar Kaffee getrunken.

9. 4. 57 (Früh)

Liebe Mascha! (...) Heute fahren wir nach Jena, morgen wieder Erfurt und dann machen wir Donnerstag, die Nacht von Donnerstag zu Freitag, bis Freitag Mittag eine grosse Übung im Thüringer Wald mit. Ich fahre die ganze Zeit mit auf einem Panzer. Freitag gehts in die Nähe von Döbeln zum Artillerie-Scharfschiessen. Sonnabend früh bin ich zu Haus. Rufst Du an, wenn Du fertig bist?
Ich kann nun Deinen Brief (falls Du geschrieben hast) in Gotha sicher nicht holen, denn ich werde wahrscheinlich nicht über Gotha fahren. In Erfurt hatte ich bis jetzt keine Post von Dir. Ich war sehr traurig, zumal ich in der Handelswoche Dein Bild sah. Ich denke viel an Dich, Du Schöne, und freu mich auf Samstag. (...) Vielleicht komme ich auch früher, wenn es mir gar keinen Spass mehr machen sollte. Klaus hat den Kanal auch voll.

Spatz, was macht unser Kindchen? Hast Du Nini gesehen? War die Arbeit sehr anstrengend? Wenn ich nur schon wieder zu Haus wäre. Bis dahin bleib ich Dein Hanne, der Dich grüsst, küsst und liebt! Bitte grüsse Maetzigs, und sage Günter, er soll Dir die Skizze geben, ich brauche sie sehr.

Exemplar Nr.:

VERGESST MIR MEINE TRAUDEL NICHT

Eine Filmkomödie von Kuba und Maetzig

Regie:	Kurt Maetzig
Kamera:	Otto Merz
Bauten:	Fredy Hirschmeier
Produktionsleitung:	Dr. Hajo Schoeppe

Ein DEFA-Film auf Agfacolor

VEB DEFA STUDIO FÜR SPIELFILME POTSDAM-BABELSBERG

Eine Sensation: Der Regisseur Kurt Maetzig hat mit mir Probeaufnahmen für den Film ›Vergeßt mir meine Traudel nicht‹ gemacht, eine Gegenwartskomödie, die erste der DEFA, geschrieben von dem Autor Kuba, bürgerlicher Name: Kurt Bartel.

Die Geschichte beginnt damit, daß drei Mädels aus einer geschlossenen Anstalt, einem DDR-Mädchenpensionat, sprich ›Jugendwerkhof‹, wo sie gestreiftes Zeug tragen, aus einer Dachluke rausklettern, vorher einen Wulst aus zusammengebundenen Bettlaken runterwerfen und eine nach der anderen sich abseilt.

Zwei werden geschnappt vom Nachtwächter, dem sie vor die Füße gesprungen sind, aber einer gelingt es abzuhauen, da er auch nur zwei Hände hat, um die Erwischten am Schlafittchen zurück in'n Käfig zu sperren.

Die Glückliche rast davon, zerrt sich die Anstaltsklamotten vom Leib, zieht einen Fummel an, aus dem sie bereits rausgewachsen ist, vergißt fast das ›Brusttäschchen‹, in welcher der einzige Hinweis aus ihrer Vergangenheit drin ist, ein abgegriffener Brief, in dem steht, daß man sich um das Kind kümmern möge während der Abwesenheit der Schreiberin, der Mutter, die eingesperrt wird, weil sie jemanden liebte, den Vater des Mädchens, was als Schande bezeichnet wurde, hängt sich das Täschchen mit dem Brief, in welchem der letzte Satz heißt ›Vergeßt mir meine Traudel nicht‹ um den Hals – und verschwindet in der Nacht.

Die Geschichte nimmt ihren Lauf durch die Gegenwart der Fünziger Jahre, ein Motorrad kommt daher gekurvt, Traudel einen abschüssigen Waldweg hinunter gerast, fällt dem flotten Flitzer direkt vors Vorderrad, seiner ›Braut‹ – so nennt Lehrer Auer die frisch erworbene Maschine – was noch Verwirrung stiften wird: Er hat nämlich seinem Kumpel Hannes, Volkspolizist, mit dem er zur Untermiete bei Frau Palotta wohnt, die Damenbesuch nur bis 22 Uhr erlaubt, gesagt, daß er ihm abends seine neue Braut vorstellt.

Traudel nutzt die Gelegenheit aus, ist ein ziemliches Biest und durch die verschiedenen Heime gezeichnet, sieht zu, daß sie von der Sonnenseite des Lebens was abkriegt, ähnlich wie das Mädchen Eva-Maria, das jetzt in die Figur der Traudel geschlüpft ist.
Nach dem glimpflich abgelaufenen Unfall also – wo der Verursacher ihr ein Pflaster verpaßt, anfangs auf ihre Ohnmachtsanfälle reinfällt, schreibt er ihr seine Adresse auf, für den Fall, sollten sich Komplikationen einstellen, klaut ihr ein Kleid von der Leine, weil sie ihm glauben machte, da wohnen die Pflegeeltern, wo sie abgehauen sei, weil der Alte so ein ›Hirsch‹ war. Als er mitkriegt, daß sie ihn reingelegt hat, läßt er sie auf der Straße sitzen, aber Traudel hat eine Anlaufstelle ... Und so lernt sie noch in der Nacht den Volkspolizisten Hannes kennen, der sie über die Feuerleiter reinläßt wegen Frau Palotta, da er annimmt, sie sei die neue ›Braut‹ von ›Kiepe‹, den alle so nennen, weil er oft sagt, er hätte ›eine ganze Kiepe voll Erfahrung‹.

Jedenfalls wird von dieser Traudel – von der man nicht weiß, wo und wann sie geboren ist, etwa achtzehn Jahre alt sein muß, im Hauptbahnhof von Dresden als kleines Mädel aufgefunden – das Leben der zwei männlichen Protagonisten, ganz schön durcheinander gewirbelt.

Aus über einem Dutzend in die enge Wahl gekommenen Kandidatinnen wurde die ungekämmte Landstreicherin Eva-Maria auserwählt. Auch bei der Abstimmung in der ›Handelswoche‹, wo Fotos von sechs Schauspielerinnen abgedruckt waren, haben von 595 Zuschriften 397 auf sie getippt, stand in der Zeitung. Aber als das Ergebnis rauskam, war die Besetzung bereits perfekt; war nur die Bestätigung, daß die ›Prüfer‹ richtig lagen.

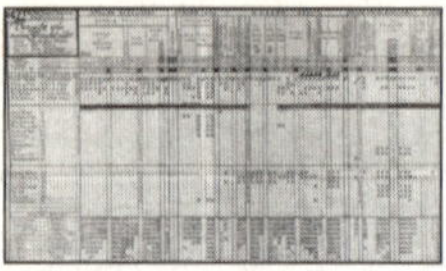

Ich bekam einen Vertrag über 50 Drehtage, der am 1. April 1957 begann und es war kein Aprilscherz. Die Gage war 10 Tausend Mark. Ich mußte Judo lernen, damit ich mir beim Rumgeschmissenwerden nichts breche und zwar in der Sporthochschule Leipzig, wegen der Tanzerei im ›Café Lila‹, dem Rock'n'Roll, der als abartig galt, Angriff auf den Sozialismus; Auseinandertanzen wurde unterbunden, brachte brave Bürger in Rage.

Als ich für den Komplex ins Atelier kam und Maetzig in seiner freundlich-strengen Art sagte: Na, dann zeig mal, was du gelernt hast bei den Judo-Kämpfern, ließ ich mich nicht lange bitten, legte ihn mit nur zwei Griffen flach. Wirklich, ich hatte ihm nicht weh getan, aber er war vor Schreck und Pein richtig blaß geworden.

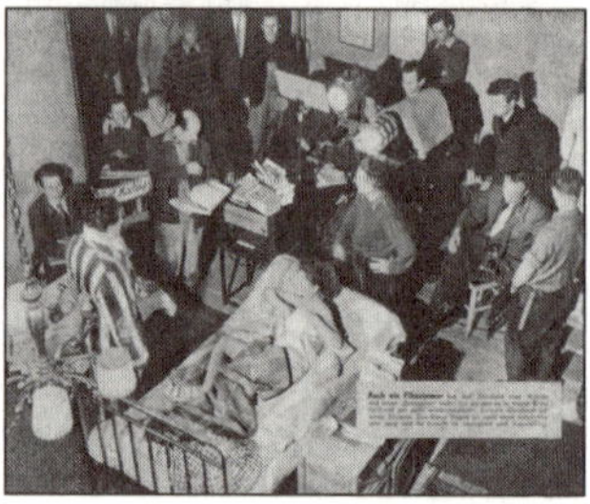

Die Geschichte des Films war zum Lachen und mitunter hätte man heulen können. Schade, daß sie einen kleinen Schönheitsfehler hatte, es hätte sonst noch ein toller Liebesfilm jener wilden Aufbruchsjahre werden können. Zwar geizt man nicht mit Reizen, läßt das Mädel streckenweise nur mit einem Handtuch umwickelt durch die Dekoration hüpfen, in dieser Wohnung im Prenzlauer Berg – die Gegend, wo auch wir wohnten, Tante Trudchen mit Nina vorbeikam – und als die Kleine sah, ich geh mit dem Polizisten weg, jammerte und protestierte: Meine Mama, meine Mama, daß Trudchen mit ihr aber schnellstens aus dem Blickfeld verschwand.

Rechts: Traudel verursacht ein Verkehrs-Chaos; Regeln sind ihr fremd.

Oben links: Jochen Thomas als Verkehrspolizist.

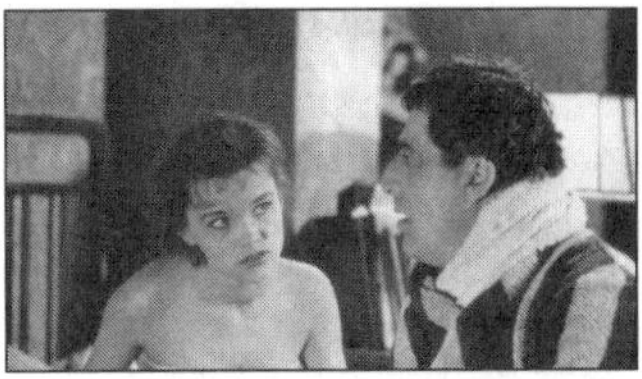

Links: Traudel ausgehungert: Komm Herr Jesus sei unser Gast ... Amen.

Also dieser Wachtmeister Hannes, Horst Kube, Gemütsmensch, netter Kollege, gestandener Zecher, Kumpel, kein schlechter Schauspieler, Komiker, mit imposanter Hakennase, hatte nach meinem Empfinden aber auch nicht die Spur von diesem nicht zu erklärenden ›gewissen Etwas‹.

Man nahm in dieser Geschichte den Hauptpersonen nicht ab, daß die beiden ein Liebespaar werden wollten, das heißt sollten, daß dieses freche, junge und erotische ›Ding‹, was an dem ›Papa‹ finden könnte, die einem Leid tun konnte, wenn man an ihre Flitterwochen dachte. Denn sie muß am Schluß des Films, der ein sogenanntes Happy-End hat nach altem Muster der Ufa-Filme, sich von dem Manne küssen lassen.

Ich hatte Schwierigkeiten mit dem Schlußkuß, so daß Kurt Maetzig irritiert war und sagte, als für die Einstellung bereits einige ›Klappen‹ gefallen und etliche Meter Filmmaterial vergeudet worden waren: Was ist los mit dir Traudel, stört dich was oder kannst du nicht küssen? – Auch das noch!

Ich bemühte mich krampfhaft, glücklich zu sein, schließlich war ich eine angehende Schauspielerin – und Küssen war mir, weiß Gott, nicht fremd, aber das Publikum wird es mir nicht abnehmen, Traudel für ein falsches Luder halten, vielleicht Mitleid haben, jedenfalls käme es bei dem Ende nicht auf seine Kosten. Das geht nicht gut. Warum können sie nicht Freunde sein, die geht nicht mit dem ins Bett und falls sie sich aus Dankbarkeit dazu durchringt, bleibt sie nicht bei ihm. Ja, viele wären glücklich, wenn sie so einen zuverlässigen Mann bekämen, der ein Kleid für sie näht und sonst was tut: den abgebrochenen Absatz festnagelt, sie Karussell fahren läßt, weil sie sowas nie erlebt hat, der ihr Leben in Ordnung bringt und ein Zuhause schafft. Aber ich, die ich mich mit der Traudel identifizieren konnte, hätte die Beine in die Hand genommen und ab durch die Mitte, aber was weiß ich, wie eine sich fühlt, die völlig allein ist, ohne Familie ... Also küssen aus Dankbarkeit, ja, aber das wäre ein anderer Kuß, eben so einer, wie ich ihn angeboten hatte, wo der Regisseur nicht zufrieden war. Vielleicht dachte er, Weiber sind schon froh, wenn einer sie haben will.

Hannes näht für Traudel ein neues Kleid, während sie mit seiner Dienstpistole herumhantiert und die Zimmervermieterin Frau Palotta, von Erna Sellmer gespielt, erschreckt.

Ja, wenn es ›Fanfan der Husar‹ oder Jack Lemmon im ›Apartment‹ gewesen wäre, dieser Humor, die Art von Sinnlichkeit oder Erotik, Marcello Mastroiannis. Selbst mit Rolf Herricht hätte es gestimmt, er bringt mich so herrlich zum Lachen. ›Kiepe‹ wäre auch nicht der Richtige, obwohl Günter Haack die Mädchen umkränzten, wenn er seine drolligen Scherze trieb. Erotik war scheinbar dekadent, vielmehr Sexappeal, nach Auffassung der Kulturfunktionäre in unserer Aufbauphase. Der Westen soll seine Verderbtheit zu Markte tragen, den Existentialismus gesellschaftsfähig machen auf ihrem Gebiet, die Jugend versauen, bei uns war Reinheit angesagt, nichts Unklares. Entschiedenheit auch in Liebesdingen bei Vorbildern.

Maetzig hatte schon genug Schwierigkeiten, kulturpolitischer Art, weil da ein Vertreter des Staates, Volkspolizist sich solche Freiheiten rausnimmt, der Traudel einen Ausweis ausstellt, wo Lehrer Kiepe als Zeuge fungiert. Und kurz vor Schluß findet zwischen dem Volkspolizei-Kommissar der Dienststelle, Günther Simon und Wachtmeister Hannes Wunderlich, dem Kollegen Horst Kube, die folgende Szene statt:

Da fehlt mir im Fahndungsbluch das Blatt 47, Genosse Wachtmeister!
Hannes greift in die Innentasche seines Jacketts, tritt an den Schreibtisch des Kommissars heran und legt das einmal zusammengekniffte Blatt auf den Schreibtisch.
Der Kommissar versucht es mit beiden Handballen zu glätten, betrachtet Traudels Porträt: Das war doch nicht recht, was Sie da getan haben, Genosse Wachtmeister! Und das?! – Er hält Hannes den in zwei Teile gerissenen Personalausweis vor die Nase.
Nah. Hannes: Nein, Genosse Kommissar, das war nicht recht.
Der Kommissar brüllt los: Warum zum Teufel haben Sie dann ...
Hannes brüllt zurück: Es war richtig, Genosse Kommissar! Kommissar wendet sich ab: Wenns nach mir ginge, würde ich Sie zur Beförderung vorschlagen. Aber wie die Sache liegt ... steht im Drehbuch, im Film sagt er sowas wie: Da soll ich Sie wohl noch zur Beförderung vorschlagen, was!? Seine Stimme wird sehr hart: Amtsmißbrauch ... Und nach einer kleinen nachdenklichen Pause: Sie sind Schneider von Beruf, Genosse Wunderlich? – Hannes brüllt: Damenschneider, Genosse Kommissar. – Und es klingt wie eine militärische Meldung. Der Kommissar tritt an Hannes heran: Ich rate ihnen, um ihren Abschied einzukommen. Hannes: Jawoll, Genosse Kommissar! Um Abschied einkommen! – Nun brüllt auch der Kommissar wieder los: Und vierzehn Tage Haft! – Brummend fügt er hinzu: Billiger kann ich's nicht machen! – Hannes fragt militärisch: Haft sofort antreten, Genosse Kommissar? Vierundzwanzig Stunden Haftaufschub! Hannes: Danke, Genosse Kommissar! Der Kommissar brüllt: Kehrt! – Hannes macht eine exakte Wendung.

Von Außenaufnahmen in Sachsen ein paar in Alben aufbewahrte und im

Gedächtnis von Weichzeichem eingerahmte Einstellungen: Abschied mittags, fröhlicher Umtrunk, ein Glas in Ehren ... Der nächste Komplex würde im Atelier gedreht werden. Frischer Sommer, an Sagen erinnernde Landschaft, wo Gebäude und historische Anlagen der Vorfahren dich in alte Gemälde hinein versetzten, auf eine Zeitreise in die Vergangenheit mitnahmen, die Phantasie anregten. Dann der immer durstiger machende Unstrutwein und zwitscherndes Geflatter der Vögel, das alles gab dem Tag was lockend Verlockendes.

Drehstab des Films ›Vergeßt mir meine Traudel nicht‹

Eva alias Traudel wurde übermütig, kletterte auf Bäume, am unebenen Giebel aus Lehmklumpen hoch, hangelte an Balken als wäre sie eine Meerkatze. Der Grund war hauptsächlich, daß Traudelchen nach Berlin gebracht werden sollte laut Disposition, sie aber nicht so wollte, wie die Kollegen der Aufnahmeleitung, wo es doch grad so schön heimatlich geworden war und zum Verweilen einlud – und daß ein Augenpaar ständig auf ihr ruhte. Die Verantwortlichen wußten nicht, daß ich schwindelfrei bin, erfahren in solcherart Freizeitgestaltung, Spaß dran habe, die Jungs zu überbieten in Kunststücke machen und gern mit ihnen, wie einst in Kremlin, Verstecken und Einkriegen spiele. Im Kollektiv nahm man dann die Verfolgung auf, weil sie es anscheinend mit der Angst zu tun bekamen. Aber es gab manches Hindernis, Kriechgänge, Verstrebungen, die baufällig waren, gefährlich, wenn man sich nicht auskennt. Und so mußten die ausgeschickten Fänger Umwege machen, die Fährte neu aufnehmen. – Eva dehnte ihre Expedition aus, war auf dem First einer Herberge aus Zeiten der Kreuzritterzüge gelandet, wo sich ein von Ranken überwuchertes Dachfenster befand, durch das ein frisch bezogenes Bett leuchtete, in das sie sich zu legen gedachte, verschnaufen wollte, es auch tat, nachdem sie durch die angeknackste Schräge aus Glas gefallen war und zwar auf die Nase, aber durch ihren aufgeheizten Zustand kriegte sie das Ganze nicht so recht mit. Durch das hinter sie liegende Labyrinth findet sowieso keiner so schnell her, dachte sie, so daß ihr Rausch in Ruhe ausklingen kann.

Traudel ist betrunken, wird von Hannes u. Kiepe über die Feuerleiter rauftransportiert (Frau Palotta darf nichts merken) und recht unsanft ins Bett geschmissen.

Und schlief ein, träumte, ein ihr klettermäßig und vom Gefühl her ebenbürtiger Mensch, Verfolger, engelhafter Prinz, beheimatet in der Gegenwart und Deutschen Demokratischen Republik, war im Gegenlicht – vom Beleuchterstab und Kameramann Erwin Anders, Szenenbild: Fredy Hirschmeier, malerisch arrangiert – erschienen in Zeitlupe. Ich streckte die Arme aus nach dem Erscheinungsbild, das schwebte in der Luft über der weiblichen Darstellerin, riß sich das mit Spinnweben eingestaubte Federkleid, also, die Arbeitsklamotten vom Leibe, küßte mich wie ein Verdurstender – oder ich ihn – beide küßten einander um die Wette und das Abbild eines ansonsten reinen Engels zog seine Schuhe an und verließ die Dachkammer diesmal auf leisen Sohlen durch die dafür vorgesehene Öffnung in der Wand, nachdem wir stumm ein Schweigegelübde abgelegt hatten über das Geschehen: Niemand sollte je ein Sterbenswörtchen erfahren von dem Traum in der Wirklichkeit; hat auch keiner.

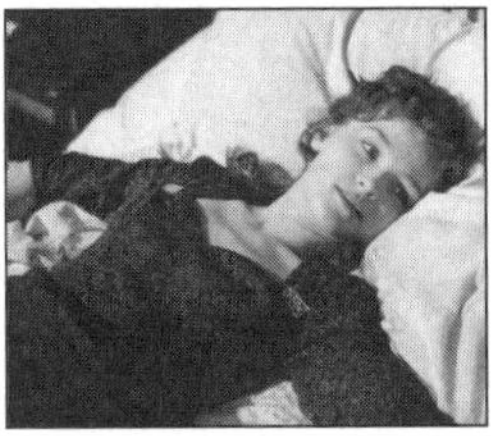

Aber nun, da die ›Tatsache‹ verjährt, eine Bestrafung in Form eines Disziplinarverfahrens, Bußgeldbescheids oder Totschlags im Affekt kaum mehr zu erwarten ist, erzähle ich noch den mit Bangen erwarteten Ausgang dieser Eskapade: Man hatte meinen lieben, treusorgenden Ehemann benachrichtigt, er möge seine Angetraute abholen, sie sei verletzt.
Ich hatte laut Drehplan eine Woche frei, aber dieser blutige ... Nasenstüber, dem ein eingebildeter Zeigefinger höhnisch grinsend zuraunte: Das kommt davon, Traudelchen! und die durch meinen angeborenen Leichtsinn mitunter überquellende Lebensfreude, der dadurch erfolgte ›Seitensprung‹, den ich in der Abteilung Traumgeschehen abgelegt habe, also diese ›Blessur‹ im Gesicht, bereitete mir doch schon Unbehagen. Das hätte teuer werden können, denn die Wunde hatte keinen Anschluß zu den gedrehten Einstellungen. Ich beschloß, mich selbst zu heilen.
Maetzig hatte auch noch gedroht, wenn die Schramme nicht weg ist, dann mach dich auf was gefaßt. Ich lebte nun konzentriert, gesund, schlief viel, cremte den Schnitt mit Wundsalbe ein, puderte das Näschen, betete heimlich zu meinem Kindermärchengott, mit dem ich einst auf sehr vertrautem Fuße stand, er möge mir die Verführung seines, mir von ihm aus reiner Sorge nachgeschickten Schutzengels doch bitte nicht ankreiden.

Und tatsächlich, am Abend davor war der Schorf trocken – durch Willen und vorsichtigem Nachhelfen abgefallen, nur noch eine schwache Rötung sah man, aber die wurde von der Maskenbildnerin mit Abdeckschminke und West-Puder unsichtbar gemacht.

Da habe ich aufgeatmet und mir vorgenommen, ein ernsthafterer Mensch zu werden.

Aber ehe es soweit war, tanzte ich noch so manches Mal aus der Reihe und brachte Ordnungshüter ins Schwitzen.

Und ganz ist das Erbgut, dies leichtfüßige Dahintänzeln auf unterschiedlich gepflasterten Wegen und in mehr oder weniger provisorisch hergerichteten Quartieren in Gottes freier Natur, im ganzen unberechenbaren, durch Schöpfung oder Urknall entstandenem Leben überhaupt – in den Genen seiner Eva, ›Kameradin‹ von Adam, nicht abgestorben, sondern übergegangen in abgewandelter Form und neuer Konstellation – auf die zum Glück nicht weniger munter agierenden Nachkommen.

VEB PROGRESS FILMVERTRIEB ... Der Film erlebt am Freitag, dem 15. Nov. d.J. um 20 Uhr im Babylon-Filmtheater am Luxemburgplatz – seine Uraufführung. Außerdem bitten wir Sie, an der anschließenden Premierenfahrt in die Deutsche Demokratische Republik teilzunehmen: Sonnabend EKB Bitterfeld, Capitol Leipzig, Sonntag Rochlitz. Unten: Karla und Eva, die durch Dreharbeiten in der Gegend Freundinnen wurden.

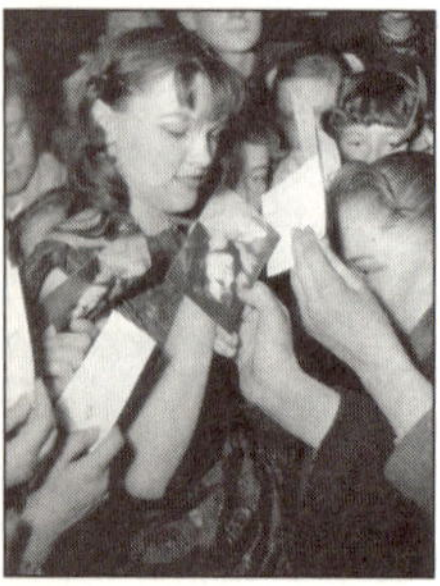

Über Nacht kannte mich die ganze Republik. Es kam mir unwirklich vor, daß man durch einen Film bekannt werden kann wie ein bunter Hund. Einerseits schmeichelte es ungemein, andererseits wurdest du beobachtet, wo man ging und stand wurde geflüstert: Das isse! Unsere Traudel! Manche faßten mich an, um sich zu vergewissern, daß es wahr sei. Auch ich mußte mich anfangs kneifen, war bei der Umfrage nach den beliebtesten Schauspielern von Unbekannt an der Spitze gelandet – und genoß das Bewundertwerden. Manchmal fühlte ich mich wie Volkseigentum, amüsierte mich darüber. Viele Zeitungen schrieben Artikel über den Film, Porträts über mich, die Illustrierten setzten Traudel aufs Titelblatt, in der ›Wochenpost‹ war eine differenzierte, aber auch ›positiv‹ angehauchte Abhandlung über meine Vergangenheit und den bisherigen Lebensweg, verfasst von einer Frau, die was vom Schreiben verstand, Rosemarie Rehahn, unter der Überschrift: ›Sehnsucht nach dem Leben – Eva-Maria Hagen – ein neues Filmgesicht‹.

... Die Lektüre des Buches macht neugierig auf den Film im allgemeinen und auf die Besetzung der Hauptrolle im besonderen. (...) Die ergötzlichen und betrüblichen Abenteuer der kleinen Ausreißerin bringen einen jungen Lehrer beinahe und einen Volkspolizisten tatsächlich um seine Stellung, den Zuschauer aber nicht alleine zum Lachen, sondern auch zum Nachdenken: ob wir nicht ein bißchen mehr Verständnis und Herz haben müßten für die jungen Pflanzen, die ohne den richtigen Gärtner manchmal wild ins Kraut schossen?
Der Regisseur besetzte die Titelrolle mit einer Schauspielschülerin, die zum ersten Mal vor der Kamera steht. (Gleichzeitig in "Spur in die Nacht", Regie: Günter Reisch.) Eine komplizierte Rolle für eine Anfängerin, dieses Mädchen, das sich frech, widerspenstig gebärdet und dabei eine unbestimmte, kreatürliche Sehnsucht nach dem Leben, nach menschlicher Wärme hat. Kompliziert, ja, ein Wagnis, aber die Schauspielschülerin Eva-Maria Hagen, die bei den Probeaufnahmen über versierte Darstellerinnen siegte, hat die Rolle der Traudel schon gespielt, als sie dem Autor noch gar nicht eingefallen war.
Eva-Maria Hagen braucht keine Milieustudien in Erziehungsanstalten, sie braucht keins der literarischen Standardwerke, um zu erfahren, wie es in einem aussieht, der sich in der Welt der Erwachsenen nicht zurechtfindet. Vor wenigen Jahren war sie selbst ein junger Mensch, der sich verlaufen hatte. Das sind nicht die Erlebnisse eines Pensionsfräuleins, und die sanfte Sissy Schneider würde große Augen machen bei der krausen Lebensgeschichte, die wir bruchstückweise in den Drehpausen erfahren.

Ein schmales, langbeiniges Mädchen steht vor uns. Das braune Haar schimmert rötlich. Die Augen sind schräg geschnitten und graublau, verhängter Sommerhimmel. Ich habe schönere, ebenmäßigere Gesichter gesehen, aber die junge Schauspielerin hat ein Gesicht, das den Betrachter fesselt, ein unruhiges, sehr sensibles Gesicht. Jemand sagte: endlich mal ein moderner Typ bei der DEFA. Und gemeint war damit jene merkwürdige Sachlichkeit, die gar nicht merkwürdig ist, wenn man sich erinnert, daß diese Jugend das Einmaleins auf dem Schwarzmarkt studiert hat.

Gemeint war jene Erfahrung, die in Kinderaugen zurückbleibt, die in Trecks und Barackenlagern zuviel gesehen haben. Aber bewußter. Jemand hatte auch den besonderen Reiz gemeint, den Eva-Maria im langbeinigen Gang hat, im Blick. Unsere Filme könnten schon etwas von solchen Reizen vertragen. (...)

Im Herbst macht Eva-Maria ihre Abschlußprüfung – an einer Westberliner Schauspielschule. Warum sie es damals nicht nocheinmal an unserer Schule versucht hat? Hemmungen vielleicht, vielleicht der alte Oppositionsgeist. Ein Glück nur, daß in jener kritischen Zeit der bekannte Schutzengel pünktlich in Aktion trat. Ein moderner dazu, der Makarenko und Marx studiert hatte. Ihm verdankt Eva-Maria, daß sie trotz des westlichen Seitenweges die Hauptrichtung nicht verlor. – Ihre Zukunftspläne: Theaterspielen, alle Rollen, Shakespeares Julia, Olivia, Brechts Grusche. Auf der Leinwand niemals Schnulzen! Über die Rolle der Traudel im Maetzig-Film ist sie glücklich. Glücklich ist sie über ihren Regisseur. Eine Woche lang hat Dr. Maetzig Tag für Tag mit ihr geprobt, ehe es ins Atelier ging. Von der ersten Gage bekommt die Mutter, die immernoch arbeitet, ein großes Geschenk: „Sie hat soviel Kummer mit mir gehabt."

Noch sind Erlebnisse, Gedanken, Gefühle der Kindheit und erste Jugendjahre für Eva-Maria ein verfilztes Knäuel, von dem die Erinnerung nur hier und da einen Faden loszerrt. In einem Zeitraum von zehn Jahren hat sich mehr zusammengedrängt als manchmal in einem ganzen Menschenleben. Doch daß das Mädchen Eva-Maria Hagen ihre, unsere widerspruchsvolle Zeit intensiver, unmittelbarer erlebt und erlitten hat als andere, wird der Schauspielerin nützlich sein.

Autogrammstunde: Günther Simon
und Eva-Maria Hagen

Werde, was du noch nicht bist,
bleibe, was du jetzt schon bist;
in diesem Bleiben und in diesem Werden –
liegt alles Schöne hier auf Erden. – Grillparzer

Eva-Maria Hagen und Günter Reisch:
Premierenfahrt mit dem Film
›Spur in die Nacht‹

Nach diesem Film wurde bei der DEFA nichts ähnlich ›Gewagtes‹ mehr aus der Gegenwart auf so komödiantische Weise fürs Kino gemacht.
Die Freunde von der russischen ›Zensur‹, die alle Film-Produktionen kontrollierten und begutachteten, hatten Einwände hervorgebracht, sowohl politisch, als auch gegen das Halbnacktherumlaufen: Herrscht denn ein derartiger Mangel in der Textilindustrie, daß das Mädel nur mit einem Handtuch und mit nix drunter herumlaufen muß? Das Publikum wird verunsichert, meinte ein kulturzuständiger Vertreter der Freunde.
Was hätte das ›nebenbei‹ auch noch für eine Romanze werden können, Balsam für die Seele der Zuschauer, wenn, wie gesagt, beipsielsweise Yves Montand der Ordnungshüter gewesen wäre; unmöglich war es nicht, Maetzig hat später mit ihm und der Signoret ›Hexen von Salem‹ gedreht.
Zwar haben die Kinogänger die Kröte, den Kuß, das Ankuscheln und Sonnenstrahllächeln am Schluß geschluckt, aber glücklich waren sie darüber nicht. Jeder konnte sich doch ausmalen, wie das weitergeht: Das Mädel verschwindet wieder, um den für sie auf die Welt gekommenen Burschen zu begegnen und das arme, wohlbeleibte Schneiderlein Hannes läßt die Nähmaschne rattern, ist schon gestraft genug, rausgeschmissen wegen der Eigenmächtigkeit und dann noch die Pleite mit der Liebe.
Nein, das wünscht man dem guten Kerl beileibe nicht, deshalb wäre ein offener Ausgang besser gewesen.

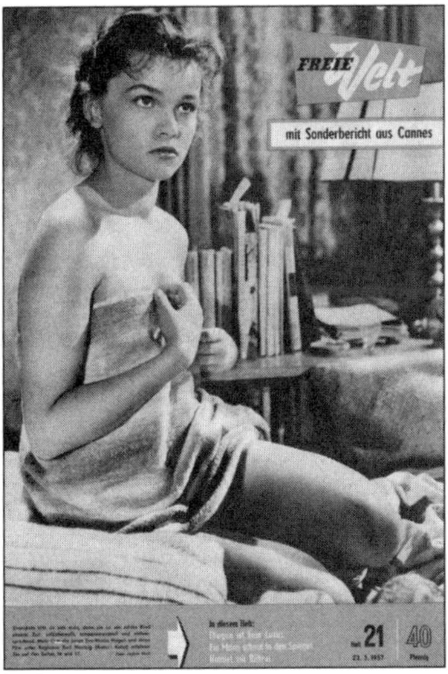

Jedenfalls derart liebenswürdig schlampig und zu Herzen gehend menschlich einen Vertreter der staatlichen Ordnung zu zeigen, dazu auf herrlich humorvolle Weise, volkstümlich, gewitzt, an ›Schwejk‹ erinnernd, nur auf Berlinerisch und im Fünfziger-Jahre-Stil, dazu eine ... Eulenspiegelin, ein Glücksfall jedenfalls und bald schon nicht mehr möglich – von da an, als es sich auskritisiert hatte wegen Stalins Alleinherrschaftsanspruch, seinem Führungsstil und so weiter.

Für die Rolle der Traudel im gleichnamigen DEFA-Film halte ich Eva-Maria Hagen für die geeigneteste unter den Bewerberinnen. Allein schon des verschmitzten Blicks wegen ...

Als „Regisseur" mit Kennerblick finde ich das rechte obere Bild mit der noch die Schauspielschule besuchenden E v a - M a r i a H a g e n als die Traudel, welche die an sie gestellten Anforderungen gewachsen sein wird ...

Nach meiner Meinung käme für den Film Eva-Maria Hagen in Frage. Sie ist auf dem Bild jung, naiv und doch durchtrieben. Sie würde also gut für die Rolle passen ...

Die Rolle der Traudel spielt meiner Meinung nach „Eva-Maria Hagen". Das sieht man schon an dem Aussehen, daß gerade für „die" Szene passend ist ...

Als Regisseur würde ich Eva Maria Hagen mit der Titelrolle betrauen. Ihr Äusseres entspricht am ehesten den Anforderungen, die dieser Film an die Hauptdarstellerin stellt.

Als Regisseur würde ich Eva-Maria Hagen die Hauptrolle geben. Sie entspricht am besten meinen Vorstellungen von einem Mädel, wie Du es in Deiner Zeitung dargestellt hast.

Ich hoffe die richtige Traudel gefunden zu haben. Das Fräulein Eva-Maria Hagen, die schon in „Spur in die Nacht" eine Hauptrolle bekam, kann ich mir gut als Traudel vorstellen.

In Ihrer Ausgabe vom 3. 4. 57 habe ich mit nicht geringer Aufmerksamkeit den Artikel „Vergeßt mir meine Traudel nicht" gelesen. Nach meinen bescheidenen Kenntnissen, welche ich aus den Bildern habe, käme meiner Ansicht nach nur Ursula Körbs oder Eva-Maria Hagen in Frage. In der engeren Wahl zwischen U. Körbs und E.-M. Hagen würde ich E.-M. Hagen vorziehen, da sie meiner Ansicht nach die größeren Aussichten hat, als ein „Kind des Waisenhauses" zu gelten. Hiermit verbleibt mit der Bitte, mir ein Autogramm der „echten Traudel" zu schicken (...)und viel Glück für die weitere Laufbahn „unserer" Traudel. – Herzliche Grüße Ihr Leser ...
Die richtige Traudel ist: Eva Maria Hagen. (...) ihr Blick macht ein jedes Herz verrückt)

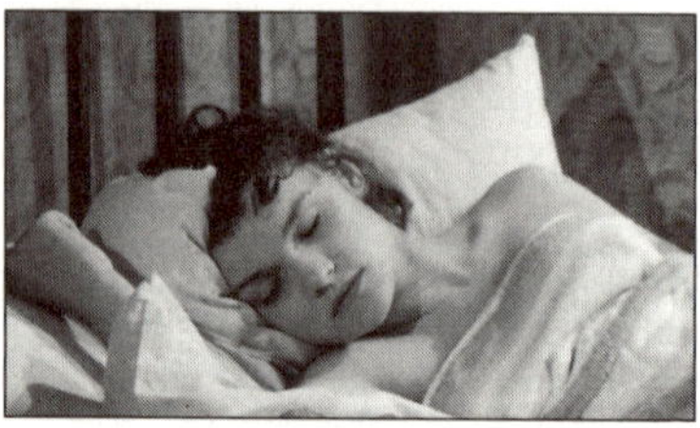

Ich muß sagen, wenn Sie fragen:
Welche „Traudel" nehmen wir,
schwer zu sagen, muß man sagen,
drei davon gefallen mir.
Sie hat Böses schon gesehen,
was das Herz verderben kann.
Trotzdem sagt sie „ja" zum Leben,
steht als Mädel ihren Mann.
Rutscht mal ab – rutscht bis zur Kante! Frechheit, denkt sie, ist die Macht.
Gut, daß sie da einer kannte, der sie wieder „hingebracht".
Wenn Sie mich nun nochmals fragen – ja, dann muß ich ehrlich sagen:
Ich wünsch mir als „Traudel" – Eva-Maria Hagen – (...)

Sehr geehrtes Frl. H a g e n ! (...)

Der Anlass Ihnen zu schreiben, gab mir der vor einigen Tagen bei uns angelaufene DEFA-Film „Vergesst mir meine Traudel nicht“ (...) Dieses ist nicht nur meine Meinung, sondern auch die meiner Genossen und Kollegen, die sich zur Zeit im Bergbaukrankenhaus (...) befinden. Es gab hier im Krankenhaus so manch harte Auseinandersetzung über die Problematik des Film's. Da es sich aber in der Hauptsache um Angehörige der Deutschen Volkspolizei handelte, die mit den übrigen Patienten und Patientinnen diskutierten, wurde bald Klarheit geschaffen. Ein Genosse brachte sogar zum Ausdruck, dass er sich wegen Ihnen, gemeint hatte er Ihre Rolle als Traudel, die Sie zu spielen hatten, vier Wochen in den „Bau“ gesetzt hätte. Ja, Frl. Hagen. Was tut ein Mensch nicht alles, in dem Falle „Hannes Wunderlich“, wenn er liebt. Ehrlich gesagt Frl. Hagen, vielleicht hätte auch ich als Offizier der Deutschen Volkspolizei, ähnlich wie Hannes Wunderlich, gehandelt, zumal ich entsprechendes Material in den Händen gehabt hätte, die mein Handeln gegenüber meiner Vorgesetzten gerechtfertigt hätte. – Wie bereits erwähnt gab uns der Film eine Diskussionsgrundllage, der uns unserer Krankenhausaufenthalt erleichterte und Stunden der Entspannung und Erholung schenkte.
Vor drei Wochen bereits lief hier der Film „Spur in die Nacht“. Auch hierbei gab es Diskussionen, zumal Angehörige der Deutschen Grenzpolizei aus Klingenthal mit anwesend waren. Sie können sich vielleicht denken, bez. ausmalen was da los war.
Aber auch hierbei kamen wir auf einen Nenner und einigten uns in allen Streitfragen und Meinungsverschiedenheiten. Aus allen ist doch ersichtlich, dass unsere Menschen nicht des unterhaltens Willen allein, in das Kino gehen, sondern auch mitgehen und denken, den Handlungen folgen und sich eigene Gedanken hierzu bilden. (...)
Ich bin kein Mensch, der über gezeigte Leistungen grosse Worte verliert. Wenn ich Ihnen schreibe, dass Sie mit Ihren schauspielerischen Leistungen uns erfreuten und schöne Stunden der Entspannung schenkten, dann tue ich dieses aus tiefsten Herzen heraus. Ich meine es dann ehrlich und halte wenn es sein muss und die Umstände es erfordern, auch mit einer harten Kritik nicht hinter dem Zaun, wie man hier bei uns sagt.
In Ihrer Filmrolle bisher, war dieses allerdings noch nicht der Fall gewesen und ich wüsste auch nicht, in welcher Art und Weise ich Sie kritisieren sollte. Einen Anlass hierzu fand ich in Ihren bisherigen Filmrollen noch nicht. Ausgenommen ist hierbei der Film „Spur in die Nacht“. Hier hätte ich es gerne gesehen, wenn Sie öfters in Erscheinung getreten wären. Aber dieses ist nicht Ihre Schuld, sondern Schuld des Drehbuches. Man kann ja bekanntlich nur das machen, zuwas man beauftragt ist, bez. was das Drehbuch vorschreibt.
Liebes Frl. H a g e n ! Gestatten Sie mir nun noch zum Schluss, dass ich Sie auf diesem Wege herzlichst um einen Namenszug von Ihnen auf das beiliegende Photo bitte. (...)

Ich heiße ... wohne in ... habe am ... Geburtstag. Eva Maria Hagen schreiben sie mir bitte auch wo sie wohnen und wann sie Geburtstag haben. Ich möchte mich ab heute immer mit ihnen schreiben bitte beantworten sie meinen Brief. Ich möchte gerne von ihnen ein Bild haben bitte schicken sie mir ein Bild von ihnen und ein paar Worte auch. Ich möchte sie gerne mal besuchen, wie würde es denn klappen vom 31 Juli bis zum 5 August bitte schreiben sie mir ob ich ihnen besuchen darf bitte schreiben sie ja zu mir da würde ich mich sehr drüber freuen. Wenn die Schauspielerin Eva Maria Hagen nicht im Defa Film Studio ist dann schicken sie den Brief dahin wo sie wohnt. ihr (...) aus der KL. 5a

Sehr geehrte Eva-Maria Hagen! (...) Zur Zeit bin ich Soldat bei der NVA und zähle 20 Lenze. Sie gehören zu meinen Lieblingsschauspielern. Bei den Frauen, stehen Sie bei mir an erster Stelle. Ich hab zu Hause von Ihnen 9 Postkarten. Davon sind 3 mit ihrer Widmung. Gestern hatte ich Glück von Ihnen, Eva, ein wirklich schönes Bild zu bekommen.
Dieses farbige Foto ist wohl das schönste, was ich jetzt habe. Sie haben immer eine schöne Haarfrisur, was sich wieder einmal auf diesem Bild bemerkbar machte. Der rote Schleier (Schal) und das weiße Kleid mit Ausschnitt, gleitet Ihnen fabelhaft.

Entschuldigen Sie, wenn ich Ihnen schreibe, das sich manche Schauspielerin hinter Ihnen verstecken kann. Erstens mit Ihrer Schauspielerischen Leistung und zweitens durch ihre Figur. Es macht sich in jedem Film bemerkbar, dass Sie einen wirklich schönen Busen haben müssen. Darauf können sie auch stolz sein. (...) Spielen Sie ruhig so schön weiter wie bisher. Ich wünsche Ihnen in ihrer weiteren Filmlaufbahn gute Rollen, Erfolg und Glück. Viel, viel Glück.
Nun habe ich aber an Ihnen noch eine kleine Bitte. Können Sie mir eine schöne Widmung auf dieses herrliche Farbfoto schreiben? Etwa so (...) Wenn Sie mir diesen Wunsch erfüllen, wäre ich Ihnen, Eva, sehr, sehr dankbar. Dieses Bild, soll nämlich einen Ehrenplatz (ich mache es in einen Bilderrahmen) bei mir erhalten.
Nun möchte ich schließen, damit sie immer, ja immer gesund bleiben und Ihnen nie etwas schiefgeht. Es grüßt Ihnen sehr herzlich Ihr Soldat ...

Liebe Eva-Maria, (...) Sie werden sich wundern, daß Ihnen ein Förster schreibt.
... wenn Sie nur nicht so unerreichbar für mich wären, ich würde Sie einfach in einen tiefen dunklen Fichtenwald entführen. Es war für mich eine ganz angenehme Überraschung einiges aus Ihrem bisherigen Leben zu hören. Ich kenne Sie eigentlich indirekt von den Weltfestspielen der Jugend und Studenten in Berlin her. (Schade, daß Sie mir dort nicht über den Weg gelaufen sind. (...) Ihr Beruf war für mich eine Jugendillusion, die leider ohne Erfüllung blieb. Ich bin in einem riesigen Wald groß geworden (...) Nehmen Sie mit meinen Zeilen einen winzigen Duft unserer saftig grünen Fichtenwälder als Zeuge meiner Verehrung mit in Ihren aufregenden Beruf. Sie sind so ein liebes nettes Mädchen. Ich freue mich immer wenn ich Sie im Film sehe, doch so ganz persönlich in Natura wäre mir Ihre Nähe viel reizvoller und würde mir viel mehr Freude bereiten. Zerreißen Sie nun schnell diesen Brief und ins Feuer damit. Mit den besten Grüßen ... Ihr ...

Frau Eva-Maria H a g e n, Sofia, den 18. Dezember
p.Adr. Defa-Studio-Babelsberg

Sehr geehrte gnädige Frau!
Als ich Sie in Ihrem Film in Bulgarien sah, gefielen Sie mir so außerordentlich, daß ich sofort den Entschluß faßte, mein erstes Kind, falls es ein Mädel ist, nach Ihnen zu taufen. Nun ist es so weit, und obwohl Doppelnamen in Bulgarien nicht statthaft sind, habe ich es durchsetzen können, daß mein Kind, ein süßes Blondköpfchen, den Namen Eva-Maria erhält. Da es, soweit mir bekannt, das einzige Menschenwesen in Bulgarien ist, das diesen Namen trägt, hoffe ich, daß Sie es mir nicht verübeln werden, wenn ich Sie, als die eigentliche Namenspatin meiner Tochter, bitte, mir ein Photo für Ihre einzige Namensschwester in Bulgarien zu senden. Indem ich Ihnen, auch im Namen meiner Familie, ein recht frohes Weihnachtsfest und ein glückliches neues Jahr wünsche, verbleibe ich mit ergebensten Grüßen – Ihr Dr. Josef M.

FRITZ-KIRCHOFF-SCHULE „DER KREIS“

Leitung: Marianne Kirchhoff-Stoldt

ABSCHLUSS-ZEUGNIS

Vor einer Kommission von Schauspielern, der Leitung und dem Kollegium der obigen Schauspielschule hat Frau

EVA-MARIA HAGEN

nach einer zweijährigen Ausbildungszeit ihre Abschlußprüfung abgelegt und bestanden.

Eva-Maria ist eine starke eigenwillige Begabung, die alle ihr gestellten Aufgaben auf eine sehr persönliche Art zu verkörpern weiss. Arbeitsbesessenheit, Fleiß und eine glühende Begeisterung für den erwählten Beruf werden ihr helfen, sich in der Praxis die Position zu erringen, die ihrer Begabung entspricht. Eva-Maria eignet sich vor allem für ernste, hintergründige und temperamentvolle Rollen der modernen Literatur wie ›Pipercarcka‹, Eliza in ›Pygmalion‹ etc. und mit zunehmender Reife auch für die starken, hochdramatischen Rollen der Klassik wie Penthesilea und Medea.
In ihren drei Abschlussrollen: Rosalinde in „Wie es Euch gefällt“, Eurydike (Anouilh) und dem Klärchen in „Egmont“ zeigte sic noch einmal alle ihre schönen Möglichkeiten. Sie wird ihren Weg machen, umsomehr als sie auch eine optische Eignung für den Film besitzt. Wir entlassen sie aus unserer Betreuung mit den besten Wünschen für eine erfolgreiche Zukunft.

Berlin-Dahlem, den 23. Juni 1958

›Es grünt so grün, wenn Spaniens Blüten blühen‹. – Links Gerry Wolff als Professor Higgins, Eva als Eliza. Helmut Kaps-Zurmahr ist Pickering.

8 Jahre später feiert Eva-Maria Theatertriumphe als Eliza im Musical ›My Fair Lady‹ – (Pygmalion). Oben rechts:
Beim Pferderennen fällt sie nochmal aus der Rolle, schreit begeistert: Na, los doch Dover! Sonst streu ick dir Pfeffer in'n Arsch! –
Unten rechts: Nach dem Festakt. Sie hat ihre Prüfung vorm Establishment bestanden, Prof. Higgens ist zufrieden mit seiner ›Schöpfung‹. Aber ihre Menschenwürde hat das ›Mädchen aus der Gosse‹ sich nicht abkaufen lassen ...

im Synchron- ren. Sein erstes Buch, „Der Kom
lieh. Wir hör- mandant", wird zur Zeit von de
m sowjetischen DEFA verfilmt.
e ziehen" und Ob Töchterchen Nina auch filmisc
st in dem Film begabt ist, kann man noch nicht fest
" akustisch er- stellen; doch möglich ist alles, den

Wir trafen ... abseits von den Ateliers der DEFA das Ehepaar Hans Oliva und Eva-Maria Hagen bei einer ganz privaten Inszenierung des Lustspiels „Uns dürstet". Wir vermuteten, daß der Strohalm im Glas nur zur Tarnung diente, um nicht merken zu lassen, daß das Limonadenglas zweckentfremdet wurde. Ansonsten liebt er härtere Sachen. Doch wie gesagt, wir wissen es nicht genau. Genau aber wissen wir, daß Eva-Maria Hagen, bekannt aus dem DEFA-Film „Vergeßt mir meine Traudel nicht", in letzter Zeit in mehreren ausländischen Filmen im Synchron-Atelier ihre Stimme lieh. Wir hören sie u.a. in dem sowjetischen Film ›Die Kraniche ziehen‹ und werden sie demnächst in den Film „Ringer und Clown" akustisch erleben. Es kann auch sein, daß Frau Hagen in absehbarer Zeit, wieder einen DEFA-Film drehen wird, denn wir hörten etwas von Probe-Aufnahmen. Hans Oliva, für uns ein Kollege, denn er kommt aus dem Journalismusberuf – schreibt z. Z. an seinem zweiten Drehbuch. Er befaßt sich mit dem deutschen Jugendproblem in den ersten Nachkriegsjahren. Sein erstes Buch ›Der Kommandant‹, wird zur Zeit von der DEFA verfilmt.

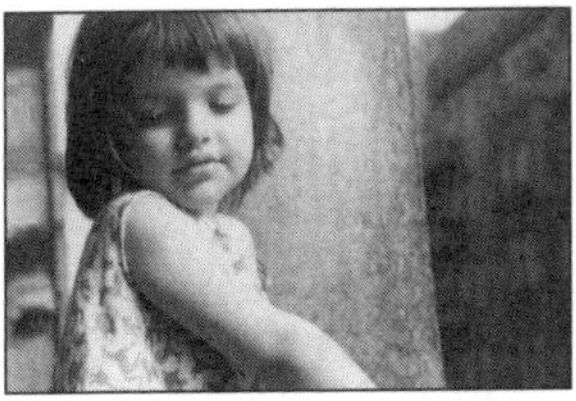

Ob Töchterchen Nina auch filmisch begabt ist, kann man noch nicht feststellen, doch möglich ist alles, denn der Apfel ...

Berlin-Prenzlauer Berg: Vater und Tochter kommen vom Einkaufen. Nina trägt Blumen für die Mama im Arm.

Nina – zwölf Jahre später – 1970 – auf der Bühne mit ihrer Mutter Eva-Maria in dem Musical ›Can-Can‹. Es folgen noch viele – mehr oder weniger glückliche ›Happy Ends‹ – aber das Ende bleibt offen, denn das Leben blieb und bleibt bekanntlich nicht stehen und der Fluß hört nicht auf zu fließen, es sei denn ...

›Die Erinnerung ist das einzige Paradies – aus dem du nicht vertrieben werden kannst‹.
Es kann aber auch die Hölle sein.
Doch die Natur, ein Urknall, Gott, wer oder was auch immer –
hat dem Lebewesen Mensch für den Notfall das Vergessen einprogrammiert
und den Verdrängungsmechanismus zum Zwecke des Überlebens.
Glücklicherweise aber auch die Fähigkeit zu träumen –
und seine Phantasie walten und schalten zu lassen.

DANKSAGUNG

Ich bedanke mich bei Irmi Wagner, einer mir lieb gewordenen Freundin – die aus Kremlin stammt wie ich – für ihre Anstöße und das genaue Erinnern, die alten Photographien und schriftlichen Notizen über die Heimat, die langen Telefongespräche ...
Ebenfalls Dank an Gitti für Bilder und die gedanklichen Streiflichter vom Aufbruch.
Dank an Edelgard für das freudvoll-melancholische Durchstreifen der Übergangsjahre, ihren Brief über das von heut auf morgen angeordnete Abschiednehmen von dort, das sie fürs ganze Leben geprägt hat, aber auch wie bei vielen von uns ›Flüchtlingskindern‹ Kräfte freisetzte, den Willen stärkte, sich trotz des Entwurzeltseins – nicht unterpflügen zu lassen.
Käthchen danke ich fürs Beisteuern ihrer Eindrücke, den lieblichen und harten Bildern in ihrem Kopf, das Bestätigen eigener Zeugenschaft der damaligen unmenschlichen Ereignisse.
Gleichfalls bedanke ich mich bei Schul- und Sportskameradinnen aus Perleberg, dem neuen Zuhause nach der Flucht beziehungsweise Vertreibung, als die Nachkriegszeit begann: Sigrid, Anneliese, Brigitte, Maria, Gerd A. bei Krista aus Dergenthin, Ulla aus Költschen ...

Ich bedanke mich bei Helene, der Schwester meiner Mutter für das Erzählen vom Abstamm der Familie mütterlicherseits und für das schemenhafte Sichtbarmachen meines Vaters.

– Und Dank an Helga Hagen für die Familien-Photos der Hagens, dem Klarstellen der Zusammenhänge, wo Ahnen und Urahnen meiner Tochter Gestalt annehmen ...
– Meiner Freundin Corinne Bouillot aus Frankreich, sage ich Merci für ihre Begleitung auf der Reise im Sommer 2002 – in die fast ein Leben lang verdrängte Vergangenheit.

– Und ich danke einigen Menschen auf der Strecke durch diese unwegsame Aufräumzeit, beim Zurechtfindenmüssen in der großen weiten Welt, einer Periode, die durch ständiges Hungerhaben gekennzeichnet war und der Suche nach einem erfüllten Leben, Weggefährten, Bekanntschaften, Freunden, deren Namen ich nicht mehr weiß, die mir die Hand reichten, wenn ich gestürzt war, Mut machten und halfen, die mich liebten wie ich war.
Ich danke dem Brecht-Archiv für einige Bilder (siehe Photo-Register) – und danke Eva Strittmatter für die informative Unterhaltung, ihr Einverständnis darüber, einige Zeilen aus dem Theaterstück ihres Mannes Erwin Strittmatter, ›Katzgraben‹, in dem ich als blutjunge Elevin mitwirkte und zwar unter der Regie von Bertolt Brecht, einfügen durfte.
Rosemarie Rehan schrieb 1957 ein Porträt über mich in der ›Wochenpost‹ – woraus ich zitiert habe – anläßlich der Aufführung des Films, der mich über Nacht bekannt machte. Sie hat die Problematik der Kriegskindergeneration sehr treffend auf den Punkt gebracht.

Ich danke Sandra Bieseke, welche die Bildbearbeitung besorgte und mir ›Autodidaktin‹ beim Layout behilflich war und mit Gelassenheit meine Beharrlichkeit ertrug.
Harald Becker sage ich Dank für die 3 Tage zusätzliche Zeit.
Michael Laukner für die fernmündliche Heilung, wenn mein ›Mac‹ abgestürzt war.
Gernot Wolfram danke ich für Rat und Tat bei der Fertigstellung des Manuskripts – und dafür, daß er mich so herrlich zum Lachen bringt.

Und last but not least – Dank an meine Lektorin Krista Maria Schädlich mit ihrem feinen Gespür für jederart von ›Ungereimtheiten‹ im wörtlichen und übertragenen Sinne.

BILDNACHWEIS

Die meisten Photos und Abbildungen sind aus Alben und Kartons, die in Umzugskisten von Eva-Maria Hagen waren – oder Freunde, Verwandte u. Bekannte zur Verfügung stellten.

S. 222 oben links: Gerd Schroeder.

Eine Reihe von Bildern (S. 248–255 u. 260) sind Photos vom DEFA-Film ›Vergeßt mir meine Traudel nicht‹, die der Photograph Wenzel machte, auch das auf dem Titelblatt vom ›Filmspiegel‹ auf Seite 258 oben. Bild Seite 259 unten: Jochen Moll.

Photos aus dem DEFA-Kriminal-Film ›Spur in die Nacht‹, Seite 244 oben links und Mitte rechts im Profil, sind von Herrn Teschner.

Von den ›Progress-Star-Photos‹ des VEB-Progress-Film-Vertrieb ist das auf Seite 162 oben von Herrn Schwarzer, Seite 162 unten von Herrrn Kiesling, Seite 249 unten von DEFA-Schütt.

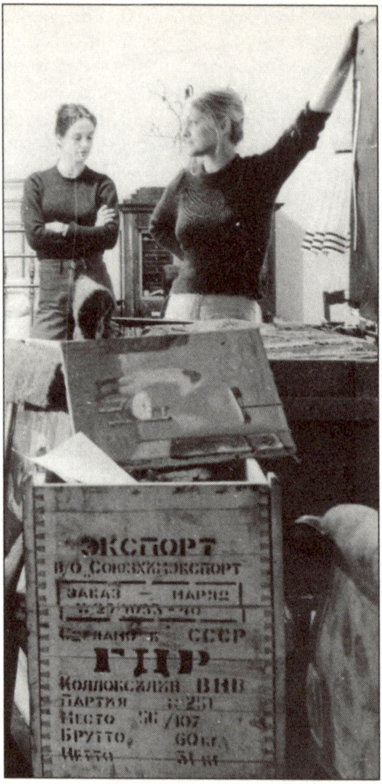

Oben: einstige russische Munitionskisten, die 1977 für Umzüge von Ost nach West durch das ›VEB Kombinat Auto Trans Berlin‹ benutzt wurden

Auf Seite 192–193 sind 3 Probenphotos (Ruth Berlau) von ›Katzgraben‹ (Erwin Strittmatter) – mit freundlicher Genehmigung des Brecht-Archivs. – Frank Peters hat sie eingescannt, ein Dankeschön dafür.

Seite 195 u. rechts ist ein Bild von Eva-Maria Hagen auf der Bühne der Hamburger Kammerspiele mit ihrem Brecht-Programm ›Joe, mach die Musik von damals nach‹ – von Ute Karen Seggelke. Das darüber, wo die Sängerin ihre Arme um den Hals der Brecht-Statue schlingt, hat ihr Pianist Siegfried Gerlich gemacht.

Der Verlag war bemüht, sämtliche Rechteinhaber der Photos ausfindig zu machen. Sollten darüber hinaus Ansprüche bestehen, wird um freundliche Nachricht gebeten.

Zeichensetzung und Orthographie dieses Buches unterliegen der schriftstellerischen Freiheit.

Besuchen Sie uns im Internet:
www.list-taschenbuch.de

Ungekürzte Ausgabe im List Taschenbuch
List ist ein Verlag der Ullstein Buchverlage GmbH, Berlin
1. Auflage August 2006

Lektorat: Krista Maria Schädlich
Umschlagkonzept: RME Roland Eschlbeck
Umschlaggestaltung: Hauptmann und Kompanie Werbeagentur, München – Zürich (unter Verwendung einer Vorlage von Büro Jorge Schmidt, München)
Titelabbildung: © Kiesling, Berlin-Pankow
Layout, Scans und Satz: Eva-Maria Hagen
Papier: Munken Print von Arctic Paper Munkedals AB, Schweden
Druck und Bindearbeiten: Clausen & Bosse, Leck
Printed in Germany
ISBN-13: 978-3-548-60639-2
ISBN-10: 3-548-60639-3

Eva und der Wolf

1965 in der DDR: Eva-Maria Hagen und Wolf Biermann verlieben sich ineinander – kurz bevor der junge Liedermacher mit einem totalen Berufsverbot geächtet wird. Die Liaison zwischen der populären Schauspielerin und dem Staatsfeind ist den Mächtigen ein Dorn im Auge. Doch Eva-Maria Hagen hält zu ihrem Geliebten. Ein lebendiges Sittenbild der damaligen DDR – und eine wunderschöne Liebesgeschichte.

»Dieses geschichtenpralle, geschichtsträchtige, mit Tagebuchnotizen, Stasikommentaren, Spitzelberichten angereicherte Briefbuch zeugt von einer geradezu wundersamen Innigkeit zwischen zwei Menschen.«
Die Welt

Eva-Maria Hagen
Eva und der Wolf
Neuausgabe
ISBN-13: 978-3-548-60687-3
ISBN-10: 3-548-60687-3

List Taschenbuch